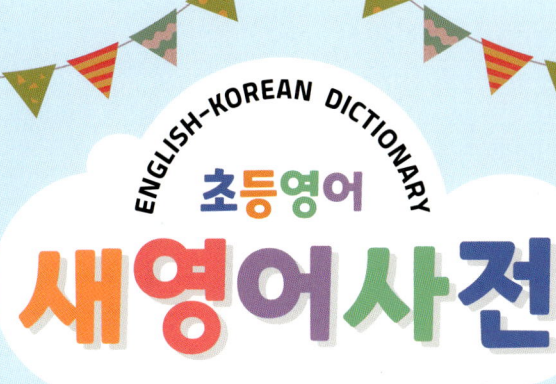

ENGLISH-KOREAN DICTIONARY

초등영어

새영어사전

ABC 아기판다

(유)태평양저널

이 사전을 펴내면서

영어는 지구촌의 공통어란 말이 무색하지 않을 정도로 자리를 잡았습니다. 이처럼 영어는 세계인이 사용하는 언어로 세계화의 물결에 발맞추어 나아가기 위해서는 일찍부터 영어를 익혀야 합니다.

장차 세계무대의 주역이 될 여러분은 유창한 영어가 필요조건입니다. 우리 어린이들이 어릴때부터 영어를 자유롭게 쓸 수 있도록 하는 것은 피할 수 없는 시대적 요청입니다. 특히, 어린시절에 갈고 닦은 영어실력은 훗날 성인이 된 후 빛을 발할 것입니다. 영어 학습에 문법과 독해력도 중요하지만, 우선 영어를 잘 하려면 다양한 어휘의 습득이 필수적이라 할 수 있습니다. 왜냐하면 단어를 모르고서는 해석도 회화도 작문도 할 수 없기 때문입니다. 그런 의미에서 단어 실력은 영어 실력의 기초라고 할 수 있습니다. 그러나, 영어를 왼다는 것은 말처럼 그렇게 쉬운 일은 아닙니다. 아무리 많은 시간과 노력을 기울여서 공부하여도 그 방법이 옳지 않으면, 곧 잊어버리고 맙니다. 반면에 적절한 방법과 요령으로 재미있게 공부하면, 적은 노력으로도 많은 성과를 거둘 수 있습니다. 「어떻게 하면 영어 단어를 좀더 쉽게 그리고, 효과적으로 암기할 수 있을까」하는 것은 영어를 배우는 학생이면 누구나가 갖게 되는 의문이요 고민입니다.

이 사전은 이러한 고민을 해결할 목적으로 다년간의 현직 영어선생님과 연구 개발끝에 이루어진 것입니다. 여러분의 영어 학습에 좋은 길잡이가 되어 줄것을 믿어 마지 않습니다.

태평양스쿨 편집부

이 사전의 사용법

사전을 찾는 경우에 그 사전의 모든 규약을 잘 알고 찾는 것과 모르고 찾는 것과는 같은 시간을 소비하더라도 그 능률면에 있어서 큰 차이가 납니다. 그러기 때문에 여러분은 다음에 적은 방법을 잘 읽고, 충분히 활용해 주기 바랍니다.

1. 단어는 이렇게 찾으면 됩니다.
(1) **단어의 배열** … 표제어는 굵은 **볼드체 활자**로 되어 있으며 알파벳 순으로 배열되어 있습니다. 그리고 페이지의 가장자리에 ABC...의 표시가 되어 있어 찾고자 하는 단어의 첫자는 금방 찾을 수 있습니다.
(2) **스펠링**(spelling) … 철자는 미국식 철자를 주로 사용하였습니다. 단, 영·미식 철자가 서로 다를때에는, 예를 들어 theater, theatre처럼 앞에 미국식을 쓰고, 다음에 영국식을 나란히 달아 주었습니다. 그러나, colo(u)r와 같이 생략할 수 있는 글자는 ( )로 묶어 놓았습니다.
(3) **별표** … 여러가지 통계를 분석 종합하여 영어에서 가장 빈번히 사용되는 단어에는 ＊표를 달고 그 다음으로 많이 사용되는 중요단어 에는 ＊표를 달았습니다.

2. 발음은 이렇게 익혀야 합니다.

(1) 국제 음표 문자와 우리말 발음 표기
발음은 국제 음표 문자로 표시하고 동시에 우리말로 표기했으므로 발음 기호를 몰라도 우선은 발음할 수 있게 했습니다. 그러나 발음 표기는 초보자를 위한 발음수단에 지나지 않으므로 정확한 영어발음을 위해서는 그때그때 발음 기호를 눈여겨 익혀야만 합니다.

(2) 미국식 발음과 영국식 발음
미국식 발음과 영국식 발음이 다를 경우에는 vase [《미》 veis 베이스, 《영》 vɑːz 바-즈]처럼 표시했습니다.
(3) 발음의 강형과 약형
같은 단어에서 강·약의 두가지 발음이 있을 때는 have[(강) hæv 해브, (약) həv 허브]처럼 ( )안에 강·약을 표시했습니다.
(4) 품사에 따라 발음이 다를 경우
같은 단어 일지라도 품사에 따라 발음이 다른 단어는 present **명**[préznt 프레즌트] **타**[prizént 프리젠트]처럼 표시했습니다.

3. 어형 변화는 이렇게 찾아 보면 됩니다.
(1) **명사의 복수형** … 예를 들면, **명** 다음의 ( )안에, **명**(복수 ants[æntsl앤츠])처럼, 복수형의 철자와 발음이 나와 있다.
(2) **동사의 변화** … **타**, **자** (또는 **타자**, **자타**) 다음의 ( )안에 3인칭 단수 현재(3단현)·과거·과거 분사·현재 분사의 철자와 발음이 표시되어 있다.
보기 : **자타**(3단현 calls[kɔːlz 코올즈], 과거·과거 분사 called[kɔːld 코올드, 현재분사 calling[kɔ́ːliŋ 코올링])
(3) **형용사·부사의 변화** … **형** 또는 **부** 뒤의 ( )안에 비교급·최상급의 철자와 발

음이 표기되어 있다.
보기 : 형(비교급 bigger [bíɡɚ비거], 최상급 biggest [bíɡist 비기스트])
형(비교급 more beautiful, 최상급 the most beautiful)

4. 단어의 품사와 그 뜻은 이렇게 찾습니다.
(1) 단어의 품사 표시와 그 밖의 기호
품사는 아래처럼 명, 대 ~ 로 표시했습니다. 그러나 동사는 타동사 타, 자동사 자로 구분했으며 그 밖의 기호는 다음과 같습니다.
1) 명 ········ 명 사 부 ········ 부 사 타 ········ 타동사 형 ········ 형용사
   대 ········ 대명사 접 ········ 접미사 조 ········ 조동사 자 ········ 자동사
   전 ········ 관 사 전 ········ 전치사 감 ········ 감탄사 약 ········ 약 어
2) ((영)) 영국 용법, ((미)) 미국 용법, ((구어)) 구어 용법, ((속담)), ((유아)) 유아어, ((표어)) 표어
3) 《숙》 숙어, 《반》 반의어, 《동》 동의어, 《참고》 참고
4) ☞문법상의 설명, ~ 을 보라

(2) 단어의 뜻과 동의어·반의어
단어의 비슷한 뜻일 때는 콤마(,)를 쓰고 그 뜻이 좀 바뀔 때는 세미콜론(;)을 썼으며 뜻이 크게 바뀔 때는 ①, ②, ~ 로 기술하고 표제어의 중요한 뜻은 **고딕체**로 표시 했으며, 필요에 따라서는 그 뜻의 동의어·반의어 등을 기술했습니다.

5. 괄호의 용도는 이렇게 알아두면 됩니다.
(1) 《 》
어법 및 문법에 관한 지시가 기술되어 있습니다.
보기 : **《관계대명사》**
(2) ( )
뜻의 보충 및 발음의 생략에 사용되고 있습니다.
보기 : ache(이·머리 따위가) 아프다, 쑤시다.
nation[néiʃ(ə)n] ······ [néiʃən 네이션] 또는 [néiʃn 네이슌]
(3) [ ]
바로 앞의 말과 바꿔 쓸 수 있는 경우에 사용했습니다.
보기 : front[back] door ······ front door 또는 back door
물[바다] 위에 ······ 물 위에 또는 바다 위에
(4) 〈 〉
함께 올 수 있는 전치사의 보충에 사용했습니다.
보기 : arrive 자 ① 다다르다, 도착하다〈at, in〉
(5) 〖 〗
전문어 괄호로 분야명을 표시했습니다.
보기 : grape 〖식물〗 포도

6. 용례와 숙어는 이렇게 활용합니다.
(1) 용례
단어는 예문을 통해서 예문과 함께 외우는 일이 중요합니다. 이 사전에서는 거의 모든 표제어에 예문을 실었고 삽화도 곁들여 있으므로, 단어를 쉽게 이해할 수 있습니다.

※ 권말 부록에 36항목에 걸쳐 학습·실무에 도움이 될만한 그림일러스트를 수록하였습니다.

발음 기호 일람표

모음(Vowels)		자음(Consonants)	
기 호	예	기 호	예
【 i:/이이 】	bee [bi:/비이이]	【 p/ㅍ 】	pin [pin/핀]
【 i/이 】	dinner [dínər/디너]	【 b/ㅂ 】	bell [bel/벨]
【 e/에 】	pen [pen/펜]	【 t/ㅌ 】	tree [tri:/트(우)리이]
【 æ/애 】	hat [hæt/햇]	【 d/ㄷ 】	day [dei/데이]
【 ɑ/아 】	body [(미)bádi/바디]	【 k/ㅋ 】	key [k:/키이]
	(영)bɔ́di/보디]	【 g/ㄱ 】	game [geim/게임]
【 ɑː/아아 】	father [fáːðər/퐈아더]	【 f/ㅍ 】	fast [fæst/패스트]
【 ɔ/오 】	hot [(미)hɑt/핫	【 v/ㅂ 】	very [véri/베(우)뤼]
	(영)hɔt/홋]	【 θ/ㅆ 】	month [mʌnθ/먼쓰]
【 ɔː/오오 】	tall [tɔ:l/토올]	【 ð/ㄷ 】	that [ðæt/댓]
【 u/우 】	book [buk/북]	【 s/ㅅ,ㅆ 】	sit [sit/씻]
【 u:/우우 】	goose [gu:s/구우스]	【 z/ㅈ 】	zoo [zu:/주우]
【 ʌ/어 】	bus [bʌs/버스]	【 ʃ/쉬 】	shoe [su:/슈우]
【 ə/어 】	about [əbáut/어바웃]	【 ʒ/ㅈ 】	usual [júːʒuəl/유우주얼]
【 ər/어 】	under [ʌ́ndər/언더]	【 tʃ/취 】	chair [houp/체어]
【 əːr/어어 】	bird [bəːrd/버어드]	【 dʒ/ㅈ 】	jump [dʒʌmp/점프]
【 ɑːr/아아 】	car [kɑːr/카아]	【 h/ㅎ 】	hope [houp/호웁]
【 ɔːr/오오 】	door [dɔːr/도오]	【 m/ㅁ 】	map [mæp/맵]
【 iər/이어 】	beer [biər/비어]	【 n/ㄴ 】	nice [nais/나이스]
【 ɛər/에어 】	care [kɛər/케어]	【 ŋ/ㅇ 】	sing [siŋ/씽]
【 uər/우어 】	poor [puər/푸어]	【 r/ㄹ 】	radio [réidiou/(우)레이디오우]
【 ei/에이 】	tail [teil/테일]	【 l/ㄹ 】	little [lítl/리틀]
【 ai/아이 】	high [hai/하이]	【 j/이 】	year [jiər/이이어]
【 ɔi/오이 】	boy [bɔi/보이]	【 w/우 】	we [w i:/위이]
【 au/아우 】	out [aut/아웃]	【 ts/츠 】	pants [pænts/팬츠]
【 ou/오우 】	go [gou/고우]	【 dz/ㅈ 】	hands [hændz/핸즈]

◇ 영미 발음의 비교 ◇

보기	구문	미국식 발음	영국식 발음
socks	「양말」	[ɑ/아] [sɑks/삭스]	[ɔ/오] [sɔks/속스]
after	「뒤에」	[æ/애],/[ə 어] [ǽftə/애프터]	[ɑː/아아],/[ə 어] [ɑ́ftə/아아프터]
why	「왜」	[hw/후] [hwai/화이]	[w /우] [wai/와이]

:a
[ə/어, (강조할때) ei/에이]
알파벳의 첫 번째 문자
관 하나의, 한 개의, 한 사람의
· This is *a* toy.
  이것은 장난감이다.
· This is *an* English book.
  이것은 영어책이다.

※ *a / an* 의 용법 (1)
다음에 오는 단어의 첫소리가 자음인 경우엔 『*a*』를 쓰고, 다음에 오는 단어의 첫소리가 모음(a, e, i, o, u)인 경우엔 『*an*』을 쓴다.
ex) · *a* toy   · *a* milk
      ↓   ↓
     자음   자음
· *an* apple · *an* orange
      ↓   ↓
     모음   모음

※ *a / an* 의 용법 (2)
하나, 둘로 셀 수 있는 것 앞에 붙이는데, 보통은 『하나의』라고 번역하지 않아도 된다. 단, 수량을 나타낼 때는 『하나의』라고 번역한다.

---

ability
[əbíliti/어빌리티]
명 (복수 *abilities* [əbílitiz/어빌리티즈]) 능력, 재능
· What's your *ability*.
  너의 재능은 무엇이니?

·able
[eibl/에이블[브어]]
형 ① 유능한, 능력 있는
· He is an *able* teacher
  그는 유능한 선생님이시다.
형 ② ~을 할 수 있는
(《반》 unable ~을 할 수 없는)
· I am *able* to speak English.
  나는 영어를 할 수 있다.

《숙》 *be able to* ~ : ~을 할 수 있다

about

[əbáut/어바우트]
전 ① ~둘레에(를) 《동》 around)
· Look *about* you.
주의를 조심하시오.
전 ② ~에 관하여 《동》 on)
· I will tell you *about* lions.
사자에 관하여 이야기해 주겠다.
부 약, 대략 《동》 nearly)
· *about* 10 miles 약 10마일
《숙》 *be about to* ~ 하려고 하다
She *was about to* start
그녀는 막 출발하려 하고있다.

above

[əbʌ́v/어버브]
전 ~의 위에 [로, 를]《반》below
~의 아래에)
☞ on은 물건에 닿아서 위에, over
는 바로 위에 *above*는 떨어져서
위에를 나타낸다.
· An airplane is flying *above* the clouds
비행기가 구름 위를 날고 있다.

abroad

[əbrɔːd/어브로-드]
부 외국에 [으로] 《반》 home 본
국에[으로])
· He often goes *abroad*
그는 자주 외국에 간다.
· I've not traveled *abroad*
나는 해외여행을 한 적이 없다.

absence

[ǽbs(ə)ns/앱선스]
명 부재(不在), 결근, 결석
· Peter came in your *absence*.
피터가 네가 없는동안에 왔다.

absent

[ǽbs(ə)nt/앱선트]
형 결석한, ~이 없는⟨*from*⟩《반》
present 출석한)
· He was *absent from* school today.
그는 오늘 학교를 결석했다.

accept

[æksépt/액셉트, əksépt/억셉트]
타 ① ~을 받다.
· I will *accept* your offer.
나는 네 제의를 받아 들이겠다.
· She *accepted* his proposal.
그녀는 그의 결혼 신청을 받아
들였다.
타 ② (초대 따위)에 응하다,
· I *accepted* her invitation.
나는 그녀의 초대를 받아들였다.

accident

[ǽksidənt/액시던(트)]

명 사고, 뜻밖의 사건
· There was a car *accident* late last night.
어젯밤 늦게 자동차 사고가 있었다.
· He discovered it by *accident*.
그는 우연히 그것을 발견 하였다.
《숙》 ***by accident*** 우연히

according
[əkɔ́ːrdiŋ/어크(우)어딩]
부 ~에 의하면, ~에 따라서
· *According* to the radio, it will rain tomorrow.
라디오에 의하면 내일 비가 올 것이다.
· She came *according* to her promise.
그녀는 약속대로 왔다.

《숙》 ***according to*** ~에 따라서
《숙》 ***according as*** ~에 응해서

account
[əkáunt/어카운트]
명 (복수 *accounts* [əkáunts/어카운츠]) 계산, 이유
《숙》 ***on account of*** ~의 이유로
· He was absent ***on account of*** his illness.
그는 아파서 결석했다.

· ## ache
[eik/에익] (※발음주의)
자 통증, 아픔, 쑤시다, 아프다.
· I have a *headache*.
나는 머리가 아프다.

· My *backaches*.
등이 아프다.

병은 증세에 따라 각각 다르다. 보통 '머리가 아프다', '이가 아프다', '배가 아프다' 고 할 경우 단어 뒤에 『*ache*』를 붙여 쓴다.
backache (요통) *headache* (두통)
stomachache (복통) *toothache* (치통)

acorn
[éikɔ(ː)rn/에이코(우)언]
명 도토리, 상수리
· *Acorns* grow on oak trees.
도토리는 떡갈나무에서 열린다.

acre
[éikər/에이커]
명 (복수 *acres* [éikərz/에이커즈]) 에이커 《약 4,046.7 제곱미터》
· Grandfather has six *acres* of land.
할아버지는 6 에이커의 땅을 가지고 계십니다.

across

[əkrɔ́ːs/어크로-스]
전 ① ~을 가로질러, ~을 넘어 (《반》 along ~ 을 따라)
· He ran *across* the street.
그는 길을 가로질러 뛰어갔다.
· There was a bridge *across* the river.
강에는 다리가 가로질러 놓여 있었다.
전 ② ~의 저쪽 [편] 에
· Her house is just *across* the street.
그녀의 집은 거리 바로 저쪽에 있다.
《숙》 *come [run] across* ~ (사람을) 우연히 만나다

action

[ǽkʃ(ə)n/액션]
명 (복수 *actions* [ǽkʃ(ə)nz/액션즈]) 동작, 행동
· *Actions* are more important than words.
말보다 행동이 더 중요하다.

active

[ǽktiv/액티브]
형 (비교급 *more active*, 최상급 the *most active*) 활발한, 적극적인
· an *active* volcano 활화산

《숙》 *the action voice* 능동태 (《반》 the passive voice 수동태)

actor

[ǽktər/액트어(어)]
명 (남자)배우 (《반》 actress 여자배우)
· Bruce Willis is a very famous *actor*
브루스 윌리스는 아주 유명한 배우이다.
· Who is your favorite movie *actor*?
네가 가장 좋아하는 영화 배우는 누구니?

A.D.

[éidíː/에이디-]
약 기원후 (《반》 B.C.기원전)

add

[æd/앳(애드)]
타 자 더하다, 보태다, 덧셈을 하다
· If you *add* six to three, you get nine.
3에 6을 더하면 9가 된다.

· *Add* eleven to two.
2에 11을 더하시오.
《숙》 *add A to B* B에 A를 더하다
《숙》 *add up* 계산이 맞다.

address¹
[ədrés/어드뤠스,ǽdres/애드뤠스)]
명 ① 주소
· What is your *address*?
당신의 주소가 어디입니까?
명 ② 연설, 강연
· The writer gave a long *address* to the audience.
그 작가는 청중에게 긴 연설을 하였다.
· ☞ 실제 대화에 『Where do you live?』라는 말을 더 많이 사용한다.

address²
[ədrés/어드뤠스]
타 (편지 겉봉투)에 주소를 쓰다.
· He *addressed* the letter.
그는 편지에 주소를 썼다.

:admire
[ədmáiər/어드마이어]
타 칭찬하다, 감탄하다, 탄복하다
· He *admired* the girl for her courage.
그는 소녀의 용기를 칭찬했다.

adult
[ǽdʌlt/애덜트]
명 (복수 *adults* [ǽdʌlts/애덜츠]
명 어른, 성인 《반》 child 어린이
· The fee is 50 cents for an *adult* and 30 cents for a student.
입장료는 어른이 50센트이고, 학생이 30센트이다.
· *Adults* Only : 《게시》 미성년자 관람불가
형 어른의, 성인의
· This is an *adult* novel.
이것은 성인용 소설이다.

advice
[ədváis/엇봐이쓰]
명 충고, 조언
· I asked for his *advice*.
나는 그의 조언을 구하였다.
· Follow[Take] my *advice*!.
내 충고를 따르도록 해!
《숙》 *give advice* 충고를 하다
· May I *give* you some *advice*?
몇 말씀 드리겠습니다.

:Aesop
[íːsəp/이-섭]
명 이솝 (기원전 619-564) 그리스의 우화 작가
Aesop's Fables 이솝 이야기

·afraid
[əfréid/어프뤠잇]
형 두려워하여, 무서워하여
· Don't be *afraid.*
무서워하지 마라.

· I am very *afraid* of snakes.
나는 뱀을 몹시 무서워한다.
《숙》 *be afraid of.* 을 두려워하다

Africa
[ǽfrikə/애프뤼커]
명 아프리카
· There are a lot of countries in *Africa*.
아프리카에는 많은 나라가 있다.

after
[ǽftər/앺트어(어)]
전 ~의 뒤에, ~을 찾아서
(《반》 before ~전에)
· You are *after* me!
당신은 내 뒤에요!
· Summer comes *after* spring.
여름은 봄 다음에 온다.
《숙》 *after all* 결국
He didn't come *after all*.
그는 결국 오지 않았다.
After you! 먼저 하세요[가세요]!
☞ 양보 할때 쓰는 말.
A : *After* you please.
먼저 타세요.
B : Thank you.
고맙습니다.

afternoon
[ǽftərnúːn/앺트어(어)누운]
명 오후 (정오에서 해질녘까지)
· What do you do on Sunday *afternoon*?
일요일 오후에는 무엇을 하니?
· We have four classes in the morning and three (classes) in the *afternoon*.
우리는 오전에 4시간, 오후에 3시간 수업이 있다.

막연히 『오후에』라고 할 경우는 『in』, 『일요일 또는 국경일 오후에』처럼 특정한 날의 『오후에』는 『on』을 쓴다.

《숙》 *Good afternoon!* 안녕하세요
오후에 만났을때 나누는 인사

:again
[əɡén/어겐]
부 다시, 한번 더, 또, 다시한번
· Don't be late *again*.
다시는 늦지 마라.
· Try it *again*.
한번 더 해 봐라.
《숙》 *once again* 다시 한 번
Once again, please.
다시 한 번 부탁합니다.

·against
[əɡénst/어겐슷]
전 ① ~에 맞서서; ~에 반대하여
(《반》 for ~에 찬성하여)

· Korea played *against* Germany.
한국은 독일을 상대로 시합 했다.
전 ② ~에 기대어
· She was leaning *against* the wall.
그녀는 벽에 기대어 있었다.

: **age**
[eidʒ/에이쮜]
명 나이, 연령, 성년
· What is your *age*?
[=How old are you?]
너는 몇살이니?
· We are (of) the same *age*.
우리는 동갑이다.

: **ago**
[əgóu/어고우]
부 ~전에, 이전에
· The bus left a few minutes *ago*.
그 버스는 2, 3분전에 떠났다.
· He was born ten years *ago*.
그는 10년 전에 태어났다.
《숙》 *long ago* : 옛날에
　　　 long, long ago : 옛날 옛적에

agree
[əgríː/어그뤼이]
자 동의하다, 찬성하다
· I quite *agree* with you.
나는 너의 의견에 전적으로 동의한다.
· Do you *agree* to his plan?
너는 그의 계획에 찬성하니?
· We all *agreed* about the matter.
그일에 대하여 우리모두 의견이 일치하였다.

> 보통 『to』 뒤에는 『일』을 나타내는 말이 오고 『with』 뒤에는 『사람』을 나타내는 말이 온다.
> *agree* to + 계획, 의견, 일
> *agree* with + 사람

· **ah**
[ɑː/아-]
감 아아 (슬픔·기쁨·놀람 따위를 나타내는 소리)

aha
[ɑːhá/아하-]
감 아하 (놀람 따위를 나타내는 소리)

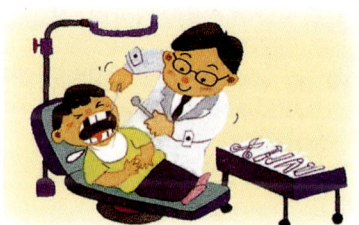

· **ahead**
[əhéd/어헷]
부 앞쪽에, 앞으로
· Walk *ahead* of me.
내 앞에 걸어라.
· Bob is running *ahead* of me.
밥은 내 앞에 달리고 있다.
《숙》 *ahead of* : ~ 보다 앞서
Go *ahead*! 어서 하세요! 네,좋습니다!

☞이 말은 모든 일에 허락 할때 쓰임.
A : May I use the phone?
전화좀 써도 될까요?
B : Sure. Go *ahead*.
물론이죠. 어서 쓰세요.

aim
[eim/에임]
타 자 (총 따위) 겨누다, 겨냥하다
· He *aimed* his gun at the bottle.
그는 병을 향해 총을 겨눴다.

:air
[ɛər/에여어]
명 공기, (**the**를 붙여) 하늘, 공중
· Let's go out and have some fresh *air*.
밖에 나가 신선한 공기를 마시자.
《숙》 *by air* : 비행기로
  Susie went to New York *by air*.
  수지는 비행기로 뉴욕에 갔다.
《숙》 *get the air* : 해고하다.

:airline
[ɛərlàin/에여(을)라인]
명 정기항공로, (복수형)항공회사
· The *airline* from Seoul to Tokyo was established
서울에서 동경까지의 정기 항공로가 개설되었다.

airplane
[ɛərplèin/에여플(을)레인]
명 《미》 비행기
· I have a model *airplane*.
나는 모형 비행기를 가지고 있다.

:airport
[ɛərpɔ̀ːrt/에여포우엇]
명 공항, 비행장
· Kimpo *Airport* is the largest in Korea.
김포공항은 한국에서 가장 크다.

alarm
[əláːrm/얼람-]
명 (복수 *alarms* [əláːrms/얼람-즈])
경보 ; 경보기 ; 놀람
· a fire *alarm*. 화재 경보기.
· He cried out in *alarm*.
그는 놀라서 외쳤다.

:album
[ǽlbəm/앨범]
명 (복수 *albums* [ǽlbəmz/앨범즈])
앨범, 사진첩
· This is my photo *album*
이것은 내 사진첩이다.

alike
[əláik/얼라익]
형 비슷한, 서로같은

· These birds are all *alike* to me
이 새들은 나에게 모두 비슷하게 보인다.

alive
[aláiv/얼라입흐]
형 살아있는 《반》 dead 죽은)
· Is the fish *alive* or dead?
그 고기는 살아 있니, 죽었니?

:all
[ɔ:l/오으어]
형 모든(것), 전체의, 모두
· *All* the boys were there.
소년들은 모두 와 있었다.
《숙》 *All day (long)* : 하루종일
It rained *all day long*.
하루 종일 비가 내렸다.
대 전부, 모두
· *All* of us like music.
우리는 모두 음악을 좋아한다.
《숙》 *All along* : 처음부터
《숙》 *All right* : 좋아

·allow
[əláu/얼라우]
타 허락하다
· I *allowed* him to marry my daughter.
나는 그가 내 딸과 결혼할 것을 허락했다.

· Smoking is not *allowed* here.
여기서는 금연으로 되어 있다.

·almost
[ɔ:lmoust/오얼모우슷]
부 거의, 대부분
· It's *almost* time to go.
거의 갈 시간이 되었다.
· He comes here *almost* every day.
그는 여기에 거의 매일 오다시피 한다.

·alone
[əlóun/얼로운]
형 홀로, 외로이, 혼자서
· Leave me *alone*, please.
혼자 있게 해 주세요.
· He *alone* came.
그 사람 혼자만이 왔다.
· He came *alone*.
그는 혼자서 왔다.

:along
[əlɔ́(:)ŋ/얼롱]
전 ~을 따라서
· She was walking *along* the road.
그녀는 길을 따라 걷고 있었다.
《숙》 *along with* : ~와 함께
I will go *along with* you.
(나는) 너와 함께 가겠다.

alphabet
[ǽlfəbèt/앨프어벳]
명 알파벳, 자모. 초보, 입문
- There are twenty-six letters in the English *alphabet*.
영어 알파벳은 26자이다.

ABCDEFG
HIJKLMN
OPQRSTU
VWXYZ

already
[ɔːlrédi/오얼레디[리]]
부 벌써, 이미
- It's *already* dark.
날이 벌써 어두워졌다.
- Are you leaving *already*?
당신은 벌써 떠나려고 합니까?

also
[ɔ́ːlsou/오얼쏘우]
부 ~도 또한 (동 too), 역시, 또
- I am a korean.
나는 한국 사람이다.
He is *also* a korean.
그 사람도 한국 사람이다.
- Judy is tall.
쥬디는 키가 크다.
Her mother is *also* tall.
그녀의 어머니 또한 키가 크다.

although
[ɔːlðóu/올-도우]
전 비록 ~이라도, ~이지만
- *Allthough* (he is) very poor, he is honest.
그는 매우 가난하지만 정직하다.

always
[ɔ́ːlwiz/오얼위즈, ɔ́ːlweiz/오얼웨이즈] 항상, 언제나
(반 sometimes 때때로)
- *Always* keep your hands clean.
항상 손을 깨끗이 해 두어라.
- You are *always* late.
너는 언제나 지각한다.

숙 *not always* 반드시 ~하지는 않는다

am
[əm/엄, (강조할 때)æm/앰]
※ 주어가 1인칭 (I)일 때 *be*동사 과거 *was* [wəz/(우)어즈] 과거분사 *been* [biːn/비인]과거분사 *being* [bíːiŋ/비이잉]
자 ① (성질을 표시하여) ~이다
- I *am* Min-ho.
나는 민호 입니다.
- I *am* eleven years old.
나는 11살 입니다.
자 ② (존재를 표시하여) ~에 있다
; (*am* + ~*ing*) ~하고 있다.
- I *am* in my study.
나는 내 서재에 있다.
- I *am* reading a book.

나는 책을 읽고 있는 중이다.

:a.m., A.M.
[éiém/에이엠]
약 ante meridiem 《라틴어; 《동》 *before noon*》 오전
(《반》 p.m., P.M. 오후)
8 : 20 ***a.m.*** 오전 8시 20분
the 9 : 30 ***a.m.*** train 오전 9시 13분발 열차

ambulance
[ǽmbjuləns/앰뷸런스]
명 (복수 ***ambulances*** [ǽmbjulənsiz / 앰뷸런시즈] 구급차
· Call an ***ambulance***!
구급차를 불러라!

·America
[əmérikə/어메리커]
명 미국, 아메리카, (합중국)
《숙》 ***North America*** 북아메리카
《숙》 ***South America*** 남아메리카
· He lives in ***America***.
그는 미국에 살고 있다.
· Who discovered ***America***?
누가 아메리카를 발견했습니까?

·American
[əmérikən/어메리컨]
형 미국 (사람)의, 아메리카의
· They are ***American***
그들은 미국 사람이다.
· He is an ***American boy.***
그는 미국 소년이다.
· Are you ***American***?
너는 미국 사람이냐?
명 (복수 [əmérikəns/어메리컨즈]
미국 사람들
· Many ***Americans*** like tennis and football
많은 미국 사람들은 테니스와 축구를 좋아한다.

·among
[əmʌ́ŋ/어멍]
전 ~의 사이에(서), ~의 가운데에
· She was sitting ***among*** the boys.
그녀는 남자들 사이에 앉아 있었다.

『***among***』은 셋 이상의 사물[사람]에 대해서, 막연히 그 사이에 있음을 나타낸다. 『between』은 둘 이상의 사물[사람]의 사이에 있음을 나타낸다.

·an
[ən/언, (강조할 때) æn/앤]
관 하나의, 한개의
· This is ***an*** egg.
이것은 달걀이다.

· My mother will be back in ***an*** hour.

어머니는 1시간 있으면 돌아 오신다.

·and
[ənd/언(드)], (강조할 때) ænd/애앤]
접 ~와, 그리고
· You *and* I are good friends.
  너와 나는 사이좋은 친구이다.

· Two *and* three make five.
  2 더하기 3은 5다.
· She bought pens *and* pencils.
  그녀는 펜과 연필을 샀다.

angel
[éindʒəl/에인젤]
명 천사; 천사 같은 사람
· I saw an *angel* in my dream.
  나는 꿈에서 천사를 보았다.
· You are such an *anger*
  너는 천사 같구나.

anger
[ǽŋgər/앵거]
명 (복수 *angers* [ǽŋgərz/앵거즈]
노여움, 화(《참고》 angry 화난)
· He cried with *anger*.
  그는 화가 나서 소리쳤다.

·animal
[ǽnəməl/애너므어]
명 짐승, 동물 (《반》 plant 식물)
· There are many *animals* in the zoo.
  동물원에는 짐승들이 많다.
· a wild *animal* : 야생동물
· a domestic *animal* : 가축

·answer
[ǽnsər/앤써]
타 (질문·사람)답하다(《반》ask 묻다)
· Can you *answer* this question?
  이 질문에 답할 수 있니?
명 대답(《반》 question 질문)
· He gave me no *answer*.
  그는 아무 대답도 하지 않았다.

ant
[ænt/앤(트)]
명 개미
· The *ant* worked hard all summer.
  개미는 여름 내 열심히 일했다.

· Look at that large *ant*!
  저 큰 개미를 보아라!

·any
[éni/에니]
형 ① (의문문·조건문에 써서)
무엇, 얼마, 누구
· Do you have *any* money?

돈 가진 것 있니?
☞ 보통 『*any*』는 「의문·부정문」에 쓰이고, 『*some*』은 「긍정문」에 쓰인다.
· I have *some* friends in America.
나는 미국에 몇 명의 친구가 있다.
<형> ② 어떤, 무엇이든
· *Any* girl can do it
어떤 소녀라도 그것은 할 수 있다.
<부> 조금도
· There were not *any* chairs in the room.
그 방에 의자가 하나도 없었다.

·anybody
[énibàdi/에니바디[뤼]]
<대> 누군가, 누구든지
· Is *anybody* here?
여기 누구 없어요?
· Does *anybody* know her?
누가 그 여자를 아는 사람이 있어요?
· I did not meet *anybody*.
나는 아무도 안 만났다.

·anyone
[éniwÀn/에니원]
<대> 누군가, 아무에게도, 누구든지
(《참고》 *someone* 누군가)
· If *anyone* comes, show him in.
만일 누군가 오면 들여보내라.
· You must not give it to *anyone*.
너는 그것을 누구에게도 주면 안된다.

anything
[éniθiŋ/에니씽[띵]]
<대> 무언가, 무엇이든지
· If *anything* happens, please call me.
무슨 일이 일어나면 나를 부르세요.

· There isn't *anything* in the refrigerator.
냉장고 안에는 아무것도 없다.

:apartment
[əpáːrtmənt/어팟-먼]
<명> 아파트
· They live in a three-room *apartment*.
그들은 방이 셋 있는 아파트에 산다.

우리가 일상 생활에서 말하는 『*apart* (아파트)』는 잘못된 것이다. 『*apartment*』라고 해야 옳다.

appeal
[əpíːl/어필-]
<타> 호소하다; 애원하다, 간청하다
· They *appealed* to him for help.
그들은 그에게 도움을 간청했다.
· You must not *appeal* to force.
폭력에 호소해서는 안된다.

·appear
[əpíər/어피여어]
<자> 나타나다 (《반》 disappear 사라

Animals 동물

giraffe 기린
camel 낙타
rhinoceros 코뿔소
hyena 하이에나
elephant 코끼리
squirrel 다람쥐
tiger 호랑이
tortoise 거북
hedgehog 고슴도치
fox 여우
deer 사슴

지다), ~에 나오다
- A little girl *appeared* in front of me.
한 어린 소녀가 내 앞에 나타났다.

·appetite
[ǽpitàit/애피타이트]
명 (복수 *appetites* [ǽpitàits/애피타이츠]) 식욕, 욕망
- I have a good [poor] *appetite*.
나는 식욕이 좋다[없다].

·apple
[ǽpl/애플]
명 (복수 *apples* [ǽplz/애플즈]) 사과
- This *apple* is red.
이 사과는 빨갛다.

- I eat an *apple* every day.
나는 매일 사과를 먹는다.
apple bobbing 사과 먹기 시합

approve
[əprúːv/어프루-브]
타 자 찬성하다, 입증하다
- He *approved* himself a good teacher.
그는 자신이 훌륭한 교사임을 입증했다.
- I *approve* your plan.

나는 네 계획에 찬성한다.

April
[éipr(ə)/에이프릴]
명 4월(*Apr.* 로 약한다)
in *April* 4월에
on *April* 5 = on 5 *April* = on the 5th of *April* 4월 5일에
- Today is *April* fifth.
오늘은 4월 5일이다.
- an *April* fool 4월 바보.
4월 1일 만우절(All Fools' Day)

Arch
[áːrtʃ/아-치]
명 (복수 *arches* [áːrtʃiz/아-치즈]) 홍예(문), 아치
- a rose *arch* 장미 아치
- a memorial *arch* 기념물

Are
[ər/어, (강조할때) ɑːr/아아]
※ 주어가 「*we, you, they*」그리고 「복수명사」일때의 be동사 현재형 과거 *were*[wəːR/(우)워어] 과거분사 *been*[biːn/비인]
자 ① ~이다
- Tom and Peter *are* friends.
톰과 피터는 친구들이다.
자 ② ~에 있다, ~하고 있다
- What *are* you doing?
너는 무엇을 하고 있니?
- *Are* you Snow White?
당신이 백설공주입니까?
- Many books *are* on the desk.
책상 위에 책이 많이 있다.
조 ① (*are~ing*로 진행형을 만든다)
- The children *are running*.

아이들이 달리고 있다.
조 ② ~이 되다

·**area**
[ɛəriə/에어뤼어, ɛ(i)riə/에뤼어]
명 면적, 지역, 범위
· What's the ***area*** of your garden?
당신네 정원의 면적은 얼마죠?

aren't
[aiɾnt/아안(트)](***are not*** 줄인말)
약 ~이 아니다, ~에 없다
· They ***aren't*** Mr.William's pupils.
그들은 윌리엄 선생님의 학생들이 아니다.

·**arm**
[ɑːɾm/암-]
명 (복수 ***arms*** [ɑːɾmz/암-즈] 팔
· ***arm*** wrestling 팔씨름
· Monkey's ***arms*** are long.
원숭이의 팔은 길다.

《숙》***arm in arm*** 서로 팔짱을 끼고
· We took a walk ***arm in arm*** in the park.
우리는 공원에서 서로 팔짱을 끼고 산책했다.
《숙》***with open arms*** 두팔을 벌려

:**army**
[ɑːɾmi/아-미]
명 육군
(《반》navy 해군, air force 공군)
· My oldest son is in the ***army***.
나의 큰아들은 군대에 가 있다.

:**around**
[əráund/어(우)라운(드)]
부 ~의 주위에, ~을 둘러싸고
· They sat ***around*** the campfire
그들은 모닥불을 둘러싸고 앉았다.
· He looked ***around***.
그는 주위를 둘러보았다.

:**arrange**
[əréindʒ/어레인지]
타 ① 배열하다, 정리하다,
· He is ***arranging*** books in his study.
그는 서재에서 책을 정돈하고 있다.
타 ② 정하다, 준비하다,
· at the hour ***arranged.***
예정한 시각에
자 타협하다, 마련하다,

arrival
[əráiv(ə)l/어라이벌]
명 (복수 ***arrivals*** [əráiv(ə)lz/어라

이벌즈]) 도착, 입항, 출현
· The *arrival* time is 3 : 10 p.m.
도착 시각은 오후 3시 10분이다.

:arrive
[əráiv/어라이브]
재 다다르다, 도착하다 〈at, in〉
· He *arrived* at the hotel.
그는 호텔에 도착했다.
· She will *arrive* in Paris tomorrow morning.
그녀는 내일 아침 파리에 도착할 것이다.
☞ 어떤장소·마을 따위에는 at, 대도시나 나라 따위에는 in을 쓴다.

arrow
[ǽrou/애로우]
명 (복수 *arrows*[ǽrouz/애로우즈])
화살
· Shoot an *arrow*.
화살을 쏘다.

· I followed the *arrow*.
나는 화살표 방향을 따라갔다.

·art
[ɑːrt/아어엇]
명 예술, 미술
· *Art* is long, and life is short.
예술은 길고 인생은 짧다.
· Susan is studying *art* and music.
수잔은 미술과 음악을 공부하고 있다.
· a work of *art*. 미술품.

·artist
[ɑːrtist/아어어티슷]
명 예술가, 미술가
· My uncle is an *artist*.
나의 삼촌은 미술가 입니다.

:as
[əz/어즈, (강조할 때)] æz/애즈]
접 ① ~만큼, ~처럼 (*as ~as* 의 형태로 사용)
· Eric is not *as* tall *as* his father.
에릭은 그의 아버지만큼 키가 크지는 않다.
접 ② ~로서
· I like her *as* a friend.
나는 그녀를 친구로서 좋아한다.
접 ③ ~하고 있을때, ~하면서
· Jane came in *as* I was reading.
내가 책을 읽고 있을 때 제인이 들어왔다.
《숙》 *as well as* ~뿐 아니라
《숙》 *as ~as* ~와 같은 정도로 ~한

Asia
[éiʒə/에이저, éiʃə/에이시어]

명 아시아
· Korea is in East *Asia*.
한국은 동아시아에 있다.

aside
[əsáid/어사이드]
부 곁에, 별도로, ~은 제쳐놓고
《숙》*lay aside* 정돈하다
· please lay *aside* these books.
이 책들을 정리해 주세요.
《숙》*put aside* 제쳐놓다, 치우다

:ask
[æsk/애스크] 묻다, 질문하다
타 자 묻다(《반》answer 대답하다)
· May I *ask* (you) a question?
질문해도 좋습니까?
· I *asked* her who he was.
나는 그녀에게 그가 누구냐고 물어 보았다.
《숙》*ask about* ~에 대하여 묻다
· She *asked about* me.
그녀는 나에 관해 물었다.
《숙》*ask after* ~에 안부를 묻다
《숙》*ask for* ~을 구하다

:asleep
[əslíːp/어슬리-프]
부 형 (명사 앞에는 사용하지 않는다) 잠들어[잠든], 영면하여(《반》 awake 깨어)
《숙》*be asleep* 자고 있다.
 The child *is asleep*.
 그 아이는 자고 있다.
《숙》*fall asleep* 잠들다.
《숙》*do while asleep* 수월하게 하다
 He *fell asleep* in his seat.
 그는 자기 자리에서 잠들었다.

assemble
[əsémbl/어셈블]
타 자 모으다, 모이다
· All the students were *assembled* in the hall.
전학생이 강당에 모였다.

assure
[əʃúər/어슈어]
타 보증하다, 확신시키다
· I am *assured* of his honesty.
나는 그의 정직을 확신한다.

:at
[ət/엇, (강조할 때) æt/앳]
전 ① 《시간, 나이》~에, ~때에
· I usually get up *at* seven in the morning.
나는 보통 아침 7시에 일어난다.

전 ② 《위치, 장소》~에, ~에서
· Columbus was born *at* Genoa in Italy.

콜럼버스는 이탈리아의 제노바에서 태어났다.

ate
[eit/에잇] (*eat*의 과거형)
타 자 먹었다.
· I *ate* some bread for lunch.
나는 점심 식사로 빵을 먹었다.

athletic
[æθlétik/애슬레틱]
형 운동 경기의
· He is good an *athletic* sports!
나는 운동경기를 좋아한다.

attack
[ətǽk/어택]
타 ① 공격하다
· We *attacked* the enemy at dawn.
우리는 새벽에 적을 공격했다.
· The dog *attacked* the cat.
개가 고양이에게 덤벼 들었다.
타 ② (병이 몸을) 침범하다.
· He was *attacked* by illness.
그는 병에 걸렸다.

attempt
[ətém(p)t/어템(프)트]
타 시도하다, 꾀하다 (《동》 try)

· He *attempted* a difficult task.
그는 어려운 일을 시도했다.
· He *attempted* an excuse.
그는 변명하려고 했다.
명 (복수 *attempts* [ətém(p)ts/어템(프)츠]) 시도, 계획
· He made an *attempt* to run away.
그는 도망치려고 시도했다.

attend
[əténd/어텐(드)]
타 자 출석하다, 참석하다
· She *attended* the wedding ceremony.
그녀는 결혼식에 참석했다.
· I don't *attend* church very often.
나는 교회에 자주 가지는 않는다.

attention
[əténʃ(ə)n/어텐슌[션]]
명 주의, 주목, 관심
· The children paid no *attention* to the teacher.
아이들은 선생님께 주의를 기울이지 않았다.

· *Attention*, please.
알려 드리겠습니다.

August
[ɔ́:gəst/아아그어슷]

몡 8월
☞ 『*Aug*』로 줄여 쓸 수도 있다.
· It is hot in *August*.
8월은 덥다.

「월(month)」이름은 첫자를 대문자로 쓴다는 점에 주의하자.
February (2월) **March** (3월)
April (4월) **May** (5월)

aunt
[ænt/앤(트), 《영》ɑːnt/아안(트)]
몡 아주머니 (이모·숙모·고모)
(《반》 uncle 아저씨)
· *Aunt* Linda is my mother's sister.
린다 이모는 어머니의 동생이시다.

Australia
[ɔːstréiljə/오-스트레일리어]
몡 오스트레일리아

author
[ɔ́ːθər/오-서]
몡 (복수 *authors* [ɔ́ːθərz/오-서즈])
저자, 작가 (《반》 reader 독자)
· he is an *author*.
그는 작가이다.

automobile
[ɔ́ːtəməbíːl/오토머브일]

몡 《미》 자동차
· The *automobiles* in Korea have greatly increased.
한국의 자동차 수는 크게 늘었다.

autumn
[ɔ́ːtəm/오-텀]
몡 가을
· I like *autumn* best.
나는 가을을 제일 좋아한다.

· In *autumn* the leaves turn red.
가을에는 잎이 단풍이 든다.

미국에서는 『가을』을 보통 『fall』이라고 한다. 단 『가을의 꽃』은 『fall flowers』가 아니라 『*autumn* flowers』라고 해야 한다.

avoid
[əvɔ́id/오보이드]
타 (3단현 *avoids* [əvɔ́idz/오보이즈], 과거·과거 분사 *avoided* [əvɔ́idid/오보이디드], 현재 분사 *avoiding* [əvɔ́idiŋ/오보이딩]) 피하다
· They *avoided* seeing me.
그들은 나 만나는 것을 피했다.

awake
[əwéik/어(우)웨익]
타 자 자지 않고, 깨어 있는 (《반》 asleep 잠들어)

- Is she *awake* or asleep?
  그녀는 깨어 있느냐, 자고 있느냐?
- He was *awake* to the dangers.
  그는 위험을 알고 있었다.

aware
[əwɛər/어웨어]
형 알고 있는, 알아채고
- He is *aware* of the danger.
  그는 위험을 알아채고 있다.

away
[əwéi/어(우)웨이]
동 ① 떨어져서, 멀리 (《동》 far, off)
- My home is three miles *away* from here.
  내 집은 여기서 3마일 멀리있다.
동 ② 저쪽으로, 사라져
- Go *away*! 저리 가버려!
- The dog ran *away*.
  그 개는 도망쳤다.

awful
[ɔ́:fəl/오-펄]
형 두려운, 무시무시한, 대단한
- I remember the *awful* sight.
  나는 그 무서운 광경을 기억하고있다.

- I am *awful* glad.
  나는 대단히 기쁘다.

awfully
[ɔ́:fli/오-플리]
부 무섭게, 몹시, 대단히, 두렵게
- He is *awfully* rich.
  그는 대단히 부자다.
- It's *awfully* hot today.
  오늘은 몹시 덥다.

- It's *awfully* nice to you.
  정말 감사합니다.

ax/axe
[æks/액쓰]
명 도끼
- I used this *ax* to cut down the trees.
  나는 나무를 베는 데 이 도끼를 사용했다.
《숙》 *get the ax* 퇴교당하다.
《숙》 *have an one's ax* 쓸데없는 계획을 중지하다.
타 도끼로 베다. 삭감하다.
- I chop a tree down with an *ax*
  나는 나무를 도끼를 베었다.

B,b
[biː/비이] 알파벳의 두 번째 문자

babe
[beib/베이브]
명 (복수 [beibz/베이브즈])
명 ① 갓난아기 (《동》 baby)
명 ② (미)소녀, 계집애
· **Babe** is playing in the house.
집에서 갓난아기가 놀고 있다.

baby
[béibi/베이비]
명 (갓난)아기, 어린아기
· A **baby** is crying.
아기가 울고 있다.

back
[bæk/배액]
명 뒤(《반》 front 앞); 등, 등뼈
· Get into the **back** of my car.
내 차 뒤에 타라.
· I sat on a horse's **back**.
나는 말 등에 올라탔다.
부 되돌아서; 뒤로, 뒤에, 되돌아
· Go **back** to your seat.
네 자리로 돌아가라.
· Stand **back**, please.
뒤로 물러 서시오.
형 (명사 앞에 써서) 뒤의
· She sat on the **back** seat of the car
그녀는 자동차 뒷자석에 앉아 있었다.
《숙》 *at the back of* ~ : ~의 뒤에
There is a big tree ***at the back of*** the house.
그 집 뒤에 큰 나무가 있다.

bad
[bæd/뱃]
형 ① 나쁜 (《반》 good 좋은)
· He is a **bad** boy.
그는 나쁜[불량]소년이다.

형 ② (병 따위가) 심한
· I have a **bad** cold.
나는 심한 감기[독감]에 걸렸다.
형 ③ 해로운, 위험한
· Smoking is **bad** for health.
흡연은 건강에 해롭다.
《숙》 *be bad at* ~에 서투르다
I *am bad at* drawing.
나는 그림이 서투르다.
《숙》 *go bad* 썩다, 나빠지다
This apple *went bad*.
이 사과는 썩었다.

badly
[bǽdli/뱃(을)리]
부 ① 몹시, 매우
· She wants it **badly**.
그녀는 그것을 몹시 원한다.
부 ② 나쁘게
· The case is **badly** made.
그 상자는 나쁘게 만들어져 있다.

:bag
[bæg/브액]
명 가방, 자루
· He has a **bag** in his hand.
그는 손에 가방을 들고 있다.

☞ 보통 『*bag*』은 가죽, 천, 종이 따위로 만든 주머니를 말한다.

· mail**bag** (우편 가방)
· hand**bag** (핸드백)
· paper **bag** (종이 주머니)

baggage
[bǽgidʒ/배깃쥐]
명 짐, 수화물 ((영))luggage)
· I have to check in my **baggage**.
내 짐을 맡겨야 돼요.

bake
[beik/베익]
타 (오븐으로 빵 따위를) 굽다
· I **baked** the bread myself.
내 스스로 빵을 구웠다.
· She is **baking** bread.
그녀는 빵을 굽고 있다.

· *bakery* 빵집 제과점

baker
[béikər/베이커]
명 (복수 *bakers* [béikər/베이커즈])
빵 굽는 사람 ; 빵장수
· Uncle Carl is a **baker**.
칼 아저씨는 빵장수 이시다

·ball
[bɔːl/보우어]
명 공, 볼, 공놀이
· Please throw the **ball** back to

me!
그 공을 나한테 던져 주세요.
· They like to play *ball*.
그들은 공놀이를 좋아한다.

ballet
[bǽlei/밸(을)레이]
명 발레
· My big sister is a *ballet* dancer.
나의 누나는 발레 무용가이다.

balloon
[bəlúːn/벌루운]
명 풍선, 고무풍선
· John is bowing up the *balloon*.
존은 풍선을 불고 있다.

bamboo
[bæmbúː/뱀부-]
명 (복수 *bamboos* [bæmbúːz/뱀부즈] 대, 대나무
· a *bamboo* pipe.
대나무 담뱃대.

:banana
[bənǽnə/버내너]
명 (복수 *bananas* [bənǽnəz/버내너즈] 바나나
· He slipped on a *banana* peel.
그는 바나나 껍질에 미끄러졌다.

band
[bænd/밴드]
명 (복수 *bands* [bændz/밴즈]
명 ① 띠, 끈
· a rubber *band*. 고무 밴드
명 ② 악대 ; 한 떼
· a military *band*. 군악대.
· The *band* is coming.
악대가 오고 있다.

bandage
[bǽndidʒ/밴딧쮜]
명 (감는) 붕대
· Who's the boy with a *bandage* on his arm?
팔에 붕대를 한 소년은 누구니?

·bank
[bæŋk/뱅크]
명 (복수 *banks* [bæŋk/뱅크스])
명 ① 은행
· She has some money in the *bank*.
그녀는 은행에 예금이 약간 있다.
· the *Bank* of Korea. 한국은행.
· a national *bank*. 국립은행.
명 ② 둑, 방죽, 제방
· We walked along the *bank*.
우리는 둑을 따라 산책했다.

:barber
[báːrbər/바아브어어]
명 이발사
- Tony's father is a **barber**.
토니의 아버지는 이발사이다.

- I had my hair cut at a **barber-shop** yesterday
나는 어제 이발소에서 머리카락을 잘랐다.

:bark
[bɑːrk/바-크]
자 (개 따위가) 짖다.
- The dog **barked** at the beggar.
개는 거지에게 짖어 댔다.
《숙》 **bark at** ~을 향해 짖어대다 [짖다]
명 (복수 **barks** [bɑːrks/바크스]) (개·늑대 따위가) 짖는 소리

barn
[bɑːrn/반-]
명 (복수 **barns** [bɑːrnz/반-즈]) (농가의) 헛간
- The farmer put the cows in the **barn**.
농부는 헛간에 소를 넣어 둔다.

base
[beis/베이스]
명 ① 기초, 토대; 기슭
- We camped at the **base** of the mountain.
우리는 산기슭에서 야영했다.
명 ② (야구의) 베이스
- The player ran for third **base**.
그 선수는 3루를 향해 달렸다.
- a **base** hit 안타
- a three-**base** hit 3루타

:baseball
[béisbɔ̀ːl/베이스보으어]
명 야구
- Bill is a **baseball** player of our school.
빌은 우리 학교 야구 선수이다.

basement
[béismənt/베이스먼트]
명 (복수 **basements** [béismənt/베이스먼츠]) 지하실
- I have a bath *in the basement.*
나는 지하실에서 목욕한다.

basket
[bǽskit/브애스끳]
명 바구니
- There are many apples in the **basket**.
바구니 속에 사과가 많다.

basketball

:basketball
[bǽskitbɔ̀:l/배스킷볼-]
명 바스켓볼, 농구
· We played *basketball* after school.
우리는 방과 후에 농구를 했다.

:bat
[bæt/뱃]
명 ① 배트, 야구 방망이
· I have a *bat* in my right hand.
나는 오른손에 야구 방망이를 가지고 있다.

《숙》 *at bat* 타석에 있는
He is now *at bat*.
그는 지금 타석에 나가 있다.
명 ② (동물) 박쥐
· *Bats* fly at night.
박쥐는 밤에 날아 다닌다.

:bath
[bæθ/브애쓰]
명 목욕
· We take a *bath* everyday.
우리는 매일 목욕을 한다.
《숙》 *take* [*have*] *a bath* 목욕하다
· I have[take] a *bath* every day.
나는 매일 목욕 한다.
· Hurry up and take a *bath*.
빨리 욕실에 들어가거라.

bathe
[beið/베이드]
자 목욕하다, 헤엄치다
· Children like to *bathe* in the sea.
아이들은 바다에서 헤엄치기를 좋아한다.

bathroom
[bǽθrù(:)m/브애쓰룸[루움]]
명 목욕실, (가정에 있는) 화장실
· Father is washing his face in the *bathroom*.
아버지는 욕실에서 세수하고 계신다.
· Where is the *bathroom*?
화장실이 어디입니까?

battle
[bǽt/배틀]
명 (복수 *battles* [bǽtlz/배틀즈])
싸움, 전투
· a naval *battle* 해전
· We must fight a *battle*.
우리는 싸워야만 한다.

B.C.
[bí:sí/비-시]
약 *Before Christ* 기원전
(《반》 A.D.기원후)

:be
[bi/비, (강조할 때) bi:/비이]
자 ~이다; ~이 되다
· It will *be* nice tomorrow.
내일 날씨는 맑을 것이다.
· I want to *be* a doctor.
나는 의사가 되고 싶다.

조 (어떤 장소에) 있다
· She may *be* in the garden.
그녀는 정원에 있는지도 모른다.
《숙》 *be about to* (do) 막 ~하려 하다
《숙》 *be afraid of* ~을 두려워하다
《숙》 *be going to* (do) 막 ~하려 하다

be 동사의 인칭에 따른 변화			
시제	인칭	단수	복수
현재	1인칭 2인칭 3인칭	I am You are He She is It	We are You are They are
과거	1인칭 2인칭 3인칭	I was You were He She was It	We were You were They were
원형 현재분사 과거분사		be being been	

·beach
[biːtʃ/비이취]
명 물가, 바닷가, 해변
· Let's play on the *beach*.
해변에서 놀자.
☞ 우리가 일상 생활에서 쓰는 『비치 파라솔』은 잘못된 영어다. 『a *beach* umbrella』라고 한다.

bean
[biːn/비인]
명 콩, 강낭콩
· It was a simple dinner of bread, *beans*, and potatoes.
그것은 빵, 콩, 감자로 이루어진 간소한 저녁 식사였다.

·bear
[bɛər/베여어]
명 곰 (동물)
· I saw a *bear* at the zoo.
나는 동물원에서 곰을 보았다.

조 (아이를) 낳다 ; (be *born* 형태로 사용되어) 태어나다
· He was *born* in San Francisco.
그는 샌프란시스코에 태어났다.
타 참다, 견디다
· I can't *bear* her.
나는 그녀에 대해 참을 수가 없다.
《숙》 be *born* 태어나다
I was *born* in Seoul.
나는 서울에서 태어났다.

·beat
[biːt/비잇]
타 ① (계속해서) ~을 치다,
· She is *beating* a drum.
그녀는 북을 치고 있다.
타 ② 이기다, 패배시키다
· we *beat* our enemy.
우리는 적을 패배시켰다.
☞ 과거 *beat* 과거분사 *beat* 또는 *beaten* [bíːtn/비이른]
《숙》 *beat about* 찾아 헤매다.

beautiful
[bjúːtifəl/뷰-티펄]

혱 (비교급 more *beautiful*, 최상급 the most *beautiful*) 예쁜, 아름다운
· She is a *beautiful* girl.
그녀는 예쁜 소녀다.

beauty
[bjúːti/뷰-티]

몡 (복수 *beauties* [bjúːtiz/뷰-티즈]) 아름다움, 미, 미인
· She is a great *beauty*.
그녀는 굉장한 미인이다.

because
[bikɔ́ːz/비카아즈]

접 왜냐하면, ~이기 때문에
· We stayed at home *because* it rained.
비가 왔기 때문에 우리는 집에 있었다.
A: Why didn't you come?
왜 오지 않았니?
B: *Because* I was sick.
아팠기 때문이야.
『Why~?』란 질문에는 『*because*~』의 형태로 대답한다.

become
[bikʌ́m/비컴]

자 타 (3단현 *becomes* [bikʌ́mz/비컴즈], 과거형 *became* [bikéim/비케임], 과거 분사 *become* [bikʌ́m/비컴], 현재 분사 *becoming* [bikʌ́miŋ/비커밍])

자 ~이 되다, ~로 되다, ~은 되다
(《동》 come to be)

· She *became* an actress
그녀는 배우가 되었다.

· It will *become* nice in the afternoon.
오후에는 날씨가 갤 것이다.
타 ~에 어울리다(《동》 suit)
· The dress *becomes* you well.
그 옷은 네게 잘 어울린다.

bed
[bed/벳]

몡 ① 침대, 잠자리
· The cat jumped on my *bed*.
고양이는 내 침대로 뛰어올랐다.
《숙》 *go to bed* 잠자리에 들다
What time do you go to *bed*?
너는 몇시에 자느냐?
《숙》 *make a bed* 잠자리를 깔다
몡 ② 화단;강바닥

bedroom
[bédrù(ː)m/벳(우)룸[루움]]
몡 침실
· There are four *bedrooms* upstairs.
2층에 침실이 네 개 있다.

bedside
[bédsàid/베드사이드]

몡 (복수 *bedsides* [bédsàidz/베드

사이즈) **침대 곁, 머리맡, 윗머리**
· a *bedside* table
  머리맡의 테이블

bee
[biː/비이]
명 꿀벌

a queen *bee* 여왕벌, a worker *bee* 일벌, a drone 수벌
· A *bee* usually lives with many other bees.
  꿀벌은 보통 다른 많은 벌과 함께 살고 있다.
· I got stung by a *bee*.
  나는 벌한테 쏘였다.

beef
[biːf/비임흐]
명 쇠고기
· I like *beef* very much.
  나는 쇠고기를 무척 좋아한다.

been
[bin/빈, (강조할 때) biːn/비인]
자 (be동사의 과거분사) ~한 적이 있다.
· Have you ever *been* to Cheju-do?
  너는 제주도에 가 본 적이 있니?
조 (have *been*~ing의 꼴로) 지금까지 줄곧 ~하고 있다.
· It *has been* raining for three days.
  3일 동안 줄곧 비가 오고 있다.

:before
[bifɔːr/버포우어]
접 (시간을 나타내어) ~하기 전에
(《반》 after ~ 후에)
· What do you do *before* dinner?
  너는 저녁 식사 전에 무엇을 하니?
전 (위치·장소등) ~의 앞에
· She sat *before* me.
  그녀는 내 앞에 앉았다.
《숙》 *before long* 머지않아

:beg
[beg/베그]
타 (돈·음식 따위를)청하다 ;(용서 따위를) 빌다, 부탁하다,
자 구걸을 하다 ; 용서를 청하다
· He *begged* for food.
  그는 먹을 것을 청했다.
· I *beg* your pardon.
  실례했읍니다.
· I *beg* your pardon?
  다시 한 번 말씀해 주시겠습니까?

:begin
[bigín/비긴]
타 (3단현 *begins* [bigínz/비긴즈], 과거형 *began* [bigǽn/비갠], 과거분사 *begun* [bigʌ́n/비건], 현재분사 *beginning* [bigíniŋ/비기닝])
타 시작하다(《동》 start, 《반》 finish 끝마치다)
· The baby *began* to cry.
  갓난아기는 울기 시작했다.
자 시작되다

- School ***begins*** at nine o'clock.
수업은 9시에 시작된다.

《숙》 ***begin with*** ~부터 시작하다
Let's ***begin with*** this book.
이 책부터 시작합시다.

: beginning
[bigíniŋ/비기닝]
타 (3단현 ***begins*** [bigínz/비긴즈],
명 시초, 시작(《반》 end 끝)
- He left at the ***bebinning*** of May.
그는 5월초에 떠났다.
《숙》 ***from beginning to end*** 시종

behave
[bihéiv/버헤이브]
타 자 행동하다, 처신하다
- ***Behave*** yourself!
얌전하게 굴어라!

: behind
[biháind/버하인(드)]
전 (장소가) ~의 뒤에(《반》 in front of ~의 앞에)
- Look ***behind*** you.
네 뒤를 보아라.
부 (시간 따위) 에 늦어서
- The bus was five minutes ***behind*** time.
그 버스는 5분 늦었다.
- He left me ***behind***.
그는 나를두고 가버렸다.
《숙》 ***behind time*** 시간에 늦어서

being
[bí:iŋ/비-잉]
자 (***be***의 현재 분사)
자 ① (be+***being***+과거 분사로 피동의 진행형을 만든다.)
- The house is ***being*** built.
그 집은 건축중이다.
자 ② (분사 구문을 만든다.)
- ***Being*** rich, he could buy it.
그는 부자라 그것을 살 수 있었다.
명 (복수 ***beings*** [bí:iŋz/비-잉즈])
존재, 인간, 생물
- He has become quite a different ***being***.
그는 아주 딴사람이 되었다.

· believe
[bilí:v/빌리-브]
타 자 믿다, 정말이라고 생각하다
- Do you ***believe*** that story?
너는 그 이야기를 정말이라고 생각하니?
《숙》 ***believe in*** ~을 신뢰하다
Do you *believe* in Santa Claus?
너는 산타 클로스가 있다고믿니?

:bell
[bel/베으어]
명 종, 벨(소리)
· The **doorbell** is ringing.
현관의 초인종이 울리고 있다.
· Enter the classroom with the **bell**.
벨이 울리면 교실에 들어가라.

·belong
[bilɔ́(ː)ŋ/빌롱]
자 ~에 속하다, ~의 것이다
(뒤에 to를 함께 쓰는 경우가 많음)
· She **belongs** to the drama club.
그녀는 연극반에 속해 있다.
· That dictionary **belongs** to me.
그 사전은 내 것이다.

:below
[bilóu/벌로우]
전 ~의 아래에(《반》above 의 위에)
· There is a farm **below** the bridge.
다리 아래쪽에 한 농장이 있다.
부 아래쪽에[으로, 에서]
· See the note **below**.
아래 주를 보라.

belt
[belt/벨트]
명 (복수 **belts** [belts/벨츠]) 띠, 벨트; 지대
· Fasten your seat **belt**.
좌석 벨트를 채우십시오.

·bench
[bentʃ/벤치]
명 (복수 **benches** [béntʃiz/벤치즈]) 벤치, 긴 의자 (《참고》chair는 혼자 앉는 의자)
· The girl sat reading on the **bench**.
그 소녀는 벤치에 앉아 책을 읽고 있었다.

bend
[bend/벤드]
자 구부러지다, 휘다 ; 몸을 구부리다, 무릎을 꿇다.
· The tree **bent** in the wind.
그 나무는 바람을 받아 휘었다.
· She **bent** down.
그녀는 허리를 굽혔다.
타 구부리다, 휘게 하다; 굽히다.
· He **bent** an iron bar easily.
그는 철봉을 쉽게 구부렸다.

bent
[bent/벤트]
자 타 **bend** (구부러지다, 구부리다)의 과거 · 과거 분사
형 구부러진, 굽은
· He is **bent** with age.
그는 나이탓으로 허리가 굽었다.

:beside
[bisáid/버싸잇]
전 ~의 곁에, ~의 옆에

· He came to *beside* me.
그는 내 옆에 와서 앉았다.
《숙》 *beside oneself* 열중하여

:best
[best/베스트]
형 (*good* 또는 *well*의 최상급)최상 가장좋은 (《반》 worst 가장 나쁜)
· This is the *best* way.
이것이 가장 좋은 방법이다.
부 (*well*의 최상급)가장 잘, 제일
· I like classical music *best*.
나는 클래식 음악이 제일 좋다.
명 최선, 전력 ; 최선의 상태
《숙》 *do one's best* 전력을 다하다
《숙》 *at one's best* 최선의 상태로

:better
[bétər/베터]
형 (*good* 또는 *well*의 비교급) 더 좋은, 보다나은《반》 worse 더나쁜)
· This is *better* than that.
이것이 저것보다 낫다.
· I am much *better* today.
오늘은 기분이 훨씬 낫다.
부 (*well*의 비교급) 보다 좋게
· I like summer *better* than winter.
나는 여름이 겨울보다 좋다.

《숙》 *get better* 좋아지다
《숙》 *get the better of* ~에게 이기다

·between
[bitwíːn/비트윈-]
전 ~의 사이에 (보통 둘사이)
· The boy is sitting *between* her father and mother.
그 소녀는 아버지와 어머니 사이에서 걸었다.
· Taegu is *between* Seoul and Pusan.
대구는 서울과 부산 사이에 있다.
☞ 보통 셋 이상의 사이를 뜻할 때는 among을 쓴다.

beyond
[bijánd/비이얀(드)]
전 (장소) ~의 저쪽에, 너머에
· They live *beyond* the hill.
그들은 언덕 너머에 산다.
· His house is *beyond* the bridge.
그의 집은 다리 건너편에 있다.
부 (멀리) 저쪽에, 이상으로, 그밖에
· Look *beyond*!저쪽을 보아라!

Bible
[báibl/바이블]
명 (the *Bible*로) 성서, 성경

·bicycle
[báisik/바이씨클]
명 자전거

· I go to school by *bicycle*.
나는 자전거로 학교에 다닌다.

· Can you ride (on) a *bicycle*?
너는 자전거를 탈 줄 아니?

바퀴가 두 개 있는 자전거를 『*bicycle*』 또는 간단하게 『*bike* [baik/바익]』이라고 한다. 바퀴가 하나밖에 없는 자전 『unicycle [유우너싸이클]』, 바퀴가 3개 있는 것은 『tricycle [트(우)라이씨클]』이라고 한다.

·big
[big/빅]
형 큰 (《반》 little, small 작은)
· He is a *big* boy.
그는 (몸집이) 큰 소년이다.
· This sweater is too *big* for me.
이 스웨터는 나에겐 너무 크다.

bill
[bil/벨]
명 ① 계산서, 청구서
· May I have the *bill*, please?
계산서를 가져다 주시겠어요?
명 ② 지폐 (《영》 note)
· I lost a ten-dollar *bill*.
나는 10달러짜리 지폐를 잃어 버렸다.

bind
[baind/바인드]
타 (3단현 *binds* [baindz/바인즈], 과거·과거 분사 *bound* [baund/바운드], 현재 분사 *binding* [báindiŋ/바인딩]) 묶다, 매다
· *Bind* the box with a rope.
그 상자를 끈으로 묶으시오.

·bird
[bəːrd/버-드]
명 (복수 *birds* [bəːrdz/버-즈]) 새
· The *birds* are singing.
새들이 지저귀고 있다.

birth
[bəːrθ/버-스]
명 ① (복수 *births* [bəːrθs/버-스스]) 출생, 탄생, 태어남
· Write the date of your *birth*.
너의 생년월일을 써라.
명 ② 태생, 가문, 출신
· He is a teacher of London *birth*.
그는 런던 태생의 교사다.

·birthday
[bə́ːrθdèi/버어쓰데에이]
명 생일 태어난날, 창립(기념)일
· Today is my *birthday*.
오늘은 내 생일이야.

· Happy *birthday* (to you)!

생일을 축하합니다!
A : Happy *birthday* to you!
　생일 축하해!
　This is a gift for you.
　이건 네게 주는 선물이야.
B : Oh, thank you.
　어머, 고마워.
　May I open it now?
　지금 열어 봐도 되니?

biscuit
[bískit/비스낏]
명 《미》 (소다로 부풀린) 과자 빵
· Susie is eating some *biscuits*.
　수지는 과자 빵을 먹고 있다.

우리가 『비스킷』이라고 하는 과자는 미국 에서는 『cracker[krǽkər/크래커 어]』 또는 『cookie[kúki/쿠키]』라고 한다.

bit
[bit/빗]
타 ① 작은 조각, 조금
· Give me a *bit* of bread.
　빵 한 조각을 주십시오.
타 ② *bit* (물다)의 과거형
· A dog *bit* my left leg.
　개가 나의 왼쪽 다리를 물었다.

《숙》 *a bit of* : 조금의, 한 조각의
《숙》 *not a bit* : 조금도 ~않다
　I am *not a bit* tired.
　나는 조금도 피곤하지 않다.

bite
[bait/바잇]
타 과거 *bit* [bit/빗], 과거 분사 *bitten* [bítn/비른]
타 ① (모기 따위가) 물다, 물어뜯다
· I was badly *bitten* by mosquitoes.
　나는 모기에게 몹시 물렸다.
타 ② (음식물의) 한 입
· The child took a *bite* out of his apple.
　그 아이는 사과를 한 입 깨물었다.
《숙》 *bite at* ~에 대들어 물다
　The child *bit at* an apple.
　그 아이는 사과를 덥석 깨물었다.

bitter
[bítər/비터]
형 ① 쓴 (《반》 sweet 달콤한)
· This medicine is *bitter*.
　이 약은 쓰다.
형 ② (고통・추위 따위가) 모진
· *a bitter* experience 쓰라린 경험
· *bitter* tears 쓰라린 눈물

·black
[blæk/브(을)랙]
형 검은 (《반》 white 흰)
· She is wearing a beautiful *black* dress.
　그녀는 예쁜 검은 옷을 입고 있다.

Birds 새

stork 황새

hen 암닭

pigeon 비둘기

skylark 종달새

owl 올빼미

ostrich 타조

duck 오리

sparrow 참새

mandarin duck 원앙

명 검정(색)
- My father's car is *black*.
  나의 아버지 차는 검정색이다.

blackboard
[blǽkbɔ́:rd/브(을)랙보우엇]
명 칠판, 흑판
- Clean (off) the *blckboard*.
  칠판을 지워라.

- Write your name on the *blackboard*.
  네 이름을 칠판에 써라.

blame
[bleim/블레임]
타 책망하다, 나무라다, 비난하다,
- Bad workmen often *blame* their tools.
  《속담》서투른 일꾼은 흔히 연장을 나무란다.
- Don't *blame* it on me.
  내 탓으로 돌리지 마라.

:blank
[blæŋk/블랭크]
형 백지의, 공백의, 빈
- This page is *blank*.
  이 페이지는 공백이다.
명 공백, 여백
- Fill in the *blanks*.
  빈곳을 채워라.

blanket
[blǽŋkit/브(을)랭킷]
명 담요, 전면을 덮는것, 피복
- I need a pillow and a *blanket*.
  나는 베개와 담요가 필요해요.

blind
[blaind/브(을)라인]
형 눈먼, 눈이 안 보이는
- He is *blind* in one eye.
  그는 한 쪽 눈이 보이지 않는다.

block
[blɑk/브(을)락]
명 (돌·나무 따위의) 토막, 블럭
- The baby likes to play with *blocks*.
  그 아기는 집짓기 놀이를 좋아한다.

blond(e)
[blɑnd/블란드]
형 금발의, (머릿털의) 이마(빛의)
- She is a *blond* girl.
  그녀는 금발의 소녀다.

blood
[blʌd/브(을)랏]

명 피, 혈액
- ***Blood*** is thicker than water.
《속담》 피는 물보다 진하다.
- My ***blood*** type is AB.
나의 혈액형은 AB 형이다.
- What is your ***blood*** group?
당신의 혈액형은 무엇입니까?

blouse
[blaus/블라우스]
명 (복수 ***blouses*** [bláusiz/블라우시즈]) 블라우스(여자아이들옷)
A : May I help you, ma'am?
아주머니, 뭘 도와 드릴까요?
B : Yes, I want a ***blouse***.
네, 블라우스를 원합니다.

·blow
[blou/브(을)로우]
자 (과거 ***blew*** [blu:/브(을)루우] 과거 분사 ***blown*** [bloun/브(을)로운])
자 (바람이) 불다; 날리다
- The wind was ***blowing*** hard.
바람이 세게 불고 있었다.
타 (입으로) 불다
- He began to ***blow*** the trumpet.
그는 트럼펫을 불기 시작했다.
명 (복수 ***blows*** [blouz/블러우즈]) 강타, 구타; (정신적) 타격
- Strike a ***blow*** 일격을 가하다.

·blue
[blu:/블루-]
형 푸른, 하늘빛의, 남빛의
- The sky is ***blue***.
하늘은 푸르다.
- He has ***blue*** eyes.
그의 눈은 푸르다.
명 파랑, 푸른 빛, 푸른 옷
- They are dressed in ***blue***.
그들은 푸른 옷을 입고 있다.

《숙》 *blue jeans* 청바지

·board
[bɔːrd/보우엇]
명 게시판, 널판지, 판자
- We put beautiful pictures on the ***board***.
우리는 게시판에 아름다운 그림을 붙였다.
동 (배, 기차 버스 따위에) 타다
- It's time to go[get] on ***board***.
승선할 시간이다.
《숙》 *on board* 배[기차]를 타고
go on board 승선[승차]하다

boast
[boust/보우스트]
타 자 자랑하다, 떠벌리다,
- He ***boasts*** of being rich.
그는 부자라고 떠벌리고 있다.
명 자랑, 허풍

· The park is the *boast* of the city.
그 공원은 시의 자랑이다.

·boat
[bout/보오웃]
명 보트, 작은 배, 기선
· They took a *boat* on the lake.
그들은 호수에서 보트를 탔다.
· He is rowing a *boat*.
그는 보트를 젓고 있다.

· The *boat* leaves for Hawaii.
기선은 하와이로 떠난다.

·body
[bádi/바디]
명 (복수 *bodies* [bádiz/바디즈])
명 ① 몸, 육체(《반》 mind 마음)
·Min-su has a strong *body*.
민수는 몸이 튼튼하다.
· He has a weak *body*.
그는 몸이 약하다.
명 ② 단체, 집단
· They walked in a *body*.
그들은 한 무리가 되어 걸었다.
《숙》 *give body and soul to* ~에게 몸과 마음을 바치다.

boil
[bɔil/보일]

자 끓다, 끓어 오르다
· Water *boils* at 100℃.
물은 섭씨 100도에서 끓는다.
· The milk has *boiled* over.
우유가 끓어 넘쳤다.
타 끓이다, 삶다, 찌다
· She *boiled* eggs.
그녀는 계란을 삶았다.

bone
[boun/보운]
명 뼈, 뼈모양의 것, 골격, 신체
· This fish has a lot of *bones* in it.
이 생선은 뼈가 많다.
· Tom broke a *bone* in his arm.
톰은 팔 뼈가 부러졌다.

·book
[buk/북]
명 책, 서적, 책자, 저술, 저작
· This is a *book*.
이것은 책이다.
· I am reading an English *book*.
나는 영어 책을 읽고 있다.

bookcase
[búkkèis/북케이스]
명 (복수 *bookcases* [búkkèisiz/북케이시즈]) 책장, 책꽂이
· There are many books in the *bookcase*.

Body 신체[몸]

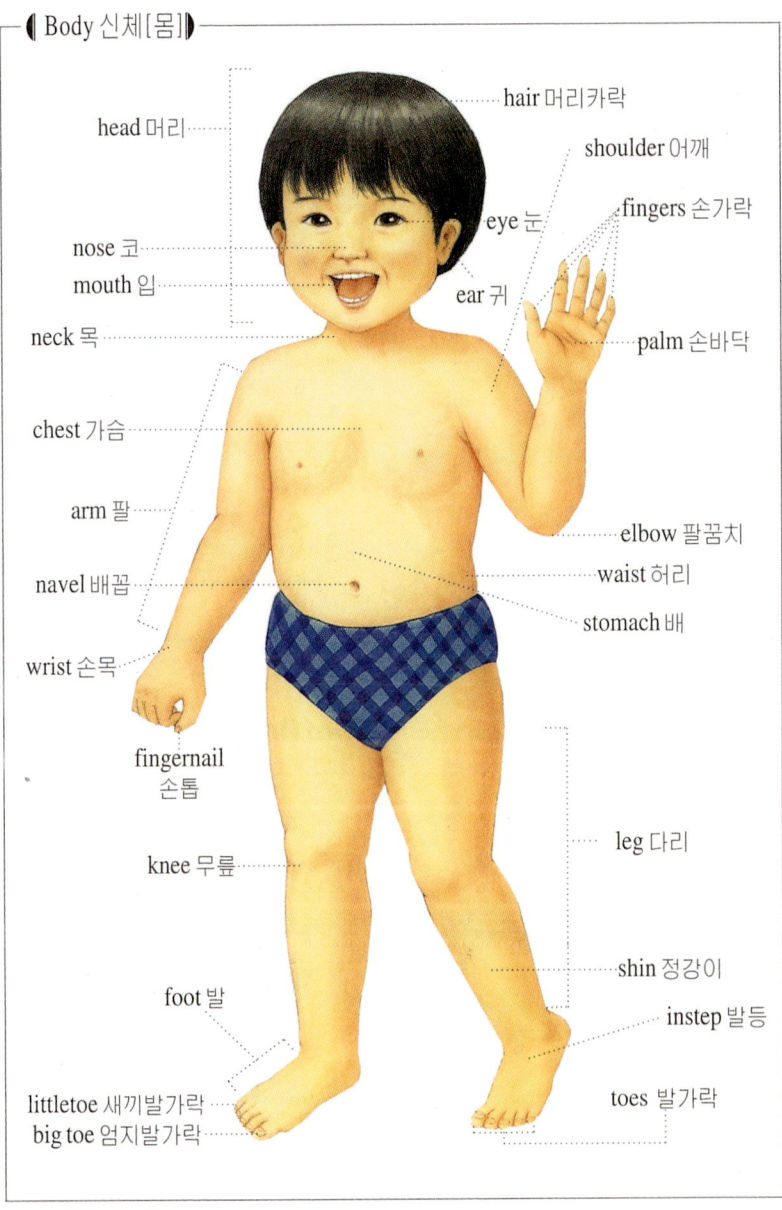

책장에는 책이 많다.

:boot
[buːt/부-트]

명 (복수 **boots** [buːts/부-츠]) (보통 복수로 써서) (미) 장화, 부츠
- a pair of ***boots*** 장화 한 켤레
- We wear ***boots*** in the snow.
  우리는 눈 속에 장화를 신는다.

born
[bɔːrn/보우언]

타 **bear**(낳다)의 과거분사형
- I was ***born*** in Seoul.
  나는 서울에서 태어났다.

형 타고난, 선천적인
- He is a ***born*** poet.
  그는 타고난 시인이다.

borrow
[bɔ́ːrou/브아(우)로우, bárou/브아(우)로우]

타 ~을 빌리다 (《반》 **lend** 빌려주다)
- I ***borrowed*** this book from Mary.
  나는 이 책을 메어리한테서 빌렸다.

A : May I ***borrow*** some money? 돈 좀 빌려 줄래?

B : How much do you meed?
  얼마나 필요한데?

·both
[bouθ/보우스]

명 양쪽, 쌍방, 양자
- I like ***both*** of them.
  나는 그들 두 사람을 모두 좋다.

형 양쪽의 (《반》 **either** 한쪽의)
- ***Both*** (the) girls smiled.
  두 소녀 모두 미소지었다.

부 둘 다, 모두
- These books are ***both*** mine.
  이 책은 둘 다 내것이다.

《숙》 ***both ~ and...*** ~도 ~도, 둘다
He likes ***both*** Mary and Betty.
그는 메리도 베티도 좋아한다.

bother
[báðər/바드어어]

타 자 ~을 괴롭히다, 귀찮게 굴다
- Does he ***bother*** you?
  그가 널 괴롭히니?
- Don't ***bother*** me, please.
  제발 날 좀 귀찮게 하지 마.

·bottle
[bátl/바들[를]]

명 병, 유리병
- Look for cans and ***bottles***.
  깡통과 병을 찾아라.
- Please give me a ***bottle*** of milk.
  우유 한 병을 주세요.

- a ***bottle*** of ink 잉크 한 병

:bottom
[bátəm/바텀]
명 밑바닥, 기슭(《반》top 꼭대기)
- the *bottom* of the bottle
  병 밑바닥
- Ted was at the *bottom* of his class.
  테드는 자기 반에서 꼴찌였다.

《숙》 *at (the) bottom* 마음속은
  He is an honest man *at bottom*.
  그는 실제는 정직하다.

bow¹
[bou/보우]
명 활, 나비 넥타이
- a *bow* tie 나비 넥타이
- I shot an arrow from a *bow*.
  나는 활로 화살을 쏘았다.

bow²
[bau/바우]
자 (허리를 굽혀) 절하다, 인사하다
- We *bowed* to our teacher.
  우리들은 선생님께 머리를 숙여 절을 했다.

타 (머리를) 숙이다
- She *bows* her head in shame.
  그녀는 부끄러워서 머리를 숙였다.

명 절, 인사
- He *bowed* to me. 네게 절했다.

·bowl
[boul/보울]
명 사발, 공기
- a *bowl* of rice 밥 한공기[사발]
- He ate two *bowls of rice.*
  그는 밥을 두 공기 먹었다.

·box
[baks/빡스]
명 상자
- a lunch[pencil] *box* 도시락
- Take these *boxes* into the classroom
  이 상자들을 교실로 가져가라.

boxing
[báksiŋ/빡싱]
명 권투, 복싱
- a *boxing* ring 권투 시합장
- a *boxing* match 권투 시합
- *Boxing* is my favorite sport.
  권투는 내가 제일 좋아하는 스포츠이다.

boxer [báksər/빡서]: 권투 선수

·boy
[bɔi/보오이]
명 소년 (《반》 girl 소녀)
- Who is that *boy*?
  저 소년은 누구니?

· The *boy* lives next to me.
그 소년은 내 옆집에 산다.

brain
[brein/브레인]
명 (복수 *brains* [breinz/브레인즈])
명 ① 뇌, 뇌수
명 ② (보통 복수로 써서) 두뇌,
· Use your *brains*.
머리를 써라.

brake
[breik/브레이크]
명 브레이크, 제동기[장치]
· He stepped on the *brake* just in time.
그는 때맞춰 브레이크를 밟았다.

branch
[bræntʃ/브(우)랜취]
명 (나무의) 가지
· Cut off that dead *branch*, Jone
마른 가지를 잘라 주어라, 존.
· Okay, Dad.
네, 아빠.

:brave
[breiv/브레이브]
형 씩씩한, 용감한
· a *brave* act : 용감한 행위
· He is a *brave* soldier.
그는 용감한 군인이다.

·bread
[bred/브렛]
명 빵
· The *bread* is fresh.
빵이 신선하다.
· a loaf of *bread* 빵 한 덩어리
· two slices/pieces of *bread*
　　　　　두 조각의 빵

·break
[breik/브(우)레익]
타 과거 *broke* [brouk/브(우)로욱]
과거분사 *broken* [bróuk(ə)n/브(우)로우큰] ~을 깨뜨리다, 부수다
· Who *broke* this vase?
누가 이 꽃병을 깨뜨렸니?

·breakfast
[brékfəst/브렉 풔스트]
명 아침 식사, 조반
lunch 점심, dinner 정찬 supper 저녁
· I have *breakfast* at seven.
나는 7시에 아침을 먹는다.
· What do you eat for *breakfast*?
너는 아침 식사로 무엇을 먹니?

breath
[breθ/브레스] (※발음 주의)
명 호흡 (《참고》 *breathe* 호흡하다)
· Take a deep *breath*.
심호흡을 해라.

brick
[brik/브릭]
명 (복수 *bricks* [briks/브릭스])
벽돌, 흙 벽돌
· He lives in a house of *brick*.

그는 벽돌집에 살고 있다.

bride
[braid/브라이드]
명 (복수 *brides* [braidz/브라이즈])
신부, 새색시, 처음 결혼한 여자
(《반》*bridegroom* 신랑)
· She is a bright *bride*.
그 여자는 영리한 새 색시이다.

·bridge
[bridʒ/브리지]
명 (복수 *bridges* [brídʒiz/브리지즈] 다리, 교량, 육교
· We crossed the *bridge*.
우리는 다리를 건넜다.
《숙》*a bridge of boats* 배 다리
《숙》*a bridge of gold* 타개책

·bright
[brait/브라이트]
형 ① 밝은, 빛나는, 선명한
(《동》light, 《반》dark 어두운)
· The moon is *bright* tonight.
오늘밤은 달이 밝다.
형 ② 영리한, 머리가 좋은
· That's a *bright* idea.
그것은 멋진 생각이다.
부 밝게, 빛나게
· The sun is shining *bright.*
태양은 밝게 빛나고 있다.

·bring
[briŋ/브링]
타 과거 과거분사 *brought* [brɔːt/브(우)랏] 가져[데려] 오다
· Would you *bring* me a cup of coffee, please?
커피 한 잔만 가져다 주실래요?
· *Bring* your little sister next time.
다음 번에는 네 누이 동생을 좀 데리고 오너라.

Britain
[brítn/브(우)리튼(른)]
명 대영 제국
(=Great *Britain*), 영국
☞ 『Great *Britain*(대브리튼)』은 『England(잉글랜드)』

:broadcast
[brɔ́ːdkæst/브로-드캐스트]
타 자 방송하다
· The news was *broadcast* on television.
그 뉴스는 텔레비젼에 방송되었다.
명 방송, 방송, 방송(방영)프로
· We listened to his *broadcast* over the radio.
우리는 그가 하는 라디오 방송을 들었다.

:broken
[bróuk(ə)n/브로우컨]
타 자 *break*(깨지다)의 과거 분사
형 부서진, 깨진; 엉터리의
· They speak *broken* English.
그들은 엉터리 영어를 한다.

brother
[brʌ́ðər/브(우)라드어r]
명 형제, 형, (남)동생
· I have one ***brother***.
나에겐 형[남동생]이 하나 있다.
· Is that boy Judy's ***brother***?
저 소년이 쥬디의 오빠니?

> 영어에서는 형과 동생을 구별하지 않고 단순히 ***brother***라고 한다. 단, 특별히 구별해야 될 필요가 있을 때는 다음과 같이한다.
> 형: older ***brother*** 누나: older sister

brow
[brau/브라우]
명 (복수 ***brows*** [brauz/브라우즈])
명 ① 이마(《동》 forehead)
명 ② 눈썹(《동》 eyebrow)
· His ***brow*** is white.
그의 이마는 흰색이다.

brown
[braun/브(우)라운]
형 갈색의, 밤색의
· Her school is a ***brown*** two-story building.
그녀의 학교는 갈색의 2층 건물이다.
명 갈색, 밤색
· His shirt is ***brown***.
그의 셔츠는 갈색이다.

brush
[brʌʃ/브(우)럿쉬]
타 솔직하다; (솔로) ~을 닦다
· I ***brush*** my teeth every morning and evening.
나는 매일 아침 저녁으로 이를 닦는다.

명 솔, 붓
· I bought a ***toothbrush***[hairbrush].
나는 칫솔[머릿솔]을 샀다.

bubble
[bʌ́bl/바블[브어]]
명 거품, 기포
· The children are blowing soap ***bubbles***.
아이들이 비누 방울을 불고 있다.

· soap ***bubbles*** 비누 거품

bucket
[bʌ́kit/버킷]
명 (복수 ***buckets*** [bʌ́kits/버키츠])
양동이, 물동이
· I carried water in a ***bucket***.
나는 양동이로 물을 날랐다.
《숙》 ***bucket down*** 쏟아내리다.

bud
[bʌd/버드]

명 (복수 *buds* [bʌdz/버즈]) 싹, 꽃봉오리
- The trees are in *bud*.
  나무들이 싹이 트고 있다.

bug
[bʌg/버그]

명 (복수 *bugs* [bʌgz/버그즈] 곤충, 딱정벌레, 빈대
- The bug was *burnt* to ashes.
  그 곤충은 타서 재가 되었다.

·build
[bild/빌드]

타 (3단현 *builds* [bildz/빌즈], 과거·과거 분사 *built* [bilt/빌트], 현재 분사 *building* [bíldiŋ/빌딩]) 세우다, 짓다
- They are *building* a builing.
  그들은 건물을 짓고 있다.

building
[bíldiŋ/빌딩]

명 건물, 빌딩
- That *building* is very tall.
  저 건물은 매우 높다.
- What is in that *building*?
  저 빌딩에는 무엇이 있나요?

·burn
[bəːrn/브으언]

자 과거·과거분사 *burned* [bəːrnd/브으언(드)] 또는 *burnt* [bəːrnt/브으언(트)]

자 (불에) 타다
- The meat is *burning*.
  고기가 탄다.

타 ~을 태우다, 불사르다
- The house was *burnt* to ashes.
  그 집은 타서 재가 되었다.

burst
[bəːrst/버-스트]

자 ① 파열하다, 폭발하다, 터지다
- The airplane *burst* in the air.
  비행기가 공중에서 폭발했다.
- The bomb *burst*.
  폭탄이 터졌다.

자 ② 갑자기 ~하다
- She *burst* into tears.
  그녀는 갑자기 울기 시작했다.

·bus
[bʌs/버스]

명 (복수 *buses* 또는 *busses* [bʌ́siz/버시즈]) 버스, 합승 자동차
- I go to school by *bus*.
  나는 버스로 학교에 간다.
- Let's take a *bus*.
  버스타고 가요.

·business
[bíznis/비즈니스]

명 사업, 장사
- She is a man of *business*.
  그녀는 사업가다.

- What is your *business* here?

무슨 일로 오셨습니까?
· Mind your own *business*!
쓸데없는 일에 간섭하지 마라!
A : Don't be angry with me.
I'm just trying to help you.
나에게 화내지 마.
난 널 도와주려는 것 뿐이야.
B : What? You're trying to help me?
Mind your own *business*!
뭐? 네가 날 도와준다고?
네 일이나 잘해!

· **busy**
[bízi/비지[즈이]]
형 ① 바쁜 (《반》 free 한가로운)
· I am *busy* with my homework.
나는 숙제로 바쁘다.
형 ② (전화가) 통화 중인
· The line is *busy*.
전화가 통화 중이예요.

· **but**
[bət/벗, (강조할 때) bʌt/밧]
전 그러나, 하지만, 그래도
· My older brother is tall, *but* I am quite short.
나의 형은 키가 크다. 그러나 나는 아주 작다.
· He is poor, *but* kind.
그는 가난하지만 친절하다.

《숙》 *but for* ~이 없었더라면

· **butter**
[bʌ́tər/버러(어)]
명 버터, 버터 바른 빵
· *Butter* is made from milk.
버터는 우유로 만든다.

· **butterfly**
[bʌ́tərflài/버러프(을)라이]
명 (곤충) 나비
· A *butterfly* is flying around the flower.
나비가 꽃 둘레를 날고 있다.

· **button**
[bʌ́tn/브어튼[른]]
명 단추, 누름 단추, 버튼
· A *button* fell off his coat.
그의 윗도리 단추가 떨어졌다.
· Push [Press, Touch] the *button*, please.
버튼 좀 눌러 주세요.

· **buy**
[bai/브아이]
타 자 과거·과거분사형 *bought*
[bɔːt/브앗]
타 자 ~을 사다 (《반》 sell 팔다)
· I *bought* a camera for 35 dollars.

나는 카메라를 35달러에 샀다.

buzz
[bʌz/브어즈으]
타 윙윙거리다, 돌아다니다
- The bees are *buzzing* around.
벌이 윙윙 날아다니고 있다.

by
[bai/바이]
전 ① 《장소·위치를 나타내어》 ~의 옆[곁]에 (《동》 *beside*)
- A car stopped *by* me.
자동차가 내 옆에 섰다.

전 ② 《기한을 나타내어》 ~까지
- I will be back *by* six o'clock.
나는 6시까지 돌아올 것이다.

전 ③ 《방법》 ~에 의하여, ~으로
- He goes to work *by* subway.
그는 지하철을 타고 직장에 간다.

《숙》 *by* way 을 경유하여

전 ④ 《차이,정도》 ~만큼
- This is longer than that *by* five feet.
이것을 저것보다 5피트 더 길다

『*by* + 교통 수단』
by airplane 비행기로, *by* bicycle 자전거로, *by* car 자동차로, *by* ship 배로

(cf)on foot 걸어서

《숙》 *by day* 낮에(는)
《숙》 *by night* 밤에(는)
《숙》 *by oneself* 혼자서
《숙》 *by the way* 도중에
《숙》 *one by one* 하나씩

bye
[bai/브아이]
갑 안녕! 잘 가 (헤어질 때 인사말)
☞ 『*bye*』는 『Good-*bye*』보다 스스럼 없이 쓸 수 있는 말. 대개 친한 사이에서 사용한다.

A : *Bye*, Susan. See you tomorrow!
잘 가, 수잔. 내일 보자!1
B : *Bye*, judy. Have a nice day!
잘 가, 쥬디.
재미있는 하루 보내라!

bye-bye
[báibài/브아이브아이]
갑 안녕, 잘 가
☞ 주로 어린이들이 사용하는 인사말
- *Bye-bye!* Mom!
엄마! 안녕!

C, c
[siː/씨이] 알파벳의 세 번째 문자

cab
[kæb/캐브]

몡 택시 (《참고》, taxi) 주로 미국에서 사용함
- We went there by *cab*.
  우리는 택시를 타고 거기에 갔다.

- Let's call a *cab*.
  택시를 부르자

cabbage
[kǽbidʒ/캐비지]

몡 (복수 *cabbages* [kǽbidʒiz/캐비지즈]) 양배추
- I like to eat boiled *cabbage*.
  삶은 양배추를 먹는 것을 좋아합니다.

cabin
[kǽbin/캐빈]

몡 (복수 *cabins* [kǽbinz/캐빈즈])

몡 ① 오두막집 (《동》 hut)
- Many years ago there were log *cabins* in America.
  옛날에 미국에는 통나무 집이 있었습니다.

몡 ② 고급 선실

cage
[keidʒ/케이지]

몡 (복수 *cages* [kéidʒiz/케이지즈]) 새장 ; (짐승의) 우리
- There is a bird in the *cage*.
  새장 안에 새 한 마리가 있다.

cake
[keik/케이크]

몡 (복수 *cakes* [keiks/케이크스]) 과자 (비누, 얼음 따위의) 덩어리
- I like *cakes* very much.

나는 과자를 대단히 좋아한다.
· Please have another *cake*.
과자 한 개 더 드세요.

· a *cake* of soap 비누 한 개
· Please have a slice of *cake*.
케이크 한 조각 드세요.

·calendar
[kǽlindɚ/캘린더]

명 (복수 *calendars* [kǽlindɚz/캘린더즈]) 캘린더, 달력
· a *calendar* watch
(날짜 따위가 나오는) 손목시계
· I keep a *calendar* on my desk.
나는 책상 위에 달력을 둔다.

:call
[kɔːl/코올]

타 자 ① ~을 부르다
· Raise your hand when I *call* your name.
이름을 부르면 손을 들어라.
타 자 ② ~에게 전화하다
· *Call* me at three.
3시에 나에게 전화해 줘.
타 자 ③ (잠시) 들르다, 방문하다
· I *called* on him at his office yesterday.
나는 어제 그의 사무실로 그를 방문하였다.

『(사람을) 방문하다』는 『*call* on』, 『(장소·집을) 방문하다』는 『*call* at』를 써서 표현한다.

calm
[kaːm/카암]

형 (비교급 *calmer* [káːmɚ/카아머], 최상급 *calmest* [káːmist/카아미스트]) 잔잔한, 고요한, 침착함
· It was a *calm* autumn day.
어느 고요한 가을날이었다.
타 자 진정시키다, 진정하다.
· *Calm* yourself! 진정하십시오.
명 잔잔함, 정적, 평온
· After the storm comes a *calm*.
폭풍우가 지나면 고요함이온다.

·camel
[kǽm(ə)l/캐멀]

명 (복수 *camels* [kǽm(ə)lz/캐멀즈]) 낙타
· *Camels* are used for carrying goods.
낙타는 짐을 운반하는 데 사용되고 있다.

goods [gudz/구즈] 짐, 상품

·camera
[kǽm(ə)rə/캐머러]

명 (복수 *cameras* [kǽm(ə)rəz/

캐머러즈]) 카메라
· This *camera* was made in Japan.
이 사진기는 일제이다.
· Would you bring your *camera*?
카메라를 갖고 오시겠습니까?

·camp
[kæmp/캠프]
명 (복수 *camps* [kæmps/캠프스] 야영, 캠프
· The boy made [broke] a *camp*.
그 소년이 천막을 쳤다[걷었다].
타 자 야영하다, 캠프를 치다.
· They are *camping* out.
그들은 야영 중입니다.
· He went *camping*.
그는 캠핑하러 갔다.

:can¹
[kæn/캔]
조 (과거 *could* [kud/쿠드])
조 ①~할수있다(《동》 be able to)
· *Can* you play the piano?.
너는 피아노를 칠 수 있니?
· *I can't* speak English.
나는 영어를 할 줄 모른다.
조 ②~해도 좋다(《동》 may)
· You *can* come with him.
그와 함께 와도 좋습니다.

can²
[kæn/캔]
명 (복수 *cans* [kænz/캔즈])깡통, (통조림 용의) 양철통(《동》 tin)
· Let's play "Kick the can".
깡통 차기를 하자.

Canada
[kǽnədə/캐너더]
명 캐나다
· My uncle lives in *Canada*.
나의 삼촌은 캐나다에서 살고 계신다.

·candle
[kǽndl/캔들]
명 (복수 *candles* [kǽndlz/캔들즈]) 양초
· blow out a *candle* 촛불을 끄다.
· light a *candle* 촛불을 켜다.
· Mom : Make wishes and blow out *candles*, Jason.
엄마:소원을 빌고 촛불을 꺼라, 제이슨.
· Jason : Ok, (puff)...
제이슨 : 네, (후)...

·candy
[kǽndi/캔디]
명 (복수 *candies* [kǽndiz/캔디즈]) 사탕과자, 캔디(캐러맬)

· Do you like *candy*?
너는 사탕과자를 좋아하니?

☞ (영국)에서는 sweets라고 함.

cannot
[kǽnat/캐낫]

조 (과거 *could not*[kúdnat/쿠드낫]) ~할 수 없다. ~일 리가 없다
· I *cannot* ride a bicycle.
나는 자전거를 탈 줄 모른다.
· We *cannot* live without water.
우리는 물 없이 살 수 없다.

☞ 미국에서는 『*can not*』으로 나누어 쓰는 일이 많다. 그러나 회화에서는 보통 『*can't*』처럼 줄여 쓴다.

:cap
[kæp/캡]

명 (복수 *caps* [kæps/캡스])모자
· Grandpa bought me a baseball *cap*.
할아버지께서 나에게 야구 모자를 사주셨다.
· Policemen wear *caps*.
경찰관은 제모를 쓴다.

["*cap*"과 "*hat*"]
『*cap*』은 모자의 둥근 테가 없는 것, 예를 들어 『학생모, 운동모, 사냥모』처럼 앞에만 챙이 달린 것을 말한다.
『*hat*』은 『중절모』처럼 둥근 테가 달린 모자를 말한다.

·capital
[kǽpit/캐피틀]

명 (복수 *capitals* [kǽpitlz/캐피틀즈]) 서울, 수도
· Seoul is the *capital* of Korea.
서울은 한국의 수도이다.
· Kyongju was once the *capital* of the Shilla Dynasty.
경주는 옛 신라 왕조의 수도였다.
☞ dynasty [dáinəsti/다이너스티] 왕조.황제

·captain
[kǽptin/캡틴]

명 (복수 *captains* [kǽptinz/캡틴즈]) 선장, 함장 (팀의) 주장
· Are we ready to sail, *captain*?
선장님, 출항해도 되겠습니까?

· George is the *captain* of our team.
조오지는 우리 팀의 주장이다.

:car
[kɑə/카아]

명 (복수 *cars* [kɑəz/카아즈]) 차, 자동차 (《동》 《미》 automobile, 《영》 motorcar), 전차
· They are washing the *car* now.
그들은 지금 세차를 하고 있다.
· He can't drive a *car*.

그는 자동차를 운전 못한다.

card
[kɑɚd/카아드]
명 (복수 *cards* [kɑɚdz/카아즈])
카아드, 명함, 초대장
· an invitation *card* 초대장
· a postal *card* 《미》우편 엽서
· a report *card* 성적표
· It's a pretty birthday *card*.
참 예쁜 생일 카드구나.

care
[kɛɚ/케어]
명 (복수 *cares* [kɛɚz/케어즈])
명 ① 주의; 걱정
· She is full of *care*.
그녀는 주의깊은 사람이다.

· I have a lot of *cares*.
나는 많은 걱정거리를 가지고 있다.
명 ② 돌보다, 보살피다
· No one *cared* for the baby.
아무도 그 아기를 돌보아 주지 않았다.

Take *care*! 『잘 가!』
(헤어질 때 쓰는 인사말)
☞ 『Take *care*!』 대신에 『Take it easy!』 또는 『Take *care* of yourself!』 라고도 말할 수 있다.

A : It's getting late. I must go now.
늦었어. 이제 그만 가봐야겠어.
Bye, everyone.
자. 모두 잘 있어.
B : Take *care*!
잘 가!

careful
[kɛɚfə/케어펄]
형 주의깊은, 조심스러운 (《반》 careless 부주의한)
· Be *careful* when you cross the street.
길을 건널 때 조심해라.
· He is *careful*.
그는 조심성이 있다.

carnation
[kɑɚnéiʃ(ə)n/카아네이션]
명 【식물】 카아네이션
· There is a *carnation* in the vase.
꽃병에 한 개의 카아네이션이 (꽂혀) 있다.

carpenter
[kɑ́ɚpintɚ/카아핀터]
명 (복수 *carpenters* [kɑ́ɚpintɚz/카아핀터즈]) 목수, 대목
· A *carpenter* builds houses.

목수는 집을 짓는다.

carpet
[kɑ́ɚpit/카아핏]
명 (복수 *carpets* [kɑ́ɚpits/카아피츠]) 융단, 양탄자, 카펫

A : Ruth! You're dripping your coffee on the ***carpet***.
루스! 카펫위에 커피를 흘리고 있어.

B : Oh, no! I'm sorry!
앗! 미안해!

A : How could you be so carele ss?
왜 그렇게 조심성이 없니?

carrot
[kǽrət/캐럿]
명 (복수 *carrots* [kǽrəts/캐러츠]) 【식물】 당근

· ***carrot*** juice : 당근주스
· Go to the supermarket and b-uy some ***carrots***.
슈퍼마켓 가서 당근 좀 사와라.

:carry
[kǽri/캐리]
타 ① ~을 운반하다, 나르다

· Please ***carry*** this suitcase for me.
이 옷가방을 운반해 주세요.

타 ② ~을 가지고 다니다

· Do you always ***carry*** an um-brella?
너는 항상 우산을 갖고 다니니?

·case[1]
[keis/케이스]
명 (복수 *cases* [kéisiz/케이시즈]) 상자 (《동》 box)

· She keeps her diamond in h-er jewel ***case***.
그 여자는 다이아먼드를 보석 상자 속에 넣어 두고 있다.

·case[2]
[keis/케이스]
명 (복수 *cases* [kéisiz/케이시즈]) 경우, 사정

· In that ***case***, you are wrong.
그런 경우는 당신이 잘못입니다.
· The ***case*** is different in korea.
한국에서는 사정이 다르다.

cash
[kæʃ/캐시]
명 (복수 *cashes* [kǽʃiz/케시즈])
명 ① 현금, 돈

· We sell goods for ***cash*** only.
우리는 현금으로만 물건을 팝니다.
· I paid in ***cash***.
나는 현금으로 지불했다.

명 ② 현금으로 바꾸다

· Can you ***cash*** this check for me?
이 수표를 현금으로 바꿔 주실래요?

·cassette
[kəsét/커쎗, kæsét/캐쎗]
® 카세트(테이프)
· I would like to buy a mini *cassette*.
나는 소형 카세트 테이프를 사고 싶어요.

castle
[kǽsl/캐슬] (※발음 주의)
® (복수 *castles* [kǽslz/캐슬즈]) 성, 큰 자택
· The *castle* is usually on a mountain.
성은 대개 산 위에 있다.

:cat
[kæt/캣]
® (복수 *cats* [kæts/캐츠])고양이

· They keep[have] a *cat*.
그들은 고양이 한 마리를 기르고 있다.
· Our *cat* caught many rats.
우리 집 고양이는 많은 쥐를 잡았다.

*cat*은 다 성장한 고양이를 말하고, 『새끼고양이』는 kitten[kítn/키튼]이라고 한다. 또 『수코양이』는 a he-*cat*, 『암코양이』는 a she-*cat*

:catch
[kætʃ/캐치]
® (3단현 *catches* [kǽtʃiz/캐치즈], 과거·과거 분사 *caught* [kɔːt/코오트], 현재 분사 *catching* [kǽtʃiŋ/캐칭]
® ① ~을 잡다(붙들다)
· The dog *catches* the ball in its mouth.
그 개는 입으로 공을 잡는다.
® ② (질병 따위에) 걸리다
· I *catch* a cold easily in spring.
나는 봄에 감기에 잘 걸린다.

catcher
[kǽtʃər/캐처]
® (복수 *catchers* [kǽtʃərz/캐처츠])【야구】 포수, 캐처
· He is a very good *catcher*.
그는 대단히 우수한 포수다.

cattle
[kǽtl/캐틀]
® (단수·복수 동형) (집합적으로) 가축, (특히) 소
· The *cattle* are eating grass in the field.
소가 들에서 풀을 먹고 있다.

·caught
[kɔːt/코오트]

cause

타 *catch*(잡다)의 과거·과거 분사
- I *caught* her by the arm.
  나는 그녀의 팔을 잡았다.
- The *catcher* caught the ball.
  포수는 그 볼을 잡았다.

·cause
[kɔːz/코오즈]

명 (복수 *causes* [kɔːziz/코오지즈]) 이유, 원인(《반》 effect 결과)
- I have no *cause* to complain.
  나는 불평할 이유가 없다.
- What was the *cause* of the fire?
  그 화재의 원인은 무엇이었니?

타 ~의 원인이 되다.
- The snow *caused* the accident.
  눈 때문에 그 사고가 일어났다.

cave
[keivz/케이브]

명 (복수 *caves* [keivz/케이브즈]) 동굴, 굴
- A *cave* is a big hole under the ground.
  동굴은 땅 속의 큰 굴이다.

cease
[siːs/시이스]

타 자 ~안 하게 하다 (《동》 stop)
- He *ceased* to breathe.
  그는 숨이 멎었다.

·ceiling
[síːliŋ/시일링]

명 (복수 *ceilings* [síːliŋz/시일링즈]) 천장 (《반》 floor 바닥)
- Look at the *ceiling*.
  천장을 보십시오.

:center
[séntə/센터]

명 중앙, 중심(지)
- The flowers are in the *center* of the table.
  꽃이 탁자의 중앙에 있다.

- The store is in the *center* of New York.
  그 가게는 뉴욕 중심가에 있다.

certain
[sə́ːt(i)n/서어틴]

형 ① 확실한, 틀림없는
- Are you *certain* about that?
  너는 그것을 확신하니?

형 ② (be *certain* of / be *certain* that ~의 형태로) ~을 확신하다
- I am *certain* of his success.
- I am *certain* that he will succeed.
  나는 그의 성공을 확신한다.

·certainly
[sə́ːt(i)nli/서어틴리]

🔄 확실히, 틀림없이 (《동》 surely)
· She will *certainly* come back.
그녀는 틀림없이 돌아올 것이다.

---
certainly.「그럼요, 물론이죠.」
☞상대방의 요청이나 물음에 대하여
『좋다』고 할 때 쓰는 정중한 말.
A: May I ask a favor of you?
부탁 하나 해도 될까요?
B: Certainly. What is it?
물론이죠. 뭔데요?

·chain
[tʃein/체인]
명 (복수 *chains* [tʃeinz/체인즈])
명 ① 쇠사슬
· He carries a watch and *chain*.
그는 쇠줄 달린 시계를 차고 다닌다.
· I kept my dog on a *chain*.
개를 쇠사슬에 묶어 놓았다.

명 ② 연쇄, 연속
· I saw a *chain* of mountains.
나는 산맥을 보았다.

:chair
[tʃɛəʳ/체어]
명 (복수 *chairs* [tʃɛəʳz/체어즈])
(등받이가 있는) 의자
· He was sitting on a *chair*.
그는 의자에 앉아 있었다.
· This *chair* is too high for me.
이 의자는 나에겐 너무 높다.

:chalk
[tʃɔːk/초오크]
명 분필, 초오크
· Bring me a piece of *chalk*.
분필을 한 개 가져오너라.

---
*chalk*는 셀 수 없는 명사이다. 따라서 개수를 나타낼 때는 a piece of *chalk* (분필 한 개), two pieces of *chalk* (분필 두 개) 식으로 말한다.

·chance
[tʃæns/챈스]
명 (복수 *chances* [tʃænsiz/챈시즈])
기회, 호기
· There will be another *chance* to visit France.
프랑스에 갈 기회는 또 있을 것이다.
《숙》 *by chance* 우연히

change
[tʃein(d)ʒ/체인지]
타 ~을 바꾸다, 변경하다
· I *changed* my mind.
나는 생각을 바꾸었다.
자 변하다, 바뀌다
· The traffic light *changed* from yellow yo red.

신호등이 황색에서 적색으로 바뀌었다.

명 ① 변경, 변화
· There was a sudden *change* in the weather.
날씨가 갑자기 변하였다.

명 ② 거스름돈, 잔돈
· Please give me *change* for this five-dollar bill.
이 5달러 지폐를 잔돈으로 바꿔 주세요.
· keep the *change*.
거스름돈은 가지세요.
☞ 택시비를 내고 나머지 거스름돈을 팁으로 줄때 쓰는 말.

A: Here you are, Ma'am.
다왔습니다. 아주머니.
That'll be $17. 17달러입니다.
B: Here's a twenty. keep the change.
자, 20달러예요. 잔돈은 넣어두세요.
A: Gee, thanks.
이거, 감사합니다.

charm
[tʃaːm/차암]
명 (복수 *charms* [tʃaːmz/차암즈])
매력, 마력, 부적
타 매혹하다, 마음을 호리다,
· I was *charmed* with the picture.
나는 그 그림에 도취되었다.

charming
[tʃaːmiŋ/차아밍]
형 매력적인, 애교 있는
· Mary is a *charming* girl.

메리는 귀여운 소녀입니다.

chase
[tʃeis/체이스]
타 뒤쫓다, 사냥하다
· The dog *chased* the cat out of the garden.
개는 고양이를 정원에서 쫓아 버렸다.
명 뒤쫓음, 추적, 쫓차감, 추격

cheap
[tʃiːp/치이프]
형 값싼, 싸구려의 《반》 expensive 값비싼)
· It is *cheap* for a thousand won.
천 원이면 싸다.
· This coat looks very *cheap*.
이 코트는 싸구려로 보인다.

check
[tʃek/첵]
명 수표 (《영》 cheque); 계산서
· He cashed a *check*.
그는 수표를 현금으로 바꿨다.
타 검사하다, 점검하다
· I *checked* my shopping list.
나는 쇼핑 목록을 검사했다.

cheek
[tʃiːk/치이크]

명 볼, 뺨
- The baby's *cheeks* are rosy.
그 아기의 뺨은 장미빛이다.
- rosy 장미빛의, 불그레한.

cheese
[tʃi:z/치이즈]

명 치이즈 우유로 만든 치즈
- *Cheese* is made from milk.
치즈는 우유로 만든다.
- Say *cheese!* 웃으세요!

cherry
[tʃéri/체리]

명 (복수 *cherries* [tʃériz/체리즈])
벚나무, 버찌
- These *cherries* taste sour.
이 체리는 신맛이 난다.

chess
[tʃes/췌스]

명 체스, 서양 장기
- Let's play *chess*.
(우리) 체스를 두자.

chest
[tʃest/체스트]

명 (복수 *chests* [tʃests/체스츠])
명 ① 궤, (큰) 상자, 《미》 옷장
명 ② 가슴, 흉부
- He hit me on the *chest*.
그는 내 가슴을 쳤다.

chestnut
[tʃésnʌt/체스넛]

명 (복수 *chestnuts* [tʃésnʌts/체스너츠]) 밤나무, 밤
- It is healthy to eat *chestnut*.
밤을 먹는 것은 건강에 좋다.

chick
[tʃik/칙]

명 (복수 *chicks* [tʃiks/칙스]) 아이 병아리(《동》 chicken)
- She is feeding her *chicks*.
그녀는 병아리들에게 모이를 주고 있다.

chicken
[tʃikin/치킨]

명 (복수 *chickens* [tʃikinz/치킨즈])
병아리, 닭(고기)
(《참고》 cock 수닭, hen 암닭)
- They built a *chicken* house.
그들은 닭장을 지었다.
- We had *chicken* for dinner.
우리는 저녁 식사로 닭고기를 먹었다.

child
[tʃaild/차일드]

명 (복수 *children* [tʃíldrən/칠드런])

어린이, 아이
- You are no longer a *child*.
너는 이제 어린애가 아니다.
- The *child* opened it's eyes.
그 아이는 눈을 떴다.

:children
[tʃaildrən/칠드런]
명 *child* (어린이)의 복수형
- Those *children* are playing on the sand.
저 아이들은 모래 위에서 놀고 있다.
- How many *children* do you have?
당신은 자녀가 몇 명입니까?

·chimney
[tʃimni/침니]
명 (복수 *chimneys* [tʃimniz/침니즈]) 굴뚝, 집굴뚝
- Smoke is coming out of the *chimney*.
연기가 굴뚝에서 나오고 있다.

chin
[tʃin/친]
명 (복수 *chins* [tʃinz/친즈]) 아래턱
- Keep your *chin* up!
《구어》 용기를 잃지 마라!

- He has a beard on his *chin*.
그는 턱수염을 기르고 있다.

·China
[tʃáinə/추아이너]
명 중국, 중화인민 공화국
- The Republic of *China*
중화민국(대만의 국민정부)
- Where are you from?
어디에서 오셨어요?
- I am from *China*.
중국에서 왔습니다.

chocolate
[tʃɔ́:k(ə)lit/츄아커(을)릿]
명 초콜릿 초콜릿 과자
- a bar of *chocolate* 초코바
- *Chocolate* is sweet.
초콜릿은 달콤하다.

choice
[tʃɔis/초이스]
명 (복수 *choices* [tʃɔ́isiz/초이시즈])
선택, 뽑힌 사람[물건], 쇠고급품
- You have made a very wise *choice*.
너는 참 잘 골랐다.

·choose
[tʃu:z/추우즈]
타 뽑다, 고르다, 선택하다

- Which will you *choose*?
  어느것을 고르시겠어요?
- I'll *choose* a blue one.
  파란 것을 고르겠습니다.

chop
[tʃap/찹]

타 (고기를) 자르다 《동》cut)
명 ① 절단, 두껍게 자른 조각
명 ② 턱 《동》jaw)
- Tony is *chopping* wood.
  토니는 나무를 자르고 있다.

chopstick
[tʃápstik/찹스틱]

명 (복수 *chopsticks* [tʃápstiks/찹스터스]) (보통 복수형) 젓가락
- I don't know how to use *chopsticks*.
  나는 젓가락을 쓸 줄 모른다.
- Korean and Chinese eat with *chopsticks*.
  한국인과 중국인은 젓가락으로 식사를 한다.

·chorus
[kɔ́ːrəs/코오러스]

명 (복수 *choruses* [kɔ́ːrəsiz/코오러시즈]) 합창(대), 코오러스
- They sang in *chorus*.
  그들은 합창하였다.

·Christmas
[krísməs/크리스머스]

명 크리스마스, 성탄절
- We like *Christmas*.
  우리는 크리스마스를 좋아한다.
A : Merry *Christmas*!
  성탄을 축하해요!
B : The same to you!
  저도 축하드려요!

·church
[tʃəːrtʃ/처어치]

명 (복수 *churches* [tʃə́ːrtʃiz/처어치즈])
명 ① 교회
- There are two *churches* in this village.
  이 마을에는 교회가 둘 있다.
명 ② (교회에서의) 예배
- Do you go to *church* every Sunday?
  너는 일요일마다 예배보러 가니?
《숙》*go to church* 예배보러 가다

cinema
[sínəmə/시너머]

명 (영)영화, 극장에서 보는 영화
- Go to the (a) *cinema*.
  영화보러 가자.

circle
[sə́ːkl/서어클]

명 (복수 *circles* [sə́ːklz/서어클즈]) 원, 고리
- We sat in a *circle*.
  우리는 빙 둘러 앉았다.
- Mr. Allen drew a *circle* on th-

e blackboard.
앨런 선생님은 칠판에 원을 그리셨다.

타 자 동그라미를 치다, 돌다
· *Circle* the correct answers.
옳은 답에 동그라미를 치시오.

circus
[sə́:kəs/서어커스]

명 (복수 *circuses* [sə́:kəsiz/서어커시즈]) 곡예, 서어커스 원형의 광장, 곡마단, 흥행장

· People like *circuses*.
사람들은 서커스를 좋아한다.

· Did you have a good time at the *circus*?
서커스에 가서 재미있게 지냈니?

·citizen
[sítizn/씨디[리]즌]

명 국민, 시민, 나라사람
· He is a Korean *citizen*.
그는 한국 국민이다.
· They are *citizens* of Seoul.
그들은 서울 시민이다.

:city
[síti/시티]

명 (복수 *cities* [sítiz/시티즈]) 도시, 도회지

《참고》town 읍, village 촌
· She doesn't live in this *city*.
그녀는 이 시에 살고 있지 않다.
· In the *city* you can't see the stars very well.
도시에서는 별들을 잘 볼 수가 없다.

clap
[klæp/클랩]

타 자 박수치다, 손뼉을 치다
· We *clapped* our hands when the concert was over.
우리들은 음악회가 끝났을 때 박수를 쳤다.

:class
[klæs/클래스]

명 (복수 *classes* [klǽsiz/클래시즈])

명 ① 학급, 반
· There are fifteen girls in my *class*.
우리 학급에는 여자 아이가 15명이 있다.
· Are you both in the same *class*?
너희 둘은 같은 반이니?

명 ② 수업
· We have three English *classes* a week.
우리들은 영어 수업이 매주 3시

간 있다.

·classmate
[klǽsmeit/클래스메이트]
명 (복수 *classmates* [klǽsmeits/클래스메이츠]) 급우, 반친구
· He is my *classmate*.
그는 나의 급우이다.

:classroom
[klǽsru(:)m/클래스루움]
명 (복수 *classrooms* [klǽsru(:)mz/클래스루움즈]) 교실
· The school has many *classrooms*.
그 학교에는 교실이 많다.

:clean
[kli:n/클리인]
형 깨끗한 (《반》 dirty 더러운)
· Ryan's room is large and *clean*.
라이언의 방은 크고 깨끗하다.
· Sweep the floor *clean*.
마루를 깨끗이 쓸어라.

·clear
[kliə/클리어]
형 맑게 갠, 맑은
· Today is *clear* and cold.
오늘은 맑고 춥다.
타 정돈하다, 정리하다
· She *cleared* the table.
그녀는 테이블을 정리하였다.

clerk
[klə:k/클러어크]
명 (복수 *clerks* [klə:ks/클러어크스]) 사무원, 서기

· My sister is a *clerk*.
우리 누이는 사무원이다.

clever
[klévə/클레버]
형 (비교급 *cleverer* [klévə/클레버러], 최상급 *cleverest* [klévərist/클레버러스트])
형 ① 영리한, 꾀많은 (《반》 foolish 어리석은)
· He is the *cleverest* boy in our class.
그는 우리 학급에서 제일 영리한 소년이다.
형 ② 손재주가 있는
· She is clever at *making* dolls.
그여자는 인형을 잘 만든다.

cliff
[klif/클리프]
명 (복수 *cliffs* [klifs/클리프스]) 벼랑, 절벽
· He was standing on the *cliff*.
그는 절벽 위에 서 있었다.

climate

climate
[kláimit/클라이밋]
명 기후, 날씨
· The *climate* of Korea.
한국의 기후.

:climb
[klaim/클라임]
타 자 오르다, 기어 오르다
· He has *clinbed* the Alps.
그는 앨프스에 오른 일이 있다.
《숙》 *climb down* 기어 내리다
《숙》 *climb up* 기어 오르다

:clock
[klak/클락]
명 (복수 *clocks* [klaks/클락스])
탁상시계, 괘종(휴대용이 아닌것)
· The *clock* has two hands.
시계에는 두 개의 바늘이 있다.

·close¹
[klouz/클로우즈]
타 자 ①닫다, 닫은《반》open 열다
· *Close* the door.
문을 닫으시오.
타 자 ② 끝내다, 끝나다
· School will *close* in july.
수업은 7월에 끝납니다.
명 끝 (《동》 end)
· The game came to a *close* just now.
시합은 방금 끝났습니다.

·close²
[klous/클로우스] (※발음 주의)
형 가까운, 접근한 (《동》 near)
· Christmas is *close*.

크리스마스가 다가오고 있다.

· Mike and paul are *close* friends.
마이크와 폴은 친한 친구이다.
부 가까이, 접근하여, 짧게
· He cut his hair *close*.
그는 머리를 짧게 깎았다.
《숙》 *close by* 바로 곁에

closed
[klouzd/클로우즈드]
형 닫힌 (《반》 open 열리다)
· *closed* today.
금일휴업.

closet
[klázit/클라짓]
명 (복수 *closets* [klázits/클라짓츠]) 작은 방, 밀실, 골방
water *choset* 변소 (=W.C. 로 생략)
· The doll was found in a *closet*.
그 인형을 벽장 안에서 찾았다.

·cloth
[klɔθ/클로드]
명 (복수 *cloths* [klɔθs/클로드스]
천, 직물, 테이블보, 헝겊, 양복감
· Mother bought a yard of *cloth*.
어머니는 1야아드의 천을 샀다.
숙》 *cloth of gold* 금실로 수놓은 천

clothe
[klouð/클로우드]
🅣 옷을 입다 《동》 dress)
· He *clothed* himself in his best.
오늘 나들이옷을 입었다.

clothes
[klouðz/클로우드즈]
🅜 (복수) 옷, 의복, 의류
· My sister has many *clothes*.
나의 누이는 옷이 많다.
· Fine *clothes* make the man.
《속담》 옷이 날개다.

cloud
[klaud/클라우드]
🅜 ① (복수 *clouds* [klaudz/클라우즈] 구름 (*cloudy* 흐린)
· Look at that *cloud*!
저 구름 좀 봐!
· Yeah, it looks like an elephant.
야, 코끼리 같아.
🅜 ② (자욱한) 먼지
· a *cloud* of dust.
자욱한 먼지.
🅣 🅩 흐리다, 흐리게 하다
· Suddenly the sky *clouded* over.
갑자기 하늘이 온통 흐렸다.
《숙》 *in the clouds* 하늘높이

cloudy
[kláudi/클라우디]
🅗 (비교급 *cloudier* [kláudiə/클라우디어], 최상급 *cloudiest* [kláudiist/클라우디이스트]) 흐린, 탁한
(《반》 fine 개인)
· It's *cloudy* today.
오늘은 날씨가 흐리다.

clown
[klaun/크(을)라운]
🅜 (서커스 등의) 광대, 익살꾼
· In the circus, the *clowns* made us laugh.
서커스에서 광대들이 우리를 웃겼다.

:club
[klʌb/클러브]
🅜 (복수 *clubs* [klʌbz/클러브즈])
클럽, 부, 반
· We have a camera *club* in our school.
우리 학교에는 사진부가 있다.
· I belong to the drama *club*.
나는 연극반에 속해 있다.

coal
[koul/코울]
🅜 석탄, 목탄
· We burn *coal* in the stove to

keep the classroom warm.
교실을 따뜻하게 하기 위해서 난로에 석탄을 땐다.

·coast
[koust/코우스트]
명 해안 (《동》 seaside)
· We drove along the *coast*.
해안선을 따라 드라이브하였다.
· Our town lies on the *coast*.
우리 마을은 해안에 있다.

·coat
[kout/코우트]
명 (복수 *coats* [kouts/코우츠])옷 웃옷, 상의, 저고리, (부인의)외투.
· She is wearing a new *coat*.
그녀는 새 외투를 입고 있다.

·cock
[kak/칵]
명 (복수 *cocks* [kaks/칵스])
명 ① 수탉
· There are some *cock* in the yard.
뜰에는 수탉 몇 마리가 있다.
《참고》 hen 암탉 chicken 병아리

명 ② (가스, 수도 따위의) 꼭지

:coffee
[kɔ́:fi/코오피]
명 코오피(나무,열매,음료)

· a *coffee* pot 코오피 끓이는 그릇
· Won't you have a cup of *coffee*?
코오피 한잔 안 드시렵니까?
· He likes *coffee* very much.
그는 커피를 매우 좋아한다.

coin
[kɔin/코인]
명 (복수 *coins* [kɔinz/코인즈]) 돈, 화폐, 동전
· I collect foreign *coins*.
나는 외국 동전을 수집한다.

:cold
[kould/코울드]
명 ① 추운, 찬, (《반》 hot 더운)
· It is *cold* this morning.
오늘 아침은 춥다.
· Will you have something *cold* to drink?
찬 음료 좀 드시겠어요?
명 ② 감기
· She is in bed with a *cold*.
그녀는 감기에 걸려 누워 있다.

·collection
[kəlékʃ(ə)n/컬렉션]
명 수집, 모은 것(돈,우표따위)
· I am interested in the *collection* of insects.
나는 곤충 채집에 흥미가 있다.

·college
[kálidʒ/칼리지]
명 (복수 *colleges* [kálidʒiz/칼리지즈]) (단과) 대학, 전문학교
· Tom is a *college* student.
톰은 대학생이다.

Clothes 의류

over coat 외투

vest 조끼

jacket 웃옷

boxer shorts 반바지

mittens 벙어리 장갑

apron 앞치마

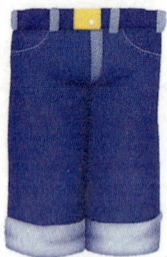
pants 바지

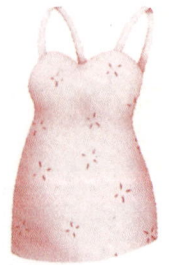
slip 속치마

blouse 여성웃옷

- My uncle goes to *college*.
  나의 삼촌은 대학에 다닌다.

> [*college* 와 university]
> 『*college*』는 하나의 『단과 대학』, 『university』는 여러 단과 대학이 있는 『종합 대학』을 말한다.

:colo(u)r
[kʌ́lə/컬러]

명 (복수 *colo(u)rs* [kʌ́ləz/컬러즈]) 색, 빛깔 ((영) colour로 씀)
- What *color* do you like?
  너는 무슨 색을 좋아하니?

타 색을 칠하다
- They *colored* eggs.
  그들은 달걀에 색칠하였다.

comb
[koum/코움]

명 (복수 *combs* [koumz/코움즈])
명 (머리를 빗는) 빗, 머리빗
- Here is your *comb*.
  여기 당신 빗이 있어요.

타 (빗으로 머리를) 빗다.
- She *combs* her hair every morning.
  그녀는 매일 아침 머리를 빗는다.

combat
[kámbæt/캄뱃]

명 전투, 투쟁, 격투
- Dose your big brother like *combat*?
  너의 형은 투쟁을 좋아하니?

:come
[kʌm/컴]

자 오다 (《반》 go 가다)
- Winter is *coming*.
  겨울이 오고 있다.
- *Come* here, Ted.
  테드, 이리 오너라.

> [*come* 과 go]
> 자신과 대화하고 있는 상대방이 있는 곳으로 『간다』라고 할 때는 『*come*』 상대방이 있는 곳에서 다른 곳으로 『간다』라고 할 때는 『go』를 쓴다. 아래 대화를 보면 쉽게 이해가 갈 것이다.
>
> Mom: Chang-soo!
>   Breakfast is ready!
> 엄마: 창수야! 아침 먹어라!
> Chang-soo: Yes, I'm *coming*.
> 창수: 네, 곧 갈게요.

《숙》 *come about* 일어나다
《숙》 *come after* ~에 잇따르다
《숙》 *come in* 들어오다
《숙》 *come over* 멀리서 오다

·comfortable
[kʌ́mfətəbl/컴퍼터블]

형 기분좋은, 마음편한, 안락한
- Make yourself *comfortable* please.
  편히 하십시오.
- This sofa is very *comfortable*.
  이 소파는 아주 안락하다.

comic
[kámik/카므익]
- 형 만화의; 희극의(《동》 funny)
  - His actions are very *comic*.
  그의 행동은 매우 우습다.
- 명 (복수 *comics* [kámiks/카믹스])
만화, 잡지
  - Jane likes to read *comic* books.
  제인은 만화(책) 읽기를 좋아한다.

commerce
[kámə(:)s/카머(어)스]
- 명 (복수 *commerces* [kámə(:)siz /카머(어)시즈]) 상업, 무역
  - She earns her living with that *commerce*.
  그녀는 그 무역으로 생계비를 번다.

·common
[kámən/카먼]
- 형 ① 평범한, 흔한, 일반적인
  - Seagulls are a *common* sight along the coast.
  갈매기는 해안에서 흔히 볼 수 있다.
- 형 ② 공통의, 공유의
  - They have English as a *common* language.
  그들은 공통어로 영어를 사용한다.

·company
[kÁmp(ə)ni/컴퍼니]
- 명 ① 패(동료), 벗, 교제
  - I joined *company* with them.
  나는 그들과 친구가 되었다.

  - He kept good *company*.
  그는 좋은 벗과 사귀었다.
- 명 ② 회사, 주식회사

compare
[kəmpɛ́ə/컴페어]
- 타 ① 견주다, 비교하다
  - *Compare* Korea with America.
  한국과 미국을 비교하라.
- 타 ② 비유하다

complain
[kəmpléin/컴플레인]
- 자 불평하다, 투덜거리다
  - She is always *complaining*.
  그녀는 늘 불평한다.

computer
[kəmpjú:tə/컴퓨우터]
- 명 (복수 *computers* [kəmpjú:tə컴 퓨우터즈]) 컴퓨터
  - I don't know how to use a *computer*.

◀ Colors 색깔 ▶

yellow 노란 색    brown 갈색 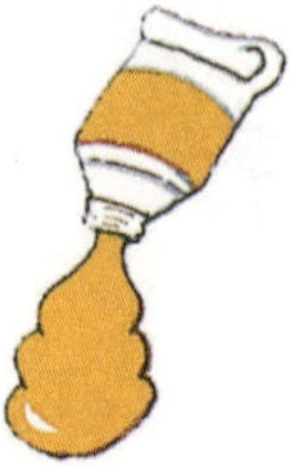   orange 오렌지색    red 빨간 색

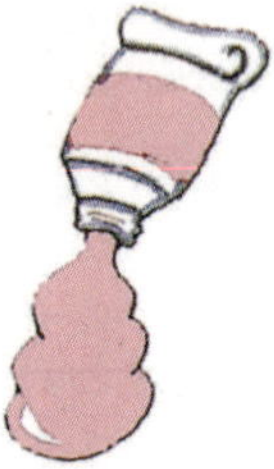

pink 분홍색    gray 회색    blue 파란 색

green 녹색    scarlet 주홍색    purple 자주색

violet 보라색    white 흰 색    black 검은 색

나는 컴퓨터 사용법을 모른다.
· My aunt bought me a good *computer*.
숙모가 나에게 좋은 컴퓨터를 사 주셨다.

·concert
[kánsə(ː)t/칸서(어)트]
명 음악회, 연주회
· The *concert* will be held next sunday.
음악회는 다음 일요일에 열린다.

condition
[kəndíʃ(ə)n/컨디션]
명 ① 조건
· Ability is one of the *conditions* of success.
능력은 성공하는 조건의 하나다.
명 ② 상태, (신체의) 건강 상태
· I am in good *condition*.
나는 건강하다.

cone
[koun/코운]
명 (복수 *cones*[kounz/코운즈])(아이스크림의) 콘; 원뿔(형)
· I like an ice-cream *cone*.
나는 아이스크림콘을 좋아한다.

consent
[kənsént/컨센트]
자 동의하다, 승락하다
· They *consented* to the proposal.
그들은 그 제안에 동의하였다.
명 동의, 승락, 일치

contact
[kántækt/칸택트]
명 (복수 *contacts* [kántækts/칸택츠]) 접촉, 연결, 연락
· I don't have *contact* with him.
나는 그와는 교제가 없다.

continue
[kəntínju(ː)/컨티뉴(우)]
타 ~을 계속하다 ; 계속되다
· She *continued* to work till late.
그녀는 밤 늦게까지 계속 일했다.
· Please *continue* the story.
그 이야기를 계속해 주십시오.

control
[kəntróul/컨트로울]
타 지배하다, 억제하다
· I could not *control* my tears.
눈물을 억제할 수가 없었다.
명 지배, 관리, 통제
· The boys are under their parents' *control*.
소년들은 부모의 감독을 받고 있다.
· He has wonderful *control* with a ball.
그는 놀랍게 공을 잘 다룬다.

:cook
[kuk/쿡]

cool

타 자 요리하다
· Jane was at home to *cook* dinner.
제인은 저녁을 짓기 위해 집에 있었다.
· What are you *cooking*?
무슨 요리를 만들고 있읍니까?

명 요리사, 쿡
· My sister is a good *cook*.
우리 누님은 요리를 잘 한다.

:cool
[ku:l/쿠울]
형 시원한, 서늘한
· In autumn it is *cool*.
가을에는 서늘하다.
타 자 선선해지다; ~을 식히다
· The weather grows *cooler*.
날씨가 점점 더 서늘해진다.
· *Cool* the milk, please.
우유를 식혀 주세요.

·copy
[kápi/카피]
명 (복수 *copies* [kápiz/카피즈])
사본, 복사
· I made a *copy* of the book.
나는 그 책의 사본을 만들었다.
타 자 사본[복사]하다, 베끼다
· Let me *copy* your answer.
네 답 좀 베끼자.

·corn
[kɔːn/코온]
명 곡식의 낟알 《동》 《미》grain),
《미》옥수수, 《영》밀
· This is a *corn*.
이것이 옥수수다.
· Field of *corn* 옥수수 밭

·corner
[kɔ́ːnɚ/코오너]
명 (복수 *corners* [kɔ́ːnɚz/코오너즈]) 모퉁이, 모서리
· Turn to the right at the next *corner*.
다음 모퉁이에서 오른쪽으로 도시오.
· A waiter is standing in the *corner*.
종업원이 구석에 서 있다.

·correct
[kərékt/커렉트]
형 정확한, 옳은 《동》 right 옳은)
· You are always *correct*.
너는 언제나 옳다.
· A *correct* judgement.
정확한 판단.
타 바로잡다, 바르게 하다.
· *Correct* errors, if any.
잘못이 있으면 고쳐라.

cost
[kɔːst/코오스트]
타 (비용이) 들다, 값이 ~이다.
- How much does it *cost*?
그것은 얼마의 비용이 듭니까?

명 가격, 값, 비용
- The *cost* of this hat was 6 dollars.
이 모자의 가격은 6달러였다.

cotton
[kátn/카튼]
명 무명, 솜, 면화
- This shirt is made of *cotton*.
이 셔츠는 면제품이다.

- *Cotton* candy : 솜사탕

cough
[kɔːf/코오프]
명 기침, 목기침
- Do you have a *cough*?
너 기침 하니?

타 기침을 하다, 콜록콜록하다
- He *coughed* hard.
그는 심하게 기침을 했다.

could
[kəd/컷]
조 ① (강조할 때) kud/쿳](*can*의 과거형) ~할 수 있었다.
- I *could* not stay any longer.
그 이상 더 머물러 있을 수가 없었다.

조 ② 할 수 있을 텐데
- If I were a bird, I *could* fly in the sky.
내가 새라면 하늘을 날 수 있을 텐데.

조 ③ 할 수 있었을 텐데
- If he had been with me, I *could* have been successful.
그가 나와 함께 있었더라면, 나는 성공할 수 있었을 텐데.

count
[kaunt/카운트]
타 **자** ① 세다, 계산하다
- The little boy can *count* from one to hundred.
그 어린 소년은 1에서 100까지 셀 수 있다.
- *Count* the chairs in this classroom, please.
이 교실 안에 있는 의자를 세어 보세요.

타 **자** ② 계산에 넣다.
명 계산

country
[kántri/컨트리]

명 ① 나라, 국가
· How many *countries* are there in the world?
세계에는 몇 개의 나라가 있습니까?
명 ② (the를 붙여서) 시골, 지방
· Their parents live in the *country*.
그들의 부모님은 시골에 살고 계신다.

couple
[kʌ́pl/커플]
명 (복수 *couples* [kʌ́plz/커플즈])
남녀 한쌍, (특히) 부부
· Their parents live in the *country*.
피터와 제인은 멋진 한 쌍이다.

《숙》 *a couple of* ~ : 두개의
《숙》 *a couple of days* : 2 · 3일

course
[kɔəs/코오스]
명 (복수 *courses* [kɔ́əsiz/코오시즈])
명 ① 진로, 방향
· They took the wrong *course*.
그들은 진로를 잘못 잡았다.
명 ② (학교·연구의) 과정, 교과
· My sister has finished her middle school *course*.
누나는 중학교 과정을 마쳤다.
《숙》 *in the course of* : ~중에
Of *course*. 『물론.』
A : Will you help me wash the dishes, Jack?
잭, 접시 닦는 것 좀 도와 주겠니?
B : Yes, of *course*.
네, 물론이죠.

court
[kɔət/코오트]
명 (복수 *courts* [kɔəts/코오츠])
명 ① (테니스 따위의) 마당
· We play tennis on this *court*.
우리는 이 코오트에서 정구를 합니다.

명 ② 재판소, 법정
· He was ordered to appear in *court*.
그는 법정에 출두하도록 명령을 받았다.

courtesy
[kə́ːtisi/커어티시]
명 예의, 정중함, 친절
· He did me the *courtesy* of answering the question.
그는 친절하게 내 질문에 답해 주었다.

·cousin
[kʌzn/커즌]

명 사촌, 고종사촌
- Who's that boy?
  저 소년은 누구니?
- He is my *cousin*, Bill.
  그는 내 사촌 빌이야.

·cover
[kʌ́vər/커버]

타 ① ~을 덮다, 씌우다
- The mountain is *covered* with snow.
  그 산은 눈으로 덮여 있다.

타 ② 감추다, 숨기다
- He *covered* his feeling.
  그는 자신의 감정을 숨기다.

타 ③ 걸치다, 가다
- His diary *covers* five years.
  그의 일기는 5년에 걸쳐 썼다.

명 덮개, 뚜껑
- Put a *cover* on the pot.
  항아리 뚜껑을 덮어라.
- *pot* [pɑt/팟] 항아리, 화분

:cow
[kau/카우]

명 (복수 cows [kauz/카우즈])암소
(《반》 ox 수소)

- *Cows* are kept by farmers for meat
  암소는 고기를 얻기 위해 농가에서 사육되고 있다.

cowboy
[káubɔ̀i/카우보이]

명 (복수 *cowboy* [káubɔ̀i/카우보이] 목동, 카우보이
- I want to be a *cowboy*.
  나는 카우보이가 되고 싶다.

crab
[kræb/크랩]

명 게 ; 게의 살
- *Crab*'s meat is good to eat.
  게의 살은 맛이 좋다.

crayon
[kréiən/크레이언]

명 (복수 *crayons* [kréiənz/크레이언즈])크레용(화)
- I have many *crayons* of different colors.
  나는 많은 색깔의 크레용을 많이 가지고 있다.

cream
[kri:m/크리임]

명 ① 크리임, 크리임 과자
명 ② 화장 크리임

· She had coffee with sugar and *cream*.
그녀는 설탕과 크림을 넣은 코오피를 마셨다.

credit
[krédit/크레딧]
명 (복수 *credits* [krédits/크레디츠]) 신용, 명예
· He is a *credit* to the school.
그는 학교의 자랑이다.

cricket
[kríkit/크리킷]
명 (복수 *credits* [kríkits/크리키츠]) 귀뚜라미
· Look at the crying *cricket*.
울고 있는 귀뚜라미를 보아라.

crocodile
[krákədail/크라커다일즈]
명 (아프리카·아시아산의) 악어
· We made handbags of *crocodile* skin.
우리는 악어 가죽으로 핸드백을 만들었다.

crop
[krɑp/크랍]
명 ① 농작물. 논에서 나는 작물
· This weather is good for the *crops*.
이런 날씨는 농작물에 좋다.
명 ② 수확, 벼수확
· The rice *crop* was very good this year.
금년 쌀 수확은 대단히 좋았다.

:cross
[krɔːs/크로오스]
타 자 건너다, 횡단하다
· Look both ways before *crossing* the road.
길을 건너기 전 양쪽을 보아라.

명 십자가
· Jesus Christ died on the *cross*.
예수 그리스도는 십자가 위에서 돌아가셨다.

crow
[krou/크로우]
명 (복수 *crows* [krouz/크로우즈]) 까마귀
· There is a *crow* in the cage.
새장 안에 까마귀 한마리가 있다.

crowd
[kraud/크(우)라웃]
명 군중, 많은 사람들
· There were big *crowds* of p-

eople in the theater.
극장 안에는 많은 군중으로 가득차 있다.

·crown
[kraun/크라운]
몡 (복수 *crowns* [kraunz/크라운즈]) 왕관, 왕위
· The king has a *crown* on his head.
왕은 머리에 왕관을 쓰고 있다.

타 왕관을 씌우다
· He was *crowned* king.
그는 왕위에 올랐다.

:cry
[krai/크라이]
타 자 ① (소리를 내어) 울다.운다
· Look at that *crying* baby.
울고 있는 저 아기를 보아라.
타 자 ② 외치다, 소리지르다
· "Fire! Fire!" *cried* the boy.
"불이야! 불이야!"라고 소년은 외쳤다.
《숙》*cry out* 큰 소리로 부르다
몡 (복수 *cries* [kraiz/크라이즈]) 고함 소리, 우는 소리
· I heard the *cry* for help.
나는 살려 달라고 외치는 소리를 들었다.

cuckoo
[kúku:/쿠쿠우]
몡 뻐꾸기 ; 뻐꾹뻐꾹 울다
· The *cockoo* cuckooes.
뻐꾸기가 뻐꾹하고 운다.

cucumber
[kjú:kəmbɚ/큐우컴버]
몡 (복수 *cucumbers* [kjú:kəmbɚz/큐우컴버즈])오이
· A *cucumber* is long and big.
오이는 길고 커다랗다.

:cup
[kʌp/컵]
몡 (복수 *cups* [kʌps/컵스])
몡 ① 잔 (코오피·홍차를 마시는)
· Can I use this *cup*?
이 잔을 사용할 수 있어요?
몡 ② 차종 한잔(의 양)
· I had a *cup* of coffee.
나는 한 잔의 코오피를 마셨다.
몡 ③ 우승컵

cupboard
[kʌ́bəd/커버드]
몡 (복수 *cupboards* [kʌ́bədz/커버즈] 찬장
· This is a *cupboard*.
이것은 찬장이다.
《숙》*cry cupboard* 배고파하다.

curtain

curtain
[kə́ːt(ə)n/커어턴]
명 (복수 *curtains* [kə́ːt(ə)nz/커어턴즈]) 커어튼, (무대의) 막
· We hang *curtains* in front of the windows.
우리는 창문 앞에 커튼을 달았다.
· Please draw the *curtain*.
커튼을 당겨 주세요.

curve
[kəːv/커어브]
명 (복수 *curves* [kəːvz/커어브즈]) 굽은 곳, 커어브, 곡선, 곡구
타 자 구부리다, 구부러지다
· She *curves* every morning.
그녀는 매일 아침 구부린다.

custom
[kʌ́stəm/커스텀]
명 (복수 *customs* [kʌ́stəm/커스텀즈]) 습관, 관습
· I followed the American *custom*.
나는 미국의 풍습을 따랐습니다.

customer
[kʌ́stəmər/커스터머]
명 (복수 *customers* [kʌ́stəmərz/커스터머즈]) 고객, 단골 손님
· She is always *customer* of me.
그녀는 나의 단골 손님이다.

:cut
[kʌt/컷]
타 ① 베다, 썰다
· Mother has *cut* the apple with a knife.
어머니는 칼로 사과를 쪼갰습니다.
타 ② (머리털 따위를) 깎다
· I had my hair *cut*.
나는 머리를 깎았습니다.
자 베어지다
· This knife *cuts* well.
이 칼은 잘 든다.
《숙》 *cut down* 베어 넘어뜨리다

cute
[kjuːt/큐우트]
형 예쁜, 귀여운 ; 영리한., 참신한
· What a *cute* baby!
정말 귀여운 아기구나!

cycling
[saikling/사이클링]
명 자전거 타기 [여행], 사이클링
· He often goes *cycling* in the country side
그녀는 자주 시골로 자전거 여행을 간다.

D,d
[diː/디이] 알파벳의 네 번째 문자

dad
[dæd/대드]

명 (복수 *dads* [dædz/대즈]) 아빠, 아버지 (《반》 mom 엄마)

· Come back soon, *Dad*.
  일찍 돌아오세요, 아빠.

> 아버지를 부를때 아이들은 '*dad*' 혹은 '*daddy* [dǽdi/대디]' 라고 부른다. 물론 어린애뿐만 아니라 어른이 되어서도 역시 '*dad*' 이라고 부르는 사람들이 많다.

daffodil
[dǽfədìl/대퍼딜]

명 (복수 *daffodils* [dǽfədìlz/대퍼딜즈]) 수선화

· A *daffodil* is yellow or white.
  수선화는 노랗거나 하얗다.

dahlia
[dǽljə/댈리어]

명 (복수 *dahlias* [dǽljəz/댈리어즈]) 〖식물〗달리아

· The *dahlia* are now in full bloom.
  달리아가 지금 활짝 피었다.

daily
[déili/데일리]

형 매일의, 나날의, 일상의
· *daily* life 일상 생활

부 날마다, 매일
  The newsboy comes *daily*.
  신문 배달 소년은 매일 온다.

damage
[dǽmidʒ/대미지]

명 손해, 피해

· The accident did much *damage* to the car.

그 사고로 자동차는 많이 손상되었다.

:dance
[dæns/댄스]

타 자 춤추다, 댄스를 하다
· She *danced* with her brother.
그녀는 동생과 춤을 추었다.

명 춤, 댄스(파티)
· We went to a *dance* last night.
우리는 간밤에 댄스 파티에 갔다.

dancer
[dǽnsər/댄서]

명 (복수 *dancers* [dǽnsərz/댄서즈]) 춤추는 사람, 무용가
· Linda is a good *dancer*.
린다는 춤을 잘 춘다.

:danger
[déindʒər/데인저]

명 (복수 *dangers* [déindʒərz/데인저즈]) 위험 (《반》 safety 안전)
· Is there any *danger* of fire?
화재의 위험이 있느냐?
《숙》 *be in danger* 위독하다

:dangerous
[déindʒ(ə)rəs/데인저러스]

형 위험한 (《반》 safe 안전한)
· Mad dogs are very *dangerous*.
미친 개는 매우 위험하다.

·dark
[daːrk/다크]

형 ① 어두운 (《반》 bright 밝은)
· It was *dark* outside.
밖은 어두웠다.

형 ② (눈·머리 등이) 검은, 까만
· He has *dark* eyes.
그는 검은 눈을 가지고 있다.

명 어둠, 땅거미
· Let's go home before *dark*.
어두워지기 전에 집으로 가자.

data
[déitə/데이터]

명 (복수) 자료, 데이터
· The *data* is not sufficient.
그 자료는 불충분하다.

·date
[deit/데이트]

명 ① 날짜, 연월일, 기일
· What's the *date* today?
오늘이 며칠 입니까?
· Today is june (the) twelfth.
6월 12일 입니다.

명 ② 만날 약속, 데이트 약속
· I've got a *date* with Susan tonight.
나는 오늘 밤에 수잔과 데이트 약속이 있다.

[날짜의 쓰기와 읽기]
미국식: 『1998년 12월 7일』은 December 7, 1998이라고 쓰고, December (the) seventh [또는 December seven], nineteen ninety-eight 이라고 읽는다.

타 ~에 날짜를 적다
· He doesn't *date* his letters.
그는 편지에 날짜를 적지 않는다.

·daughter
[dɔ́:tər/도-터]
명 (복수 *daughters* [dɔ́:tərz/도-터즈]) 딸 (《반》 son 아들)
· Mr, and Mrs, Baker have three sons and one *daughter*.
베이커 부부는 아들 셋과 딸 하나가 있다.

dawn
[dɔ:n/돈-]
명 새벽, 동틀녘
· He got up at *dawn*.
그는 새벽녘에 일어났다.

자 날이 새다, 밝아지다
· Day *dawns*. 날이 샌다.

·day
[dei/데이]
명 (복수 *days* [deiz/데이즈])

명 ① 낮 (《반》 night 밤)
· *Days* are longer in summer than in winter.
여름은 겨울보다 낮이 더 길다.
명 ② 하루
· There are twenty-four hours in a *day*.
하루는 24시간이다.
명 ③ (어떤 특별한) 날
· The second Sunday of May is Mother's *Day*.
5월의 둘째 번 일요일은 어머니의 날입니다.
《숙》 *day by day* 매일, 날마다
· the *day* after tomorrow 모레
· the *day* before yesterday 그저께

:dead
[ded/데드]
형 죽은, 죽어 있는 (《반》 alive, living 살아 있는)
· His parents are *dead*.
그의 부모님은 돌아가셨다.
· Is your father living or *dead*?
당신의 아버지는 살아계십니까, 아니면 돌아가셨습니까?

deaf
[def/데프]
형 귀머거리인
· He was blind and *deaf*.
그는 장님에다 귀머거리였다.

:deal
[di:l/딜-]
자 ① (*with*와 함께 쓰여) 다루다
· Tom is hard ro *deal with*.

톰은 다루기가 힘들다.
· How will you *deal with* this problem?
이 문제를 어떻게 처리하겠소?

자 ② 매매하다, 거래하다
· My father *deals* in used cars.
나의 아버지는 중고차를 매매하고 계신다.

명 상당한 분량, 많은 양
· She spends a great *deal* of money.
그녀는 돈을 많이 쓴다.

《숙》 *a great [good] deal of ~*
: 많은 ~, 다량의

·dear
[diər/디어]

형 ① 친애하는, 사랑스런
· In a letter, I start with "*Dear* Mr. Miller."
편지에서, 나는 "친애하는 밀러 씨"로 시작한다.

형 ② 소중한, 귀중한
· Jim is my *dear* friend.
짐은 소중한 내 친구이다.

부 값비싼 (《반》 cheap 값이싼)
· That's a *dear* shop.
저 가게는 비싸다.

명 (부를 때 씀) 사랑하는 사람
감 어머나, 아이구

:death
[deθ/데스]

명 죽음, 사망(《참고》 die 죽다, dead 죽은, 《반》 birth 탄생)
· *Death* may come at any moment.
죽음은 언제 찾아올지 모른다.

debt
[det/뎃]

명 (복수 *debts* [dets/데츠])부채, 빚, 남에게 줄돈
· He is in *debt* to the bookstore.
그는 서점에 빚이 있다.
· get into *debt*. 빚을 지다.

·December
[disémbər/디셈버]

명 12월 (*Dec*.로 약한다)
· *December* is the twelfth month of the year.
12월은 1년의 열두 번째 달이다.
· Christmas comes in *December*.
크리스마스는 12월에 온다.

:decide
[disáid/디사이드]

타 자 결정하다, 결심하다
· I *decided* to study harder.
나는 더 열심히 공부하기로 결심했다.

decision
[disíʒ(ə)n/디시전]
명 (복수 *decisions* [disíʒ(ə)nz/디시전즈] 결정, 결심
· Anyway, to make *decisions* is not easy.
아무튼, 결심을 한다는 것은 쉽지 않다.

deck
[dek/덱]
명 (복수 *decks* [dekz/덱스]) 갑판
· Let's go on *deck*.
갑판으로 나갑시다.

deed
[di:d/디-드]
명 (복수 *deeds* [di:dz/디-즈]) 행동, 행위 (《동》 act)
· a good [bad] *deed* 선행[악행]
· *Deeds*, not words, are needed.
말이 아니라 행동이 필요하다.

·deep
[di:p/디-프]
형 ① 깊은 (《반》 shallow 얕은)
· How *deep* is the hole?
그 구멍은 얼마나 깊으냐?

형 ② 색깔이 짙은(《반》 light 색깔이 엷은)
· The sea was *deep* blue.
바다는 짙푸른 빛이었다.
형 ③ (감정이나 생각이) 깊은, 강한
· She is in *deep* sorrow.
그녀는 깊은 슬픔에 잠겨 있다.
부 깊게, 깊이
· Father took me *deep* into the forest.
아버지는 나를 숲속 깊숙이 데리고 가셨다.

deeply
[dí:pli/디-플리]
부 깊게, 깊이 ; 철저히
· She was *deeply* moved by the news.
그녀는 그 소식에 깊이 감동했다.

:deer
[diər/디어]
명 (복수 *deer* [diər/디어](단수·복수 동형) 사슴
· Have you ever seen a *deer*?
너는 사슴을 본 적이 있니?

delicious
[dilíʃəs/딜리셔스]
형 맛있는, 향기로운 ; 유쾌한
· This soup looks *delicious*.
이 수프는 맛있어 보인다.

delight
[diláit/딜라이트]
타 기쁘게 하다, 매우 즐겁게 하다 (《동》 please 즐겁게 하다)

· Her singing *delighted* everybody.
그녀의 노래는 모두를 기쁘게 했다.
명 기쁨, 즐거움

deliver
[dilívər/딜리버]
타 ① 배달하다, 넘겨주다
· The mailman *delivers* letters and parcels.
우편 집배원은 편지와 소포를 배달한다.

· parcel [páːrsl/파어쓸] 소포
타 ② (연설을) 하다, 말하다
· He *delivered* a long speech.
그는 긴 연설을 했다.
타 ③ 해방시키다 (《동》 set free)
· We *delivered* him from danger.
우리는 그를 위험에서 구했다.

:democracy
[dimákrəsi/디마크러시]
명 민주주의, 민주 국가
· Korea is a *democracy*.
한국은 민주주의 국가다.

dentist
[déntist/덴티스트]
명 (복수 *dentists* [déntists/덴티스츠]) 치과 의사
· Why don't you see a *dentist*?
치과 의사에게 가 보는 것이 어때요?

deny
[dinái/디나이]
타 부정하다, 거절하다
· We cannot *deny* the fact.
우리는 그 사실을 부정할 수 없다.

depart
[dipáːrt/디파ː트]
자 출발하다(《동》 start 떠나다)
· They *departed* for America.
그들은 미국으로 떠났다.

:department store
[dipáːrtmənt stɔ̀ːr/디파ː트먼트 스토ː]
명 (미) 백화점
· A *department store* is a very big store.
백화점은 아주 큰 상점이다.
· Paul went to a *department store* to buy a camera.
폴은 사진기를 사러 백화점에 갔다.

depend
[dipénd/디펜드]
자 ① ~에 달려있다
· It *depends* on your luck.
그것은 너의 운에 달려 있다.
자 ② ~에게 의존하다
· Pupils *depend* on their teacher.
학생들은 그들의 선생님에게 의존한다.
《숙》 *depend on* ~을 의지하다

desert
[dézərt/데저트] (※발음주의)
명 (복수 *deserts* [dézərts/데저츠])
사막, 황무지
- A *desert* is a hot, dry land of much sand.
  사막은 모래가 많은 뜨겁고 마른 땅이다.
- They crossed the Sahara *Desert*.
  그들은 사하라 사막을 횡단했다.

design
[dizáin/디자인]
명 (복수 *designs* [dizáinz/디자인즈]) 계획, 설계 ; (복수로)속셈, 음모
- He has no evil *designs*.
  그는 나쁜 속셈은 없다.

타 **자** 계획하다, 설계하다

·desk
[desk/데스크]
명 (복수 *desks* [desks/데스크스])
(공부·사무용의)책상
- It's a *desk*.
  그것은 책상이다.
- How many *desks* are there in this classroom?
  이 교실 안에는 책상이 몇 개나 있습니까?

[*desk*와 table]
『*desk*』는 공부를 하거나 사무를 보는 데 쓰이는 서랍이 있는 「책상」을 말한다. 『table』은 식사·회의를 할 때 혹은 장식물

---

despair
[dispéər/디스페어]
명 (복수 *despairs* [dispéərz/디스페어즈]) 절망 ; 자포자기
- I found him in *despair*.
  나는 그가 절망하고 있다는 것을 알았다.

dessert
[dizə́:rt/디저-트] (※발음주의)
명 (복수 *desserts* [dizə́:rts/디저-츠])
디저트·후식
☞ 식후에 먹는 파이, 과일, 아이스크림 따위를 말함.
- Would you like some ice cream for *dessert*?
  후식으로 아이스크림 좀 드시겠습니까?

destroy
[distrɔ́i/디스트로이]
타 부수다, 파괴하다
- He *destroyed* the gate.
  그는 문을 부수었다.

detail
[dí:teil/디-테일]
명 (복수 *details* [díteilz/디-테일즈])
세부, 세목 ; 상세 ; 상술
- Tell me all the *details*.
  세목을 모두 내게 이야기해라.

《숙》 ***in detail*** 상세히, 세목별로
· Explain your plan in ***detail***.
네 계획을 상세히 설명해라.

develop
[divéləp/디벨럽]
타 발달시키다, 발전시키다.
· He ***developed*** modern music.
그는 근대 음악을 발전 시켰다.
자 발달하다, 발전하다, 발육하다
· Plants ***develop*** from seeds.
식물은 종자에서 발육한다.

dial
[dái(ə)l/다이얼]
명 (복수 ***dials*** [dái(ə)lz/다이얼즈])
(전화·라디오 따위의) 다이얼
· Turn the ***dial*** of the radio.
라디오의 다이얼을 돌리시오.

·diary
[dáiəri/다이어리]
명 일기, 일기장
· I write a ***diary*** in English everyday.
나는 매일 영어로 일기를 쓴다.
《숙》 ***keep a diary*** 일기를 쓰다

dictation
[diktéiʃ(ə)n/딕테이션]
명 (복수 ***dictations*** [diktéiʃ(ə)nz/딕테이션즈]) 받아쓰기, 구술
· We have ***dictation*** today.
오늘 받아쓰기가 있다.

:dictionary
[díkʃ(ə)nèri/딕셔네리]
명 (복수 ***dictionaries*** [díkʃ(ə)nèriz/딕셔네리즈]) 사전, 사서, 옥편
· an English Korean ***dictionary***
영한 사전
· "Do you know the meaning of the word, Bill?"
너는 그 단어의 뜻을 아니, 빌?

:did
[did/디드]
타 자 조 ***do*** 의 과거형
· ***Did*** you have watermelon?
수박은 먹었니?

· I ***didn't*** go to school today.
나는 오늘 학교에 가지 않았다.

·die
[dai/다이]
자 (3단현 ***dies*** [daiz/다이즈], 과거·과거 분사 ***died*** [daid/다이드], 현재 분사 ***dying*** [dáiiŋ/다이잉])죽다
《반》 live 살아 있다)
· She ***died*** young.
그녀는 젊어서 죽었다.

· My sister *died* of cancer.
내 누이동생은 암으로 죽었다.
· cancer [kǽnsər/캔써] 암
《숙》 *die of* (병·굶주림)죽다

different

[dif(ə)rənt/디퍼런트]
형 다른〈*from*〉《반》same 같은)
· They are *different* people with the same name.
그들은 동명이인이다.
《숙》 *be defferent from* 와다르다
· Your idea is *different* from mine.
네 생각은 내 생각과는 다르다.

difficult

[difikʌlt/디피컬트]
형 곤란한 《반》easy 쉬운)
· It is *difficult* to speak English.
영어를 말하는 것은 어렵다.
· This homework is *difficult*.
이 숙제는 어렵다.

dig

[dig/디그]
타 파다, 파내다
· They *dug* a round hole in the ground.
그들은 땅에 둥근 구멍을 팠다.

diligent

[dílidʒ(ə)nt/딜리전트]
형 근면한, 부지런한 《반》idle, lazy 게으른, 태만한)
· He is a *diligent* boy.
그는 부지런한 소년이다.

dine

[dain/다인]
자 타 (3단현 *dines* [dainz/다인즈], 과거·과거 분사 *dined* [daind/다인드], 현재 분사 *dining* [dáiniŋ/다이닝]) (저녁) 식사를 하다
· I *dine* in town.
나는 시내에서 저녁을 먹는다.
· Let's *dine* out this evening.
오늘 저녁은 밖에서 식사합시다.

dining room

[dáiniŋ rù(:)m/다이닝 룸(-)]
명 (복수 *dining rooms* [dáiniŋ rù(:)mz/다이닝 룸(-)즈]) 식당
· People eat meals in a *dining room*.
사람들은 식당에서 식사를 한다.

dinner

[dínər/디너]
명 정찬, 저녁 식사, 만찬(회)
· It is time for *dinner*.

저녁 먹을 시간이다.
- Thank you for inviting me to ***dinner***.
저녁 식사에 초대해 주셔서 감사합니다.

[***dinner***와 supper]
하루 중에 가장 잘 먹는 식사를 가리켜 영·미 모두 일반적으로『***dinner***』라고 한다. 그리고 남을 집에 초대하여 대접하는 "저녁 식사" 또한 여기에 해당된다.
만일 점심을『***dinner***』로 한다면, 가벼운 저녁 식사를『supper』라고 부른다.

---

dinosaur
[dáinəsɔ̀:r/다이너쏘우어]
명 공룡
- ***Dinosaurs*** disappeared many, many years ago.
공룡들은 아주 오랜 옛날에 사라졌다.

direction
[dirékʃ(ə)n/디렉션, dairékʃ(ə)nz/다이렉션]
명 ① 방향, 방위, 방면
- We walked in the ***direction*** of the school.
우리는 학교를 향해서 걸었다.
명 ② 감독, 지시, 지도
- He did the work under my ***directions***.
그는 나의 지시를 받고 일한다.

dirt
[də:rt/더-트]
명 쓰레기, 먼지, 오물
- The dog is sitting by the ***dirt***.
개가 쓰레기 앞에 앉아 있다.

dirty
[də́:rti/더-티]
형 더러운, 《반》clean(깨끗한), 비열한
- Don't eat with ***dirty*** hands.
더러운 손으로 먹지 마라.

discover
[diskʌ́vər/디스커버]
타 발견하다, ~을 알다, 깨닫다 (《동》 find)
- Columbus ***discovered*** America in 1492.
콜럼버스는 1492년에 아메리카를 발견했다.

discovery
[diskʌ́vəri/디스커버리]
명 (복수 ***discoveries*** [diskʌ́vəriz/디스커버리즈]) 발견, 전개, 발각

· She made a surprising *discovery*.
그녀는 놀랄만한 발견을 했다.

disease
[dizíːz/디지-즈]
명 (복수 *diseases* [dizíːziz/디지-지즈]) 병, 질병
· He caught a serious *disease*.
그는 중병에 걸렸다.

:dish
[diʃ/디시]
명 (복수 *dishes* [diʃiz/디시즈]) 큰 접시
· Judy is washing the *dishes*.
쥬디는 접시를 닦고 있다.

[*dish* · plate · saucer]
『*dish*』는 보통 타원형으로 요리를 담는데 쓰이는 「바닥이 납작한 큰 접시」를 말하고, 『plate [pleit/프(을)레잇]』은 『*dish*』에서 각자 덜어 먹기 위한 「1인 전용의 납작하고 밑이 얕은 접시」 saucer은, 『받침접시』이다.

dislike
[disláik/디슬라이크]
타 싫어하다, 미워하다
· I *dislike* doing it.
나는 그것을 하는 것이 싫다.

distant
[díst(ə)nt/디스텐트]
형 ① 먼, 떨어진⟨*from*⟩
· The park is about a mile *distant* from my home.
공원은 나의 집에서 약 1마일 떨어져 있다.
형 ② (시간 · 관계) 먼, 떨어진
· We are *distant* relation.
우리는 먼 친척이다.
《숙》*at no distant* 머지 않아

dive
[daiv/다이브]
자 뛰어들다, 뛰어내리다
· He *dived* into the sea.
그는 바다에 뛰어들었다.

·do
[duː/두-]
타 자 (3단현 *does* [dʌs/더즈], 과거형 *did* [did/디드], 과거 분사 *done* [dʌn/던], 현재 분사 *doing* [dú(ː)iŋ/두(-)잉])
타 ① 하다, 행하다
· He *did* his best.
그는 최선을 다했다.
· What shall I *do*?
어떻게 하면 좋을까?
타 ② 주다, 끼치다, 이바지하다
· A change of air will *do* you good.
전지 요양하는 것이 몸에 좋을 것이다.
타 ③ 마치다, 끝내다
· The work is not *done* yet.
일을 아직 끝나지 않았다.

재 ① 행하다, 행동하다, 일하다
· ***Do*** like a gentleman.
신사답게 행동하시오.
재 ② 쓸모가 있다
· A thousand won will ***do***.
1000원이면 충분하다.
《숙》 ***do away with*** ~을 없애다
《숙》 ***do with*** ~을 처리하다
《숙》 ***do without*** ~없이 해나가다

·doctor
[dáktər/닥터]
명 의사
· My father is a ***doctor***.
나의 아버지는 의사이시다.

☞『***doctor***』는 『Dr.』로 줄여 쓸 수 있으며, 성 앞에 붙인다.
예) Dr. Kim
김 박사(님)
· How is my daughter, ***doctor***?
제 딸 어떻습니까, 의사 선생님?

:does
[(강)dʌz/더즈, (약)dəz/더즈]
타 재 조 ***do***의 3인칭 단수 현재
하다, 행하다
· This dog ***does*** many trick
이 개는 많은 재주를 부린다.
· He always ***does*** his best
그는 언제나 최선을 다한다.

·dog
[dɔːg/도-그]
명 (복수 ***dogs*** [dɔːgz/도-그즈])개
· The ***dog*** is sitting by the gate.
개가 문 앞에 앉아 있다.

『***dog***』은 「개」를 총칭하는 말이지만, 엄밀하게 따지면 『수캐』를 말한다. 『암캐』는 『bitch [bitʃ/비취]』, 『강아지』는 『puppy [pʌ́pi/프어피]』라고 한다.

:doll
[dɑl/달]
명 (복수 ***dolls*** [dɑlz/달즈]) 인형
· Let's play with ***dolls***.
인형을 가지고 놀자.

dollar
[dálər/달러]
명 (복수 ***dollars*** [dálərz/달러즈])
달러, 미국화폐
· It's five ***dollars*** and fifty cents.
그것은 5달러 50센트이다

『***dollar***』는 미국·캐나다 등에서 사용되는 화폐 단위로 기호는 $를 쓴다.

dolphin
[dálfin/달핀]
명 (복수 ***dolphins*** [dálfinz/달핀

즈]) 돌고래
· A ***dolphin*** is a sea animal.
돌고래는 바다 동물이다.

:done
[dʌn/던]
타 자 ***do***(하다)의 과거 분사
· I have ***done*** my homework.
나는 숙제를 끝냈다.
· It's ***done***. 끝났다, 됐다.

donkey
[dáŋki/당키]
명 (복수 ***donkeys*** [dáŋkiz/당키즈])
【동물】 당나귀
· Have you ever seen a ***donkey***?
너는 당나귀를 본 적이 있니?

·door
[dɔːr/도-]
명 (복수 ***doors*** [dɔːrz/도-즈]) 현관문, 문짝, (출)입구, 현관
· Open[Close] the ***door***, please.
문을 열어[닫아] 주세요.
· Mr. Bakr lives next ***door*** (to me).
베이커씨는 우리 옆집에 산다.

doorbell
[dɔ́ːrbèl/도-벨]
명 (복수 ***doorbells*** [dɔ́ːrbèlz/도-벨즈]) 현관의 벨, 초인종

· Please press the ***doorbell***.
그 초인종을 누르십시오.

:double
[dʌ́bl/더블]
형 ① 2배의, 갑절의
· He did ***double*** work today.
그는 오늘 갑절로 일했다.
형 ② 이중의, 쌍의, 2인용의
· a ***double*** bed 2인용 침대
· ***double*** windows 이중 창문
부 두배[갑절]로, 이중으로
· He paid ***double***.
그는 갑절로 지불했다.

·doubt
[daut/다아웃]
명 의심, 의혹
· There is no ***doubt*** about it.
그것은 의심할 여지도 없다.
타 자 의심하다, 믿지 않다
· I ***doubt*** his word.
나는 그의 말을 의심한다.

:dove
[dʌv/더브]
명 (복수 ***doves*** [dʌvz/더브즈])
비둘기 (《동》 pigeon)
· There is a ***dove***.
비둘기 한 마리가
있다.

:down
[daun/다운]
부 아래로,
아래쪽으로[에], (《반》 up 위로)
· Come ***down***, Tom.
내려오너라, 톰.

· Go *down* the street.
길 아래쪽으로 가세요.

:downstairs
[dáunstéərz/다운스테어즈]
뷔 아래층으로[에],아래층(《반》 upstairs 위층에)

· We go *downstairs* for breakfast.
우리들은 아침을 먹으러 아래층으로 간다.

dozen
[dʌ́zn/더즌]
명 (복수 *dozens* [dʌ́znz/더즌즈]) 1다스, 12개

· I bought a *dozen* pencils.
나는 연필을 한 다스 샀다.

《숙》 *dozen of* 1다스의
· I have a *dozen of* pencils.
나는 연필이 한 다스 있다.

《숙》 *dozens of* 수십의, 많은
· I have *dozens of* things to do.
나는 할 일이 산더미 같다.

dragon
[drǽgən/드래건]
명 (복수 *dragons* [drǽgənz/드래건즈]) 용

· I have never seen the *dragon*.
나는 용을 본 적이 없다.

drama
[drá:mə/드라-머]
명 (복수 *dramas* [drá:məz/드라-머즈]) 극, 연극, 희곡, 각본

· My father is interested in (the) *drama*.
나의 아버지는 연극에 흥미를 가지고 계신다.

:drank
[dræŋk/드랭크]
타 자 *drink*(마시다)의 과거형

· I *drank* a glass of water.
나는 물을 한 컵 마셨다.

·draw
[drɔ:/드로-]
타 ① 끌어당기다(《반》 push 밀다)
타 ② 끌어내다

· He is *drawing* water from a well.
그는 우물에서 물을 긷고 있다.

타 ③ 긋다, 그리다
· He *draws* pictures very well.
그는 그림을 썩 잘 그린다.

drawer
[drɔ:ər/드로-어]
명 (복수 *drawers* [drɔ:ərz/드로-어즈]) 서랍

· This desk has two *drawers*.
이 책상은 서랍이 두 개 있다.

dream
[driːm/드림-]
명 (복수 *dreams* [driːmz/드림즈])
꿈, 공상
- Sweet *dreams*!
  안녕히 주무세요! [좋은 꿈 꾸세요!]
- She awoke from a *dream*.
  그녀는 꿈에서 깨어났다.

타 자 꿈꾸다, 꿈에서 보다
- I *dreamed* of my mother in Atlanta
  나는 애틀랜타에 계시는 어머니 꿈을 꾸었다.

dress
[dres/드(우)뤠스]
명 옷, 여성복, 소녀복
- That new *dress* becomes you very much.
  저 새 옷은 너한테 매우 잘 어울린다.

타 자 ~에게 옷을 입히다
- She is *dressing* her daughter.
  그녀는 딸에게 옷을 입히고 있다.

영어의 『*dress*』는 여성용 원피스를 말하고, 『suit [suːt/쑤웃]』은 여성의 경우엔 「재킷과 치마」, 남성의 경우엔 「재킷과 바지」 그리고 「조끼」를 갖춘 한 벌을 말한다.

drink
[driŋk/드링크]
명 (복수 *drinks* [driŋks/드링크스])
명 ① 마실것, 음료, 술
- food and *drink* 음식물
- soft *drink* 청량 음료

명 ② 한 잔 (《동》 cup)
- Give me a *drink* of milk.
  우유 한 잔 주세요.

타 마시다
- I want something to *drink*.
  뭐 좀 마실 것이 있으면 좋겠다.

자 건배하다
- Let's *drink* to his succes.
  그의 성공을 위하여 건배합시다.

drive
[draiv/드라이브]
타 자 (3단현 *drives* [draivz/드라이브즈], 과거형 *drove* [drouv/드로우브], 과거 분사 *driven* [drív(ə)n/드리번], 현재 분사 *driving* [dráiviŋ/드라이빙])

타 ① (소·말·자동차를) 몰다
- The dog *drives* cattle well.
  그 개는 소를 곧잘 몬다.

타 ② 운전하다, 드라이브하다
- Can you *drive* a car?
  너는 자동차를 운전할 수 있니?

자 차를 몰다, 자동차로 가다.

· Can you *drive* your mother car?
너는 네 어머니의 차를 운전 할 수 있니?

driver
[dráivər/드라이버]
명 (복수 *drivers* [dráivərz/드라이버즈]) 운전사, 운전 기사
· a Sunday [screw] *driver*
초보 운전자
· The person who drives a car is the *driver*.
차를 모는 사람은 운전자이다.

·drop
[drɑp/드랍]
명 (물) 방울, 한 방울
· a *drop* of rain 빗 방울
· Not a *drop* of milk is left.
우유는 한 방울도 안 남았다.
타 ① 떨어뜨리다, 떨어지다
· Mom, I *dropped* a cup and broke it.
엄마, 컵을 떨어뜨려 깨뜨렸어요.

타 ② 차에서 내리다
· *Drop* me at the next corner please.
다음 모퉁이에서 내려주시오.
자 ① 떨어지다, 내려가다
· The price of orangers will d-rop.
오렌지 값이 떨어질 것이다.
자 ② 지쳐서 쓰러지다
· He *dropped* into the sofa.
그는 지쳐서 소파에 쓰러졌다.

:drown
[draun/드라운]
타 자 물에 빠뜨리다
· The boy was *drowned*.
소년이 물에 빠졌다.

drugstore
[drʌ́gstɔ̀:r/드러그스토-]
명 (복수 *drugstores* [drʌ́gstɔ̀:rz/드러그스토-즈])《미》약방, 약국
· That *drugstore* always crowded.
저 약방은 언제나 붐빈다.

drum
[drʌm/드럼]
명 (복수 *drums* [drʌmz/드럼즈]) 북, 드럼
· He beat/played a *drum*.
그는 북을 쳤다.

·dry
[drai/드라이]
형 ① 마른 (《반》 wet 젖은),
형 ② 무미 건조한, 꾸밈 없는
· a *dry* speech
무미 건조한 연설
타 말리다
· *Dry* your clothes by the fire.
네 옷을 불에 말려라.
자 마르다, (물이) 바싹 마르다
· Your clothes will soon *dry*.

네 옷은 곧 마를 것이다.

·duck
[dʌk/덕]

명 (복수 ducks [dʌks/덕스])오리
· A duck can swim well.
오리는 헤엄을 잘 칠줄안다.

dull
[dʌl/덜]

형 ① 우둔한, 어리석은
· Bill is a dull boy.
빌은 우둔한 소년이다.

형 ② 지겨운, 재미없는
· The baseball game was dull.
그 야구 시합은 재미가 없었다.

dumb
[dʌm/덤]

형 벙어리의
· The poor girl was dumb.
그 가엾은 소녀는 벙어리였다.

·during
[d(j)ú(:)riŋ/듀(-)링]

전 ~동안 (내내), ~사이에
· The sun shines during the day.
태양은 낮 동안에 비친다.
· I will be in America during the summer
나는 여름 미국에 머물것이다.

dust
[dʌst/더스트]

명 먼지, 티끌, 쓰레기, 모래먼지
· The table was covered with dust.
테이블은 먼지로 덮여 있었다.

dwarf
[dwɔːrf/드(우)워어프]

명 난쟁이
· Have you heard the sroty of Snow White and Seven Dwarfs?
너는 백설공주와 일곱 난쟁이의 이야기를 들은 적이 있느냐?

dwell
[dwel/드웰]

자 살다, 거주하다(《동》 live)
· I dwell at home
나는 국내에 거주하고 있다.
· dwell in a city
도시 생활을 하다.

dye
[dai/다이]

명 (복수 dyes [daiz/다이즈])
물감, 염료
타 자 물들이다, 물들다
· Silk dyes well with acid dyes.
비단은 산성 염료에 잘 물든다.

ABCDEFGHIJKLMNOPQRSTUVWXYZ

E,e
[iː/이이]알파벳의 다섯 번째 문자

:each
[iːtʃ/이이치]
형 각각의, 각자의, 제각각의
- *Each* team has a captain.
  티임마다 각각 주장이 있다.

대 각자, 각각
- He gave two pencils to *each* of them.
  그는 그들 각자에게 연필 두 자루씩 주었다.

《숙》 *each other* 서로

eager
[iːgər/이이거]
형 ① 열심인, 간절히 바라는
- Tom is *eager* in his studies.
  탐은 공부하는 데 열심이다.
형 ② 열망하고 (after, for)
《숙》 *eager to*(do) 몹시 ~ 하고

·eagle
[iːgl/이이글]
명 (복수 *eagles* [iːglz/이이글즈])
【조류】 독수리
- *Eagles* fly high.
  독수리는 높이 난다.
- An *eagle* is called the king of the birds.
  독수리는 새 중의 왕이라고 불리운다.

:ear
[iər/이어]
명 (복수 *ears* [iərz/이어즈]) 귀, 청력
- We hear with our *ears*.
  우리는 귀로 듣는다.
- She has an *ear* for music.
  그녀는 음악을 잘 안다.

《숙》 have an *ear* for ~~에 대해 잘 알다.

early

[ə́ːli/어얼리]
형 이른, 초기의 (《동》 fast 빠른) (《반》 late 늦은)
· Why did you wake me up so *early*?
왜 그렇게 나를 일찍 깨웠니?
· I went to the movies *early*.
나는 영화를 보러 일찍 갔다.
부 일찌기
· Tom gets up *early* in the morning.
탐은 아침에 일찍 일어난다.

earn

[əːn/어언]
타 (돈을) 벌다, (평판을) 얻다.
· She *earns* her living with that job.
그녀는 그 일로 생계비를 번다.

earth

[əːθ/어어드]
명 ① 《the *earth* 로서》 지구
· The *earth* goes round the sun.
지구는 태양의 주위를 돈다.

명 ② 땅, 흙
· Fill the hole with *earth*.
그 구멍을 흙으로 메워라.

ease

[iːz/이이즈]
명 (복수 *eases* [íːziz/이이지즈])
명 ① 마음이 편안함, 안락, 안심
· We could talk to each other *at ease*.
우리는 서로 마음 편히 이야기 할수가 있었다.
명 ② 수월함
· He did it with *ease*.
그는 그것을 수월하게 해치웠다.

east

[iːst/이이슷]
명 《the를 붙여》 동쪽, 동방, 동향 (《반》 west 서쪽)
· The sun rises in the *east*.
해는 동쪽에서 뜬다.

형 동쪽의, 동쪽으로[에]
· The *east* wind has begun to blow.
동풍이 불기 시작했다.
《숙》 *in the east of* ~ ~의 동부에
《숙》 *on the east of* ~ ~의 동쪽에 접하여
《숙》 *to the east of* ~ ~의 동쪽에

easy

[íːzi/이이지]
형 ① 쉬운 (《반》 difficult 어려운)

- This book is *easy* to read.
  이 책은 읽기가 쉽다.

형 ② 안락한, 마음 편한, 평이한
- Make yourself *easy*.
  편히 하세요.

《숙》 *an easy chair* 안락의자

:eat
[iːt/이이트]

타 먹다, 식사하다
- What time do you *eat* breakfast?
  너는 몇 시에 아침을 먹니?
- I did not *eat* lunch today.
  나는 오늘 점심을 안 먹었다.

《숙》 *eat out* 외식하다
《숙》 *eat up* 다 먹어 치우다

[*eat* 와 have]
『*eat*』은 정중한 말이 못 되므로, 회화에서는 상대방에게 『have』를 쓰는 경우가 많다.
예) What will you have?
    뭘 드시겠어요?

echo
[ékou/에코우]

명 (복수 *echoes* [ékouz/에코우즈])
메아리, 산울림
- The sound of the cannon *echoed* around.
  대포 소리가 사방으로 울려 퍼졌다.

economy
[i(ː)kánəmi/이(이)카너미]

명 (복수 *economies* [i(ː)kánəmiz/이(이)카너미즈]) 경제, 절약, 절검

- *Economy* of time and labor.
  시간과 노력의 절약.

editor
[éditər/에디터]

명 (복수 *editors* [éditərz/에디터즈]) 편집[찬]인, 감수자, 주필
- He is the sports *editor*.
  그는 스포츠난 편집자다.

educate
[édʒukeit/에쥬케이트]

타 교육하다, 기르다, 양성하다
- He *educated* himself.
  그는 독학하였다.

education
[edʒukeiʃ(ə)n/에쥬케이션]

명 교육, 육성
- He is a man of *education*.
  그는 교육을 받은 사람이다.
- Everybody can get a good *education*.
  누구나 좋은 교육을 받을 수 있다.

effort
[éfərt/에퍼트]

명 (복수 *efforts* [éfərts/에퍼츠])
노력, 수고
- We can do nothing without *effort*.

노력 없이 아무것도 할 수 없다.
· He made an ***effort*** to stop smoking.
그는 담배를 끊으려고 노력했다.

:egg
[eg/에그]
[명] (복수 ***eggs*** [egz/에그즈])달걀
· I don't like a raw ***egg***.
나는 날달걀을 좋아하지 않는다.
· Birds lay ***eggs*** in the nest.
새는 둥지에 알을 낳는다.

eh
[ei/에이]
[감] 에! 뭐라고! 그렇지!, 어!
《놀람, 의문을 나타냄》

:eight
[eit/에잇]
[명] **8**, 여덟 시, 여덟 살.
· at ***eight***. 여덟시에.
· School begins at ***eight***.
학교는 8시에 시작한다.
[형] **8의**
· Pick up ***eight*** books.
8권의 책을 골라라.

:eighteen
[éití:n/에이티인]
[명] **18,** 열여덟 살,18개,열 여덟
[형] **18의,** 열 여덟살의,열여덟의
· How old is your big sister?
너의 누나는 몇 살이니?
· She is ***eighteen***.
「18살이야.」

:eighty
[éiti/에이티]
[명] **80, 80살**《참고》***eight*** 8
[형] **80의**
· My grandpa is ***eighty*** years old now.
나의 할아버지는 지금 80세이시다.

:either
[í:ðɚ/이이더]
[형] (둘 가운데) 어느하나의
· Will you buy ***either*** picture?
어느 쪽의 그림을 사겠습니까?
· Please ***either*** come in or go out.
문간에 서있지 말고 들어오든지 나가든지 하시오.

elbow
[élbou/엘보우]
[명] (복수 ***elbows*** [élbouz/엘보우즈]) 팔꿈치, 팔꿈치형의 관.
· He is putting his ***elbows*** on the desk.
그는 책상 위에 팔꿈치를 얹고 있다.

·elder
[éldər/엘더]

형 (*old*의 비교급) 손위의 《참고》 *old* 나이 먹은(《반》*younger* 연하의)
- He is my *elder* [*older*] brother.
그는 나의 형이다.

> 『*elder*』는 『형제·자매』의 나이의 상하를 나타낼 때 쓰인다. 미국에서는 『*older*』라는 말을 더 즐겨 쓰는데, 예컨대 『형』이라고 할 때는 『*older brother*』 또는 『*big brother*』라고 한다.

eldest, 《미》 oldest
[éldist/엘드이슷](*old*의 최상급)

형 나이가 가장 많은, 가장 연상인 (《반》 *youngest* 가장 연하인)
- My *eldest* son is a conductor
나의 장남은 지휘자이다.

- How old is your *eldest* brother?
너의 제일 큰 형은 몇살이니?

·elect
[ilékt/일렉트]

타 선거하다, 뽑다
- He was *elected* President.
그는 대통령으로 선출되었다.
- They *elected* him President.
사람들은 그를 대통령으로 뽑다.

election
[ilékʃ(ə)n/일렉션]

명 (복수 *elections* [ilékʃ(ə)nz/일렉션즈]) 선거, 선출.
- a general *election*. 총 선거.

electric
[iléktrik/일렉트릭]

형 전기의 《참고》 *electricity* 전기
- We took the *electric* car.
우리는 전차를 탔다.

electricity
[ilektrisiti/일렉트리시티]

명 전기
- Most machines are run by *electricity*.
대개 기계는 전기로 움직인다.

elementary
[elimént(ə)ri/엘리멘터리]

형 초보의, 기초의 《동》 *primary*)
- an *elementary* school 초등학교 (《동》 *primary school*)
- My younger brother goes to *elementary* school.
내 남동생은 초등학교에 다닌다.

·elephant
[élifənt/엘리펀트]

명 (복수 *elephants* [élifənts/엘리

펀츠]) 【동물】 코끼리
· An *elephant* is a large, heavy animal.
코끼리는 크고 몸집이 무거운 동물이다.

·elevator
[éliveitə/엘리베이터]
몡 (복수 *elevators* [éliveitəz/엘리베이터즈])《미》엘리베이터, 승강기(영국에서는 lift라고 한다)
· They went up to the 50th floor by *elevator*.
그들은 50층까지 엘리베이터로 올라갔다

:eleven
[ilévn/일레븐]
몡 **11**, 11시, 열한 살
혱 **11**의
· Ted has *eleven* cards in his pocket.
테드는 주머니에 11개의 카드를 가지고 있다.

:eleventh
[ilévnθ/일레븐드]
몡 제**11**, 열한 번째, (달의) 11일 (the 11th 라고 줄여 쓴다),
혱 제**11**의
· My birthday is July *eleventh*.
내 생일은 7월 11일이다.

:else
[els/엘스]
뷔 그 밖에, 달리, 그 외에, 따로
· What *else* do you see?
그밖에 또 무엇이 보이니?
· Please show me something *else*.
뭔가 다른 것을 보여 주세요.

employ
[implói/임플로이]
탸 고용하다, 부리다, 사용하다
· He is *employed* in a bank.
그는 은행에 고용되고 있다.

empty
[ém(p)ti/엠(프)티]
혱 텅빈 (《반》 full 가득 찬)
· This is an *empty* house.
이것은 빈 집이다.
· I have two *empty* boxes.
나는 2개의 빈 상자를 가지고 있다.

·end
[end/엔드]
몡 (복수 *ends* [endz/엔즈])
몡 끝, 마지막(《반》beginning 시작)
· What is the *end* of the story?

그 이야기 끝은 어떻게 되어 있니?
타 자 ~을 끝내다, 끝나다
· Let's[=Let us] *end* our discussion.
토론을 끝냅시다.

enemy
[énimi/에니미]
명 (복수 *enemies* [énimiz/에니미즈]) 적, 적국(《반》 friend 친구)
· The soldiers fought with the *enemy*.
병사들은 적군과 싸웠다.

energy
[énərdʒi/에너지]
명 (복수 *energies* [énərdʒiz/에너지즈])
명 ① 정력, 활기
· He is full of *energy*.
그는 정력이 넘쳐 흐른다.
명 ② 에너지

engage
[ingéidʒ/인게이지]
타 ① 약속하다, 계약하다,
· I am *engaged* today at four.
나는 오늘 4시에 약속이 있다.
타 ② 고용하다
· They have *engaged* a new cook.
그들은 새 요리사를 고용하였다.

engine
[éndʒin/엔진]
명 (복수 *engines* [éndʒinz/엔진즈])
명 ① 엔진, 발동기
· a steam *engine*. 증기 기관.
· a fire *engine*. 소방차.
· The *engine* makes the motorcar run.
엔진이 자동차를 달리게한다.
명 ② 기관차
· An *engine* pulls railroad cars.
기관차는 객차를 끈다.

England
[iŋglənd/잉그(을)런(드)]
명 (넓은 뜻으로) 영국, (좁은 뜻으로) 잉글랜드
· London is the capital of *England*.
런던은 영국의 수도이다.
· She was born in *England*.
그녀는 잉글랜드에서 태어났다.

『*England*』는 Scotland, Wales등과 같이 『Great Britain (브리튼섬)』을 이루는 영국의 한 지방이다. 참고로 영국의 정식 명칭은 『the United, Kingdom of Great Britain and Northern Ireland』이다.

English
[íŋgliʃ/잉글리시]
명 영어; (the와 함께 쓰여) 영국 사람 (전체)
- Do you like *English*?
  너는 영어를 좋아하니?
- The *English* are a great nation.
  영국 사람은 위대한 국민이다.

형 영어의, 영국(사람)의
- *English* grammar is not easy.
  영어 문법은 쉽지 않다.

- She is an *English*.
  그녀는 영국 사람이다.

enjoy
[indʒói/인조이]
타 ~을 즐기다. 맛보다. 누리다.
- I always *enjoy* going to the movies.
  나는 항상 영화관 가는 것을 즐긴다.
- Did you *enjoy* the play last night?
  너는 간밤에 그 연극을 재미있게 보았니?
- *Enjoy* yourself!
  재미있게 지내세요!

enough
[ináf/이너프]
형 (명사 앞뒤에 붙여) 충분한
- I have *enough* food to eat.
  나는 먹을 것이 충분히 있다.

부 (동사,부사 또는 형용사의 뒤에 붙여) 충분히
- I have played *enough*.
  충분히 놀았습니다.

《숙》 ~ *enough* to (do) 넉넉히 ~할 만큼 ~하다

enter
[éntər/엔터]
타자 ① ~에 들어가다
- Don't *enter* the grass.
  잔디밭에 들어가지 마시오.
- The thief *entered* by the open window.
  도둑은 열린 창문으로 들어왔다.

타자 ② ~에 입학하다
- I *entered* Seoul Middle School this year.
  나는 금년에 서울 중학교에 입학했다.

entrance
[éntrəns/엔트런스]
명 입구, 현관 (《반》 exit 출구)
- There are many *entrances* to the park.
  그 공원에 들어가는 입구는 많이 있다.
- No *entrance*. (게시) 입장 사절

envelope
[énviloup/엔빌로우프]
명 (복수 **envelopes** [énviloups/엔빌로우프스]) 봉투
- We put a letter into an ***envelope***.
  우리는 편지를 봉투에 넣는다.

envy
[énvi/엔비]
명 (복수 **envies** [énviz/엔비즈]) 샘, 부러움, 선망(의 대상)
- She is the ***envy*** of her classmates.
  그 여자는 자기 반 학생들의 선망의 대상이다.

equal
[íːkwəl/이이쿠얼]
형 ① 같은; 평등한
- Jane and Mary are of ***equal*** weight.
  제인과 메리는 같은 몸무게이다.

형 ② ~와 같다 (=be ***equal*** to)
- Three and three ***equals*** six.
  3 더하기 3은 6이다.

eraser
[iréisɚ/이레이서]
명 (복수 **erasers** [iréisɚ/이레이서즈]) (칠판) 지우개, 지우개(고무)
- Do you have an ***eraser***?
  너는 지우개를 갖고 있니?

errand
[érənd/에런드]
명 (복수 **errands** [érəndz/에런즈]) 심부름, 용건, 목적.
- He went on an ***errand***.
  그는 심부름을 갔다.

especially
[ispéʃəli/이스페셜리]
부 특히, 유달리 (《동》specially)
- It is ***especially*** hot this morning.
  오늘 아침은 특히 덥다.

establish
[istǽbliʃ/이스태블리시]
타 ① 설립하다
- The school was ***established*** fifty years ago.
  그 학교는 50년 전에 설립되었다.

타 ② (상사, 상점을) 창립하다,
- He ***established*** himself as an artist.
  그는 화가가 되었다.

etc.
[itsétrə/잇세트러]
약 ~따위, 가, 등등
☞ 읽을 때 에는 영어로 "and so forth" 라고도 함.
- I like playing baseball, bask-

etball, tennis, *etc.*
나는 야구, 농구, 정구 따위를 하는 것을 좋아한다.

:Europe
[júː(ː)rəp/유우럽]
명 유럽, 구주
· There are many countries in *Europe*.
유럽에는 많은 나라들이 있다.

eve
[iːv/이이브]
명 (명절 따위의) **전날밤**, 전날
Christmas Eve 크리스마스 전날 밤(12월 24일 밤)

:even
[íːv(ə)n/이이븐(빈)]
부 ~ 조차, ~마저
· *Even* a baby knows when he is hungry.
어린 아이조차도 자기가 배고픈 때를 안다.
· We work *even* on Sunday.
우리는 일요일에도 일한다.

:evening
[íːvniŋ/이이브닝]
명 (복수 *evenings* [íːvniŋz/이이브닝]) 저녁, 밤
☞ (해질녘에서 잠자기 전까지)
· Will you be home this *evening*?
너는 오늘 저녁 집에 있을 거니?
《숙》 *in the evening* 저녁에
They like to watch television *in the evening*.
그들은 저녁에 TV보는 것을 즐긴다.

· Good *evening*.
안녕. (저녁에 만날 때)
· Good *evening*.
잘 가. (저녁에 헤어질 때)

:ever
[évə/에버]
부 (의문문, 부정문 또는 비교급, 최상급의 말과 함께 써서)
부 ① 이제까지, 언젠가
· Have you *ever* been to the museum?.
너는 이제까지 박물관에 간적 있니?
☞ 과거의 경험을 물을 땐 『*ever*』가 쓰임.
부 ② 줄곧, 늘, 언제나
· We lived happily *ever* after.
우리는 그 후 줄곧 행복하게 살았다.
《숙》 *ever after* ~ 이래 줄곧

Everest
[év(ə)rist/에버리스트]
명 (Mt. *Everest* 로서) 에베레스트산 (히말라야산맥 중의 세계 최고의 산, 높이 8,840 m)
· Mt. *Everest* is the highest mountain in the world.
에베레스트산은 세계에서 제일 높은 산이다.

:every
[évri/에브리]

형 ① 모든, 온갖
- I want to read *every* book in the library.
  나는 도서관의 책모두 읽고 싶다.

형 ② 매~, ~마다
- He gets up before seven o'clock *every* morning.
  그는 매일 아침 7시 전에 일어난다.

everybody
[évribadi/에브리바디]

대 누구나 다, 사람마다 (《동》 every*one*)
- *Everybody* has his birthday.
  누구나 다 자기의 생일이 있다.
- Good-bye, *everybody!*
  모두, 안녕!

·everyday
[évridei/에브리데이]

형 매일의, 일상적인 (《동》 throw)
☞ *every day* 라고 떼어 쓰면 「매일」이란 뜻의 부사구가 된다.

:everyone
[évriwʌn/에브리원]

대 누구나 다 (《동》 everybody)
☞ 강조할 때에는 *everyone* 이라고쓴다.
☞ 『everybody』가 더 구어적인 말이다.
- I'd like to say good-bye to *everyone*
  나는 누구에게나 모두 "안녕"이라고 말하고 싶다.

:everything
[évriθiŋ/에브리딩]

대 무엇이든지 다, 모두, 만사
《참고》 every 모든
- I did *everything* I could.
  나는 내가 할 수 있는 모든것을 다 했다.
- *Everything* is now ready for you.
  무엇이든지 널 위해 준비되어 있다.

·everywhere
[évri(h)wɛər/에브리웨(훼)어]

부 어디든지 다, 도처에
- We can go *everywhere*.
  우리는 어디든지 갈 수 있다.

evil
[íːv(ə)l/이이벌]

형 나쁜, 해로운, 불행한, 불길한
- He lived an *evil* life.

그는 옳지 못한 생활을 하고 있었다.
명 (복수 *evils* [íːv(ə)l/이이벌즈] 악, 재해
· good and *evil*. 선악.

exact
[igzǽkt/이그잭트]
형 정확한, 정밀한. (《동》 accurate)
· Repeat *exactly* what he said.
그가 한 말을 정확하게 되풀이해 보아라.

examination
[igzæminéiʃ(ə)n/이그재미네이션]
명 (복수 *examinations* [igzæminéiʃ(ə)nz/이그재미네이션즈] 시험, 테스트, 검사. (《동》 test)
· We have an *examination* in English today.
오늘은 영어 시험이 있다.

examine
[igzǽmin/이그재민]
타 시험하다, 검사하다, 조사하다
· We were *examined* in grammar.
우리는 문법시험을 보았다.

·example
[igzǽmpl/이그잼플]
명 (복수 *examples* [igzǽmplz/이그잼플즈]) 보기, 견본
· Give me an *example*.
보기를 들어 주세요.
《숙》 for *example* 이를테면
· I like flowers, for *example*, a rose.
나는 꽃을 좋아한다. 예컨대 장미와 같은.

excellence
[éks(ə)ləns/엑설런스]
명 탁월, 우수, 장점, 뛰어남, 명석
· You are no *excellence*.
너도 탁월하지 않다.

excellent
[éks(ə)lənt/엑슬[설]런트]
형 (비교급 *more excellent*, 최상급 the *most excellent*) 빼어난
· She is *excellent* in French.
그녀는 불어를 썩 잘한다.
· It is an *excellent* work.
그것은 뛰어난 작품이나.

·except
[iksépt/익셉트]
전 ~을 제외하고는, ~이외는
(《동》 but) (but 보다 뜻이 강하다)
· All the children like corn *except* Tom.

톰을 제외하고는 모든 아이들이 옥수수를 좋아한다.

exception
[iksépʃ(ə)n/익셉션]
명 (복수 *exceptions* [iksépʃ(ə)nz/익셉션즈]) 예외
· You are no *exception*.
너도 예외는 아니다.

exchange
[ikstʃéindʒ/익스체인지]
타 교환하다, 바꾸다
· They *exchange* gifts at christmas.
그들은 크리스마스에 선물을 교환한다.

excite
[iksáit/익사이트](※발음 주의)
타 ~을 흥분시키다, 자극하다
· Everybody was *excited* by the news of the victory.
승리의 소식을 듣고 모든 사람이 흥분하였다.

excited
[iksáitid/익사이티드]
형 흥분한, 성적으로 흥분한
· He was *excited* to find gold.
그는 금을 발견하고 흥분했다.

excitement
[iksáitmənt/익사이트먼트]
명 (복수 *excitements* [iksáitmənts/익사이트먼츠]) 흥분, 소란
· He shouted in *excitement*.
그는 흥분하여 외쳤다.

exciting
[iksáitiŋ/익사이팅]
형 (비교급 *more exciting*, 최상급 the *most exciting*) 재미있는, 흥분시키는,
《참고》*excite* 흥분하다
· It was an *exciting* game.
그것은 재미있는 경기였다.

excursion
[ikskə́ːʒ(ə)n/익스커어젼]
명 (복수 *excursions* [ikskə́ːʒ(ə)nz/익스커어젼즈]) 소풍, 여행
· They went on an *excursion*.
그들은 수학여행을 떠났다.

·excuse
[ikskjúːz/익스큐우즈]
타 용서하다, 참아주다
· *Excuse* me for being late.
늦어서 죄송합니다.
명 (복수 *excuses* [ikskjúːsiz/익

스큐우시즈]) 사과, 핑계, 변명
- I will make your *excuses*.
  네 변명은 내가 해 주마.
- We can go *everywhere*.
  우리는 어디든지 갈 수 있다.

Excuse me.
「미안합니다.」, 「죄송합니다.」
☞ 사람 앞을 지날 때, 다른사람의 발을 밟았을 때, 사람들 앞에서 기침이나 재채기를 했을 때와 같이 실례되는 행동을 해서 가볍게 사과하고자 할 때 쓰이는 말.

A : *Excuse* me.
　　I stepped on your foot.
　　미안합니다. 발을 밟았군요.
B : That's all right.
　　괜찮습니다.

exercise
[éksərsaiz/엑서사이즈]
명 (복수 *exercises* [éksərsaiziz/엑서사이지즈])
명 ① 연습, 실습, 훈련, 수련
- Do the *exercise* on page 28.
  28페이지 연습문제를 풀어라.
명 ② 운동, 체조
- Military *exercise* 군사훈련
- Walking is good *exercise*.
  걷는 것은 좋은 운동이다.

exhibit
[igzíbit/이그지빗]
타 나타내다, 보이다
- He *exhibit* his paintings at the gallery.
  그는 그림을 화랑에 전시 했다.

exit
[égzit/엑짓]
명 출구 (《반》 entrance 입구)
- The building has four *exits*.
  그 건물에 출구가 네 개 있다.
- Where is the *exit*?
  출구가 어디입니까?

『출구』의 표시는 보통 미국에서는 『*exit*』, 영국에서는 『Way Out』이라고 쓰여져 있다.

·expect
[ikspékt/익스펙트]
타 기대하다, 생각하다.
- I *expect* a letter from her.
  나는 그녀로부터 편지를 기대한다.

expectation
[èkspektéiʃ(ə)n/엑스펙테이션]
명 기대, 예상, 예기.
- I have brilliant *expectations*.
  내게 멋진 일이 있을 것 같다.

expensive

[ikspénsiv/익스펜시브]

형 (비교급 *more expensive* 최상급 the *most expensive*) 값비싼, 돈이드는(《반》 cheap 값이싼)
- This is too *expensive*.
  이것은 너무 비싸다.
- He bought an *expensive* car.
  그는 고급차를 샀다.

experiment

[ikspérimənt/익스페리먼트]

명 (복수 *experiments* [ikspérimənts/익스페리먼츠]) 실험
- This is his *experiment* room.
  이것은 그의 실험실이다.

expert

[ékspə:t/엑스퍼어트]

명 (복수 *experts* [ékspə:ts/엑스퍼어츠]) 전문가, 숙련가
형 노련한, 능숙한
- She is an *expert* in (at) driving a car.
  그녀는 자동차 운전을 잘 한다.

explain

[ikspléin/익스플레인]

타 설명하다
- Please *explain* this problem to me.
  이 문제를 나에게 설명해 주세요.

explorer

[iksplɔ́:rər/익스플로오러]

명 (복수 *explorers* [iksplɔ́:rəz/익스플로오러즈]) 탐험가
- He is a famous *explorer*.
  그는 유명한 탐험가다.

export

[ekspɔ́:t/엑스포오트]

타 수출하다(《반》 import 수입하다)
- The country *exports* many toys to America.
  그 나라는 많은 장난감을 미국에 수출한다.

express

[iksprés/익스프레스]

타 ~을 표현하다, 말로 나타내다
- Words cannot *express* it.
  그것을 말로써 표현할 수 없다.
- *Express* your ideas clearly.
  네 생각을 명확히 표현해라.

명 빠른우편, 속달편
- Please send this letter by *express*.
  이 편지를 빠른 우편으로 보내 주세요.

expression
[iksprés(ə)n/익스프레션]

명 (복수 *expressions* [iksprés-(ə)nz/익스프레션즈]) 표현, 표정
· The Korean languge has many polite *expressions*.
한국어에는 많은 공손한 표현이 있다.

extend
[iksténd/익스텐드]

타 ① 뻗치다, 연장하다, 펼치다
· He *extended* his hand.
그는 손을 내밀었다.
타 ② 넓히다
· He *extended* his business.
그는 사업을 확장하였다.
자 뻗다, 펼쳐지다, 계속되어 있다

extra
[ékstrə/엑스트러]

형 여분의, 임시의, 특별한
· *extra* time 여분의 시간
· *extra* edition 특별호

extreme
[ikstríim/익스트림]

형 ①극단, 과격한 행위
Extremes meet 서로 일치한다.
형 ②극도의, 극단적인

· He took *extreme* action
그는 과격한 행동을 했다

:eye
[ai/아이]

명 (복수 *eyes* [aiz/아이즈]) 눈, 시력
☞ *eyeball* 눈알, 안구
· Mom, I think there's something in my *eye*.
엄마, 내눈에 뭔가 들어간 것 같아요.

· Let me have a look.
어디 한번 보자.

eyebrow
[aibráu/아이 브라우]

명 (복수 *eyebrows* [aibráuz/아이 브라우즈] 눈썹
《숙》*knit the eyebrows* 눈쌀을 찡그리다
· I knit the *eyebrows*
나는 눈썹을 찡그리다.

F,f
[éf/에프]
알파벳의 여섯 번째 문자

·face
[feis/페이스]
명 (복수 *faces* [féisiz/페이시즈])
명 ① 얼굴, 얼굴 모습
· Dabi is washing her *face* in the bathroom.
두비는 욕실에서 얼굴을 씻고 있다.

· a long *face* 시무룩한 표정
명 ② 표면; (시계 따위의) 문자반
· The *face* of the moon is rough.
달 표면은 울퉁불퉁하다.
《숙》 *face to face* 얼굴을 맞대고
· They sat down *face to face* each other.
그들은 서로 마주보고 앉았다.
타 자 ~을 향하다, ~에 면하다
· My house *faces* the sea.
나의 집은 바다에 면하고 있다.

·fact
[fækt/팩트]
명 (복수 *facts* [fækts/팩츠])진상, 사실《동》truth 진실)
· It is a clear *fact*.
그것은 명백한 사실이다.
《숙》 *in fact* 사실은, 실제로는
· *In fact*, she has just left.
사실, 그녀는 방금 떠났다.

:factory
[fǽkt(ə)ri/팩터리]
명 (복수 *factories* [fǽkt(ə)riz/팩터리즈]) 공장, 제조소
· an iron *factory* 철공소
· My father's *factory* makes shoes.
나의 아버지 공장에서는 신발을 만든다.

· He works at a car *factory*.
그는 자동차 공장에서 일한다.

fade
[feid/페이드]
타 자 흐릿해지다, 바래다
· The light has *faded*.
빛이 흐려졌다.

:fail
[feil/페일]
자 ① 실패하다, 실수하다, 못하다.
(《반》 succeed 성공하다)
· All our plans *failed*.
우리 계획은 모두 실패했다.
자 ② (시험·학과에) 낙제하다
(《반》 pass 합격하다)
· I *failed* (in) my exam again.
나는 시험에 또 낙제했다.
명 실패
《숙》 *Without fail* 틀림[어김]없이
Come by two o'clock *without fail*.
두시까지 어김없이 오시오.

failure
[féiljər/페일리어]
명 (복수 *failures* [féiljərz/페일리어즈]) 실패, 낙제
· My plan ended in *failure*.

나의 계획은 실패로 끝났다.

:fair
[fɛər/페어]
형 (비교급 *fairer* [fɛərər/페어러], 최상급 *fairest* [fɛərist/페어리스트])
형 ① 공평한, 공정한, 정당한
· That's not *fair*
정정당당하지 못하군!
형 ② (하늘이) 맑은
· We had *fair* weather yesterday.
어제는 맑은 날씨였다.
형 ③ 살결이 흰, 금발의
· She has *fair* hair.
그녀는 금발이다.
형 ④ (여성이) 아름다운, 예쁜,
· She is a *fair* woman.
그녀는 미인이다.

명 (복수 *fairs* [fɛərz/페어즈])장, 박람회, (《미》) 공진회
· a world's *fair* 만국 박람회

fairly
[fɛərli/페어리]
부 공평하게, 꽤, 상당히
· I acted *fairly* by all men.
나는 누구나 공평하게 대했다.
· She plays the piano *fairly* well.
그녀는 피아노를 꽤 잘 친다.

fairy
[féː(ː)ri/페(-)리]
명 (복수 *fairies* [féː(ː)riz/페(-)리즈]) 요정
· It was an interesting *fairy* tale.
그것은 재미있는 동화였습니다.
· a *fairy* tale. 동화.
형 요정의, 상상의

faithful
[féiθfəl/페이스펄]
형 (비교급 *more faithful*, 최상급 *the most faithful*) 충실한
· A dog is a *faithful* animal.
개는 충실한 동물이다.

·fall
[fɔːl/폴-]
자 ① 떨어지다
· A book *fell* to the floor.
책 한 권이 바닥에 떨어졌다.
자 ② 넘어지다
· I hurt my leg when I *fell* on the ice.
나는 빙판에서 넘어졌을 때 다리를 다쳤다.
자 ③ (어떤 상태에) 빠지다
· She *fell* asleep soon.
그녀는 곧 잠들었다.
· *fall* sick 병이 나다

명 《미》 가을(《영》 autumn)
· There are many cool days in *fall*.
가을에는 시원한 날이 많다.

미국에서는 『가을』을 『*fall*』이라고 하지만, 영국에서는 보통 『autumn [ɔ́ːtəm/아아트엄]』이라고 한다.

false
[fɔːls/폴-스]
형 ① 거짓의 (《반》 true 사실의)
· Her story was *false*.
그녀의 이야기는 거짓이었다.
형 ② 가짜의, 인공의
· This is a *false* hair.
이것은 가발이다.

·family
[fǽm(ə)li/패멀리]
명 (복수 *families* [fǽm(ə)liz/패멀리즈]) 가족, (한 집의) 아이들
· Her *family* is large.
그녀의 가족은 많다.
· How many are there in your *family*, Joe?
너의 식구가 몇이나 되니, 조?
형 가족의, 가족용의, 가정의
· *family* life 가정 생활
· a *family* film 가족용 영화

Family 가족

- grandfather 할아버지
- grandmother 할머니
- father 아버지
- mother 어머니
- uncle 삼촌
- aunt 고모(이모), 숙모, 아주머니
- an older brother 형
- an older sister 누나
- me 나
- cousin 사촌
- a young brother 남동생
- a young sister 여동생

:famous
[féiməs/페이머스]
형 유명한, 이름난⟨for⟩
- This is a *famous* lake.
이것은 유명한 호수이다.
- My uncle is a *famous* guitarist.
나의 삼촌은 유명한 기타 연주자이시다.

fan
[fæn/팬]
명 (복수 *fans* [fænz/팬즈])
명 ① 부채, 선풍기
- This is a large *fan*.
이것은 큰 부채다.
명 ② (영화·스포츠 따위의) 팬, 열렬한 애호가
- a baseball *fan* 야구 팬
- That singer has a lot of *fans*.
저 가수는 팬이 많다.

·far
[fɑːr/파-]
부 (비교급 *farther* [fɑ́ːrðər/파-더]또는 *further* [fə́ːrðər/퍼-더], 최상급 *farthest* [fɑ́ːrðist/파-디스트])
부 ① (장소·거리·시간)멀리(에)
(《반》 near 가까이에)
- How *far* is it to the airport?
공항까지는 얼마나 됩니까?
부 ② (정도) 훨씬, 한결
- He sat down *far* back.
그는 훨씬 뒤에 앉았다.
《숙》 *as[so] far as* (거리) ~까지
I walked *as far as* the starion.
나는 정거장까지 걸었다.

fare
[fɛər/페어]
명 (복수 *fares* [fɛərz/페어즈])(탈 것의) 요금, 운임
- a railway *fare*. 철도 운임.
- What's the bus *fare* to Seoul?
서울까지의 버스 요금은 얼마입니까?

farewell
[fɛ̀ərwél/페어웰]
명 작별, 송별
- We held a *farewell* meeting.
우리는 송별회를 열었다.

감 안녕!
- *Farewell* to arms!
무기여 잘 있거라!

·farm
[fɑːrm/팜-]
명 (복수 *farms* [fɑːrmz/팜-즈])

농장, 농원, 사육장
- This is his *farm*.
이 곳은 그의 농장이다.

farmer
[fɑ́ːrmər/파-머]

명 (복수 *farmers* [fɑ́ːrmərz/파-머즈]) 농부, 농장 주인
- *Farmers* work on a farm.
농부들은 농장에서 일을 합니다.

- Uncle George is a *farmer*.
조지 아저씨는 농부이시다.

farmhouse
[fɑ́ːrmhàus/팜-하우스]

명 (복수 *farmhouses* [fɑ́ːrmhàuziz/팜-하우지즈]) 농가, 농사짓는집
- I saw some *farmhouses* from the train.
기차에서 농가가 몇 채 보였다.

fashion
[fǽʃ(ə)n/패션]

명 (복수 *fashions* [fǽʃ(ə)nz/패션즈]) 유행; 하는 식, 방식, ~식[풍]
- This style will come into *fashion* this year.
이 스타일이 올해 유행할 것이다.

fast
[fæst/패스트]

형 ① 빠른 (《동》 quick, 《반》 slow 느린)
- a *fast* highway 고속도로
- The car runs *fast*.
자동차는 빨리 달린다.

형 ② 단단한 (《반》 loose 느슨한)
- The door is *fast*.
문은 꽉 잠겨 있다.

부 ① 빨리
- Don't speak so *fast*.
그렇게 빨리 말하지 마라.

부 ② 푹, 단단히, 확고히
- My baby is *fast* asleep.
갓난아기는 푹 잠들어 있다.

fasten
[fǽsn/패슨] (※발음주의)

타 자 묶다, 붙들어 매다; 죄다
- She *fastened* up her coat.
그녀는 코트를 단단히 여몄다.
- *Fasten* your sear belt!
「안전 벨트를 매세요!」

☞ 이와 유사한 표현에 "Buckle up!", "Wear your seat belt!", "Put your seat belt on!" 등이 있다.

fat
[fæt/팻]

형 (비교급 *fatter* [fǽtər/ 패터], 최상급 *fattest* [fǽtist/패티스트])

살찐, 뚱뚱한; 지방이 많은., 비대한 (《반》 lean,thin 여윈)
· This boy is *fat*.
이 소년은 뚱뚱하다.

·father
[fáːðər/파-더]
명 (복수 *fathers* [fáːðərz/파-더즈])
명 ① 아버지(《반》 mother 어머니)
· That gentleman is my *father*.
저 신사분이 나의 아버지이시다.
명 ② (복수로 써서) 선조
· He is now sleeping with his *fathers*.
그는 지금 그의 조상과 함께 잠들어 있다.
명 ③ (*Father*로) 신부
· *Father* Brown is very kind.
브라운 신부는 대단히 친절한 분이다.

fault
[fɔːlt/폴-트]
명 (복수 *faults* [fɔːlts/폴-츠])
명 ① 결점, 단점
· There is one *fault* with this machine.
이 기계는 한 가지 결점이 있다.
· She has many *faults*.
그녀는 단점이 많다.

명 ② 잘못, 실수, 과실, 허물. 실패
· It's no *fault* of mine.
그것은 내 잘못이 아니다.

favorite
[féivərit/페이붜릿]
형 제일 좋아하는, 마음에 드는
· What's your *favorite* subject?
네가 가장 좋아하는 과목은 뭐니?
명 제일 좋아하는 물건[사람]
· That singer is a great *favorite* with the boys.
그 가수는 소년들에게 매우 인기가 있다.

:fear
[fiər/피어]
명 (복수 *fears* [fiərz/피어즈])
공포, 두려움; 걱정
· They were full of *fears*.
그들은 공포에 차 있었다.
타 자 ~을 두려워하다.
· Man *fears* to die.
사람은 죽는 것을 두려워한다.

feast
[fiːst/피-스트]
명 (복수 *feasts* [fiːsts/피-스츠])
축제(일); 축연, 잔치

· We had a big *feast*.
우리는 큰 잔치를 벌였다.

feather
[féðər/페더]
명 (복수 *feathers* [féðərz/페더즈])
깃털, 깃; 깃털 장식
(《참고》 wing [wiŋ/윙] 날개)
· This is as light as a *feather*.
이것은 깃털만큼 가볍다.

·February
[fébruèri/페브루에리]
명 2월 (*Feb.*로 약한다)
· *February* is the second month of the year.
2월은 1년의 두 번째 달이다.
· I was born on *February* 14.
나는 2월 14일에 태어났다.

:feed
[fi:d/피-드]
타 자 (3단현 *feeds* [fi:dz/피-즈], 과거·과거 분사 *fed* [fed/페드], 현재 분사 *feeding* [fí:diŋ/피-딩])
자 (동물이) 먹이를 먹다
· Cows are *feeding* in the meadow.
소가 초원에서 풀을 먹고 있다.

타 먹이를 주다, 기르다

· She is *feeding* the chickens.
그녀는 병아리에게 모이를 주고 있다.
명 기름, 사육; 먹이, 사료

·feel
[fiər/필-]
타 ① 만지다, 만져 보다
· The doctor *felt* my pulse.
의사는 내 맥을 짚어보았다.

타 ② ~을 느끼다
· I *felt* the earth shake.
나는 땅이 흔들리는 것을 느꼈다.
자 손으로 더듬다, 감각이 있다.
· I *feel* that she will come.
나는 그녀가 올것이라는 생각이 든다.
《숙》 *feel like ~ing* ~하고 싶은 마음이 들다
I *feel like going* there.
나는 거기에 가보고 싶다.

·feeling
[fíliŋ/필-링]
타 자 *feel* (만지다)의 현재 분사
명 (복수 *feelings* [fíliŋz/필-링즈])
명 ① 촉감, 감촉; 감각
· I lost all *feeing* in my right arm.
나는 오른팔의 감각을 완전히 잃었다.

명 ② (복수로 써서) 감정, 기분
· She controlled her *feelings*.
그녀는 자기의 감정을 억제했다.

·feet
[fiːt/피-트]

명 *foot* (발, 피트)의 복수
· I walk and run on my two *feet*.
나는 나의 두 발로 걷고 뛴다.

[명사의 불규칙 복수형]		
〈단수〉		〈복수〉
child	(어린이)	children
goose	(거위)	geese
mouse	(쥐)	mice
man	(남자)	men
ox	(황소)	oxen
tooth	(이)	teeth

:fell
[fel/펠]

자 *fall* (떨어지다)의 과거형
· A heavy rain *fell* all night.
세찬 비가 밤새도록 내렸다.

:fellow
[félou/펠로우]

명 (복수 *fellows* [félouz/펠로우즈]) 동무, 친구 ; (구어) 녀석
· Andy and Cloudy are *fellows* at school.
앤디와 클라우디는 학교 친구다.
· Poor *fellow*! 불쌍한 녀석!

형 동아리[한패]의, 동료의
· a *fellow* traveler
여행의 길동무

·felt
[felt/펠트]

타 **자** *feel* (만지다, 손으로 더듬다)의 과거·과거 분사
· This tree *felt* a little more every day.
이 나무를 매일 조금씩 만졌다.

female
[fíːmeil/피-메일]

명 (복수 *females* [fíːmeilz/피-메일즈]) 여성 (《반》 male 남성)
형 암컷[암놈]의
· The queen bee is a *female* bee.
여왕벌은 암벌이다.

fence
[fens/펜스]

명 (복수 *fences* [fénsiz/펜시즈]) 울타리, 담 ; 장애물
· There is a *fence* around the field.
그 밭 둘레에는 울타리가 있다.
타 ~에 울타리를 두르다.

- His house is *fenced* with pine trees.
그의 집은 소나무로 울타리를 둘렀다.

fencing
[fénsiŋ/펜싱]
명 펜싱, 검술
- a *fencing* school 펜싱 도장

fever
[fíːvər/피-버]
명 (병으로 인한) 열, 발열; 열병
- I have a *fever* and a runny nose.
나는 열이 있고 콧물이 난다.

few
[fjuː/퓨-]
형 ① (*few*로) 조금 밖에 없는, 거의 없는 (《반》 many 많은)
- Here are *few* birds.
여기는 새들이 거의 없다.
형 ② (*a few*로) 조금은 있는.
- She has *a few* dolls.
그녀는 인형을 몇개 가지고 있다.
《숙》 *not a few* 적지 않은, 상당 수의 (《동》 many)
대 ① 소수 (밖에 없는)
- *Few* of them know it.
그들 가운데 그것을 아는 사람은 거의 없다.
대 ② 소수의 사람[것]
- *A few* of them know it.
그들 중 그것을 아는 사람은 조금 있다.

['*few*'와 '*a few*']
『*few*』는 『조금밖에 없다』라는 부정의 뜻이고 『*a few*』는 『조금은 있다』라는 긍정의 뜻이다.
예) There are *few* books.
책이 거의 없다.
There are *a few* books.
책이 몇 권 있다.

---

field
[fiːld/필-드]
명 (복수 *fields* [fiːldz/필-즈])
명 ① 들판, 벌판 ; 밭
- Trees, mountains, and *fields* are green.
나무, 산, 들판이 푸르다.
명 ② 경기장, 필드
- This is our football *field*.
이곳은 우리 풋볼 경기장이다.

fifteen
[fiftíːn/피프틴-]
명 15, 열다섯 살[개]
- Five and ten is *fifteen*.
5 더하기 10은 15다.
형 15의, 열다섯 살[개]의
- I am *fifteen* (years old).
나는 열다섯 살이다.

fifth
[fifθ/피프스]
명 다섯번째, (달의) 5일,제5의

· May *fifth* is Children's Day in Korea.
5월 5일은 한국에 어린이날이다.
형 다섯번째의, 5분의 1의
· May is the *fifth* month of the year.
5월은 일년중 다섯번째 달이다.

fifty
[fífti/피프티]
명 50, 50살 [개, 명]
· He is under *fifty*.
그는 50살 아래다.
형 50의, 50개[명]의, 50살의
· Half a dollar is *fifty* cents.
1달러의 반은 50센트이다.

fight
[fait/파이트]
타 자 (3단현 *fights* [faits/파이츠], 과거·과거 분사 *fought* [fɔːt/포트], 현재 분사 *fighting* [fáitiŋ/파이팅]) 싸우다, 다투다, 분투하다.
· We *fought* for our country.
우리들은 조국을 위해 싸웠다.
《숙》 *fight it out* 끝까지 싸우다
명 싸움, 전투 ; 결투 ; 투쟁
· Who won the *fight*?
누가 그싸움에서 이겼니?
· They had a snowball *fight* after school.
그들은 방과 후 눈싸움을 했다.

figure
[fígjər/피겨]
명 ① 숫자 ; (숫자의) 자리 ; (복수로 써서) 계산
· the *figure* 5. 숫자의 5.
· He is poor at *figures*.
그는 계산이 서투르다.

명 ② 도안, 무늬, 삽화
· See *figure* 2.
두번째 그림을 보아라.
명 ③ 모양 ; 사람의 모습 ; 조상
· The statue has a fine *figure*.
그 조각상은 아름다운 모양을 하고 있다.
명 ④ 인물, 명사
· He is one of the great *figures* in history.
그는 역사상 위대한 인물중의 한 사람이다.

fill
[fil/필]
타 (~으로) 채우다, 가득하게 하다.
· *Fill* the bottle with milk.
병에 우유를 채워라.
· The students *filled* the concert hall.

그 연주회장은 학생들로 메워졌다.
㉂ 가득 차다, 넘치다, 가득해 지다
· The church *filled* soon.
교회는 곧 가득찼다.
《숙》*fill in* (구멍 따위를) 메우다.
Fill in the blanks.
빈곳을 채우시오.

film
[film/필름]
㈈ (복수 *films* [filmz/필름즈])영화 ; 필름, 얇은껍질 (막, 층)
· Give me two rolls of color *film*, please.
컬러 필름 두 통 주십시오.
· Let's go to the *films*.
영화 보러 갑시다.
· How much *film* have you used?
너는 필름을 얼마나 썼니?

· I've used three rolls.
3통 썼어.
· roll : (필름 따위의) 한 봉

finally
[fáinəli/파이널리]
㈋ 최후로 ; 마침내 ; 최종적으로
· The plane *finally* left at 9:20
그 비행기는 마침내 9시 20분에 이륙했다.

find
[faind/파인드]
㈐ (3단현 *finds* [faindz/파인즈], 과거·과거 분사 *found* [faund/파운드], 현재 분사 *finding* [fáindiŋ/파인딩])
㈐ ① 찾아내다, 발견하다
(《동》discover,《반》lose 잃다)
· Let's *find* a place for our camp.
캠프할 장소를 찾자.

㈐ ② 알다, 알게 되다
· They *found* the door open.
그들은 그 문이 열려있다는 것을 알았다.
《숙》*find out* 알아내다, 깨닫다

fine
[fain/파인]
㈑ (비교급 *finer* [fáːnist/파이니스트])
㈑ ① 훌륭한, 썩 좋은, 멋진
· How are you doing?
어떻게 지내니?
· I'm *fine*, thank you. And you?
잘 지내, 고마워. 너는 어떻게 지내니?
㈑ ② (날씨가) 맑은, 갠, 화창한
· It's *fine* today.
오늘은 날씨가 맑다.

finger

[fíŋgər/핑거] (※발음주의)
명 (복수 *fingers* [fíŋgərz/핑거즈])
손가락
☞ 「발가락」은 「toe」라고 함.
· I have ten *fingers* on both hands.
나는 양손에 10개의 손가락이 있다.

finish

[fíniʃ/피니시]
타 ① 끝내다, 마치다 (《동》 end, 《반》 begin 시작하다)
· She *finished* her homework in an hour.
그녀는 숙제를 한 시간 안에 끝냈다.

타 ② 마무리하다, 완성하다
· The picture will soon be *finished*.
그림은 곧 마무리될 것이다.
자 끝나다
· What time does the concert *finish*?
음악회는 몇 시에 끝납니까?

fire

[faiər/파이어]
명 ① 불, 화염, 연소, 화롯불
· Paper takes *fire* easily.
종이는 불붙기 쉽다.
· Don't play with *fire*.
불장난하지 마라.
명 ② 화재
· *Fire*! *Fire*! Call the *fire* station.
불이야, 불! 소방서에 전화해라.
《숙》 *catch fire* 불이 붙다
　The house *caught fire*.
　그 집에 불이 붙었다.
《숙》 *on fire* 화재가 나서, 불타서
·*fire* engine 소방차
·*fire*men 소방관
·*fire* station 소방서

fireplace

[fáiərplèis/파이어플레이스]
명 (복수 *fireplaces* [fáiərplèisiz/파이어플레이시즈]) 벽난로
· They are sitting round the *fireplace*.
그들은 벽난로 주위에 앉아있다.

first

[fəːrst/퍼-스트]
형 첫(번)째의, 최초의, 맨처음의
· I am in the *first* year.
나는 1학년이다.
《숙》 *in the first place*. 맨 먼저
부 첫(번)째로, 최초로, 우선.

Finger 손가락

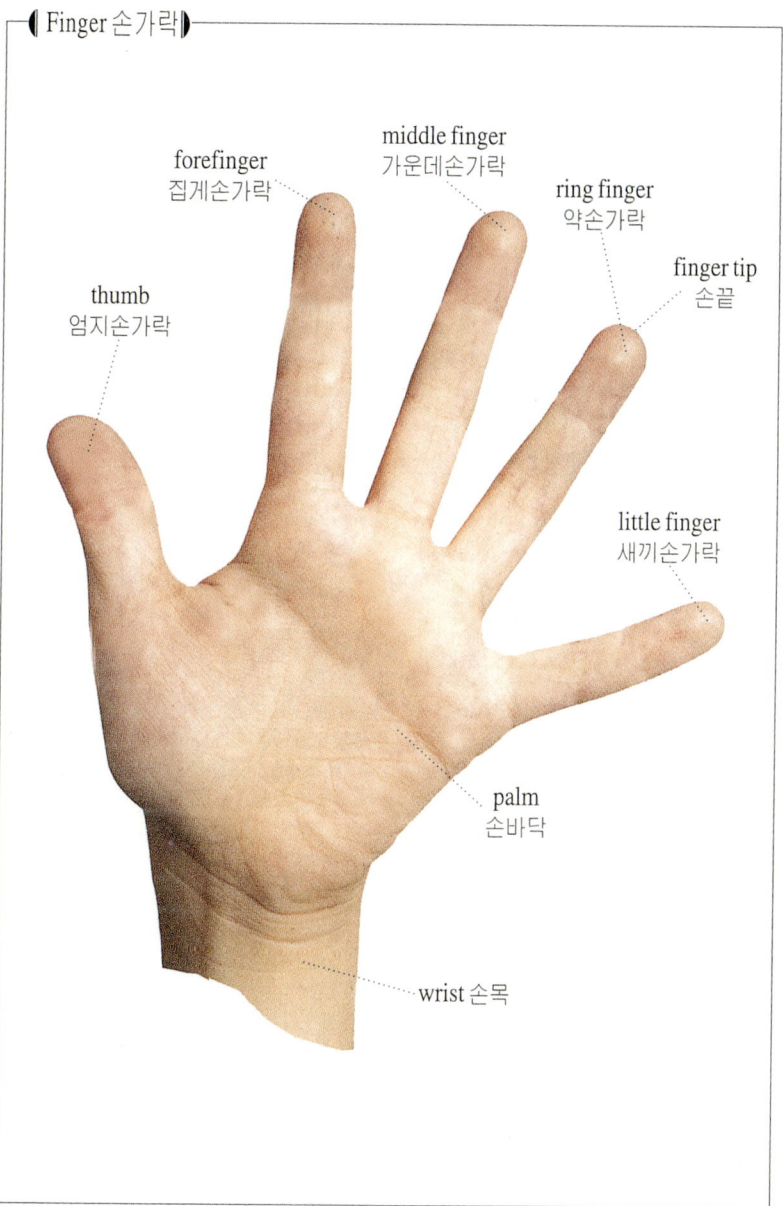

- forefinger 집게손가락
- middle finger 가운데손가락
- ring finger 약손가락
- finger tip 손끝
- thumb 엄지손가락
- little finger 새끼손가락
- palm 손바닥
- wrist 손목

· He *first* asked my name.
그는 맨 먼저 내 이름을 물었다.
《숙》 *first of all* 첫째(로), 우선
명 첫(번)째, 최초 ; 초하루, 첫날 ; 1위
· He was the *first* to make a speech.
그는 첫번째로 연설을 했다.
《숙》 *at first* 처음에는

·fish
[fiʃ/피시]
명 (복수 fish [fiʃ/피시], *fishes* [fíʃiz/피시즈] 《 *fishes* 》)
명 ① 물고기, (집합적으로) 어류
· I caught two *fish* in the stream.
나는 그 개울에서 물고기 두 마리를 잡았다.
명 ② 어육, 생선
· I like *fish* better than meat.
나는 육류보다 생선을 더 좋아한다.
타 **자** 물고기를 잡다, 낚시질하다.
· We went *fishing* yesterday.
우리는 어제 낚시질하러 갔다.

·fisherman
[fíʃərmən/피셔먼]
명 (복수 *fishermen* [fíʃərmən/피셔먼]) 어부, 낚시꾼
· He is a *fisherman*.
그는 어부이다.

·fit
[fit/핏]
형 (비교급 *fitter* [fítər/피터], 최상급 *fittest* [fítist/피티스트])(꼭) 맞는, 알맞은, 적당한.
· I have nothing *fit* to wear.
나는 입을 만한 것이 없다.
· How does it *fit*?
(옷이) 잘 맞습니까?
타 **자** (~에) 맞다, 꼭맞다.
· This coat *fits* very well.
이 코트는 꼭 맞는다.

·five
[faiv/파이브]
명 5, 다섯살, 다섯시
· I get up at *five* every morning.
나는 매일 아침 다섯시에 일어난다.
형 5의, 다섯살의, 다섯시의
· He is *five* years old.
그는 다섯살이다.

·fix
[fiks/픽스]
타 ① 고정[고착]시키다, 붙이다
· I *fixed* the picture on the wall.
나는 벽에 그림을 걸었다.
타 ② (날짜·장소·값을) 정하다
· We *fixed* the meeting for two

o'clock.
우리는 회합을 두 시로 정했다.
타 ③ (눈·주의 따위를) 끌다
· She *fixed* her eyes on[upon] me.
그녀는 나를 빤히 보았다.
타 ④ 고치다, 수리[수선]하다
· He *fixed* the watch.
그는 시계를 고쳤다.
자 고정[고착]되다 ; 자리잡다,
· Let's *fix* on the date for the journey.
여행 날짜를 정하자.

:flag
[flæg/플래그]
명 (복수 *flags* [flægz/플래그즈])
기, 깃발
· Look at those *flags* over there!
저기 있는 저 깃발들을 보아라!
· The Stars and Stripes is the national *flag* of America.
성조기는 미국 국기이다.

미국의 국기는 『성조기(the Stars and Stripes)』라고 하며, 50개의 '주'를 나타내는 별과 최초에 독립한 13개의 주를 나타내는 13줄의 줄무늬가 그려져 있다. 참고로 영국의 국기는 『유니언 잭(the Union Jack)』이라고 한다.

flame
[fleim/플레임]
명 (복수 *flames* [fleimz/플레임즈])
불길, 불꽃, 화염
· Look at the *flame* carefully.
그 불꽃을 주의깊게 보아라.

flight
[flait/플라이트]
명 날기 ; 비행 ; 비행기 여행; 편
· a round the world *flight*
세계 일주 비행

· *Flight* Number 123 for Seoul
서울행 123편
· Mr. Baker took *Flight* 203 to LA.
베이커씨는 203기 항공편으로 LA까지 갔다.

:float
[flout/플로우트]
타 자 뜨다, 띄우다, 떠돌아 다니다.
· Wood *floats* on water.
목재는 물위에 뜬다.
· A balloon is *floating* in the sky.
기구가 공중에 떠 있다.

·floor
[flɔːr/플로-]
명 (복수 *floors* [flɔːrz/플로-즈])

Fish 물고기

salmon 연어

swellfish 복

herring 청어

mackerel 고등어

whale 고래

mandarinfish 쏘가리

spanish mackerel 삼치

crab 게

trout 송어

flour

명 ① 마루
- The ring rolled on the *floor*.
  그 반지는 마루 위에서 굴렀다.

명 ② (집의) 층 (《참고》 story 층)
- My office is on the third *floor*.
  나의 사무실은 3층에 있다.

[건축물 각종표기]

층\나라	미 국	영 국
3층	third floor	second floor
2층	second floor	first floor
1층	first floor	ground floor
지하층	basement	basement

:flour
[fláuə*r*/플라우어]

명 밀가루
- *Flour* is made from wheat.
  밀가루는 밀로 만든다.

:flow
[flou/플로우]

자 흐르다, 흘러 나오다.
- Rivers *flow* into the ocean.
  강물은 바다로 흘러 들어간다.
- The crowd *flowed* out of station.
  군중이 역에서 솟아져 나왔다.

·flower
[fláuə*r*/플라우어]

명 (복수 *flowers* [fláuə*r*z/플라우어즈]) 꽃
- What a beautiful *flower*!
  참 아름다운 꽃이네!
- There are many *flowers* in the park.
  공원에는 많은 꽃들이 있다.

fluent
[flú(:)ənt/플루(-)언트]

형 유창한, 거침없는
- He is a *fluent* speaker of English.
  그는 영어를 유창하게 한다.
- He speaks *fluent* French.
  그는 유창한 프랑스어를 한다.

·flute
[flu:t/플루-트]

명 (복수 *flutes* [flu:ts/플루-츠]) 피리 플루트.
- I can play the *flute*.
  나는 플루트를 연주 할수있다.

·fly¹
[flai/플라이]

타 자 (3단현 *flies* [flaiz/플라이즈], 과거형 *flew* [flu:/플루-], 과거 분사 *flown* [floun/플로운], 현재 분사 *flying* [fláiiŋ/플라이잉])

자 날다 ; 비행기로 날다
- Birds *fly* with their wings.
  새들은 날개로 난다.

타 날리다, 띄우다, 조종하다.
- The boy is *flying* a model plane.
  그 소년은 모형 비행기를 날리고 있다.
- They are *flying* kites.
  그들은 연을 날리고 있다.

fly²

《숙》*fly off* 날아가 버리다

fly²
[flai/플라이]
명 (복수 *flies* [flaiz/플라이즈]) 파리
- Many *flies* are on the wall.
많은 파리들이 벽에 붙어 있다.

fog
[fɔːg/포-그]
명 안개 (《참고》 mist)
- The *fog* cleared.
안개가 걷혔다.
- Driving a car in *fog* is not easy.
안개 속에서 차를 운전하는 것은 쉽지 않다.

foggy
[fɔ́(ː)gi/프악이]
형 안개가 자욱한, 안개가 낀
- It was *foggy* in the morning.
아침에는 안개가 자욱했다.

fold
[fould/포울드]
타 접다, (팔을) 끼다
- The girl *folded* the letter into four.
그 소녀는 그 편지를 넷으로 접었다.
- He *folded* his arms.
그는 팔짱을 꼈다.

:follow
[fálou/팔로우]
타 ① ~을 쫓다, 따르다
- Go home! Stop *following* me!
집에 가! 날 따라오지 마!
타 ② 따라서 가다 ; 말을 이해하다
- *Follow* this street.
이 길을 따라 가시오.

- I *followed* his advice.
나는 그의 충고에 따랐다.
《숙》*as follows* 다음과 같이
His words are *as follows*.
그의 이야기는 다음과 같다.

food
[fuːd/푸-드]
명 (복수 *foods* [fuːdz/푸-즈]) 식량, 식품, 먹을 것
- We bought some fruit, some meat, and other *food*.
우리들은 과일, 고기, 그리고 다른 식품을 샀다.
- There is a lot of *food* on the table.
식탁에는 많은 음식이 있다.
《숙》*food and drink* 음식물

Flowers 꽃

rose
장미

violet
제비꽃

dahlia
다알리아

sweet brier
해당화

lily
백합

scarler kaffir lily
군자란

crinum
문주란

carnation
카네이션

chrysanthemum
국화

❰ Foods 음식물 ❱

cake
케익

bread
빵

hamburger
햄버거

juice
쥬스

icecream
아이스크림

milk
우유

sausage
소시지

popcorn
팝콘

hot dog
핫도그

:fool
[fuːl/풀-]

명 (복수 *fools* [fuːlz/풀-즈])바보, 어리석은 사람
- All *Fool's* Day = April *Fool's* Day
  만우절 (4월 1일)
- Stop acting like a *fool*.
  바보처럼 행동하지 마라.

《숙》 *make a fool of* ~을 바보 취급하다
  Don'r make *a fool of* me.
  나를 바보 취급하지마.

:foolish
[fúːliʃ/풀-리시]

형 어리석은, 바보같은.
- It was *foolish* of us to quarrel.
  우리가 싸운 것은 어리석었다.
- Don't be *foolish*!
  어리석은 짓 하지 마라!

:foot
[fut/풋]

명 (복수 *feet* [fiːt/피-트])
명 ① 발
- He kicked the ball with his right *foot*.
  그는 오른발로 공을 찼다.

명 ② 피트 (길이 단위, 1피트는 12인치, 약 30.48cm)
- One *foot* is twelve inches.
  1피트는 12인치다.

명 ③ (산)기슭, (사물의) 밑부분
- The hotel is at the *foot* of a mountain.
  그 호텔은 산기슭에 있다.

《숙》 *on foot* 걸어서, 도보로
  I go to school *on foot*.
  나는 걸어서 학교에 다닌다.

·football
[fútbɔːl/풋볼-]

명 풋볼, 축구, 미식 축구
- He is a star *football* player.
  그는 유명한 미식 축구 선수다.

『*football*』이라고 하면 보통 《미》에서는 『American *football* (미식축구)』를 말하고, 《영》에서는 『soccer(아식 축구)』나 『rugby(럭비)』를 말한다.

footstep
[fútstèp/풋스텝]

명 (복수 *footsteps* [fútstèp/풋스텝스]) 걸음걸이, 발소리, 발자국
- I hear someone's *footsteps*.
  누군가의 발소리가 난다.

·for
[fɔːr/포-]

전 ① ~을 위하여
- They had a party *for* me.
  그들은 나를 위한 파티를 열었다.

전 ② ~을 향하여
- She left *for* London.
  그녀는 런던을 향해 출발했다.

전 ③ ~동안 (《동》during)
· Please wait *for* a moment.
잠시동안만 기다려 주십시오.
《숙》 *for a moment* 잠시동안

force
[fɔːrs/포-스]

명 (복수 *forces* [fɔːrsiz/포-시즈])
명 ① 힘, 세력; 폭력, 완력
· Don't use *force* on others.
다른 사람에게 폭력을 쓰지마라.
명 ② 군대; 부대; 병력
· the air *force* 공군
· the armed *forces* 군대

타 ~에게 강제하다, 억지로 ~시키다
· He *forced* me to eat it.
그는 나에게 강제로 그것을 먹도록 했다.
《숙》 *be forced to* (do) 어쩔 수 없이 ~하다.
· I was *forced to do* so.
나는 어쩔수없이 그렇게 했다.

forecast
[fɔːrkǽst/포-캐스트]
명 예상, 예측; 예보
· The weather *forecast* says it will be fine tomorrow.
일기 예보에 내일은 갤 것이라고 한다.

타 자 예상[예측] 하다, 예보하다
· It rained as was *forecast*.
예보한 대로 비가 왔다.

·foreign
[fɔ́ːrin/포-린] (※발음주의)
형 외국의, 외국산[제]의.외래의
(《반》 home 국내의)
· a *foreign* language 외국어
· a *foreign* country 외국
· *foreign* goods 외제품
· English is a *foreign* language.
영어는 외국어이다.

:foreigner
[fɔ́ːrinər/포-리너]
명 (복수 *foreigners* [fɔ́ːrinərz/포-리너즈]) 외국 사람, 외국인
· I met a *foreigner*.
나는 외국 사람을 만났다.
· Many *foreigners* visit Korea.
많은 외국인들이 한국을 방문한다.

:forest
[fɔ́ːrist/포-리스트]
명 (복수 *forests* [fɔ́ːrists/포-리스츠])
숲, 산림 (《동》 woods)
· She was lost in the *forest*.
그녀는 숲 속에서 길을 잃었다.

· A *forest* is a large wood of many trees.
숲은 많은 나무가 있는 큰 삼림이다.

·forget
[fərgét/퍼겟]
[타] [자] (3단현 *forgets* [fərgéts/퍼게츠], 과거형 *forgot* [fərgát/퍼갓], 과거 분사 *forgot* [fərgát/퍼갓] 또는 *forgotten* [fərgátn/퍼가튼], 현재 분사 *forgetting* [fərgétiŋ/퍼게팅]) 놓아두고 잊다, 잊다 (《반》 remember 기억하다)
· Don't *forget* to lock the door.
문 잠그는 것을 잊지 마라.
· I quite *forget* her name.
그녀의 이름이 견혀 생각나지 않는다.

forgive
[fərgív/퍼기브]
[타] [자] (3단현 *forgives* [fərgívz/퍼기브즈], 과거형 *forgave* [fərgéiv/퍼게이브], 과거 분사 *forgiven* [fərgívn/퍼기븐], 현재 분사 *forgiving* [fərgíviŋ/퍼기빙]) 용서하다
· Please *forgive* me if I am wrong.
내게 잘못이 있으면 용서해 주세요.
· I can't *forgive* her.
나는 그녀를 용서할 수 없다.

·fork
[fɔːrk/포-크]
[명] (복수 *forks* [fɔːrks/포-크스])
[명] ① (식탁용) 포크
· I don't know how to use the knife and *fork*.
나는 나이프와 포크의 사용법을 모른다.

[명] ② 갈림길 ; 분기점
· Go straight down this street until you come to a *fork*.
두 갈래 길이 나올 때까지 이길을 따라 계속 가시오.

:form
[fɔːrm/폼-]
[명] (복수 *forms* [fɔːrmz/폼-즈])
[명] ① 모양, 외형, 윤곽 ; 모습
· I saw a *form* in the fog.
안개속에 사람의 모습이 보였다.
[명] ② 형식, 형태
· Heat is a *form* of energy.
열은 에너지의 한 형태다.
[명] ③ 서식, 용지
· Fill in the *form*.
서식에 기입하시오.
[타] [자] 형성하다, 모양을 이루다.
· *Form* good habits while you are young.
젊어서 좋은 습관을 들이도록 해라.

forth
[fɔːrθ/포-스]
[부] 앞으로 ; 전방으로 ; 밖으로.

· She stepped *forth*.
그녀는 앞으로 나아갔다.

· The lamp moved back and *forth*.
램프는 앞뒤로 흔들렸다.
《숙》 *and so forth* ~등등, ~운운

fortune
[fɔ́:rʃ(ə)n/포-천]
명 ① 운 ; 운명 ; 행운
· Will you read my *fortune*?
제 운수를 봐 주시겠습니까?
· I had the good *fortune* to see it.
나는 운좋게 그것을 보았다.
명 ② 재산, 재물.
· He has made a *fortune*.
그는 재산을 마련했다.
· He is a man of *fortune*.
그는 재산가다.

forty
[fɔ́:rti/포-티]
명 (복수 *forties* [fɔ́:rtiz/포-티즈])
마흔, 40, 40살
형 40의
· *Forty* is four times ten.
40은 10의 네 배이다.

:forward(s)
[fɔ́:rwərd(z)/포-워드]
부 앞으로, 전방으로 《반》 backward(s) 뒤로)
· He took a step *forward*.
그는 한 걸음 앞으로 나섰다.

《숙》 *look forward to ~ing* ~을 ~을 기대하다. 고대하다
· I am *looking forward to* seeing you again.
나는 당신을 다시 만나기 학수 고대하고 있습니다.
《숙》 *put forward* ~을 제출하다
《숙》 *look forward to* ~을 기다 리다
《숙》 *make a fortune* 재산을 모으다

:fought
[fɔ:t/포-트]
타 자 *fight* (발견하다)의 과거·과 거 분사
· They *fought* together against the enemy.
그들은 힘을 합쳐 적과 싸웠다.

:found
[faund/파운드]
타 ① 설립하다, 창시하다
· This college was *founded* about a hundred years ago.
이 대학은 약 백년 전 지어졌다.
타 ② ~을 근거로 하다.

· His opinion is *founded* on facts.
그의 의견은 사실에 근거를 두고 있다.

fountain pen
[fáunt(ə)n pèn/파운텐 펜]
명 만년필
· I bought a *fountain* pen.
나는 만년필을 샀다.

·four
[fɔːr/포-]
명 넷, 4, 네살, 네시
· How many triangles are there?
삼각형이 몇 개 있습니까?
· There are *four*.
4개 있습니다.

형 4의, 네살의, 네시의
· We have *four* classes in the morning.
우리는 오전 중에 수업이 네 시간 있다.

·fourteen
[fɔːrtíːn/포-틴-]
명 열넷, 14, 열네살
· I'll be *fourteen* next year.
나는 내년에 열네살이 된다.

명 14의, 열네살의
· There are *fourteen* apples in the basket.
바구니에 사과가 열네개 있다.

:fourth
[fɔːrθ/포-스]
명 ① 네번째, (달의) 4일
명 ② 4분의 1
· three *fourths* 4분의 3
· He was born on the *fourth* of May.
그는 5월 4일에 태어났다.
형 네번째의, 4분의 1의
· He live at 101 *Fourth* Street.
그는 4번가 101번지에 살고 있다.

fox
[fɑks/팍스]
명 (복수 *foxes* [fɑ́ksiz/팍시즈])
여우 ; 교활한 사람
· A *fox* is a wild animal with beautiful fur.
여우는 아름다운 털을 가진 야생 동물이다.

:France
[fræns/프랜스]
명 프랑스
· I am from Paris, *France*.

나는 프랑스 파리 출신이다.

frank
[fræŋk/프랭크]

형 (비교급 *franker* [fræŋkər/프랭커], 최상급 *frankest* [fræŋkist/프랭키스트]) 솔직한, 숨김없는
· Give me your *frank* opinion.
당신의 솔직한 의견 말해 주시오.

·free
[friː/프리-]

형 ① 자유로운, 한가한
· Are you *free* now?
(당신은) 지금 한가하세요?

형 ② 무료의, 거저의
· This is a *free* ticket.
이것은 무료 승차권[입장권]이다.

freedom
[fríːdəm/프리-덤]

명 자유 ; 해방
· The *freedom* of speech is very important.
언론의 자유는 매우 중요하다.

freeze
[friːz/프리-즈]

타 자 (3단현 *freezes* [fríːziz/프리-지즈], 과거형 *froze* [frouz/프로우즈], 과거 분사 *frozen* [fróuzn/프로우즌], 현재 분사 *freezing* [fríːziŋ/프리-징]) 얼다, 얼게 하다, 동결하다.
《숙》*freeze up* 결빙시키다.
· The pond was *frozen* over this morning.
오늘 아침에 연못이 얼어붙었다.

:fresh
[freʃ/프레시]

형 신선한, 싱싱한 ; 새로운
· These vegetables are all *fresh*.
이 야채들은 모두 신선합니다.
· Is there any *fresh* news?
무슨 새로운 소식이 있니?

·Friday
[fráidi/프라이디]

명 금요일 (*Fri*.로 약한다)
· I have an English test next *Friday*.
다음주 금요일 영어 시험이 있다.
· *Friday* the 13th is unlucky.
13일의 금요일은 불길하다.

·friend
[frend/프렌드]

명 (복수 *friends* [frendz/프렌즈]) 친구 ; 자기[우리]편 《반》enemy 적)
· Let's be *friends*.
친구가 되자.
· Will you invite your *friends* for your birthday?
네 생일날에 친구들을 초대할 거니?
《숙》*make friends with* ~와 친해지다
I *made friends with* him.

나는 그와 친해졌다.

frog
[frɔːg/프로-그]

명 (복수 *frogs* [frɔːgz/프로-그즈]) 개구리

· The *frog* has a large mouth.
개구리는 큰 입을 가지고 있다.

·from
[frʌm/프럼]

전 ~에서, ~로부터

· We started *from* Seoul for New York.
우리는 서울에서 뉴욕으로 출발했다.

《숙》 *be from~* ~의 출신이다
"Where *are* you *from*?"
「너는 어디에서 왔니?」

《숙》 *from time to time* 때때로

·front
[frʌnt/프런트] (※발음주의)

명 앞, 정면, 앞면 (《반》 back 뒤)

· Chang-soo is sitting in the *front* of the class.
창수는 교실 앞줄에 앉아 있다.

《숙》 *in front of ~* ~의 앞에
《반》 at the back of ~의 뒤에

The car stopped *in front of* me.
차가 내 앞에 섰다.

frost
[frɔːst/프로-스트]

명 서리(가을에 내리는것), 강상

· There was a heavy *frost*.
된서리가 내렸다.

frown
[fraun/프라운]

타 자 눈살을 찌푸리다.

· She *frowned* at me.
그녀는 얼굴을 찡그리고 나를 보았다.

명 (*frowns* [fraunz/프라운즈])
찡그린 얼굴.

·fruit
[fruːt/프루-트]

명 (복수 *fruits* [fruːts/프루-츠])

명 ① 과일

· My aunt grows many kinds of *fruits*.
나의 숙모는 여러 종류의 과일을 재배하신다.

명 ② 산물, 결과, 성과

· His success is the *fruits* of his efforts.
그의 성공은 노력의 결과다.

·full
[ful/풀]

형 (비교급 *fuller* [fúlər/풀러], 최상급 *fullest* [fúlist/풀리스트])
가득한 ; 충만한 ; 충분한.

Fruits 과일

- apple 사과
- apricot 살구
- peach 복숭아
- pear 배
- papaya 파파야
- grape 포도
- watermelon 수박
- strawberry 딸기
- plum 자두
- persimmon 감
- pineapple 파인애플
- orange 오렌지
- banana 바나나
- lemon 레몬
- jujube 대추
- melon 참외

- The theater was **full** of people.
극장은 만원이었다.
- My jar was **full** of candies.
나의 병은 사탕으로 가득 찼다.
《숙》 ***in full*** 전부의
《숙》 ***be full of*** ~으로 가득차 있다, ~이 풍부하다

fully
[fúli/풀리]
🟦 충분히 ; 《수사 앞에서》 꼬박
- It took **fully** three hours to write him a letter.
그에게 편지를 쓰는데 꼬박 세 시간이 걸렸다.

·fun
[fʌn/펀]
🟦 재미있는 일, 위안, 취미
- It is **fun** to jump rope.
줄넘기는 재미있다.

- Boating was great **fun**.
보트놀이는 아주 재미있었다.
《숙》 ***for fun*** 농담으로, 반장난으로
《숙》 ***make fun of*** ~을 놀려대다

:funny
[fʌ́ni/퍼니]
🟦 익살맞은, 우스운, 괴상한.
- He is a **funny** man.
그는 재미있는 사람이다.
- What's **funny** about my face?
내 얼굴의 어디가 우스워?

fur
[fəːr/퍼-]
🟦 (복수 **furs** [fəːrz/퍼-즈])모피 ; 《복수로 써서》 모피 제품
- a **fur** coat 모피 코트
- This **fur** coat fits very well.
이 모피코트는 꼭 맞는다.

furnish
[fə́ːrniʃ/퍼-니시]
🟦 공급하다, 제공하다 ; 갖추다
- He **furnished** the hungry with food.
그는 굶주린 사람에게 먹을 것을 주었다.

:furniture
[fə́ːrnitʃər/퍼-니처]
🟦 가구,세간
- a piece[an article] of **furniture**
가구 한점
- There was no **furniture** in the room.
그 방에 가구가 한 점도 없었다.
- They sell **furniture** and books.
그들은 가구와 책을 판다.

future

[fjúːtʃər/퓨우츄우어]

명 ① (the를 붙여) 미래, 장래, 먼 (《반》 past 과거)
· Nobody can tell about his *future*.
아무도 자기 장래를 모른다.

형 ② 미래의, 장래의
· Her *future* husband is a doctor.
그녀의 장래의 남편은[약혼자는] 의사이다.

《숙》 *in (the) future* 미래에

:futher

[fə́irðər/퍼-더]

부 (*far*의 비교급) 그 위에 게다가, 더욱이, 더욱멀리
· I have nothong *futher* to say
나는 더 이상 할 말이 없다.

형 (*far*의 비교급) 그 위에. 그 이상의
· For *futher* detail(s), plaease read his report
더 이상의 상세한 것을 그의 보고서를 읽어 주십시오.

:furthest

[fə́ːóst/퍼-디스트]

형 (*far*의 최상급) 가장 먼 {멀리 떨어진}
부 가장멀리
· at *furthest* 아무리 늦어도

furtive

[fə́irtiv/퍼-티브]

형 은밀한, 내밀한, 남몰래 하는
· at *furtive* glance 슬쩍 엿봄
· at *furtive* look 몰래 살피는 표정

부 몰래, 슬그머니, 슬쩍, 은밀히

G,g

[dʒiː/쥐이]
알파벳의 일곱 번째 문자

gain
[gein/게인]
타 ① ~을 얻다, 획득하다, 벌다 (《동》 get, 《반》 lose 잃다)
· His kindness *gains* many friends.
그는 친절해서 많은 친구를 얻는다.

타 ② (무게, 속도 따위가) 늘다 (《반》 lose 줄다)
· I have *gained* weight.
나는 체중이 늘었다.
타 ③ (시계가)빨리 가다(《반》 lose 늦게 가다)
· This watch *gains* five miutes a day.
이 시계는 하루에 5분씩 빨리 간다.
명 (복수 *gains* [geinz/게인즈])벌이, 이익 (《반》 loss 손실)
· No *gains* without pains.
수고하지 않고 벌이 할수는 없다.

[긴요한 표현들]
· My watch is three minutes fast [slow].
내 시계는 3분 빠르다 [늦다].
· My watch keeps good time.
내 시계는 (시간이) 잘 맞는다.

---

gallery
[gǽləri/갤러리]
명 (복수 *galleries* [gǽləriz/갤러리즈])
명 ① 복도, 화랑
· We saw many pictures in the *gallery*.
미술관에서 많은 그림을 보았다.
명 ② (극장 제일 윗층) 관람석

:game
[geim/게임]

명 (복수 *games* [geimz/게임즈])

명 ① 유희, 경기, 시합, 게임, 승부 (《동》 match, 《반》 work 노동)
· They are watching a basketball *game* on TV.
그들은 TV로 농구 시합을 본다.

명 ② 사냥의 포획물
· We had much *game*.
우리에게는 사냥의 포획물이 많았다.

(미국)에서는 보통 「야구 (baseball), 농구 (basketball), 풋볼 (football)」등 뒤에 ~ball 이 붙는 각종 경기에는 『*game*』을 쓰고, 「tennis, golf, boxing」등에는 『*match*』를 쓴다.

gap
[gæp/갭]

명 (복수 *gaps* [gæps/갭스]), 간격 갈라진 틈 (의견의) 차이
· What's the generation *gap*?
세대 차이란 뭐지?

garage
[gərá:ʒ/거라아지]

명 (복수 *garages* [gərá:ʒiz/거라아지즈]) 자동차의 차고, 정비공장
· My father keeps his car in the *garage*.
아버지께서는 차고에 자동차를 넣어 두신다.

:garden
[gá:dn/가아든]

명 (복수 *gardens* [gá:dnz/가아든즈]) 뜰, 정원
· There is a dog in the *garden*.
뜰에 개 한 마리가 있다.
· She grows rabbits in her *garden*.
그녀는 정원에 토끼를 키우고 있다.

· a flower *garden*. 화원.
· a vegetable *garden*. 야채 밭.

gardener
[gá:dnə/가아드너]

명 (복수 *gardeners* [gá:dnəz/가아드너즈]) 정원사, 원예가,
· My Grandfather was a famous *gardener*.
나의 할아버지는 유명한 정원사 였다.

·gas
[gæs/개스]

명 (복수 *gases* [gǽsiz/개시즈])

명 ① (미)(구어)휘발유, 가솔린
· We have run out of *gas*.
휘발유가 떨어졌어요.

명 ② (난방용) 가스, 기체
· I smell some *gas*.
무슨 가스 냄새가 난다.
· Oxygen is a *gas*.
산소는 기체이다.

☞ *gas* station (미) 주유소

:gate
[geit/게이트]

圀 (복수 *gates* [geits/게이츠] 문, 출입문, (공항의) 탑승구
· The *gate* is open.
대문이 열려 있다.

· The plane is leaving from *Gate* 5.
그 비행기는 5번 탑승구에서 떠난다.

·gather
[gǽðɚ/개더]

타 모으다, 따다 (《동》 collect, pick)
· Farmers *gather* the crops.
농부들은 농작물을 모은다.

자 모이다
· We *gathered* round the table.
우리들은 테이블 둘레에 모였다.

·gave
[geiv/게이브]

타 *give* (주다)의 과거
· He *gave* me a book as a birthday present.
그는 내게 생일 선물로 책을 주었다.

·gaze
[geiz/게이즈]

자 응시하다, 똑바로 바라보다
· She was *gazing* at the stars.
그녀는 별을 쳐다보고 있다.

geese
[giːs/기이스]

명 *goose* (거위)의 복수
· A lot of *geese* were swimming in the pond.
많은 거위가 연못에서 헤엄치고 있다.

general
[dʒén(ə)rəl/제너럴]

형 일반의, 전체의
· a *general* election. 총선거.
· My grandfather was a famous *general*.
나의 할아버지는 유명한 장군이셨다.

명 (복수 *generals* [dʒén(ə)rəlz/제너럴즈]) 육군 대장, 장군
· The *general* opinion is that exercise is good for you.
운동이 좋다는 것은 일반적인 견해이다.

《숙》 *in general* 일반적으로, 보통

·generally
[dʒén(ə)rəli/제너럴리]

튀 일반적으로, 대개, 대체로
- I *generally* get up at five.
나는 대개 5시에 일어납니다.
- What time do you *generally* get up?
너는 보통 몇 시에 일어나니?

genius
[dʒíːnjəs/지이너스]
명 (복수 *geniuses* [dʒíːnjəsiz/지이너시즈]) 천재, 소질
- He has a *genius* for painting.
그는 그림에 소질이 있다.

gentle
[dʒéntl/젠틀]
형 (비교급 *gentler* [dʒéntlə/젠틀러], 최상급 *gentlest* [dʒéntlist/젠틀리스트])
형 ① 점잖은, 상냥한, 온화한
- She has a *gentle* heart.
그 여자는 상냥한 마음씨를 가졌습니다.
형 ② 부드러운, 조용한
- A *gentle* rain was falling.
조용한 비가 내리고 있었습니다.

gentleman
[dʒéntlmən/젠틀먼]
명 (복수 *gentlemen* [dʒéntlmən/젠틀먼]) 신사(《반》 lady 숙녀)군자
- Who is that *gentleman*?
저 신사분은 누구시니?

- He is my uncle.
그분은 나의 삼촌이셔.

German
[dʒə́ːmən/저어먼]
형 독일 (사람, 말)의
- This camera is of *German* make.
이 사진기는 독일제입니다.
명 (복수 *Germans* [dʒə́ːmənz/저어먼즈])
명 ① 독일 사람
- His father is a *German*.
그의 아버지는 독일 사람입니다.
명 ② (관사 없이) 독일 말
- Can you speak *German*?
당신은 독일 말을 할 수 있습니까?

Germany
[dʒə́ːm(ə)ni/저어머니]
명 독일
- *Germany* is near France.
독일은 프랑스에 접해 있다.

gerund
[dʒérənd/제런드]
명 (복수 *gerunds* [dʒérəndz/제런

gesture
[dʒéstʃɚ/제스처]
명 몸짓, 손짓, 제스처
· He made the *gestures* of a monkey.
그는 원숭이 흉내를 냈다.

:get
[get/겟]
타 (3단현 *gets* [gets/게츠], 과거 *got* [gɑt/갓], 과거 분사 *got* [gɑt/갓], 또는 *gotten* [gɑ́tn/가튼], 현재 분사 *getting* [gétiŋ/게팅])
타 ① 얻다, 손에 넣다, 입수하다. (《반》 lose 잃다)
· He *got* the first prize.
그는 1등상을 획득하였다.
타 ② 사다 (《동》 buy)
· I'll *get* another book.
책 한 권을 더 사야겠다.
타 ③ ~시키다, 하게 하다
· I *got* my hair cut.
나는 머리를 깎았다.
자 ① 오다, 가다, 도착하다
· I *got* home [to school] at noon.
나는 정오에 집에 [학교에] 도착하였다.

자 ② (형용사와 함께) ~이 되다

· She *got* ill suddenly.
그 여자는 갑자기 병이 났다.
《숙》 *get along* 해 나가다
《숙》 *get back* 돌아오[가]다
《숙》 *get on* (말, 탈것)에 타다
《숙》 *get up* 일어나다, 일어서다

giant
[dʒáiənts/자이언츠]
명 ① (그리이스 신화, 중세의 전설에 나오는) 거인, 거대한 사나이
· A *giant* is a very big and strong man.
거인은 아주 크고 힘이 센 사람이다.
명 ② 위인, 대인물
형 거대한
· a *giant* potato 큼직한 감자.
· The building is *giant*.
그 건물은 거대하다.

·gift
[gift/기프트]
명 (복수 *gifts*[gifts/기프츠])
명 ① 선물, 기증품(《동》 present)
· I got a birthday *gift* from my mother.
나는 어머니로부터 생일 선물을 받았다.

명 ② (타고 난) 재능, 적성

giraffe
[dʒiræf/지래프]

명 (복수 *giraffes* [dʒiræfs/지래프스]) 기린

· A *giraffe* is an animal with a long neck.
기린은 목이 긴 동물이다.
· I can ride a *giraffe*
나는 기린을 탈수 있다.

:girl
[gəːl/거얼]

명 (복수 *girls* [gəːlz/거얼즈]) 소녀, 여자아이, (《반》 boy 소년)

· I am a *girl*.
나는 소녀입니다.
· Who is that *girl*?
저 소녀는 누구입니까?

:give
[giv/기브]

타 (3단현 *gives* [givz/기브즈], 과거 *gave* [geiv/게이브], 과거 분사 *given* [gív(ə)n/기번], 현재 분사 *giving* [gíviŋ/기빙])

타 ① 주다 (《반》 take 빼앗다)
· I *gave* him an apple.
나는 그에게 사과를 주었습니다.

타 ② 치르다, 지불하다 (《동》pay)
· I *gave* one dollar for this book.
나는 이 책에 1 달러를 지불하였습니다.

타 ③ 바치다
· He *gave* his life for his country.
그는 조국을 위하여 일생을 바쳤다.

《숙》 *give up* 그만두다, 단념하다
He *gave up* smoking.
그는 담배를 끊었습니다.

glacier
[gléiʃər/글레이셔]

명 (복수 *glaciers* [gléiʃərz/글레이셔즈]) 빙하

· Can you see that *glacier*.
너는 저 빙하가 보이니?

:glad
[glæd/글래드]

형 ① 기쁜, 즐거운 (《반》 sad 슬픈)
· I am *glad* you are in time.
네가 제 시간에 와서 기쁘다.
· *Glad* to meet you.
만나서 반가워요.

형 ② 기꺼이 ~하다
· I will be *glad* to help you.
기꺼이 당신을 도와 드릴게요.

glance
[glæns/글랜스]

타 힐끗 보다
자 번쩍이다 (《동》flash)
명 (복수 *glances* [glǽnsiz/글랜시즈]) 힐끗 보기, 일견

· He gave me a *glance*.
그는 나를 힐끗 보았다.

:glass
[glæs/글래스]

명 (복수 *glasses* [glǽsiz/글래시즈])

명 ① 유리
- ***Glass*** breaks easily.
  유리는 깨지기 쉽다.

명 ② (유리)컵, 한 컵의 양
- Is that a cup or a ***glass***?
  저것은 컵이예요, 아니면 유리 컵이예요?
- Give me a ***glass*** of water, please.
  물 한 잔 주십시오.

glasses
[glǽsiz/그(을)래씨즈]
명 안경, 쌍안경
☞ a pair of ***glasses*** 안경 한 개
- Our teacher wears ***glasses***.
  우리 선생님은 안경을 쓰신다.

- I can't read books without ***glasses***.
  나는 안경 없이 책을 읽을수 없다.

glide
[glaid/글라이드]
자 미끄러지다, 공중을 활주하다
명 미끄러짐, 공중 활주
- The swan ***glided*** across the lake.
  백조는 호수를 미끄러지듯 날아갔다.
- He ***glided*** out of the room.
  그는 방에서 조용히 나갔다.

glider
[gláidə/글라이더]
명 (복수 ***gliders*** [gláidəz/글라이더즈]) 글라이더, 활공기

glitter
[glítə/글리터]
자 (3단현 ***glitters*** [glítəz/글리터즈], 과거·과거 분사 ***glittered*** [glítəd/글리터드], 현재 분사 ***glittering*** [glítəriŋ/글리터링]) 빛남, 반짝반짝 빛나다
- All is not gold that ***glitters***.
  《속담》 빛나는 것이 모두 금은 아니다.

globe
[gloub/글로우브]
명 (복수 ***globes*** [gloubz/글로움즈])
명 ① 공, 지구본
- This ***globe*** is very beautiful.
  이 지구본은 매우 아름답다.

명 ② (the 와 한께) 지구

glory
[glɔ́:ri/글로오리]
명 (복수 ***glories*** [glɔ́:riz/글로오리즈]) 영광, 명예, 장관, 번영
- ***Glory*** be to God
  신께 영광 있으리!

glove

[glʌv/글러브] (※발음 주의)
명 (복수 *gloves* [glʌvz/글러브즈])
명 ① 장갑
· She is wearing red *gloves*.
그녀는 빨간 장갑을 끼고 있다.
명 ② (야구, 권투의) 글러브
· Where is my baseball *glove*?
내 야구 글러브가 어디 있어요?

> 『*glove*』는 특히 손가락이 다섯으로 갈려져 있는『장갑』을 말하고,『mitten [mítn/미른]』은 엄지손가락만 있는「벙어리 장갑」을 말한다.

:go

[gou/고우]
자 가다 (《반》 come 오다)
· Are you *going* my way?
너는 나와 같은 방향으로 가니?
· I *go* to school by bus.
나는 버스로 학교에 간다.
《숙》 *go ~ing*, ~하러 가다
· Let's *go* skiing this Saturday.
이번주 토요일에 스키 타러 가자.

☞ *go ~ing* 의 여러가지
go fishing 낚시하러 가다
《숙》 *be going to* ~에 가는 중입니다
《숙》 *go about* 돌아다니다, 퍼지다
《숙》 *go after* ~의 뒤를 쫓아 가다
《숙》 *go away* 가버리다, 달아나다
《숙》 *go back* 돌아가다
《숙》 *go by* 지나가다

goal

[goul/고울]
명 (복수 *goals* [goulz/고울즈])
명 ① 골, (축구 따위의) 득점
· We scored our first *goal*.
우리는 첫 득점을 올렸다.
명 ② 목표, 목적
· His *goal* in life is to be a doctor.
그의 인생의 목표는 의사가 되는 것이다.

·goat

[gout/고우트]
명 (복수 *goats* [gouts/고우츠])
【동물】염소
· *Goats* eat grass.
염소는 풀을 먹는다.

> 「염소」의 수컷은『he-*goat*』암컷은 『she-*goat*』,새끼 염소는『kid』라고 부른다. 그리고 우는 소리는『baa[bɑː/브아]』이다.

:God

[gad/가드]
명 (복수 *gods* [gadz/가즈])조물주, (기독교의) 하나님, 신

- We believe in *God*.
  우리는 하나님을 믿는다.
- *God* bless you!
  당신께 신의 가호가 있기를!

> [*God* 와 god]
> 대문자를 써서 『*God*』이라고 하면 기독교의 『신』인 『하나님』을 의미한다, 소문자를 써서 『*god*』이라고 하면 다신교의 여러 『신』을 의미한다.

goes
[gouz/고우즈]

자 *go*(가다)의 3인칭,단수,현재
- He *goes* to church every Sunday.
  그는 일요일마다 교회에 간다.

gold
[gould/고울드]

명 금, 황금
- *Gold* is a yellow metal.
  금은 노란 금속이다.

형 ① (황)금으로 만든
- Her mother has a *gold* ring.
  그녀의 어머니는 금반지를 가지고 계신다.

형 ② 금으로 만든
- This is a *gold* watch.
  이것은 금시계입니다.

golden
[góuld(ə)n/고울던]

형 ① 금빛의, 금의 《참고》 gold 금
- Her *golden* hair blows in the wind.
  그녀의 금발이 바람에 나부끼고 있습니다.

형 ② 황금 같은, 훌륭한
- the *golden* age. 황금시대
- a *golden* saying. 금언
- *golden* hours.
  가장 즐거운 시간
- a *golden* wedding. 금혼식

goldfish
[góuldfiʃ/고울드피시]

명 (복수 *goldfish* 또는 *goldfishes*[góuldfiʃiz/고울드피시즈]) 금붕어
- Beautiful *goldfish* are swimming.
  아름다운 금붕어들이 헤엄을 치고 있다.

golf
[gɑlf/갈프]

명 골프
- a *golf* club. 골프클럽, 골프 채
- Father likes to play *golf*.
  아버지는 골프치기를 좋아한다.

gone
[gɔːn/고온]

자 *go* (가다)의 과거 분사
- He has *gone* away.
  그는 가버리고 말았다.

《숙》 *be going to (do)* ~할 작정이다.

good

[gud/구드]

형 (비교급 *better* [bétə/베터], 최상급 *best* [best/베스트])

형 ① 좋은 (《반》 bad 나쁜)
- This is a *good* car.
  이것은 좋은 차입니다.

형 ② 착한 (《반》 bad 나쁜)
- Bill is a *good* student.
  빌은 착한 학생입니다.

형 ③ 친절한 (《동》 kind)
- It is very *good* of you to invite me.
  초대해 줘서 대단히 고맙다.

《숙》 *good afternoon!* 안녕하십니까, 안녕히 가십시오

《숙》 *good day!* 안녕하십니까

《숙》 *good morning!* 밤새 안녕하십니까

《숙》 *good night!* 안녕히 주무십시오

명 (복수 *goods* [gudz/구즈])

명 ① 착한 일, 이익, 행복
- I did this work for your *good*.
  나는 당신을 위하여 이 일을 하였습니다.

명 ② (복수형으로) 상품, 화물.
- A *goods* train is running.
  화물 열차가 달리고 있습니다.

《숙》 *for the good of* ~을 위하여

good-by(e)

[gudbái/굿바이]

감 안녕히 가(계)십시오, 안녕
- I am afraid I must say *good-by(e)* now.
  이제 작별 인사를 해야겠습니다.
- *Good-by(e)*, Yoo-mi.
  유미야, 잘 가 [잘 있어].

명 작별인사
- I must say *good-by*.
  저는 이제 하직을 해야겠습니다.

> 헤어질 때의 인사말은 "*good-by(e)*", "*Bye*", "*Bye-bye*", "*See you*" 등 매우 다양하다. 이 중에서 "*good-by(e)*"를 사용하는 것이 좋다.

goods

[gudz/구즈]

명 재산, 소유물, 상품, 화물.
- That store sells fancy *goods*.
  저 가게는 악세사리를 판다.

goose

[gu:s/구우스]

명 (복수 *geese* [gi:s/기이스]) 거위
- A *goose* has a longer neck than a duck.
  거위는 오리보다 목이 길다.

gossip
[gásip/가십]
명 (복수 *gossips*[gásips/가십스]) 잡담, 추문.
· A *gossip* writer.
(신문·잡지의) 가십 기자.
자 잡담하다, 추문을 퍼뜨리다.

gown
[gaun/가운]
명 (복수 *gowns*[gaunz/가운즈])
명 ① (부인용의)웃옷, 까운.
· She was wearing a pink *gown*
그녀는 분홍색 가운을 입고있었다.
명 ② 법복, (대학의) 까운.

grace
[greis/그레이스]
명 (복수 *graces*[greisz/그레이시즈])
우아, 미덕, 은총, 호의, 애교
· She danced with *grace*.
그 여자는 우아하게 춤을 췄다.

《숙》 *with a bad[an ill] grace* 마지못해서

·grade
[greid/그레이드]
명 (복수 *grades*[greidz/그레이즈])
명 ① 《미》 학년 (《영》form)

· I am in the seventh *grade*.
나는 7학년[중학교1학년]이다.
명 ② 《미》 점수, 성적 (《영》 mark)
· He got a good *grade* in Korea.
그는 국어에서 좋은 점수를 받았다.
명 ③ 등급 (《동》 degree)
· These eggs are *grade* A.
이 달걀들은 A등급이다.

graduate
[grǽdʒuit/그래주잇]
명 (복수 *graduates*[grǽdʒuits/그래주이츠]) 졸업생
타 자 졸업시키다, 졸업하다.
· He *graduated* from Harvard.
그는 하버드 대학을 졸업했다.

grain
[grein/그레인]
명 ① 곡식 (낱알을 집합적으로 말한다) (《동》 (《영》corn)
· The farmer grows *grain*.
농부는 곡식을 재배합니다.

명 ② 낱알
· a *grain* of wheat. 한 알의 밀.
명 ③ 그레인

grammar
[grǽmər/그래머]

몡 문법, 문법론(학), 문법책
· They are studying English *grammar*.
그들은 영어 문법을 공부하고 있다.

grandfather
[grǽn(d)fɑːðər/그랜드파아더]
몡 할아버지
· Your father's father is your *grandfather*.
네 아버지의 아버지가 할아버지이시다.

grandmother
[grǽn(d)mʌðər/그랜(드)머더]
몡 할머니
☞ 보통 *grandma* 라고도 함.
· Do you live with your *grandmother*?
너는 할머니와 함께 사니?

grandparent
[grǽn(d)pɛ(ː)rənt/그랜(드)페에런트]
몡 조부(모)

grandson
[grǽn(d)sʌn/그랜(드)선]
몡 (복수 *grandsons* [grǽn(d)sʌnz/그랜(드)선즈]) 손자, 외손자
· He has four *grandsons*.
그는 손자가 넷 있다.

grant
[grænt/그랜트]
타 허락하다, 수여하다, 인정하다.
· I *grant* that point.
나는 2점을 인정한다.
몡 (복수 *grants* [grænts/그랜츠]) 인가, 수여, 하사금.

grape
[greip/그레이프]
몡 (복수 *grapes* [greips/그레이프스]) 포도

· Wine is made from *grapes*.
포도주는 포도로 만든다.
· I like *grapes* very much.
나는 포도를 매우 좋아한다.

『포도 한 알』은 『a *grape*』, 『송이로 되어있는 포도』는 『a bunch of *grapes*』 또는 『*grapes*』라고 한다.

grasp
[græsp/그래스프]
타 자 꽉 쥐다, 이해하다.
· I *grasped* the rope.
나는 밧줄을 붙잡았다.
· I cannot *grasp* her meaning.

나는 그녀 의도를 알 수가 없다.

:grass
[græs/그래스]
명 (복수 *grasses* [græsiz/그래시즈])
명 ① 풀, 잔디, 목초
· In spring the *grass* comes out.
봄이 되면 풀이 돋아 난다.

명 ② 풀밭, 잔디밭, 목초 지대
· Keep off the *grass*.
《게시》잔디밭에 들어가지 마라.

grasshopper
[grǽshɑpər/그래스하퍼]
명 (복수 *grasshoppers* [grǽshɑpərz/그래스하퍼즈]) 메뚜기
· A *grasshopper* can jump.
메뚜기는 뛸 수 있다.

grave
[greiv/그레이브]
형 중대한, 장중한, 엄숙한.
명 (복수 *graves* [greivz/그레이브즈]) 무덤, 묘.
· She was laid in her *grave*.
그녀는 무덤에 매장되었다.

·gray
[grei/그레이]
형 ① 회색의, 잿빛의《동》《영》 grey)
· Grandmother has *gray* hair.
할머니는 백발입니다.
형 ② 음산한, 우울한
· Life is rather *gray* for me.
나에게는 인생이 도무지 즐겁지 않습니다.
명 회색, 잿빛, 어스레한 빛.
· Her new coat is *gray*.
그녀의 새 코트는 회색이다.

:great
[greit/그레이트]
형 ① 큰, 거대한 (《동》 big large)
· An elephant is a *great* animal.
코끼리는 거대한 동물이다.

형 ② 위대한, 훌륭한
· Lincoln was a *great* man.
링컨은 위대한 사람이었다.
형 ③ 굉장한, 멋진
· That's *great*! 굉장하군!
《숙》 *a great deal of* 많은 →deal
《숙》 *a great many* 많은 →many
《숙》 *a great number of* 다수의

:green
[griːn/그리인]
형 ① 녹색의
· The leaves are *green*.
잎은 녹색입니다.

greet — ground

형 ② 익지 않은, 푸른
- He ate *green* fruit.
그는 익지 않은 과일을 먹었다.

명 (복수 *greens* [gri:nz/그리인즈])
명 ① 녹색
명 ② (복수형으로) 채소류
- Take as much *greens* as you can.
될 수 있는 대로 채소류를 많이 섭취 하십시오.

명 ③ 풀밭, 잔디밭
- They are playing on the *green*.
그들은 풀밭에서 놀고 있다.

greet
[gri:t/그리이트]
타 인사하다, 환영하다.
- He *greeted* his master.
그는 주인에게 인사를 했다.

greeting
[gri:tiŋ/그리이팅]
명 (복수 *greetings* [gri:tiŋz/그리이팅즈])
명 ① 인사, 환영.
- She gave me a cheerful *greeting*.
그 여자는 나에게 유쾌한 인사를 하였습니다.
명 ② 인사말
- He sent me a card with Christmas *greetings*.
그는 나에게 크리스마스 인사말을 적은 카드를 보냈다.
- Season's *Greetings*!
성탄을 축하합니다.

grind
[graind/그라인드]
타 빻다, 찧다, 갈다
- A mill *grinds* corn.
제분기는 곡식을 빻는다.

grocer
[gróusər/그로우서]
명 (복수 *grocers* [gróusərz/그로우서즈]) 식료품 장수
- I bought it at that *grocer's* shop.
나는 그것을 저 식료품점에서 샀다.

grocery
[gróus(ə)ri/그로우서리]
명 (복수 *groceries* [gróus(ə)riz/그로우서리즈])
명 ① 식료품 가게
- Go and get some sugar at the *grocery*.
식료품 가게에 가서 설탕 좀 사오너라.
명 ② (복수형으로 쓰여) 식료품
- She hurried back with *groceries*.
그녀는 식료품을 가지고 서둘러 돌아왔다.

ground
[graund/그라운드]
명 (복수 *grounds* [graundz/그라운즈])

명 ① 땅, 지면.
· The branch broke and fell to the ***ground***.
나뭇가지가 부러져 땅에 떨어졌다.

명 ② 운동장, 그라운드.
· There is a baseball ***ground*** near the park.
공원 근처에 야구장이 있다.

group
[gru:p/그루우프]
명 (복수 ***groups*** [gru:ps/그루웁스])떼,그룹,집단,단체
· Birds are flying in ***groups*** in the sky.
새들은 하늘에서 무리를 지어 날고 있다.

《숙》***in groups*** 떼[무리]를 지어
《숙》***a group of*** 한 떼[무리]의

*A **group of*** children are playing in the playground.
한 무리의 어린이들이 운동장에서 놀고 있다.

:grow
[grou/그로우]
자 (3단현 ***grows*** [grouz/그로우즈], 과거 ***grew*** [gru:/그루우], 과거 분사 ***grown*** [groun/그로운], 현재 분사 ***growing*** [gróuiŋ/그로우잉])
자 ① 성장하다, 커지다
· This tree ***grew*** a little more everyday.
이 나무는 매일 조금씩 자랐다.
자 ② ~으로되다
· His face ***grew*** pale.
그의 얼굴은 파랗게 질렸다.
《숙》***grow up*** 성장하다
He has ***grown up***.
그는 어른이 되었다.
타 재배하다, 가꾸다
· We ***grow*** vegetables.
우리는 야채를 기른다.

grower
[gróuə/그로우어]
명 재배자 재배기술자
· a tomato ***grower***.
토마토 재배자.

growth
[grouθ/그로우드]
명 성장, 발달
· The tree has reached its full ***growth***.
그 나무는 완전히 자랐다.

guard

[gɑɚd/가아드]

명 (복수 **guards** [gɑɚdz/가아즈]) 보초, 호위병, 수비대

- There is a **guard** in front of the iorn railings.

  그 철책 앞에는 보초가 있다.

타 ~을 보호하다, 지키다

- The dog **guarded** the house.

  그 개는 집을 지켰다.

guess

[ges/게스]

타 ① 추측하다, 판단하다

- I **guess** you are a student.

  나는 네가 학생이라 추측한다.

타 ② 알아맞히다, 맞히다

- **Guess** what she is holding.

  그녀가 들고 있는 것이 무엇인지 알아맞혀 봐!

명 (복수 **guesses** [gésiz/게시즈]) 추측, 어림, 짐작

guest

[gest/게스트]

명 (복수 **guests** [gests/게스츠]) 손님 (《동》 visitor)

- We had **guests** for dinner.

  우리는 만찬에 손님을 초대했다.

- You are my **guest** today.

  오늘 너는 내 손님이다.

- Be my **guest**.

  물론이죠.(상대방의 부탁시)

- Be me **guest**.

  제가 낼게요.(식당에서 음식값)

guide

[gaid/가이드]

타 ~을 안내하다, 인도하다

- She will **guide** you through the city.

  그녀가 당신을 시내 곳곳으로 안내할 것이다.

명 ① 안내인, 여행 안내(서)

- It is **guide** to Chejudo.

  그것은 제주도 여행 안내서이다.

명 ② 안내서, 여행 안내서

- I bought a **guide** to playing the guiter.

  나는 기타 연주 입문서를 샀다.

guitar

[gitáɚ/기타아]

명 (복수 **guitars** [gitáɚz/기타아즈]) 기타아

- I like to play the **guitar**.

  나는 기타 치기를 좋아한다.

guitarist

[gitáirist/기타리스트]

명 (복수 **guitarist** [gitáirist/기타리스트]) 기타를 치는사람

·She is a good *guitarist*.
그녀는 훌륭한 기타 연주자다.

·gun
[gʌn/건]

명 (복수 *guns* [gʌnz/건즈])대포 총, (미) 권총
· My little brother has a toy *gun*.
내 동생은 장난감 총을 가졌다.

· I ran into my house and got *gun*.
나는 집으로 뛰어 들어가서 총을 꺼냈다.

guy
[gai/그아이] (구어)

명 녀석, 놈, 사람, 사내, 친구
· He is a nice *guy*.
그는 좋은 녀석이다.

·gymnasium
[dʒimnéiziəm/짐네이지엄]

명 (복수 *gyms* [dʒimz/짐즈] 또는 *gymnasiums* [dʒimnéiziəmz/짐네이지엄즈]) 체육관
· We can do our training in the *gym*.
우리는 체육관에서 연습할 수가 있습니다.

gymnastics
[dʒimnǽstiks/짐내스띡쓰]

명 체조, 체육
· Paula, do you like *gymnastics?*
폴라야, 체조를 좋아하니?
· No. Well, it's O.K.
아니. 하지만 싫어하진 않아.

☞ 보통 『*gym* [dʒim/짐]』으로 줄여 쓰기도 한다.

gypsum
[dʒipsəm]

명 석고 깁스
· She has an ear for *gypsum*
그녀는 석고에 대해 잘안다.

H,h
[eiʃ/에이취]
알파벳의 여덟 번째 문자

:habit
[hǽbit/해빗]
명 (복수 *habits* [hǽbit/해비츠])
습관, 버릇
- Biting your nails is a bad *habit*.
  손톱을 물어뜯는 것은 나쁜 버릇이다.
- Try to form good *habits*.
  좋은 습관을 붙이도록 노력해라.

:had
[(강) hæd/해드, (약) həd/허드]
타 *have* (가지고 있다)의 과거·과거 분사
- I *had* breakfast at seven o'clock.
  나는 일곱시에 아침 식사를 했다.
- We *had* little snow here last month.
  지난달 이곳에는 거의 눈이 오지 않았다.

《숙》 *had better* ~ 하는것이 낫다
《숙》 *had rather* (do) 차라리 ~하는 편이 좋다
《숙》 *had to* (do) ~해야 했다

·hair
[hɛər/헤어]
명 털, 머리카락, 머리털
- Its skin is covered with *hair*.
  그 피부는 털로 덮여 있다.
- What is the color of his *hair*?
  그의 머리카락은 무슨 색입니까?

·half
[hæf/해프]
명 (복수 *halves* [hævz/해브즈])
절반, 반 ; 2분의 1
- I will see you in *half* an hour.
  30분 후에 만나자.

hall

형 절반의, 2분의 1
- Just *half* a cup, please.
반 컵만 주세요.

부 절반만큼, 반쯤
- My homework is *half* done.
나의 숙제는 절반 끝낸 셈이다.

《숙》*in half* 절반으로

:hall
[hɔːl/홀-]

명 (복수 *halls* [hɔːlz/홀-즈])

명 ① (공공의)회관, 집회장, 강당
- a city *hall* 시청
- a concert *hall* 연주회장
- a public *hall* 공회당
- We have a *hall* at school.
우리는 학교에 강당이 있다.

명 ② 현관, 복도
- Leave your umbrella in the *hall*, please.
우산은 현관에 두십시오.

ham
[hæm/햄]

명 햄, 《미》 햄샌드위치
- I want *ham* and eggs.
나는 햄과 달걀이 먹고 싶다.

hamburger
[hǽmbəːrgər/햄버-거]

명 (복수 *hamburgers* [hǽmbəːrgərz/햄버-거즈]) 햄버거
- Hi, May I help you?
안녕하세요. 뭘 도와 드릴까요?
- Yes, Let me have a *hamburger* and a large coke, please.
네, 햄버거 하나와 콜라 큰 컵 하나 주세요.

hammer
[hǽmər/해머]

명 (복수 *hammers* [hǽmərz/해머즈]) (쇠)망치, 해머
- Where is the *hammer*?
망치는 어디 있어요?

타 (쇠)망치로 치다
- *Hammer* the nails in.
(망치로) 그 못들을 박아라.

·hand
[hænd/핸드]

명 (복수 *hands* [hændz/핸즈])

명 ① 손 (손목에서 손끝까지 부분)
- the right[left] *hand*
오른[왼]손
- Wash your *hands*.
너의 손을 닦아라.

명 ② (시계의) 바늘
- The hour *hand* is shorter than the minute *hand*.
시침은 분침보다 짧다.

명 ③ 쪽, 측, 편
- You will see a hospital on your right *hand*.
오른쪽에 병원이 보이지요.

《숙》 *at hand* 바로 가까이에
《숙》 *hand in hand* 협력하여
《숙》 *shake hands with* ~ ~와 악수하다

:handkerchief
[hǽŋkərtʃif/행커치프]

명 (복수 *handkerchiefs* [hǽŋk-ərtʃifs/행커치프스]) 손수건
· Judy waved her *handkerchief* at me.
쥬디는 나에 손수건을 흔들었다.

handle
[hǽndl/핸들]

명 (복수 *handles* [hǽndlz/핸들즈]) 손잡이, 자루
· A cup has a *handle*.
컵은 손잡이가 있다.

타 ~에 손을 대다, (손으로) 다루다
· Please *handle* the box carefully.
그 상자를 조심해 다루어 주세요.

☞자동차의『핸들』을 영어로『*han-dle*』이라고 하면 틀린다.『steering wheel』또는 간단하게『wheel』이라고 해야 옳다.

handsome
[hǽnsəm/핸섬]

형 풍채 좋은, (얼굴이)잘 생긴(보통 남성에 쓰인다) 《동》 good-looking, 《반》 ugly 못생긴)
· He is a *handsome* boy.
그는 미남이다.

·hang
[hæŋ/행]

타 자 (3단현 *hangs* [hæŋz/행즈], 과거·과거 분사 *hung* [hʌŋ/헝], 현재 분사 *hanging* [hǽŋiŋ/행잉])
타 걸다, 매달다
· Don't *hang* your overcoat here.
너의 외투를 이곳에 걸지 마라.
자 매달리다, 걸리다
· An apple *hangs* on the tree.
사과 한 개가 나무에 매달려 있다.

《숙》 *hang up* 수화기를 놓다.
《숙》 *hang off* 놓아주다.

happen
[hǽp(ə)n/해펀]

자 ① (무슨 일이) 일어나다, 생기다
· What *happened*?
무슨 일이 있니?
자 ② 마침[공교롭게] ~하다
· I *happened* to be out.
나는 공교롭게도 외출중이었다.
《숙》 *happen to* ~ 우연히 ~하다

happily
[hǽpili/해필리]

부 행복하게, 즐겁게; 운좋게
· She lives *happily*.
그녀는 행복하게 살고 있다.

happiness

[hǽpinis/해피니스]
명 행복; 행운
- They lived in *happiness*.
그들은 행복하게 살았다.

happy

[hǽpi/해피]
형 (비교급 *happier* [hǽpiər/해피어], 최상급 *happiest* [hǽpiist/해피이스트]) 행복한, 기쁜, 행운의
- I am *happy* to see you.
당신을 만나서 기쁩니다.
- The news made us *happy*.
그 소식은 우리를 기쁘게 했다.
- *Happy* birthday to you!
생일을 축하한다!

Happy New Year!
새해 복 많이 받으세요!
A: *Happy* New Year!
/새해 복 많이 받으세요!
B: The same to you. (=you too.)
/ 당신도요.

harbo(u)r

[háːrbər/하-버]
명 (복수 *harbo(u)rs* [háːrbərz/하-버즈]) 항구 (《동》 port)
- We can see a lot of ships in the *harbor*.
우리는 항구에서 많은 배를 볼 수 있다.

hard

[haːrd/하-드]
형 ① 딱딱한, 단단한
(《동》 firm, 《반》 soft 부드러운)
- This chair is too *hard*.
이 의자는 너무 딱딱하다.
형 ② 어려운, 곤란한
(《동》 difficult, 《반》 easy 쉬운)
- These sums are *hard*.
이 산수 문제는 어렵다.

형 ③ 열심히, 애써서
- He works too *hard*.
그는 너무 열심히 일한다.
부 열심히; 애써서
- She studied English *hard* for the examination.
그녀는 시험에 대비하여 열심히 영어를 공부했다.

hardly

[háːrdli/하-들리]
부 ① 거의 ~않다[아니다]
- I can *hardly* believe it.
그것은 거의 믿을 수 없다.
부 ② 간신히
- *Hardly* had we arrived, when it began to rain.

우리가 도착하자마자 비가 내리기 시작했다.

hare
[hɛər/헤어]

명 (복수 *hares* [hɛərz/헤어즈]) 산토끼 (《참고》 rabbit 집토끼)
· A *hare* jumps and runs very fast.
산토끼는 매우 빨리 뛰고 달린다.

harmony
[háːrməni/하-머니]

명 (복수 *harmonies* [háːrməniz/하-머니즈]) 조화, 화합, 일치
· People must live in *harmony* with nature.
사람들은 자연과 조화를 이루어 살아야 한다.

《숙》 *in harmony* ~조화하여

harp
[hɑːrp/하-프]

명 (복수 *harps* [hɑːrps/하-프스]) 하프
· Do you play the *harp*?
당신은 하프를 탈 줄 아십니까?

:harvest
[háːrvist/하-비스트]

명 (복수 *harvests* [háːrvists/하-비스츠]) 수확, 추수; 수확기, 보수
· a good[rich] *harvest* 풍작
· The *harvest* of one's mistakes.
실수의 대가

·has
[(강) hæz 해즈, (약) həz/허즈]

타 *have*(가지고 있다)의 3인칭 단수 현재 ~을 가지고 있다
· Jane *has* short ears and blue eyes.
제인은 짧은 귀와 푸른 눈을 가지고 있다.

haste
[heist/헤이스트]

명 급함; 성급함[조급함], 서두름 (《동》 hurry)
· Make *haste*, or you'll be late.
서둘러라, 그렇지 않으면 늦겠다.

:hat
[hæt/햇]

명 (복수 *hats* [hæts/해츠]) 모자
· This *hat* is too small for me.
이 모자는 나에게는 너무 작다.

hate
[heit/헤이트]

타 미워하다, 증오하다, 짜증나다. (《반》 love 사랑하다)
· He *hates* to study.
그는 공부를 싫어한다.
· Why do you *hate* her so much?

왜 너는 그 여자를 그렇게 미워하니?

·have
[(강) hæv/해브, (약) həv/허브]

타 (3단현 ***has*** [hæz/해즈], 과거・과거 분사 ***had*** [hæd/해드], 현재 분사 ***having*** [hǽviŋ/해빙])

타 ① 가지고 있다, 소유하고 있다
· The rabbit ***has*** long ears.
토끼는 귀가 길다.

타 ② ~이 있다
· How many brothers do you ***have***?
형제는 몇 명입니까?

타 ③ 먹다, 마시다
· We ***have*** breakfast at seven.
우리는 일곱시에 아침을 먹는다.

[인칭대명사와 heve동사]		
인칭＼수	단수	복수
1인칭	I have	We have
2인칭	You have	You have
3인칭	He, She, It has	They have

hawk
[hɔːk/호-크]

명 (복수 ***hawks*** [hɔːks/호-크스]) 매
· ***Hawks*** build nests.
매들이 보금자리를 짓는다.

:hay
[hei/헤이]

명 건초, 마초
· They cut long grass to make ***hay***.
그들은 건초를 만들기 위해 긴 풀을 벤다.

haze
[heiz/헤이즈]

명 아지랑이, 안개
· The hills were almost hidden by ***haze***.
언덕은 거의 안개에 싸여 있었다.

·he
[hiː/히-]

대 그는, 그가, 그 사람은
· ***He*** is a professional baseball player.
그는 프로야구 선수이다.

[he의 변화형]		
격＼수	단수	복수
주격	he 그는(가)	They 그들은
소유격	his 그의	Their 그들의
목적격	him 그를(에게)	Them 그들을

·head
[hed/헤드]

명 (복수 **heads** [hedz/헤즈])

명 ① 머리
· The ***head*** is the top part of the

body.
머리는 몸의 윗부분이다.
명 ② 우두머리, 장 ; 선두, 수석
· He is the *head* of our school.
그는 우리 학교 교장이시다.
명 ③ 두뇌
· He has a good *head*.
그는 머리가 좋다

:headache
[hédèik/헤데이크]
명 두통, 걱정[두통] 거리
· Do you have a *headache*?
너는 두통이 나니
· I have a bad *headache*.
나는 심한 두통이 난다.

health
[helθ/헬스]
명 건강, 위생. 치료력
· Jogging is good for the *health*.
조깅은 건강에 좋다.

· He is in good[poor] *health*.
그는 건강이 좋다[나쁘다].

healthy
[hélθi/헬시]
형 건강한; 건강상 좋은(《반》 ill, sick 아픈)
· It is *healthy* to eat fruit.
과일을 먹는 것은 건강에 좋다.
· Sang-mi is *healthy* now.
상미는 이제 건강하다.

·hear
[hiər/히어]
타 자 듣다, ~이 들리다
· She doesn't *hear* me.
그녀는 내 말을 듣지 못한다.

· Can all of you *hear*?
모두 들립니까?
《숙》 *hear of* ~의 소문을 듣다
《숙》 *hear about* ~에 관하여 듣다
《숙》 *hear from* ~에게서 듣다
《숙》 *hear say* 소문에 듣다

hearing
[híəriŋ/히어링]
명 청각, 청력, 듣기 ; 청취(력)
· a *hearing* test. 듣기 테스트.
· Her *hearing* is not very good.
그녀의 청력은 그다지 좋지 않다.

·heart
[hɑːrt/하-트]
명 (복수 *hearts* [hɑːrts/하-츠])
명 ① 심장, 마음
· My *heart* is beating.
나의 심장이 두근거리고 있다.
명 ② 중심, 핵심 ; 중심부

· The building is in the *heart* of the city.
그 건물은 시의 중심부에 있다.
명 ③ (트럼프의) 하트
《숙》 *at heart* 마음속은, 내심은,
《숙》 *know~by heart* ~을 외고있다
《숙》 *learn~by heart* ~을 암기하다

:heat
[hiːt/히-트]
명 열, 더위 ; 열기 (《반》 cold 추위)
· *Heat* makes you feel warm.
열은 당신이 따뜻하게 느끼도록 해 준다.
타 가열하다, 따뜻이 하다
· We *heated* some water.
우리는 물을 좀 데웠다.

:heaven
[hév(ə)n/헤번]
명 (복수 *heavens* [hév(ə)nz/헤번즈])
명 ① 하늘 (《동》 sky)
· The rainbow that bridges *heaven* is beautiful.
하늘에 다리를 놓는 무지개는 아름답다.

명 ② 천국 (《반》 hell 지옥)
· He is in *heaven*.
그는 천국에 있다(죽었다).

·heavy
[hévi/헤비]
형 ① 무거운(《반》 light 가벼운)
· This bag is too *heavy* for me.
이 가방은 나에겐 너무 무겁다.

형 ② 대량[다량]의
· His car is *heavy* on oil.
그의 자동차는 휘발유가 많이 든다.
형 ③ 격렬한, 세찬, 맹렬한
· We had a *heavy* rain last night.
어젯밤에 폭우가 내렸다.

height
[hait/하이트]
명 (복수 *heights* [haits/하이츠])
명 ① 높이, 키 ; 고도
· I measured my *height*.
나는 (나의) 키를 쟀다.
· That building is thirty meters in *height*.
저 건물의 높이는 30미터이다.
명 ② (보통 복수로 써서) 고지 (*the height*로) 절정, 한창인 때
· He returned at *the height* of the storm.
그는 한창 폭풍이 불 때 돌아왔다.

:held
[held/헬드]

hello

타 *hold* (붙들다, 잡다)의 과거·과거 분사
- He *held* me by the arm.
그는 내 팔을 붙잡았다.

·hello
[helóu/헬로우, həlóu/헐로우, hélou/헬로우]

감 이봐, 여보
- *Hello*, Dick!
안녕, 딕!
Hello, John! How are you?
안녕, 존! 별일 없지?

- *Hello*, this is Ann speaking.
여보세요. 저는 앤입니다.

·help
[help/헬프]

타 자 돕다 ; 도움이 되다
- *Help*! 도와주세요!
- I need your *help*.
당신의 도움이 필요합니다.
- Can you *help* me with my homework?
내 숙제 좀 도와줄 수 있니?

명 (복수 *helps* [helps/헬프스])원조, 도움, 조력,
- She cried for *help*.
그녀는 도움을 바라고 외쳤다.

《숙》 *help oneself to* ~을 마음대로 먹다[마시다]

《숙》 *May I help you?* 도와 드릴까요?

《숙》 *cannot help ~ing* ~하지 않을 수 없다

helper
[hélpər/헬퍼]

명 (복수 *helpers* [hélpərz/헬퍼즈])
조력자, 원조자 ; 조수
- She is my *helper*.
그녀는 내 조수다.

:hen
[hen/헨]

명 (복수 *hens* [henz/헨즈])암탉 (《반》 rooster 수탉)
- *Hens* lay eggs.
암탉은 알을 낳는다.

:her
[hə:r/허-]

대 ① (*she*의 소유격) 그녀의
- What's *her* name?
그녀의 이름은 무엇입니까?

대 ② (*she*의 목적격) 그녀를
- Did you see *her* yesterday?
너는 어제 그녀를 보았니?
- I gave *her* a fountain pen.
나는 그녀에게 만년필을 주었다.

·here
[hiər/히어]

부 ① 여기에, 여기서,(《반》 there 거기에(서))
- I live *here*.

나는 여기에 살고 있다.
· **Here** is the car.
여기에 차가 있다.
뷔 ② 자, 이봐, 여보게, 나좀봐
· **Here** we are at our house.
자, 집에 다 왔다.
· **Here** comes the bus.
자, 버스가 왔다.
뷔 ③ (출석을 부를 때) 네
"Jane!" "**Here**!"
「제인」「네」
《숙》 ***here and there*** 여기저기
《숙》 ***here you are***. 여기 있다
《숙》 ***here it is***. 자, 여기 있다

:hero
[híː rou/히(-)로우]
명 (복수 ***heroes*** [híː rouz/히(-)로우즈]) 영웅
· He is a national ***hero***.
그는 국민적 영웅이다.

·hers
[həːrz/허-즈]
대 (복수 ***theirs*** [ðɛərz/데어즈])
(***she***의 소유 대명사) 그녀의 것
· My shoes are black and ***hers*** are white.
내 신발은 검은 색이고 그녀의 것은 하얀 색이다.

· This handbag is ***hers***.
이 핸드백은 그녀의 것이다.

·herself
[həːrsélf/허-셀프]
대 (복수 ***themselves*** [ð(ə)msélvz/덤셀브즈])
대 ① (강조 용법) 그녀 자신
· She ***herself*** came to see me.
그녀 자신이 나를 만나러 왔다.
대 ② (재귀 용법) 그녀 자신을[의]
· She looked at ***herself*** in the mirror.
그녀는 자신의 모습을 거울에 비추어 보았다.
《숙》 ***by herself*** 그녀 혼자서
《숙》 ***for herself*** 그녀 자신을 위한

hi
[hai/하이] (***high***와 같은 발음)
감 야아(주의를 끄는 말); 안녕(하세요)
A : ***Hi*** Cloudy!
안녕, 클라우디!
B : ***Hi***, Susan!
안녕, 수잔!
A : Long time no see. How have you been?
오랜만이구나! 어떻게 지냈니?
B : Fine, thank you.
잘 지냈어. 고마워.

:hide
[haid/하이드]

타 **자** (3단현 *hides* [haidz/하이즈], 과거형 *hid* [hid/히드], 과거분사 *hidden* [hídn/히든]또는 *h-id* [hid/히드], 현재 분사 *hiding* [háidiŋ/하이딩])

타 감추다, 숨기다, 덮어 가리다
- Where did you *hide* the money?
  너는 돈을 어디에 감추었니?

자 숨다
- He is *hiding* under the table.
  그는 테이블 밑에 숨어 있다.

hide-and-seek
[háidnsí:k/하이든시-크]

명 숨바꼭질
- Let's play *hide-and-seek*.
  숨바꼭질하자.

·high
[hai/하이]

형 (비교급 *higher* [háiər/하이어], 최상급 *highest* [háiist/하이이스트]) 높은 (《반》 low 낮은)
- How *high* is the building?
  그 건물 높이는 얼마나 됩니까?

부 높이, 높게
- A bird is flying very *high*.
  한 마리의 새가 아주 높이 날고 있다.

highly
[háili/하일리]

부 높이, 대단히, 고도로, 세게
- The stone is *highly* valuable.
  그 돌은 대단히 값어치가 있다.
- I value it *highly*.
  나는 그것을 높이 평가한다.

high school
[hái skù:l/하이 스쿨-]

명 (복수 *high schools* [hái skù:lz/하이 스쿨-즈]) 《미》 하이 스쿨, 고등학교
- His sister is a (senior) *high school* student.
  그의 누나는 고등학생이다.

- a junior *high school*
  중학교 (7학년~9학년)
- a (senior) *high school*
  고등학교 (10학년~12학년)

highway
[háiwèi/하이웨이]

명 (복수 *highways* [háiwèiz/하이웨이즈]) 공도, 간선도로, 큰길
- Cars moved very fast on the *highway*.
  간선 도로에서 차들은 매우 빨

리 달렸다.

> ☞『*highway*』는 우리나라의 『국도』에 해당 한다. 실제 우리가 말하는 『고속도로』는 《미》에서는 『*expressway*』, 『*freeway*』《영》 motorway라함

hike
[haik/하이크]
명 (복수 *hikes* [haiks/하이크스]) 도보 여행, 하이킹
· They went on a *hike* in the woods.
그들은 숲으로 하이킹을 갔다.
· Let's go *hiking* in the country.
우리 시골로 하이킹 가자.

:hiking
[háikiŋ/하이킹]
명 (복수 *hikings* [háikiŋz/하이킹즈]) 하이킹, 도보 여행
· Let's go *hiking* next Sunday.
다음 일요일에 하이킹 가자.
· They went *hiking* last Sunday.
그들은 지난 일요일에 하이킹을 갔다.

·hill
[hil/힐]
명 (복수 *hills* [hilz/힐즈])작은 산, 언덕 ; 고개, 고갯길, 고개마루
· We climbed a *hill*.
우리는 언덕에 올라갔다.
· There are many *hills* around here.
이 주변에는 언덕이 많다.

·hillside
[hílsàid/힐사이드]
명 (복수 *hillsides* [hílsàidz/힐사이즈]) 언덕의 중턱
· I climbed a steep *hillside*.
나는 가파른 언덕의 중턱에 올라갔다.

·him
[him/힘]
대 (복수 *them* [ðem/뎀])(*he*의 목적격) 그를, 그에게
· Do you know *him*?
너는 그를 알고 있니?
· I gave *him* a dictionary.
나는 그에게 사전을 주었다.

·himself
[himsélf/힘셀프]
대 (복수 *themselves* [ð(ə)msélvz/덤셀브즈])
대 ① (강조 용법) 그 자신(이)
· He *himself* came to see me.
그는 그 자신 나를 만나러 왔다.
대 ② (재귀 용법) 그 자신을
· He likes to talk about *himself*.
그는 자기의 일을 이야기하기 좋아한다.
《숙》 *by himself* 그 혼자서
《숙》 *for himself* 그 혼자힘으로
《숙》 *beside himself* 정신을 잃고

hind
[haind/하인드]
형 후부의, 후방의
· The hunter shot the deer in one of the *hind* legs.
사냥꾼은 그 사슴의 뒷다리중 하나를 쏘았다.

hint
[hint/힌트]
명 (복수 *hints* [hints/힌츠])암시, 힌트,
· He gave me a *hint* but I did not get it.
그가 내게 힌트를 주었으나 나는 그것을 몰랐다.

hippopotamus
[hìpəpátəməs/힙퍼파러므어스]
명 하마
☞ 보통 *hippo*라고 줄여 쓴다.
· Have you ever seen *hippopotamus*?
너는 하마를 본 적이 있느냐?

hire
[haiər/하이어]
명 고용 ; 임차 ; 세, 사용료, 임대료
· This boat is for *hire*.
이 보트는 세놓습니다.
타 고용하다, 세내다, 임대하다
· He *hired* an engineer for the plan.
그는 그 계획때문에 기술자를 고용했다.

·his
[hiz/히즈]
대 ①(복수*their* [ðɛər/데어])(*he*의 소유격) 그의, 그의것
· *His* name is Joe.
그의 이름은 조입니다.
· *His* father is a clerk.
그의 아버지는 점원이시다.

대 ② (복수 *theirs* [ðɛərz/데어즈])(*he* 의 소유 대명사) 그의 것
· This bicycle is *his*, not mine.
이 자전거는 내 것이 아나라 그의 것이다.
· My hat is red, and *his* is blue.
나의 모자는 빨간 색이고 그의 것은 파란 색이다.

·history
[hístəri/히스터리]
명 (복수 *histories* [hístəriz/히스터리즈])
명 ① 역사
· This book is about the *history* of America.
이 책은 미국 역사에 관한 책이다.

명 ② 경력 ; (사물의) 유래
· She gave us a short ***history*** of her life.
그녀는 우리들에게 자신의 간단한 경력을 말했다.

:hit
[hit/힛]
타 자 때리다, 치다 ; ~에 부딪다
· He ***hit*** a double.
그는 2루타를 쳤다.

· He ***hit*** me on the head.
그는 나의 머리를 때렸다.
I ***hit on*** a good idea.
나는 좋은 생각이 떠올랐다.
명 (복수 ***hits*** [hits/히츠]) 타격 적중; 성공, 히트 안타
· He scored a ***hit*** on the man's face.
그는 그 남자의 얼굴을 때렸다.

:hobby
[hábi/하비]
명 (복수 ***hobbies*** [hábiz/하비즈]) 취미 ; 장기
· What is your ***hobby***?
너의 취미는 무엇이니?
· His ***hobby*** is collecting CD's.
그의 취미는 콤팩트 디스크 모으는 것이다.

hockey
[háki/하키]
명 하키
· We play ***hockey*** with a club.
우리는 타봉으로 하키를 한다.

hoe
[hou/호우]
명 (복수 ***hoes*** [houz/호우즈])(자루가 긴) 괭이

·hold
[hould/호울드]
타 (3단현 ***holds*** [houldz/호울즈] 과거·과거 분사 ***held*** [held/헬드], 현재 분사 ***holding*** [hóuldiŋ/호울딩])
타 ① (손에) 쥐고[들고] 있다, 잡다
· Please ***hold*** this rope.
이 밧줄을 잡으십시오.
· He ***held*** her hand tightly.
그는 그녀의 손을 꼭 잡았다.

타 ② 계속 유지하디, 계속하다
· ***Hold*** the line.
(전화에서) 끊지 말아 주십시오.
타 ③ 열다, 개최하다
· The meeting was ***held*** yesterday.
회합은 어제 열렸다.
《숙》 ***hold on*** 《구어》 기다려

《숙》 **hold out** (손 따위를) 내밀다
She **held out** her hand.
그녀는 손을 내밀었다.
《숙》 **hold up** ~을 들어 올리다

:hole
[houl/호울]
몡 (복수 **holes** [houlz / 호울즈])
구멍, 구덩이 ; 함정
· There is a **hole** in your sock.
너의 양말에 구멍이 났다.
· The mouse has passed through the **hole**.
쥐가 그 구멍으로 지나갔다.
《숙》 **like a rat in a hole** 독안에 든 쥐처럼

·holiday
[hálədei/할러데이]
몡 (복수 **holidays** [hálədeiz/할러데이즈]
몡 ① 휴일
· Sunday is a **holiday**.
일요일은 휴일이다.
· We spent our **holiday** at the seashore.
우리 휴일을 바닷가에서 보냈다.

몡 ② (복수로 써서) 휴가
· The summer **holidays** are over.
여름 휴가는 끝났다.

·home
[houm/호움]
몡 (복수 **homes** [houmz/호움즈])
몡 ① 집, 가정 ; 자택
· This is my **home**.
이것이 나의 집이다.
· There is nothing like **home**.
내집보다 나은 곳은 없다.
몡 ② 고향, 본국
· Seoul is my **home**.
서울은 내 고향이다.
《숙》 **at home** 집에 있어
Is she **at home** now?
그녀는 지금 집에 있습니까?
형 가정의, 고향의, 본국의
· **home** life 가정 생활
· **home** cooking 가정 요리
부 자기 집으로[에] ; 고국으로[에]
· I came **home** by bus yesterday.
나는 어제 버스로 집에 돌아왔다.

homesick
[hóumsìk/호움식]
형 향수병에 걸린
· She got **homesick** at first.
그녀는 처음에 향수병에 걸렸다.

hometown
[hóumtáun/호움타운]
몡 (복수 **hometowns** [hóumtáunz/호움타운즈]) 고향(의 도시)
· My **hometown** is Ansan City.
내 고향은 안산시다.

:homework
[hóumwə̀ːrk/호움워-크]
몡 숙제 (《동》 home task)
· Have you finished your **home-**

work?
너는 숙제를 끝마쳤니?
· Teachers give us a lot of *homework*.
선생님들께서 우리들에게 숙제를 많이 내주신다.

:honest
[ánist/아니스트] (※발음주의)
형 정직한, 성실한 (《반》 dishonest 부정직한)
· He is an *honest* man.
그는 정직한 사람이다.

honesty
[ánisti/아니스티] (※발음주의)
명 정직, 성실
· *Honesty* is one of the most important things in the world.
정직은 이 세상에서 가장 중요한 것중의 하나다.

honey
[háni/허니]
명 벌꿀 ; 여보, 당신
· Bees gather *honey* from flowers.
꿀벌은 꽃에서 꿀을 모은다.
· *Honey*! I'm home!
여보! 나 다녀왔소!
· My *Honey*! 애들아.

honeybee
[hánibì:/허니비-]
명 (복수 *honeybees* [hánibì:/허니비-즈]) 꿀벌
· *Honeybees* gather honey from the flowers.
꿀벌은 꽃에서 꿀을 따서 모은다.

hook
[huk/훅]
명 (복수 *hooks* [huks/훅스]) 고리 갈고리, 훅 ; 걸쇠 ; 낚싯바늘
· a clothes *hook* 양복걸이
· a hat *hook* 모자걸이
· Hang your coat on that *hook*.
너의 코트를 저 옷걸이에 걸어라.
· We catch fish with a fish *hook*.
우리는 낚싯바늘로 고기를 잡는다.
타 갈고리로 걸다 ; 낚시로 낚다
· She *hooked* up her skirt.
그녀는 스커트의 훅을 채웠다.

:hop
[hɑp/합]
자 뛰다, 깡충 뛰다, 뛰어다니다.
· Kangaroos are *hopping*.
캥거루들이 깡충깡충 뛰고 있다.

명 (복수 *hops* [hɑps/합스])
한 발로 뛰기, 깡충깡충 뛰어다니기

hope

· He won the first prize in the *hop*, step, and jump.
그는 세단 뛰기에서 1등상을 탔다.

·hope
[houp/호우프]
타 자 바라다 ; 희망을 갖다
· Can you meet her again?
네가 그녀를 다시 만날 수 있을까?
· I *hope* so.
그렇게 되길 바래.
명 희망, 기대, 가망
· Don't lose *hope*.
희망을 버리지 말아라.
· His words gave me *hope*.
그의 말은 나에 희망을 주었다.

horn
[hɔːrn/혼-]
명 (복수 *horns* [hɔːrnz/혼-즈])뿔
뿔제품 ; 뿔피리 ; 호른(악기)
· Bulls have *horns*.
황소는 뿔을 가지고 있다.
· Ted is blowing his *horn*.
테드는 그의 나팔을 불고 있다.

·horse
[hɔːrs/호-스]
명 (복수 *horses* [hɔːrsiz/호-시즈])
말, 목마
· *Horses* can run very fast.
말은 매우 빨리 달릴 수 있다

생후 1년이 안 된 새끼말은 『*foal* [foul/포울]』, 즉 『망아지』다.『수컷 망아지』는 『*colt* [koult/코울(트)]』,『암컷 망아지』는 『*filly* [fíli/피리]』라고 한다. 또 다 자란 어른말의 『수컷』은 『*stallion* [stǽljən/스때(을)리언]』,『암컷』은 『*mare* [mɛər/메여(어)]』라고 부른다.

·hose
[houz/호우즈] (※발음 주의)
명 호스
· It is a garden *hose*.
그것은 정원용 호스이다.

·hospital
[háspitl/하스피틀]
명 (복수 *hospitals* [háspitlz/하스피틀즈]) 병원
· His sister is a *hospital* nurse.
그의 누이는 병원 간호사다.

《숙》 *be in (the) hospital*. 입원해 있다.
· He *is* still *in (the) hopitai*.
그는 아직도 입원중이다.
《숙》 *enter (the) hospital*. 입원하다.
《숙》 *leave (the) hospital*. 퇴원하다.

hot
[hɑt/핫]
형 (비교급 *hotter* [hɑ́tər/하터], 최상급 *hottest* [hɑ́tist/하티스트])

형 ① 뜨거운, 더운 (《반》 cold 추운)
· Can you give me some *hot* tea?
뜨거운 차 좀 갖다 주실래요?
· It is getting *hotter*.
날씨가 점점 더워지고 있어요.

형 ② (맛이) 매운, 얼얼한
· This Kimchi is very *hot*.
이 김치는 아주 맵다.

hot dog
[hɑ́t dɔ̀ːg/핫 도-그]
명 (복수 *hot dogs* [hɑ́t dɔ̀ːgz/핫 도-그즈]) 핫 도그
· I like *hot dogs*.
나는 핫도그를 좋아한다.

hotel
[ho(u)tél/호(우)텔] (※발음주의)
명 호텔, 여관
· They stayed at a *hotel*.
그들은 호텔에 머물렀다.

hour
[auər/아우어]
명 (복수 *hours* [auərz/아우어즈])
명 ① 시간
· One *hour* has sixty minutes.
한 시간은 60분이다.

명 ② 시각
· She came to see me at an early *hour*.
그녀는 이른 시각에 나를 만나러 왔다.

《숙》 *by the hour* 시간제로

house
[haus/하우스]
명 (복수 *houses* [háuziz/하우지즈])
집, 주택, 가옥
· This is the *house* I live in.
이곳이 내가 살고 있는 집이다.

how
[hau/하우]
부 ① 어떻게, 어떤 방법으로, 어떤
· *How* did you do it?
너는 어떻게 그것을 했니?
· *How* do you do?
처음 뵙겠습니다.

부 ② (형용사·부사를 수반하여) 얼마만큼, 얼마나
· *How* much did you pay for it?
너는 그것을 얼마에 샀니?
· *How* old are you?
너는 몇 살이니?

부 ③ 어떤 상태로 (형편에)

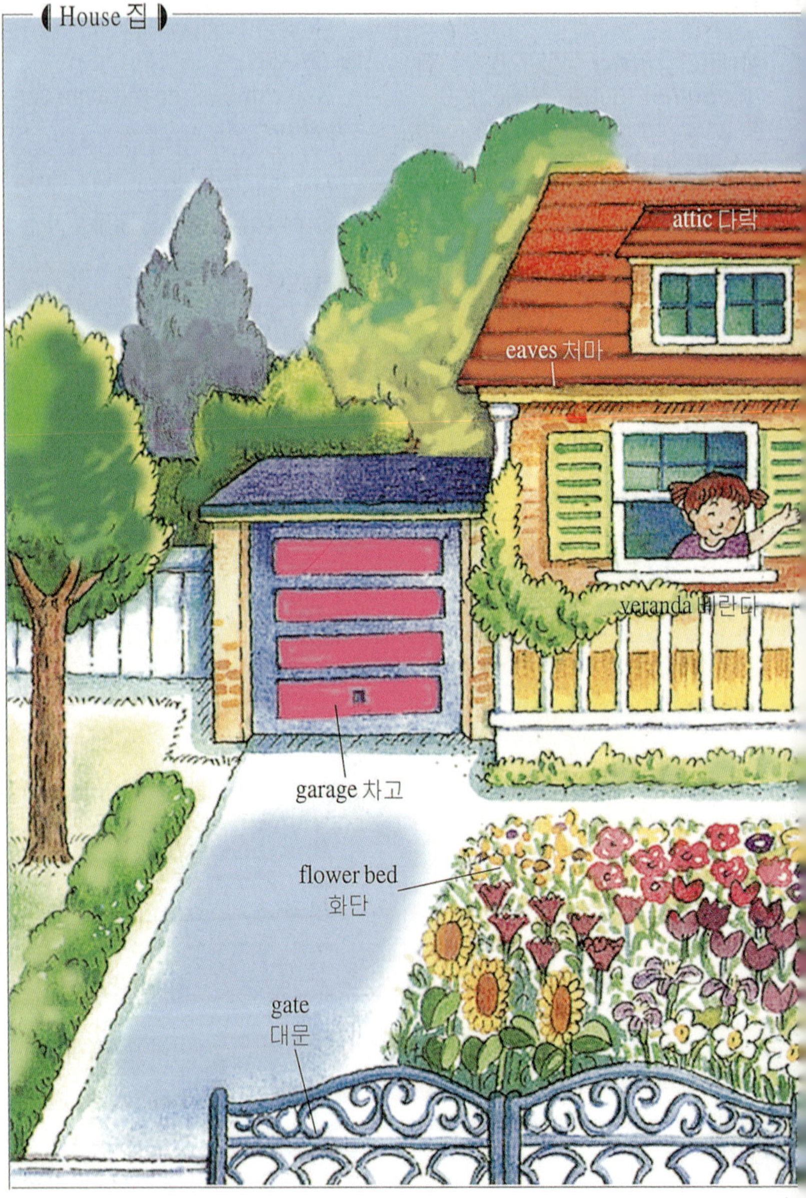
《 House 집 》
attic 다락
eaves 처마
veranda 베란다
garage 차고
flower bed
화단
gate
대문

H

· ***How*** is your mother ?
어머니는 어떠십니까?

[튀] ④ (감탄문에서) ~할까(일까)
· ***How*** beautiful it is !
정말 예쁘기도 하구나 !

《숙》 ***How about*** ? ~ ~하는 것이 어떠냐

hug
[hʌg/허그]

[타][자] (3단현 ***hugs*** [hʌgz/허그즈], 과거·과거 분사 ***hugged*** [hʌgd/허그드], 현재 분사 ***hugging*** [hʌ́giŋ/허깅]) 꼭 껴안다, ~을 고집하다
· The girl was ***hugging*** her doll.
그 소녀는 인형을 꼭 껴안고 있었다.

huge
[hju:dʒ/휴-지]

[형] 거대한 (《반》 tiny 아주작은)
· London is a ***huge*** city.
런던은 거대한 도시다.
· That ***huge*** building is used as a museum now.
저 큰 건물은 이제 박물관으로 사용된다.

human
[hjú:mən/휴-먼]

[형] 인간의, 인간적인
· He has no ***human*** feelings.
그에게는 인간다운 감정이란 없다.

[명] 인간, 인류
· The history of ***humans*** is not long.
인류의 역사는 그리 오래되지 않았다.

humble
[hʌ́mbl/험블]

[형] ① 겸손한, 조심성 있는
· He is ***humble*** toward everybody.
그는 누구에게나 겸손하다.

[형] ② (신분따위가) 천한, 비천한
· She lived in a ***humble*** cottage.
그녀는 초라한 집에서 살았다.

humo(u)r
[hjú:mər/휴-머, 유-머]

[명] ① 유머, 익살
· He has a sense of ***humor***.
그는 유머 감각이 있다.

· He is a man without ***humor***.
그는 유머를 모르는 사람이다.

[명] ② (일시적인) 기분, 기질
· I am in no ***humor*** for reading now.

나는 지금 책을 읽을 기분이 나지 않는다.

hundred
[hʌ́ndrəd/헌드러드]
명 (복수 **hundreds** [hʌ́ndrədz/헌드러즈]) 백[100], 백[100]의
· My grandfather lived to be a *hundred*.
나의 할아버지는 100살까지 사셨다.
《숙》 *hundreds of*~ 수백의
형 100의, 100개의, 100명(살)의
· There are about two *hundred* boys here.
여기에 약 200명의 소년이 있다.

hundredth
[hʌ́ndrədθ/헌드러드스]
명 100번째, 100분의1
· seven *hundredths*. 100분의7.
형 100번째의, 100분의1의

hunger
[hʌ́ŋɡər/헝거]
명 ① 공복, 배고픔, 굶주림
· I felt *hunger*.
나는 배가 고팠다.
· They died of *hunger*.
그들은 굶어 죽었다.
명 ② 갈망, 열망
· He had a *hunger* for fame.
그는 명예를 갈망했다.

:hungry
[hʌ́ŋɡri/헝그리]
형 ① 배고픈, 굶주린
· Are you *hungry*?
배 고프니?」
· Yes. Let's go eat pizza.
응. 우리 핏자 먹으러 가자.
형 ② 갈망하는, 몹시 원하는
· He felt *hungry* for affection.
그는 애정을 갈망했다.

hunt
[hʌnt/헌트]
타 자 ① 사냥하다, 수렵하다.
· They went *hunting*.
그들은 사냥하러 갔다.
타 자 ② (for와 함께 쓰여) 찾다.
· All the summer, ants *hunt* for food.
개미는 여름 내내 먹이를 찾아다닌다.

:hunter
[hʌ́ntər/헌터]
명 (복수 **hunters** [hʌ́ntərz/헌터즈]) 사냥꾼, 수렵가, 탐구자
· My grandfather is a great *hunter*.
나의 할아버지는 멋진 사냥꾼이시다.

hurrah
[hərɔ́ː/허로-]
감 만세
· *Hurrah*! we've won!
만세! 이겼다!

hurry
[hÁri/허리]
자 타 서두르다, 서두르게 하다
- Don't *hurry*. 서두르지 마라.
- I *hurried* to the bus stop.
  나는 버스 정류장으로 서둘러 갔다.
- They *hurried* away.
  그들은 서둘러 떠났다.

《숙》 *hurry up* 서두르다,
- *Hurry up*! 서둘러라!

명 매우 급함, 허둥지둥 서두름,
- What's your *hurry*?
  어째서 그리 서두르니?

《숙》 *in a hurry* 급히, 서둘러
- I am *in a hurry* to go.
  나는 급히 가야 한다.

:hurt
[həːrt/허-트]
타 상처내다, ~을 다치게 하다
- She *hurt* her knee when she fell.
  그녀는 넘어져서 무릎에 상처를 냈다.

자 고통을 주다, 아프다.
- My left arm still *hurts*.
  내 왼팔은 아직 아프다.

《숙》 *get hurt* 다치다, 부상하다
명 (복수 *hurts* [həːrts/허-츠]) 상처, (정신적) 고통

- She had a slight *hurt* on the arm,
  그녀는 팔에 가벼운 상처를 입다.

husband
[hÁzbənd/허즈번드]
명 (복수 *husbands* [hÁzbəndz/허즈번즈]) 남편(《반》 wife 아내)
- My father is my mother's *husband*.
  나의 아버지는 어머니의 남편이다.
- We are *husband* and wife.
  우리는 부부입니다.

:hut
[hʌt/헛]
명 오두막, (군대의) 임시 막사
- He lived alone in this *hut*.
  그는 이 오두막에서 혼자 살았습니다.

:hydrant
[háidrənt/하이드런트]
명 (복수 *hydrant* [háidrənts하이드런츠] 급수전, 수도전,
- I noticed *hydrant* at first sight?
  나는 첫눈에 급수전을 알았다

I, i
[ai/아이]
알파벳의 아홉 번째 문자

I
[ai/아이]
때 (복수 *we* [wiː/위-])나는, 내가
《참고》my 나의.
· *I* am a student.
나는 학생이다.
· *I* usually get up at 7 o'clock in the morning.
나는 보통 아침 7시에 일어난다.

> 『I』는 항상 대문자로 쓰며 다른 명사나 대명사와 나란히 함께 사용하는 경우엔 반드시 뒤에 위치한다.
>
> · She and *I* are good friends.
> 그녀와 나는 좋은 친구이다.

《I의 변화형》

격＼수	단수	복수
주격	I 나는[내가]	we 우리는
소유격	my 나의	our 우리들의
목적격	me 나를(에게)	us 우리들을

ice
[ais/아이스]
명 (복수 *ices* [áisiz/아이시즈])
명 ① 얼음, 빙판.
· He likes to skate on the *ice*.
그는 빙판 위에서 스케이트 타기를 좋아한다.
명 ② (미)빙과, (영)아이스크림
· Two *ices*, please.
아이스크림 두 개 주세요.

iceberg
[áisbəːrg/아이스버-그]
명 (복수 *icebergs* [áisbəːrgz/아이스버-그즈]) 빙산
· What a big *iceberg* that is!
저건 굉장히 큰 빙산이구나!

ice cream

[áis krìːm/아이스 크림-]
명 (복수 *ice creams* [áis krìːmz/아이스 크림-즈])아이스크림
· What flavor of *ice cream* do you like?
너 어떤 아이스크림을 좋아하니?
· I like vanilla.
나는 바닐라를 좋아해.

ice hockey

[áis hàki/아이스 하키]
명 아이스 하키
· We won the *ice hockey* game 3 to 1.
우리는 그 아이스 하키 시합을 3대1로 이겼다.

I'd

[aid/아이드]
*I would, I should, I had*의 단축형
· *I'd* like to read the book.
나는 그 책을 읽고 싶다.

·idea

[aidíːə/아이디-어]
명 (복수 *ideas* [aidíːəz/아이디-어즈]) 생각, 착상, 아이디어, 의견
· That's a good *idea*.
그것 참 좋은 생각이야.
· I have no *idea* of it.
나는 그것을 전혀 모른다.

:idle

[áidl/아이들]
형 ① 게으른, (《동》 lazy)
· Tom is an *idle* boy.
톰은 게으른 소년이다.
형 ② (사람 따위가) 한가한
· I have many *idle* hours in the office.
나는 회사에서 한가한 시간이 많다.
타 자 빈둥거리며 보내다
· She *idled* away the whole afternoon.
그녀는 오후 내내 빈둥 거리며 보냈다.

idleness

[áidlnis/아이들리스]
명 나태, 무위, 무익.
· He lives in *idleness*.
그는 빈둥빈둥 지내고 있다.

·if

[if/이프]
명 만일, ~이라면.
· *If* you start now, you can catch the train.
지금 출발하면 너는 그 기차를 탈 수 있다.
《숙》 *as if* 마치, ~처럼.
· He speaks English well *as if* he were American.
그는 마치 미국 사람처럼 영어를 잘한다.
《숙》 *if necessary* 필요하다면

《숙》 *if possible* 될 수 있으면

ill
[il/일]

형 (비교급 *worse* [wəːrs/워-스], 최상급 *worst* [wəːrst/워-스트])

형 ① 병든, 건강이 나쁜, 위독한 (《반》 well 건강한)
· His mother is *ill* in bed now.
  그의 어머니는 지금 병석에 누워 계신다.

형 ② (기분이) 나쁜, 불길한
· I feel *ill*. I think I've got a cold.
  나는 기분이 나빠. 감기 든 것 같아.

["*ill*" 과 "*sick*"]
둘 다 『병든』이라는 뜻으로 사용되지만, 보통 미국에서는 『sick』를 쓰고, 영국에서는 『ill』를 쓴다. 단, 명사 앞에 올 때에는 〈미·영〉 모두 『sick』를 쓴다는 점을 알아두자.
예) He is an *ill* boy. (X)
    He a sick boy. (O)
    그는 병든 소년이다.

I'll
[ail/아이어]

(" *I will*.", "*I shall*." 의 줄임말)
나는 ~할 것이다. ~일 것이다.
· *I'll* [=*I will*] finish my homework tonight.
  나는 오늘 밤 숙제를 끝마친다.

· *I'll* [=*I shall*] return.
  나는 꼭 돌아올 것이다.

illness
[ílnis/일니스]

명 병 (《동》 sickness, 《반》 health 건강)
· He had a bad *illness*.
  그는 지독한 병에 걸렸다.
· My mother has recovered from her *illness*.
  나의 어머니는 병이 완쾌되셨다.

I'm
[aim/아임]

("*I am*"의 줄임말) 나는 ~이다. [있다]
· *I'm* eleven (years old). *I'm* in the 4th grade.
  나는 11살이다. 나는 4학년이다.

image
[ímidʒ/이미지]

명 (복수 *images* [ímidʒiz/이미지즈]) (그림이나 조각의) 상, 모습, 꼭 닮음, (마음속의) 영상
· He is the *image* of his father.
  그는 아버지를 꼭 닮았다.

imagine
[imǽdʒin/이매진]
타 자 ① 상상하다, 마음에 그리다.
· He *imagined* himself a pilot.
  그는 자기가 조종사라고 상상했다.

타 자 ② 추측하다, 생각하다.
· I can't *imagine* who she is.
  나는 그녀가 누군지 짐작이 안 간다.

imitation
[ímitèiʃ(ə)n/이미테이션]
명 모방, 흉내, 모조품
· Her ring was an *imitation*.
  그녀의 반지는 모조품이었다.

import
[impɔ́ːrt/임포-트] (※발음 주의)
타 수입하다《반》export 수출하다)
· Korea has to *import* oil from abroad.
  한국은 석유를 외국에서 수입하지 않으면 안된다.
명 [ímpɔːrt/임포-트] (※발음 주의)
(복수 *imports* [ímpɔːrts/임포-츠])
수입,(보통 복수로 써서) 수입품
· Coffee is one of food *imports*.
  커피는 수입 식품중의 하나다.
· *imported* goods 수입품

importance
[impɔ́ːrt(ə)ns/임포-턴스]
명 중요성, 중대성, 주요한 지위.
· It is a matter of great *importance*.
  그것은 대단히 중요한 일이다.
· It is of no *importance*.
  그것은 중요하지 않다.

·important
[impɔ́ːrt(ə)nt/임포-턴트]
형 (비교급 *more important*, 최상급 the *most important*) 중요한, 의의 있는, 유력한.
· It is very *important* to him.
  그것은 그에게 대단히 중요하다.

impossible
[impásəbl/임파써블[브어]]
형 불가능한,《반》possible 가능한)
· That's *impossible*.
  그것은 불가능하다.
· It is an *impossible* story.
  그것은 있을 수 없는 이야기다.

impulse
[ímpʌls/임펄스]
명 (복수 *impulses* [ímpʌlsiz/임펄시즈]) (마음의) 충동, 추진(력).
· I felt an *impulse* to cry out.
  나는 큰소리로 외치고 싶은 충동을 느꼈다.

·in
[in/인]
전 ① (장소·위치)~안에(서)
· The blue bird is *in* the cage.
  파랑새가 새장 안에 있다.

전 ② (시간을 나타내어) ~에
· Our school begins *in* March.
학교는 3월에 시작한다.
전 ③ ~을 입고, ~을 몸에 걸치고
· Sarah was dressed *in* white.
사라는 흰 옷을 입고 있었다.
《숙》*in fact* 사실은
She is clever, *in fact*.
사실 그녀는 영리하다.

《숙》*in front of* ~의 앞에
부 안에, 안으로, 집안에. 집안의 (《반》out 밖에)
· Come *in*. 들어 오십시오.
· Is your father *in* ?
아버지께서는 집에 계시니 ?

:inch
[intʃ/인치]
명 (복수 *inches* [intʃiz/인치즈])
인치, 신장, (길이,단위,약 2.5cm)
· He is five feet four *inches* tall.
그는 키가 5피트 4인치다.

income
[ínkʌm/인컴]
명 (복수 *incomes* [ínkʌmz/인컴즈]) 수입, 소득
· The couple live on a small *income*.
그 부부는 적은 수입으로 생활하고 있다.

increase
[inkríːs/인크리-스] (※발음 주의)
타 자 증가하다. (《반》decrease 줄어들다)
· Traffic accidents are *increasing* in number.
교통 사고의 건수가 증가하고 있다.
· His weight has *increased* three pounds.
그의 몸무게가 3파운드 늘었다.

명 [ínkriːs/인크리-스] (※발음주의)
(복수 *increases* [ínkriːsiz/인크리-시즈]) 증가, 증대, 증진

indeed
[indíːd/인디잇]
부 정말로, 참으로, 정말로
· It is very cold *indeed*.
정말로 지독한 추위군요.
· Thank you very much *indeed*.
참으로 감사합니다.

:India
[índiə/인디어]
명 인도 (《참고》*Indian* 인도의)
· He lives in *India*.

그는 인도에 살고 있다.

indirect
[indirékt/인디렉트]
형 (비교급 *more indirect*, 최상급 the *most indirect*) 간접의, 에두른.
· We took the *indirect* route to the coast.
우리는 바닷가로 가는 우회로를 택했다.

:indoor
[índɔ̀ːr/인도-]
형 실내의 (《반》 outdoor 야외의)
· Ping-pong is an *indoor* game.
탁구는 실내 경기다.

industry
[índəstri/인더스트리]
명 (복수 *industries* [índəstriz/인더스트리즈])
명 ① 산업, 공업
· What are the chief *industries* of your country?
당신의 나라의 주요 산업은 무엇입니까?
명 ② 근면, 노력
· You cannot succeed without *industry*.
부지런하지 않으면 성공할 수 없다.

infant
[ínfənt/인펀트]
명 (복수 *infants* [ínfənts/인펀츠]) (7세 미만의) 유아(용), 초기
형 유아(용)의, 초기의
· *infant* food. 유아용 식품.

inform
[infɔ́ːrm/인폼-]
타 ~에게 알리다, ~에게 고하다
· I *informed* him of her success.
나는 그에게 그녀의 성공을 알렸다.

:information
[ìnfərméiʃ(ə)n/인퍼메이션]
명 (복수 *informations* [ìnfərméiʃ(ə)nz/인퍼메이션즈])정보, 지식, 안내처
· We got the *information* from her.
우리는 그녀로부터 그 정보를 얻었다.
· Where is the *information* desk?
안내계가 어디에 있습니까?

injection
[indʒékʃ(ə)n/인젝션]
명 (복수 *injections* [indʒékʃ(ə)-nz/인젝션즈]) 주사(액), 주입.
· I had an *injection*.
나는 주사를 맞았다.

·ink
[iŋk/잉크]
명 잉크
· a bottle of *ink*. 잉크 한 병.
· This fountain pen has *ink* in it.

이 만년필에는 잉크가 있다.

innocent
[ínəsnt/이너슨트]
[형] ① 결백한, 무죄의
· Everybody believed that he was *innocent*.
모든 사람은 그가 결백 하다고 믿었다.
[형] ② 순진한, 천진난만한

inquire
[inkwáiər/인콰이어]
[타][자] 묻다, 문의하다.
· He *inquired* the way to the station.
그는 역으로 가는 길을 물었다.

:insect
[ínsekt/인섹트] (※발음 주의)
[명] (복수 *insects* [ínsekts/인섹츠]) 곤충
· I colleet *insects*.
나는 곤충 채집을 하고 있다.

:inside
[insáid/인사이드]
[명] 내부, 안쪽 (《반》 *outside* 외부)
· I want to see the *inside* of the house.
나는 그 집의 내부를 보고 싶다.
[부] 내부에(로), 안쪽에(으로)
· Go *inside*. 안으로 들어가거라.
· There is nothing *inside*.
안에는 아무것도 없다.
[형] 안쪽의, 내면의, 내부의
· an *inside* pocket. 안주머니.
[전] ~의 안쪽에, 내부에
· There is a bird *inside* the cage.
새장 안에 새가 한 마리 있다.

inspect
[inspékt/인스펙트]
[타] ① 조사(검사, 점검)하다
· The man *inspected* the building site.
그 사람은 그 건축 부지를 조사 했다.
[타] ② 시찰(견학)하다, 검열하다
· They came to *inspect* our school.
그들은 우리 학교를 시찰하러 왔다.

instance
[ínstəns/인스턴스]
[명] 실례, 사례, 예증, 사실, 경우.
· He gave several *instances*.
그는 몇 가지 실례를 들었다.
《숙》 *for instance*. 예를 들면.

Insects 곤충

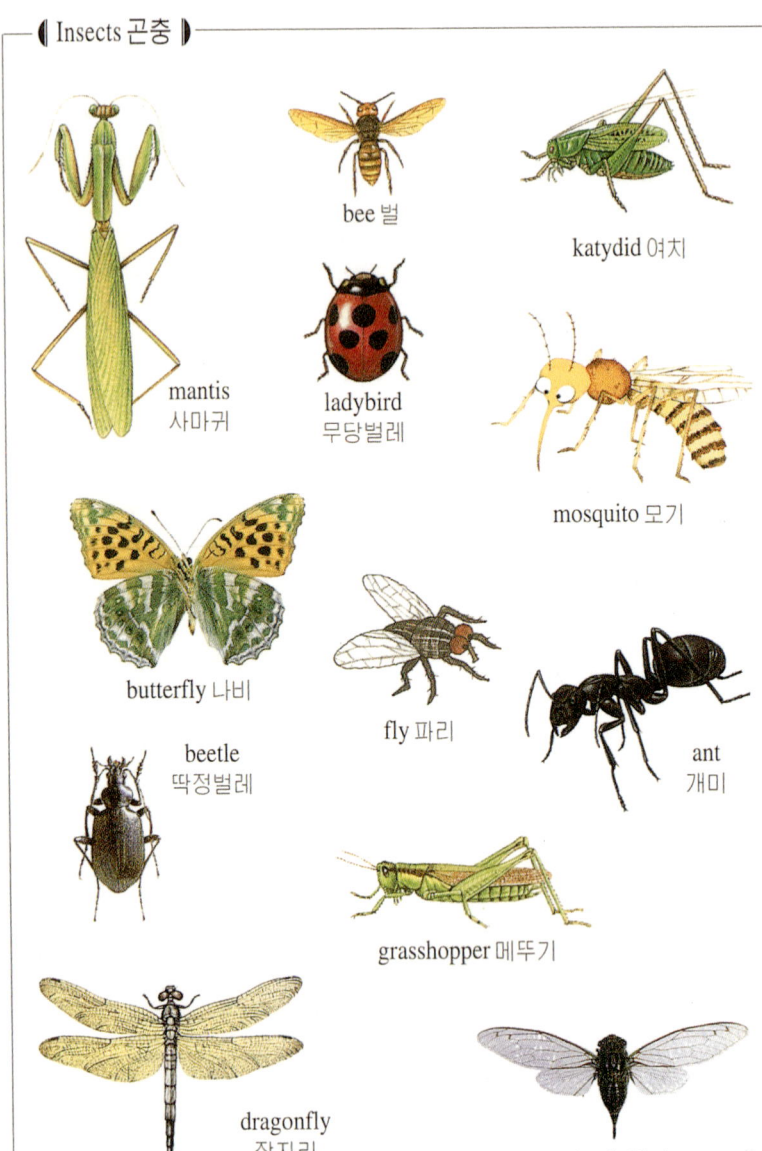

instant

[ínstənt/인스턴트]

명 순간, (~할)때, 찰나
- He stopped for an *instant*.
  그는 잠깐동안 멈춰 섰다.

형 즉시(즉각)의, 긴급한, 절박한
- The medicine will give *instant* relief from pain.
  그 약을 먹으면 아픔이 즉시 가실 것이다.

《숙》*the instant* (that) ~하자마자

instead

[instéd/인스테드]

부 그 대신에, 그보다도
- You may stay here I will go *instead*.
  너는 여기에 있어, 내가 대신 갈 테니까.
- I couldn't go, so he went *instead*.
  내가 갈수없어서 그가 대신 갔다.

《숙》*instead of*. ~의 대신에,

instinct

[ínstiŋ(k)t/인스팅(크)트]

명 (복수 *instincts* [ínstiŋ(k)ts/인스팅(크)츠])본능, (복수로)직감.
- Small children learn to walk by *instinct*.
  어린 아이늘은 본능적으로 걷는 것을 배운다.

《숙》*by(from) instinct*. 본능으로

instruct

[instrʌ́kt/인스트럭트]

타 ① 가르치다, 교육하다
- She *instructs* the students in English.
  그녀는 학생들에게 영어를 가르치고 있다.

타 ② ~에게 지시(지령)하다
- He *instructed* me to wait here.
  그는 내게 여기서 기다리라고 지시했다.

instruction

[instrʌ́kʃ(ə)n/인스트럭션]

명 ① 가르침, 교수, 교육
- She gave us *instruction* in English.
  그녀는 우리들에게 영어를 가르쳤다.

명 ② (복수로 써서) 지시, 명령
- He gave us *instructions* to gather around him at once.
  그는 우리들에게 곧 그의 주위로 모이도록 지시했다.

instrument

[ínstrumənt/인스트루먼트]

명 (복수 *instruments* [ínstrumənts/인스트루먼츠])

명 ① (정밀한) 기구, 도구, 기계
- medical *instrument*. 의료 기구.
- drawing in *instrument*. 제도기구

명 ② 악기. 수단, 방편, 앞잡이

- Can you play any *instrument*?
  어떤 악기를 연주할 수 있니?

intend
[inténd/인텐드]
타 ~할 작정이다, ~할 생각이다.
- I *intend* him to go.
  나는 그를 가게 할 작정이다.

interest
[ínt(ə)rist/인터리스트]
타 ~에 흥미를 일으키게 하다
- The book *interests* me.
  나는 그 책에 흥미가 있다.

명 (복수 *interests* [ínt(ə)rists/인터리스츠]) 흥미, 관심, 관심사, (복수로 써서) 이익
- Her chief *interest* is eating.
  그녀주요 관심사는 먹는 일이다.

《숙》 *with interest* 흥미를 가지고

intimate
[íntimit/인티밋]
형 (비교급 *more intimate*, 최상급 the *most intimate*) 친밀한, 절친한
- He has a lot of *intimate* friends.
  그는 절친한 친구들이 많다.

into
[íntu(ː)/인투(-)]
전 ① (내부로의 운동, 동작, 방향을 나타내어) ~의 안으로(에)
- My father came *into* my room.
  아버지가 내 방으로 들어오셨다.
- We got *into* the car.
  우리는 자동차에 탔다.

전 ② (상태의 변화, 추이, 결과를 나타내어) (~을) ~으로 (하다)
- Milk is made *into* butter.
  우유로 버터가 만들어진다.

introduce
[íntrəd(j)úːs/인트러듀-스]
타 (누구를) 소개하다
- She *introduced* herself as Miss Miller.
  그녀는 밀러양이라고 자기 소개를 했다.
- May I *introduce* myself?
  제 소개를 하겠습니다.

《숙》 *introduce oneself* 자기 소개를 하다

invent
[invént/인벤트]
타 발명하다
- He *invented* a new engine.
  그는 새로운 엔진을 발명했다.

invention
[invénʃ(ə)n/인벤션]
명 (복수 *inventions* [invénʃ(ə)nz/인벤션즈]) 발명, 발명품.

· The *invention* of the computer was a great thing.
컴퓨터의 발명은 대단한 일이었다.

:inventor
[invéntər/인벤터]
명 (복수 *inventors* [invéntərz/인벤터즈]) 발명가
· He was a famous *inventor*.
그는 유명한 발명가였다.

:invitation
[ìnvitéiʃ(ə)n/인비테이션]
명 초대, 안내, 권유, 초대(안내)장
· I sent him a letter of *invitation*.
나는 그에게 초대장을 보냈다.

:invite
[inváit/인바이트]
타 초청하다, 초대하다, 권유하다.
· My uncle *invited* us to dinner.
나의 아저씨가 저녁 식사에 우리를 초대하셨다.
· I am going to *invite* some of my friends tomorrow.
나는 내일 친구들 중의 몇몇을 초대할 예정이다.
《숙》 *invite questons* 질문, 기회를 주다(질문해라)

:Irish
[áiriʃ/아이리시]
형 아일랜드의, 아일랜드 사람(어)의
· He is an *Irish* boy.
그는 아일랜드 소년이다.
명 (the *Irish*로) 아일랜드 사람, 아일랜드 어

:iron
[áiərn/아이언] (※발음 주의)
명 ① 쇠, 철
· The gate is made of *iron*.
그 문은 철재로 만들어져 있다.
· be made of. ~으로 만들어지다.
명 ② 다리미
· The is an electric *iron*.
이것은 전기 다리미이다.
형 철의, 쇠의, 철제의,
· This is an *iron* hat.
이것은 철모다.

:is
[iz/이즈]
자 (과거형 *was* [wɑz 와즈], 과거 분사 *been* [bin 빈], 현재 분사 *being* [bíːiŋ/비-잉])(be의 3인칭 단수 현재)
자 ① ~이다
· She *is* a teacher.
그녀는 선생님이예요.
지 ② ~에 있다
· My mother *is* in the kitchen.
나의 어머니는 부엌에 계신다.
조 ① (be ~ing로 진행형을 만든다) ~하고 있다.
· She *is playing* the piano.
그녀는 피아노를 치고 있다.
조 ② (be +과거 분사로 수동형

:island
[áilənd/아일런드] (※발음 주의)
명 (복수 *islands* [áiləndz/아일런즈]) 섬. 고립된 언덕
· They live on a small *island*.
그들은 작은 섬에서 살고 있다
타 섬으로 만들다. 섬에 두다.

:isn't
[íznt/이즌트]
is not 의 단축형
· He *isn't* a child.
그는 어린아이가 아니다.

·it
[it/잇]
대 (복수 *they* [ðei/데이])
대 ① (주어) 그것은, 그것이
· *It* is a pencil sharpener.
그것은 연필깎이야.

대 ② (목적어) 그것을, 그것에
· I bought a camera and sent *it* to my little sister.
나는 카메라를 사서 그것을 내 여동생에게 보냈다.

대 ③ (시간, 날짜, 기온, 요일, 거리 등을 나타낼 때)
☞ 이때 *it*은 우리말로 번역하지 않는다.
· *It*'s eight thirty.(시간)
8시 30분이다.
· *It*'s cold today.(날씨)
오늘 날씨가 춥다.

[*it*의 변화형]		
격 \ 수	단수	복수
주격	it 그것은(이)	they 그것들은
소유격	its 그것의	their 그것들의
목적격	it 그것을(에게)	them 그것들을

· *It*'s Friday today.(요일)
오늘은 금요일이다.
· *It*'s ten miles from here.(거리)
여기서 10마일 거리다.

:Italian
[itǽljən/이탤리언]
형 이탈리아의. 이탈리아 사람의
· One of them is an *Italian* businessman.
그들 가운데 한 사람은 이탈리아의 실업가다.
명 (복수 *Italians* [itǽljənz/이탤리언즈]) 이탈리아 사람, 이탈리아 어
· Do you speak *Italian*?
너는 이탈리아 어를 할 수 있니?

:Italy
[ít(ə)li/이털리]
명 이탈리아
· How is the weather in *Italy*?
이탈리아의 날씨는 어떻습니까?
· Have you ever visited *Italy*?
너는 이탈리아에 간 적이 있니?

item

[áitəm/아이텀]

명 (복수 *items* [áitəmz/아이텀즈])
항목, 조항, 품목, 기사.
· fifty *items* on the list.
  목록에 있는 50개 품목.
· local *items*. (신문의) 지방 기사.

:its

[its/이츠]

대 (복수 *their* [ðɛər/데어]) (*it* 의 소유격) 그것의.
· Look at the sky. *Its* color is blue.
  하늘을 보아라. 그 색깔은 파란 색이다.

·it's

[its/이츠]

It is, *It has* 의 단축형
· *It's* (=*it is*) very warm today
  오늘은 매우 따뜻하다.
· *It's* (=*it has*) been raining since monday
  월요일부터 내내 비가오고 있다.

·itself

[itsélf/잇셀프]

대 (복수 *themselves* [ð(ə)msélvz/덤셀브즈]) 그 자신(을)
· The dog saw *itself* in the water.
  개는 물속에 비친 자기 모습을 보았다.

· The story *itself* isn't interesting at all.
  이야기 그 자체가 전혀 재미가 없다.
《숙》 *by itself* 그것만으로, 홀로
《숙》 *for itself* 단독으로
《숙》 *of itself* 저절로, 자연히

I've

[aiv/아이브]

I have 의 단축형
· *I've* just arrived here.
  나는 지금 막 여기 도착했다.

ivy

[áivi/아이비]

명 (복수 *ivies* [áiviz/아이비즈])
담쟁이덩굴
· This chair is made of *ivy*.
  이 의자는 담쟁이 덩쿨로 되어 있다.

J,j
[dʒei/줴이]
알파벳의 열 번째 문자

Jack
[dʒæk/잭]
명 (복수 *Jacks* [dʒæks/잭스])
명 ① 잭 (남자 이름, John의 애칭)
명 ② 젊은이, 남자
· Every *Jack* has his Jill.
모든 남자는 배필이 있다.

Jacket
[dʒǽkit/재킷]
명 (복수 *jackets* [dʒǽkits/재키츠])
재킷, 짧은 웃옷
· I like that *jacket*.
나는 저 웃옷을 좋아한다.

· Hang your *jacket* in the closet.
재킷을 옷장 속에 걸어라.

jam
[dʒæm/잼]
명 (복수 *jams* [dʒæmz/잼즈]) 잼
· Do you have strawberry *jam*?
딸기 잼 있어요?
· She spread apple *jam* on a slice of bread.
그녀는 사과 잼을 빵 조각에 발랐다.

·January
[dʒǽnjuèri/재뉴에리]
명 1월 (*Jan.*으로 약한다)
· A new year begins on *January* 1 st.
새해는 1월 1일에 시작한다.
· I was born on *January* 20
나는 1월 20일에 태어났다.

:Japan
[dʒəpǽn/저팬]
명 일본

- *Japan* is an island country in eastern Asia.

  일본은 아시아의 동부에 있는 섬 나라다.

Japanese
[dʒæpəníːz/재퍼니-즈]

형 일본의, 일본 사람의, 일본어의
- He is a *Japanese* wrestler.

  그는 일본 레슬링 선수다.

명 일본사람, 일본어
- Is she a *Japanese*?

  그녀는 일본 사람이니?
- I can't speak *Japanese*.

  나는 일본어를 할 줄 모른다.

jar
[dʒɑːr/자-]

명 (복수 *jars* [dʒɑːrz/자-즈])단지, 항아리, , 병
- a jam *jar* 잼 담는 그릇

jaw
[dʒɔː/조-]

명 (복수 *jaws* [dʒɔːz/조-즈])턱, 《복수로 써서》 입 부분.아래턱
- He hit the man in the *jaw*.

  그는 그 남자의 턱을 쳤다.
- Hold youy *jaw* 다무려!

《숙》 *stop your jaw* 조용히 해!

jealous
[dʒéləs/젤러스]

형 시샘하는, 부러워하는. 부러운
- He is *jealous* of my new car.

  그는 내 새 자동차를 부러워한다.
- He was *jealous* of the winner.

  그는 승리자를 시기했다.

jean
[dʒiːn/진-]

명 (복수 *jeans* [dʒiːnz/진-즈])진, 《복수로 써서》 의복, 진바지
- She is wearing *jeans*.

  그녀는 진바지를 입고 있다.

jet
[dʒet/젯]

명 (복수 *jets* [dʒets/제츠])

명 ① 분출, 사출, 분사, 분출구.
- The water was thrown up in a huge *jet*.

  물이 갑자기 거세게 솟아 올랐다.

명 ② 제트 비행기
- That *jet* can fly faster than sound.

  저 제트기는 소리보다 빠르게 날 수 있다.

《숙》 *jet to New York* 제트기로 뉴욕에 가다.

《숙》 *a gas jet* 가스 분출구

jet plane
[dʒét pléin/젯 플레인]
명 (복수 *jet planes* [dʒét pléinz/젯 플레인즈]) 제트기
· Have you ever taken a *jet plane*?
당신은 제트기를 타본 적이 있습니까?

jewel
[dʒúːəl/주-얼]
명 (복수 *jewels* [dʒúːəlz/주-얼즈]) 보석, 보석박은 장신구.
· The *jewel* in her ring was a diamond.
그녀의 반지에 달린 보석은 다이아몬드였다.
· I gave her a *jewel* as a sign of love.
나는 사랑의 표시로 그 여자에게 보석을 주었다.
《숙》 *a jewel of a* ~ 보석과 같은

:job
[dʒab/자브]
명 (복수 *jobs* [dʒabz/자브즈]) 일, 도급일, 직업
· I am looking for a *job*.
나는 일을 찾고 있다.
· Bill got a *job* as a cook.
빌은 요리사의 일을 얻었다.

· What's your *job*?
당신의 직업은 무엇입니까?

jog
[dʒag/쥬악]
타 조깅하다, 천천히 뛰다
· I'm *jogging* every morning these days.
나는 요즈음 매일 아침 조깅을 하고 있어요.

·join
[dʒɔin/조인]
타 ① 결합하다, 연결하다
· I *joined* him at the hotel.
나는 호텔에서 그와 합류했다.
타 ② 참가하다, ~에 가입하다,
· Let me *join* you.
나도 끼워 줘.
· I *joined* the tennis club.
나는 테니스 클럽에 가입했다.
자 합쳐지다
· The two roads *join* there.
그 두길은 거기에서 합쳐진다.

joke
[dʒouk/조우크]
명 (복수 *jokes* [dʒouks/조우크스]) 농담, 장난.
· He is always telling funny *jokes*.
그는 늘 재미있는 농담을 한다.
· It is no *joke*. 농담이 아니다.
《숙》 *play a joke on* ~을 놀리다

jolly
[dʒáli/잘리]
명 명랑한, 즐거운, 유쾌한
· He is a *jolly* old man.

그는 명랑한 노인이다.

journey
[dʒə́ːrni/저-니]
명 (복수 *journeys* [dʒə́ːrniz/저-니즈])
명 ① 여행
· They were enjoying the *journey*.
그들은 여행을 즐기고 있었다.
· She went on a *journey*.
그녀는 여행을 떠났다.
명 ② 여정, 행정
· It is a two days' *journey* from here.
여기에서 이틀의 여정이다.

joy
[dʒɔi/조이]
명 (복수 *joys* [dʒɔiz/조이즈])기쁨, 환희; 기쁨을 주는 것.행복. 명랑 (《반》 sorrow 슬픔)
· Judy danced for *joy*.
쥬디는 기뻐서 춤을 추었다.
《숙》 *for [with] joy* 기뻐서
· He danced *for joy*.
그는 기뻐서 춤췄다.
《숙》 *to one's joy* 기쁘게도

joyful
[dʒɔ́ifəl/조이펄]
형 즐거운, 기쁜
· He brought the *joyful* news with him.
그는 기쁜 소식을 가지고 왔다.

Jr., jr.
[dʒúːnjər/주-니어]

약 *junior* (명 「연소자」, 형 「연소자의」란 뜻)

judge
[dʒʌdʒ/저지]
타 재판하다, 판결하다, 판단하다
· Don't *judge* a book by its cover.
표지로 책을 판단하지 마라.
명 재판관, 판사, 심판관, 심사원
· Uncle Carl is a *judge*.
칼 아저씨는 판사이시다.

judgement
[dʒʌ́dʒmənt/저지먼트]
명 (복수 *judgements* [dʒʌ́dʒmənts/저지먼츠])
명 ① 재판, 판결.
· The *judgement* was against her.
판결은 그녀에게 불리했다.
명 ② 판단, 판단력.
· You should act on your own *judgement*.
너는 네 자신의 판단으로 행동해야 한다.
· In my *judgment*, she is wrong.
내 판단으로는 그녀가 틀렸다.

juice
[dʒuːs/주-스]

Jobs 직업

teacher 선생님

carpenter 목수

mailman 우편 집배원

clerk 점원

mechanic 정비사

butcher 푸주한

soldier 군인

fireman 소방관

photographer 사진사

hairdresser 미용사

nurse 간호사

greengrocer 야채 장수

명 (과일·고기 따위의) 주스, 즙
- I drink a glass of fruit *juice* every morning.
나는 매일 아침 과일즙 한 잔을 마신다.
- Please give me a glass of *juice*.
제게 주스 한 잔을 주세요.

·july
[dʒu(ː)lái/줄(-)라이]
명 7월(*Jul.*로 약한다)
☞ 『Jul.』또는 『Jy.』로 줄여쓴다.
- It rains a lot in *July*.
7월에는 비가 많이 내린다.
- The fourth of *July* is independence day in America.
7월 4일은 미국의 독립기념일이다.

·jump
[dʒʌmp/점프]
자 타 껑충 뛰다, 뛰어오르다
- I can *jump* over this stream.
나는 이 개울을 뛰어넘을 수 있다.
- We *jumped* over the fence.
우리는 울타리를 뛰어넘었다.

《숙》 *jump at*~ 에 쾌히 응하다.
명 도약, 뛰어오름, 점프.
- the broad *jump*. 멀리 뛰기.
- the high *jump*. 높이 뛰기.
- the pole *jump*. 장대 높이 뛰기.

June
[dʒuːn/준-]
명 6월 (*Jun.*으로 약한다)
- Roses are pretty in *June*.
6월에는 장미꽃이 아름답다.
- I will go to Hawaii in *June*.
나는 6월에 하와이에 갈 것이다.

jungle
[dʒʌŋgl/정글]
명 (복수 *jugles* [dʒʌŋglz/정글즈])
정글, 밀림(지대)
- He lost his way in the *jungle*.
그는 정글(밀림) 속에서 길을 잃었다.

- Is there a *jungle* in your country?
당신의 나라에는 밀림이 있습니까?

junior
[dʒúːnjər/주-니어]
명 (복수 *juniors* [dʒúːnjərz/주-니어즈])손아랫사람, 연소자, 후배 (《반》 senior 연장자)
- She is my *junior* by four years.

그녀는 나보다 네살 아래다.
- They are my *junior*s
그들은 내후배들이다.
- They are my *junior*s in the company.
그들은 회사에서 내후배들다.

형 손아래의, 후배의
- She is *junior* to me by four years.
그녀는 나보다 네살 연하다.

·just
[dʒʌst/저스트]

부 ① 정확히, 틀림없이, 바로, 꼭
- It is *just* three o'clock.
정각 세시다.

부 ② 이제 방금, 막 ~했다.
- He has *just* left.
그는 이제 방금 떠났다.

부 ③ 《명령형과 함께》 좀, 조금
- I *just* want to see you.
나는 너를 좀 만나고 싶다.

부 ④ 《종종 only와 함께》 겨우
- I *only just* caught the bus.
나는 가까스로 버스를 탔다.

형 올바른, 공정한, 정당한
- I gave a *just* opinion.
나는 올바른 의견을 말했다.
- Our teacher is always *just* to us
선생님은 우리에게 언제나 공정하셨다.

- His claim is *just*
그의 요구는 정당하다.

justice
[dʒʌstis/저스티스]

명 정의, 공정, 정당.
- We must fight for *justice*.
우리는 정의를 위해 싸워야 한다.
- I see the *just* of your claim
나는 당신의 요구가 정당하다는 것을 압니다.

justify
[dʒʌstifài/저스티파이]

타 옳다고 하다, 정당화 하다.
- Can you *justify* your action?
너 네 행위를 정당화할 수 있니?

K,k
[kei/케이]
알파벳의 열한 번째 문자

kangaroo
[kæŋgərúː/캥거루우]
명 (복수 *kangaroos* [kæŋgərúːz/캥거루우즈]) 캥거루
· *Kangaroos* can jump a long way.
캥거루들은 멀리 뛸 수 있다.

keen
[kiːn/키인]
형 ① 날카로운 《동》sharp)
· a *keen* edge 날카로운 (칼)날
형 ② 신랄한, 날카로운, 강렬한
· *keen* sight 강렬한 시력
· *keen* cold 심한 추위

keep
[kiːp/키이프]
타 (3단현 *keeps* [kiːps/키이프스])
타 ① ~을 가지고 있다
· I don't need this pencil. You can *keep* it.
나는 이 연필이 필요 없어. 네가 가져도 좋아.
타 ② 기르다, 부양하다
· She *keeps* a pet dog.
그녀는 애완견을 기른다.
타 ③ (어떤 상태로) 두다
타 ④ (약속·시간을) 지키다
· Bob always *keeps* his promise.
보브는 언제나 약속을 지킨다.
자 ① 계속하다, 죽 ~하고 있다
· He *kept* silent.
그는 침묵을 계속한다.
《숙》 *keep from* ~에 가까이 않 간다
자 ② (음식이) 썩지 않다.

kettle
[kétl/케틀]
명 (복수 *kettles* [kétlz/케틀즈]) 주전자
· The *kettle* is boiling.
주전자가 끓고 있다.

:key
[ki:/키이]
명 (복수 *keys* [ki:z/키이즈])
명 ① 열쇠
☞「자물쇠」는 lock
· Don't lose the door *key*, Roy.
로이, 문 열쇠를 잃어버리지 마라.

명 ② 실마리
· He found the *key* to success.
그는 성공에의 실마리를 잡았다.

kick
[kik/킥]
타 차다, 반항하다, 걷어차다.
· He *kicked* the can.
그는 깡통을 걷어찼다.

kid
[kid/키드]
명 (복수 *kids* [kidz/키즈])
명 《구어》 어린아이; 새끼 염소
· How many *kids* do you have?
당신은 아이가 몇 명 있습니까?
· She has a lot of *kids* on her farm.
그녀는 농장에 염소 새끼를 많이 기른다.
형 농담하다, 놀리다
· You are *kidding* me!
너 나를 놀리는구나! [농담마!]

kill
[kil/킬]
타 ① 죽이다, 죽게하다, 살해하다.
· A cat *killed* a rat.
고양이가 쥐를 죽였다.

타 ② (시간을) 보내다
· They played cards to *kill* time.
그들은 시작을 보내기 위해 카드를 했다.
《숙》 *Kill oneself* 자살하다
He *killed* himself with a pistol
그는 권총으로 자살하였다.

kind
[kaind/카인드]
형 (비교급 *kinder* [káindɚ/카인더], 최상급 *kindest* [káindist/카인디스트]) 친절한, 다정한, 상냥한
· Kay is a *kind* nurse.
케이는 친절한 간호사이다.
명 종류 (《동》 sort)

· What *kind* of fruit do you like?
넌 무슨 (종류의) 과일을 좋아하니?

kindergarten
[kíndərgáːrtn/킨드어가아른]
명 유치원
· I went to *kindergarten*.
나는 유치원에 갔다.

kindly
[káindli/카인들리]
부 친절히, (동사의 앞에서) 친절하게도, 바라건대
· Will you *kindly* show me the way to the station?
역으로 가는 길을 가르쳐 주시겠습니까?

kindness
[káin(d)nis/카인드니스]
명 친절(한 행위)
· We did him a *kind*ness.
우리는 그를 친절하게 해 주었다.
· I will never forget your *kindness*.
당신의 친절은 결코 잊지 않겠다.

king
[kiŋ/킹]
명 (복수 *kings* [kiŋz/킹즈]) 국왕, 왕 (《반》 Queen 여왕)
· *King* Se-jong made han-gul.
세종대왕이 한글을 만들었다.
· The lion is the *king* of all animals.
사자는 모든 동물의 왕이다.

kingdom
[kiŋdəm/킹덤]
명 (복수 *kingdoms* [kiŋdəmz/킹덤즈]) 왕국, ~계
· The animal *kingdom* 동물계
《숙》 *The United Kingdom* 연합왕국 (영국 본국의 정식 명칭)

·kiss
[kis/키스]
명 (복수 *kisses* [kísiz/키시즈])
명 키스, 입마춤
· Mom gave me a *kiss* on the cheek
엄마는 나의 볼에 키스를 하셨다.

타 키스하다, 입맞추다
· Don't *kiss* a dog.
개에게 입맞추지 마라.

:kitchen
[kitʃin/키친]
명 (복수 *kitchens* [kítʃinz/키친즈])
부엌, 주방

kite

· Mother is cooking in the kitchen.
어머니는 부엌에서 요리하고 계신다.

kite
[kait/카이트]
명 (복수 *kites* [kaits/카이츠]) 연, 솔개
★ a *kite*-flying contest 연날리기 대회
· Many children are flying *kites*.
많은 어린아이들은 연을 날리고 있다.
· The *kite* fell to (the) earth.
연이 땅에 떨어졌다.

kitten
[kítn/키튼]
명 (복수 *kittens* [kítnz/키튼즈]) 고양이 새끼, 말괄량이
· Two *kittens* are sleeping now.
두 마리의 새끼 고양이가 지금 잠자고 있다.

knee
[ki:/니이]
명 (복수 *kness* [ki:z/니이즈])무릎, 무릎마디(관절), 무릎부분

· They sat down on their *knees*.
그들은 무릎을 꿇고 앉았다.
· They fell and hurt his *kness*.
그는 넘어져서 무릎을 다쳤다.
《숙》 *on one's kness* 무릎을 꿇고

kneel
[ni:l/니일]
타 (3단현 *kneels* [ni:ls/니일즈], 과거·과거 분사 *knelt* [nelt/낼트] or *kneeled* [ni:ld/니일드], 현재 분사 *kneeling* [ní:liŋ/니일링])무릎 꿇다
· All *knelt* down.
모두 꿇어 앉았다.

knew
[n(j):l/뉴우]
타 *know* (알고 있다)의 과거
· I *knew* about it.
나는 그것에 관해 알고 있었다.

knife
[naif/나이프]
명 (복수 *knives* [naivz/나이브즈]) 작은 칼, (식사용) 나이프
· I have a sharp *knife*.
나는 칼날이 날카로운 칼을 가지고 있다.
· They eat with *knife* and fork.
그들은 나이프와 포크로 먹는다.

어미가 『f, 또는 fe』로 끝나는 단어의 복수형은 『f』나 『fe』를 『v』로 바꾸고 『es』를 붙인다.
예) leaf (나뭇잎)→ leaves
　　thief (도둑) → thieves
　　wife (아내) → wives
주의) roof (지붕) → roofs

knight
[nait/나이트]
명 (복수 *knights* [naits/나이츠])
(중세의) 기사; 무사
· Long ago, *knights* were very brave
옛날에 기사들은 매우 용감했다.

knit
[nit/닛]
타 짜다
· She *knitted* a sweater for her daughter.
그녀는 딸에게 스웨터를 짜주었다.

자 뜨개질하다
· Jeong-ah likes to *knit.*
정아는 뜨개질을 좋아한다.

knock
[nɑk/낙]

타 자 ① 두드리다, 노크하다
· Please *knock* before you enter.
들어오기 전에 노크 하시오.
타 자 ② 때리다, 치다; 부딪치다
· He *knocked* his head against the door
그는 문에 머리를 부딪쳤다.
명 문을 두드리는(노크하는) 소리
· There was a *knock* at[on] the door.,
문에서 노크 소리가 났다.
《숙》 *knock out* 녹 아웃 시키다
· The boxer *Knocked* him *out* in a fight of six rounds.
그 권투선수는 6회전에 그를 K.O.시켰다.

know
[nou/노우]
타 (3단현 *knows* [nouz/노우즈] 과거 *knew* [n(j)u:/뉴우], 과거 분사 *known* [noun/노운], 현재 분사 *knowing* [nóuiŋ/노우잉]) ~알다
· What would you like to *know*?
너는 무엇을 알고 싶니?
· I don't *know* her name.
나는 그녀의 이름을 모른다.

knowledge
[nálidʒ/날리지]
명 지식, 학문
· He has a good *knowledge* of English.
그는 영어를 잘 알고 있다.

known
[noun/노운]
타 *know* (알다)의 과거분사

· The Tower of London is well *known*.
런던탑은 잘 알려져 있다.

Korea
[ko(u)ríːə/코우리이어]
명 한국, 대한민국
· Welcome to *Korea*!
한국에 오신 것을 환영합니다.!
· Chang-sik was born in *Korea*.
창식이는 한국에서 태어났다.
· *Korea* is a beautiful country.
한국은 아름다운 나라입니다.

한국의 정식 명칭은 『the Republic of *Korea* (대한민국)』이고, 간단하게는 『ROK』라고 줄여 쓸 수 있다.

Korean
[kəːríːən/커어리이언]
명 한국사람; 한국어
· The *Koreans* are kind people.
한국 사람은 친절한 국민이다.
· Do you speak *Korean*?
당신은 한국말을 하십니까?
형 한국 사람의; 한국어의;
· Jack is reading a *korean* book.
잭은 한국어로 된 책을 읽고있다.
· Mr. Baker likes *Korean* food very much.
베이커씨는 한국 음식을 매우 좋아하신다.

Koreatown
[kərí(ː)ətáun/커뤼어트아운]
명 한인촌, 코리아 타운
· His family lives in *Koreatown* in L.A.
그의 가족은 L.A.의 코리아 타운에 삽니다.

L,l
[el/엘] 알파벳의 열두 번째 문자

label
[léibl/레이블]
명 (복수 *lables* [léiblz/레이블즈]) (상품에 붙이는) 꼬리표, 딱지
· She read the *label* on the bottle.
그녀는 병에 붙어 있는 꼬리표를 읽었다.

labo(u)r
[léibər/레이버]
명 (복수 *labo(u)rs* [léibərz/레이버즈] 노동 노고
· I did some physical *labor*.
나는 육체 노동을 좀 했다.
자 노동하다, 노력하다
· They *labored* hard all day.
그들을 종일 열심히 일했다.

lad
[læd/래드]
명 (복수 *lads* [lædz/래즈])젊은이, 청년, 소년 《참고》 lass
· He is a nice *lad*.
그는 좋은 녀석이다.

ladder
[lǽdə/래더]
명(복수 *ladders* [lǽdərz/래더즈]) 사다리
· He fell off the *ladder* and broke his left leg.
그는 사다리에서 떨어져 왼쪽 다리가 부러졌다.

:lady
[léidi/레이디]
명(복수 *ladies* [léidiz/레이디즈]) 숙녀, 여성, 귀부인,지체있는 부인 (《반》 gentlemen 신사)

- Who is that *lady*?
  저 숙녀는 누구죠?
- *Ladies* and gentlemen!
  신사 숙녀 여러분!

:lake
[leik/레이크]

명 (복수 *lakes* [leik/레이크])호수
- They took a boat acroos the *lake*.
  그들은 보트를 타고 호수를 건너갔다.
- He went to the *lake* by bicycle
  그는 자전거로 호수에 갔다.

lamb
[læːm/램]

명(복수 *lambs* [læːmz/램즈])새끼 양, 유순한 사람
- The *lamb* is eating grass.
  새끼 양이 풀을 먹고 있다.

[새끼를 나타내는 표현]
cow(암소) → calf(송아지)
dog(개)　→ puppy(강아지)
hen(암탉) → chick(en)(병아리)
horse(말) → foal(망아지)
sheep(양) → lamb(새끼 양)

자 **타** 새끼를 낳다,새끼양을 낳다

lame
[leim/레임]

형 절름발이의
- He is *lame* in [of] the left foot.
  그는 왼발을 전다.

·lamp
[læmp/램프]

명 (복수 *lamps* [læmps/램프스])
남포, 등

★ an electric *lamp* : 전등
　street *lamps* : 가로등
- This table *lamp* is bright.
  이 탁상 스탠드는 밝다.
- Where can I find a *lamp*?
  램프가 어디에 있어요?

:land
[lænd/랜드]

명 (복수 *lands* [lændz/랜드즈])
육지(《반》 sea 바다), 토지, 나라
- I have no *land* now.
  나는 지금 땅이 하나도 없다.
- The ship is coming toward the *land*.
  배가 육지에 가까워지고 있다.

타 **자** 상륙하다, 착륙하다
- The plane *landed* safely in a field.
  그 비행기는 무사히 들판에 착륙했다.

lane
[lein/레인]
몡 (복수 lanes[leinz/레인즈]) 골목, 작은 길
- We walked along a winding country *lane*.
  우리는 구불구불한 시골길을 걸었다.

language
[lǽŋgwidʒ/랭귀지]
몡 (복수 languages [lǽŋgwidʒiz/랭귀지즈]) 언어, 말, 국어
★ spoken *language*:구어(=말)
  written *language*:문어(=글)
- English is a very useful *language*.
  영어는 대단히 유용한 언어다.
- How many *languages* do you speak?
  너는 몇 나라 말을 하니?

large
[laərdʒ/라아지]
혱 (비교급 larger [láərdʒər/라아저], 최상급 largest [láərdʒist/라아지스트]) 큰, 넓은, 많은
(《동》big,《반》small 작은)
- He has *large* eyes.
  그의 눈은 크다.

- This pen is *larger* than that one.
  이 펜은 저 펜보다 더 크다.

lark
[laərk/라아크]
몡 (복수 larks [laərks/라아크스]) 【조류】종달새
- A *lark* is a little bird like a sparrow.
  종달새는 참새와 같은 작은 새입니다.

last¹
[læst/래스트]
혱 (*late*(늦은,때 늦은) 의 최상급)
혱 ① 최후의 (《반》first 최초의)
- What is the *last* day of the week?
  한 주일의 마지막 날은 무슨 요일입니까?
혱 ② 앞서의, 최근의
- I met him *last* Sunday.
  나는 지난 일요일 그를 만났다.
분 ① 최후에
- He arrived *last*.
  그는 맨끝에 도착했다.
분 ② 이전에
- It has been three years since I saw you *last*.
  당신을 본 지 3년이 되었습니다.
몡 최후(의 것), 마지막
《숙》*at last* 드디어, 결국

last²
[læst/래스트]
재 계속하다 (《동》continue)

· The rain has *lasted* since last Sunday.
지난 일요일부터 비가 계속 내리고있다.

late
[leit/레이트]
형 (비교급 *later* [léitə/레이터] 또는 *latter* [lǽtə/래터], 최상급 *latest* [léitist/레이티스트] 또는 *last* [læst/래스트])
늦은, 지각한 (《반》 early 이른)
· I was *late* for school.
나는 학교에 지각했다.
부 늦게, 뒤늦게
· It snowed *late* in the afternoon.
오후 늦게 눈이 왔다.

·lately
[léitli/레이틀리]
부 요사이, 최근 (《동》 of late)
· I have not seen her *lately*.
요사이 나는 그 여자를 만나지 않았습니다.

·later
[léitə/레이터]
형 (*late*의 비교급) 더 늦은
· John was late, but Tom was *later*.
존은 늦었다, 그러나 톰은 더 늦었다.
부 더 늦게; 뒤[후]에, 나중에
· I'll call you *later*.
나중에 전화할게.
· See you *later*!
나중에 또 보자!

latter
[lǽtə/래터]
형 ① 뒤의, 후기의 (《반》 former 전자의)
· I spent the *latter* half of the month at Miami[maiǽmi].
그 달의 후반을 마이아미에서 보냈습니다.
형 ② (둘 중의) 나중것의, 후자의 (《반》 the former 전자)

laugh
[læf/래프]
자 (소리내) 웃다 (《반》 cry 울다)
· They *laughed* loudly.
그들은 큰 소리로 웃었다.

· Don't make me *laugh*.
웃기지 마라.

> [*laught*와 smile]
> 『*laught*』는 『소리내어 웃다』라는 뜻으로 가장 일반적인 말이고,『smile』은 『소리를 내지 않고 그저 미소만 짓는다』는 뜻이다.

law
[lɔː/로오]
명 (복수 *laws* [lɔːz/로오즈])법률, 법칙, 규칙 (《동》 rule)
· We must keep the *law*.
우리는 법을 지켜야 한다.

lawn
[lɔːn/로온]
명 잔디
· Keep off the *lawn*. (게시문)
잔디밭에 들어가지 마시오.
《숙》 *lawn tennis* 정구, 테니스
We played *lawn tennis*.
우리는 정구를 했습니다.

lawyer
[lɔ́ːnjɚ/로오여]
명 (복수 *lawyers* [lɔ́ːnjɚz/로오여즈]) 법률가, 변호사
· I want to be a *lawyer*.
나는 변호사가 되고 싶다.

·lay¹
[lei/레이]
타 ① ~을 눕히다, 놓다
· He *laid* himself on the sofa.
그는 소파에 드러누웠다.
· *Lay* the cards on the table.
탁자 위에 카드를 펼쳐 놓아라.
타 ② (알을) 낳다
· This hen *lays* an egg every day.
이 암탉은 매일 알을 하나씩 낳는다.

·lay²
[lei/레이]
자 *lie* (가로 눕다)의 과거형
누웠다.
· The little boy *lay* down on the grass.
그 어린 소년은 풀밭에 누웠다.

·lazy
[léizi/레이지]
형 게으른, 꾀부리는 (《동》 idle, 《반》 diligent 근면한)
· She is too *lazy*.
그녀는 너무 게으르다.

·lead
[liːd/리이드]
타 (3단현 *leads* [liːdz/리이즈], 과거·과거 분사 *led* [led/레드] 현재 분사 *leading* [líːdiŋ/리이딩])
타 ① 인내[인도]하다
· I will *lead* you to the park.
내가 너를 공원에 안내하겠다.
타 ② (길 등이) 통하다
· This road *leads* to the station.
이 길은 역으로 통해 있다.
자 ~에 이르다

leader
[líːdɚ/리이더]
명 (복수 *leaders* [líːdɚz/리이더즈]) 지도자, 선도자
《반》 follower 추종자)
· Who is the *leader* of this team?
누가 이 팀의 지도자입니까?

·leaf
[liːf/리이프]
명 (복수 *leaves* [liːvz/리이브즈]) 나무잎, 잎사귀

· The *leaves* turn red in fall.
가을이 되면 잎이 붉게 물든다.

lean¹
[li:n/리인]
㉯ 기대다, 의지하다
· She *leaned* against my arm.
그녀는 나의 팔에 기대었다.

lean²
[li:n/리인]
㉯ 야윈 (《반》 fat 살찐), 깡마른
· He is tall and *lean*.
그는 키가 크고 깡말랐다.

leap
[li:p/리이프]
㉯ ㉰ 뛰다, 뛰어 넘다
· The frog *leaped* into the water.
개구리가 물 속으로 뛰어들었다.

:learn
[lə:rn/러언]
㉰ ㉯ (3단현 *learns* [lə:rnz/러언즈], 과거·과거 분사 *learned* [lə:rnd/러언드] 또는 《영》*learnt* [lə:rnt/러언트], 현재 분사 *learning* [lə:rniŋ/러어닝]) ~을 배우다
· We *learn* English at school.
우리는 학교에서 영어를 배운다.
· I *learn* to play the piano.
나는 피아노 치는 법을 배운다.

learned
[lə:nid/러어니드](※발음주의)
㉯ 학식 있는, 박식한
· Our teacher is a *learned* man.
우리들 선생님은 학자입니다.

learning
[lə:niŋ/러어닝]
㉰ (복수 *leranings* [lə:niŋz/러어닝즈]) 학문, 공부
· My brother likes *learning*.
형은 학문을 좋아합니다.

least
[li:st/리이스트]
㉯ (*little* (적은, 작은)의 최상급) 가장 작은, 가장 적은 (《동》 smallest, 《반》 most 가장 많은)
· There was not the *least* wind yesterday.
어제는 바람이 조금도 없었다.
㉰ 가장 적게
· I like it *least* of all.
나는 그것을 가장 싫어한다.
㉰ 최소량, 최소
《숙》 *at least* 적어도
I have at *least* one dollar.
적어도 1달러는 가지고 있다.

leave
[li:v/리이브]
㉰ ① 출발하다, 떠나다 (《반》 remain 남다)
· The ship is *leaving* for London soon.
그 배는 곧 런던을 향해 떠날에

정이다.
타 ② 두고 가다
· She *left* her book on the desk.
그 여자는 책을 책상 위에 두고 갔다.
자 떠나다, 출발하다 (~for)
· He *left* here for Pusan this evening.
그는 오늘 저녁 부산으로 떠났다.
명 허가
· He went out without *leave*.
그는 허가 없이 외출하였다.

left¹
[left/레프트]
형 왼쪽의 (《반》 right 오른쪽의)
· Raise your *left* hand.
왼쪽 손을 들어 봐.

명 왼쪽, 좌측
· She stands on the *left*.
그녀는 왼쪽에 서 있다.
· Turn (to the) *left*.
왼쪽으로 도시오.

left²
[left/레프트]
타 자 leave (떠나다)의 과거·과거분사
· She has just *left* home for school.
그녀는 방금 학교로 떠났다.

leg
[leg/레그]
명 (복수 *legs* [legz/레그즈]) 다리
· Paul has long[short] *legs*.
폴은 다리가 길다[짧다].
· Judy crossed her *legs*.
쥬디는 (그녀의) 다리를 포겠다.

lemon
[lèmən/레먼]
명 【식물】레몬(의 나무)
· This *lemon* is sour.
이 레몬은 (맛이) 시다.

:lend
[lend/렌드]
타 (3단현 *lends* [lendz/렌즈], 과거·과거분사 *lent* [lent/렌트], 현재분사 *lending* [léndiŋ/렌딩])
빌려주다 (《반》 borrow 빌리다)
· *Lend* me ten dollars.
10달러만 빌려 줘.
· Can you *lend* me your pen?
내 펜 좀 빌려 줄 수 있니?

length
[leŋθ/랭드]
명 길이 (《참고》 width)

· The river is 600 miles in *length*.
그 강의 길이가 600 마일이다.
《숙》*al length* 마침내
　He came at *length.*
　그는 마침내 왔다.

·less
[les/레스]
휑 ~보다 적은, 보다 작은 (《반》 more ~ 보다 많은)
· I have *less* money than you have.
내가 가진 돈은 당신 것보다 적다.
튀 ~보다 적게
· She is *less* beautiful than her sister.
그 여자는 동생보다 예쁘지 않다.
《숙》*more or less* 많든 적든

:lesson
[lésn/레슨]
명 ① (교과서의) 과; 교훈
· *Lesson* 5 is very interesting.
제 5과는 매우 재미있다.
· The story gives us a *lesson*.
그 이야기는 우리에 교훈을 준다.
명 ② (보통 복수형으로) 수업
· We have three *lessons* in the afternoon

우리는 오후 수업이 3시간 있다.

:let
[let/렛]
타 ~시키다, 하는 것 허용한다
· *Let* her play the violin.
그녀에게 바이올린을 켜게 해라.
· *Let* me pay this time.
이번에는 내가 내게 해 줘.
조 ~하자
· *Let* us(또는 Let's)play tennis.
테니스를 하자.

let's
[lets/(을)렛쓰] (*let us*의 줄인말)
~하자, ~합시다
· *Let's* go home now.
이제 집에 가자.
· *Let's* eat out tonight.
오늘 저녁은 밖에서 식사하자.

letter
[létər/레터]
명 (복수 letters [létərz/레터즈])
명 ① 편지
· I wrote him a *letter*.
나는 그에게 편지를 썼다.
명 ② 글자, 문자
· "A" is the first *letter* of the alphabet.
"A"는 알파벳의 첫 글자다.

lettuce
[létis/(을)레디스]
명 상추, 양상추
- I like a salad of *lettuce*.
나는 양상추 샐러드를 좋아한다.

level
[lév(ə)l/레벨]
명 ①수평, 평면; 높이, 고도
- How high are we above sea *level*?
우리가 있는 곳은 해발 얼마나 될까?

명 ②(지위·능력 따위의)수준, 정도
- The *level* of our lessons is rather high.
우리들의 수업 수준은 약간 높은 편이다.

형 수평의, 평평한; 같은 수준의
- They play baseball on *level* ground.
그들은 평평한 땅에서 야구를 한다.

liberty
[libəti/리버티]
명 (복수 *liberties* [líbətiz/리버티즈]) 자유 (《동》 freedom)
- We can see the Statue of *liberty* in New York.
뉴우요오크에서 자유의 여신상을 볼 수 있다.

:library
[láibrəri/라이브러리]
명 (복수 *libraries* [láibrəriz/라이브러리즈])
명 ① 도서관, 도서실
- I borrowed two books from the school *library*.
나는 학교 도서관에서 책 두권을 빌렸다.

명 ② (개인의) 서재
- Father is now in the *library*.
아버지는 지금 서재에 계신다.

license
[láisəns/(을)라이쎈쓰]
명 면허, 허가; 면허증
★ a driver's *license* 운전 면허증
- Mother has a driver's *license*.
어머니는 운전 면허증을 가지고 계신다.

lick
[lik/릭]
타 핥다, 《구어》 때리다
- The dog *licked* its paws.
그개는 자기 발을 핥았다.

:lie¹

[lai/라이]

자 (3단현 *lies* [laiz/라이즈], 과거 *lay* [léi/레이], 과거 분사 *lain* [lein/레인], 현재 분사 *lying* [láiiŋ/라이잉])

자 가로 눕다(《반》 rise 일어나다)
· She *lay* sick in bed.
그녀는 병으로 누워 있었다.

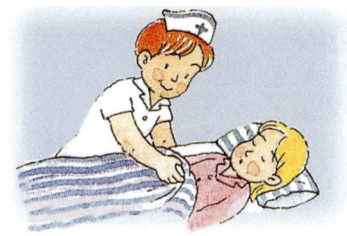

· I'm tired, I have to *lie* down.
나는 지쳐서 드러누워야겠다.

·lie²

[lai/라이]

명 (복수 *lies* [laiz/라이즈])거짓말 (《반》 truth 진실)
· Never tell a *lie*.
결코 거짓말은 하지 마라.

타 거짓말하다, 속이다
· You are *lying*.
너는 거짓말을 하고 있다.

·life

[laif/라이프]

명 (복수 *lives* [laivz/라이브즈]) (*live* [liv/리브] 「살다」의 3단현은 *lives* [livz/리브즈])

명 ① 생활, 인생
· She lived a happy *life*.
그녀는 행복한 생활을 했다.

· *Life* is wonderful.
인생은 즐겁다.

명 ② 생명(체) (《반》 death 죽음)
· He saved my *life*.
그가 나의 생명을 구했다.

《숙》 *all one's life* : 일생 동안. 한 평생.
I will not forget you all my *life*.
나는 평생 널 잊지 않을 것이다.

lift

[lift/리프트]

타 자 ① ~을 (들어) 올리다
· I can *lift* this heavy stone.
나는 무거운 돌을 올릴 수 있다.

타 자 ② 자동차에 태우기
· Can I give you a *lift*[=ride]?
태워 줄까
· No, that's OK. It's only up the street.
아니, 괜찮아. 이 길을 조금만 올라가면 돼.

명 들어 올림, 《영》승강기

:light¹

[lait/라이트]

명 (복수 *lights* [laits/라이츠]) 빛 불빛, 등불 (《반》 darkness 어둠)
· Please turn off the *light*.
전등을 꺼 주세요.

light

· She *lighted* a candle.
그녀는 촛불을 켰다.

형 가벼운; 밝은(《반》 dark 어두운, 깜깜한)
· This room is *light*.
이 방은 밝다.

·light²
[lait/라이트]
형 가벼운 (《반》 heavy 무거운)
· The child lifted a *light* box.
그 아이는 가벼운 상자를 올렸다.

lighthouse
[láithaus/라이트하우스]
명 (복수 *lighthouses* [láithauziz/라이트하우지즈]) 등대
· He is a *lighthouse* keeper.
그는 등대지기다.

lightning
[láitniŋ/라이트닝]
명 번갯불, 전광
· The *lightning* makes a very bright, quick light.
번개는 매우 밝고 빠른 빛을만든다.

:like¹
[laik/라이크]

타 자 ~을 좋아하다
· I *like* cats.
나는 고양이를 좋아한다.
· Do as you *like*.
네 좋을 대로 해라.
《숙》 *should* (또는 *would*) *like to (do)* ~하고 싶다
I *should like* to go home.
나는 집으로 가고 싶습니다.

·like²
[laik/라이크]
형 닮은, ~과 같은
· He looks *like* his brother
그는 자기 형과 닮았다.

· These two pictures are very *like*.
이 두 그림은 아주 흡사하다.
《숙》 *look like* ~처럼 보인다
The big cat *looks like* a baby tiger.
그 큰 고양이는 새끼 범 같다

likely
[láikli/라이클리]
형 ~할 것 같은, 그럴듯한
· It is *likely* to snow.
눈이 올 것 같다.
부 아마 (《동》 probably)
· Most *likely* she will not come

likeness

tonight.
아마도 그녀는 오늘 밤에 못올 것이다.

likeness
[láiknis/라이크니스]
명 (복수 *likenesses* [láiknisz/라이크니스즈])
명 ① 비슷함, 닮음
 · His *likeness* to his father.
 그의 아버지와 닮음.
명 ② 초상화, 닮은것 [사람]
 · I had my *likeness* painted.
 나는 나의 초상화를 그리게 했다.

·lily
[líli/릴리]
명 (복수 *lilies* [líliz/릴리즈])백합
 · *Lily* is a beautiful flower.
 백합은 아름다운 꽃이다.

 · Who arranged these *lilies* in a vase?
 누가 백합을 꽃병에 꽂았니?

Lincoln
[líŋkən/링컨] (※발음주의)
명 Abraham, 아브라함 링컨 (1809~1865) (미국 16대 대통령)
 · *Lincoln* set the slaves free.
 링컨은 노예를 해방시켰다.

line
[lain/라인]
명 (복수 *lines* [lainz/라인즈])
명 ① 선, 줄; (철도·버스) 노선
 ★a straight[curved] *line* 직선
 · Take the subway *Line* No.3.
 지하철 3호선을 타세요.
명 ② (일렬로 서 있는) 줄, 열
 · Are you standing in *line*?
 당신은 줄 서 있는 겁니까?
 · Let's *line* up
 줄을 섭시다.
명 ③ 전화선, 전선
 · The *line* is busy.
 《전화》통용 중입니다.
 · The *lines* went down in the storm.
 폭풍으로 전선이 내려 앉았다.
《숙》 *line up* 정렬시키다.

·lion
[láiən/라이언]
명 (복수 *lions* [láiənz/라이언즈])
【동물】사자
 · *Lions* live in Africa.
 사자는 아프리카에 살고 있다.
 · The *lion* is a dangerous animal.
 사자는 위험한 동물이다.

·lip
[lip/립]
명 (복수 *lips* [lips/립스] 입술
 ★ The upper[lower] *lip*
 윗[아랫] 입술

- He puts a glass on his *lips*.
  그는 잔을 입술에 댄다.
- Mother painted her *lips* red.
  어머니는 입술을 빨갛게 칠하셨다.

list
[list/리스트]
명 (복수 *lists* [lists/리스츠]) 목록, 표, 명부
- The prices are on the *list*.
  가격은 가격표에 나와 있다.
- His name was not on the *list*.
  그의 이름은 명부에 없었다.

listen
[lísn/리슨]
자 듣다, 귀를 기울이고 듣다
- Are you *listening* to me?
  너 내말 듣고 있니?
- *Listen* (to) the tape, please.
  테이프에 귀를 기울이세요.

> [*hear* 와 listen(to)]
> 『*hear*』는 자연적으로 귀에 『~이 들려오다』라는 뜻이고, 『*listen*(to)』는 의식적으로 들으려고 『귀를 기울이다』라는 뜻이다.

listener
[lísnər/리스너]
명 (복수 *listeners* [lísnərz/리스너즈]) 청취자
- Good night, *listener*.
  청취자 여러분, 안녕히 주무세요.

litter
[lítər/(을)리러어]
명 쓰레기, 잡동사니
- Don't drop *litter* on the road.
  도로에 쓰레기를 떨어트리지 마라.
- No *Litter*.《게시》
  쓰레기를 버리지 마시오.

little
[litl/리틀]
형 (비교급 *less* [les/레스], 최상급 *least* [li:stst/리이스트])
형 ① 어린, 작은 (《반》 big, large 큰)
- A *little* girl is playing with toys
  한 어린소녀가 장난감을 가지고 놀고 있다.
형 ② (《수량을 알때》) 거의 없는
- There is *little* water in the bottle.
  병 속에는 물이 거의 없다.
형 ③ 조금의, 약간의, 소량의
- I can speak English a *little*.
  나는 영어를 조금 말할 수 있다.
부 ① 거의~하지 않다
- I *little* thought that he would come back again.
  나는 그이가 다시 돌아 오리라고는 거의 생각치 아니 했습니다.
부 ② (a *little* 의 꼴로 긍정)조금은(~하다)

· I can speak English a ***little***.
나는 영어를 조금 말할 수 잇다.
《숙》 ***little by little*** 조금씩
《숙》 ***not a little*** 적지 않게

live¹
[liv/(을)리브]
자 살다 (《반》 die 죽다)
· Where do you ***live***?
너는 어디에 사니?
· His grandmother ***lived*** to be ninety.
그의 할머니께서는 90세까지 사셨다.

live²
[laiv/(을)라이브]
자 살아 있는
★ a ***live*** music 생음악
a ***live*** fish 살아 있는 물고기
타 ~한 생활을 하다
· He ***lived*** a happy life.
그는 행복한 생활을 하였다.

《숙》 ***live on*** ~을 먹고 산다
The Koreans ***live*** on rice.
한국 사람은 쌀을 먹고 산다.

living
[líviŋ/리빙]
형 살아있는, 현존하는 《반》 dead)

· My pet dog is still ***living***.
나의 애견은 아직도 살아 있다.
명 생활, 생계
· He works hard for his ***living***.
그는 생계를 위하여 일을 열심히 합니다.
《숙》 ***make one's living*** 생계를 세우다

living room
[líviŋrum/리빙룸]
명 (복수 ***livingrooms*** [líviŋrumz/리빙룸즈]) 거실
· This is a ***living room***.
이 곳이 거실입니다.

load
[loud/로우드]
명 (복수 ***loads*** [louds/로우즈]) 짐, 화물
· He carries a heavy ***load*** on his back.
그는 무거운 짐을 등에 지고 있다.

타 (짐을)싣다
· The ship was ***loaded*** with coal.
그 배에는 석탄이 실려 있었다.

loaf
[louf/로우프]

명 한 덩어리
- She bought a *loaf* of bread.
그녀는 빵 한 덩어리를 샀다.

local
[lóuk(ə)l/로우컬]
형 지방의, 그 땅의
- That is a *local* train.
저것은 (각 역에 정차하는)완행 열차입니다.
명 지방인, 지방 기사, 완행 열차

lock
[lak/락]
명 (복수 *locks* [laks/락스])자물쇠
- Open the *lock* with this key.
이 열쇠로 그 자물쇠를 열어라.

타 자 잠그다
- Don't forget to *lock* the door.
문잠그는 것을 잊지 말아라.

locker
[lákər/(을)라커(어)]
명 (자물쇠가 달린) 장, 사물함
- These are *lockers* for students.
이것들이 학생용 사물함들이다.

locust
[lóukəst/로우커스트]
명 (복수 *locusts* [lóukəsts/로우커스츠]) 메뚜기
- There are many *locusts* in the fall.
가을에는 메뚜기가 많다.

log
[lɔːg/로오그]
명 (복수 *logs* [lɔːgz/로오그즈]) 통나무, 재목
- Put another *log* on the fire.
불 속에 통나무를 하나 더 집어 넣어라.

London
[lʌ́ndən/런던]
명 런던
- *London* is the capital of England.
런던은 영국의 수도입니다.

lonely
[lóunli/로운리]
형 고독한, 쓸쓸한
- He is a *lonely* traveller.
그는 외로운 나그네이다.
- I fell very *lonely*.
나는 매우 쓸쓸하다.

long¹
[lɔːŋ/로옹]
형 (물건의 길이가) 긴, 길쭉한
(《반》 short 짧은)
- She has *long* hair.

long

그녀는 머리가 길다.

부 (시간이) 긴
- I haven't seen you for a *long* time.[=*Long* time no see.]
  오래간만입니다.
- How *long* will you stay here.
  너는 얼마동안 이 곳에 머물러 있을 거니?

《숙》 *as long as* ~ ~하는 동안은
《숙》 *no longer* (또는 *not ~any longer*) 이젠 ~아닌
  It is *no longer* cold.
  이젠 춥지 않습니다.
《숙》 *So long!* (구어) 안녕히 가[계]십시오.
《숙》 *So long as* ~ ~하는 한

명 오랫동안
- It will not take *long*.
  오래 걸리지 않을 것입니다.

《숙》 *before long* 오래지 않아
  I will see him *before long*.
  나는 오래지않아 그를 만날것이다.

long²
[lɔːŋ/로옹]
자 간절히 바라다, 사모하다
- He *longed* for his mother.
  그는 어머니를 그리워 하였다.
- *Long* for something new.
  새것을 갈구하다.

look
[luk/룩]
자 ① (주의해서) 보다, 바라보다
- *Look* at that picture!
  저 사진을 보아라!

자 ② ~처럼 보이다
- You *look* happy today.
  너 오늘 행복해 보인다.

《숙》 *look after* ~을 보살피다
  She *looks* after the children
  그녀는 그 아이를 돌본다

《숙》 *look about* ~ (~의) 주위를 둘러보다
《숙》 *look at* ~ ~을 보다
《숙》 *look back* 뒤돌아 보다
《숙》 *look for* ~ ~을 찾다

명 (복수 *looks* [luks/룩스])
명 ① 보기, 한번 봄
- The policeman gave him a sharp look.
  경찰은 그를 날카롭게 쏘아 보았다.

명 ② 모양
- From the *look* of the sky, it will be fine tomorrw.
  하늘을 보아서는 내일은 날씨가 좋겠다.

loose
[luːs/루우스]

lose

형 헐렁한, 느슨한 풀린 (《동》 free) (《반》 tight 꼭 끼는)
· These pants are is too **loose** for me.
이 바지는 나에게 너무 헐렁하다.

lose
[luːz/루우즈]
타 ① ~을 잃다, 잃어버리다
· She **lost** some money yesterday.
그녀는 어제 돈을 조금 잃어 버렸다.
타 ② (승부 따위에서) 지다
· We **lost** the football game.
우리는 축구 시합에서 졌다.

· In the Samsung-Lotte game, Samsung **lost** 2 to 5.
삼성과 롯데의 게임에서 삼성이 2대 5로 졌다.
타 ③ (시계가) 늦다, 늦게가고있다 (《반》 gain 빠르다)
· My watch **loses** five minutes a day.
내 시계는 하루에 5분 늦는다.

loss
[lɔːs/로오스]
명 (복수 **losses** [lɔ́ːsiz/로오시즈])
잃은 것, 손해 (《반》 gain 이익)
· **Loss** of health is worse than **loss** of money.
건강을 잃는 것은 돈을 잃는 것보다 못하다.

·lot
[lat/랏]
명 (복수 **lots** [lats/라츠])
명 ① 제비뽑기, 운수
· They chose the monitor by **lot**.
그들은 제비뽑기로 반장을 뽑았다.
명 ② 《구어》 많음, 다수
· Mrs. Brown knows a **lot** about flowers.
브라운 부인은 꽃에 대해 잘아신다.
《숙》 **a lot of** (= **lots of**)
많은, 다량의, 다수의
There are **a lof of** park in Seoul
서울에는 공원이 많이 있다.

·loud
[laud/라우드]
형 소리가 큰, 시끄러운
· He called me in a **loud** voice.
그는 큰 소리로 날 불렀다.
《숙》 **be loud in praises** 칭찬하다
부 큰 소리로
· Don't speak so **loud**.
그렇게 큰 소리로 말하지 말라.

loud-speaker
[láudspíːkər/라우드스피이커]
명 (복수 **loud-speakers** [láudspíːkərz/라우드스피이커즈]) 확성기
· Listen to the **loud-speaker**!
확성기에 귀를 기울이시오.

:love
[lʌv/러브]

타 ① 사랑하다 (《반》 hate 미워하다)
· We *love* our conutry.
우리들은 조국을 사랑한다.

타 ② 무척 좋아하다, 즐기다
· She *loves* music.
그녀는 음악을 무척 좋아한다.

명 사랑, 애정; 연애
· *Love* is the most important thing.
사랑은 가장 중요한 것이다.

《숙》 *fall in love with* ~을 사랑하다
I *fell in love* with her at first sight.
나는 첫눈에 그녀에 반해 버렸다.

《숙》 *at first sight* : 첫 눈에

lovely
[lʌvli/러블리]

형 ① 사랑스러운, 귀여운
· She is a *lovely* girl.
그 여자는 귀여운 소녀입니다.

형 ② 아름다운
· What a *lovely* flower this is!
참 아름다운 꽃이로구나.

loving
[lʌviŋ/러빙]

형 사랑하는, 애정이 있는
· Your *loving* friend.
너의 친한 벗으로부터(친구간의 편지의 끝맺는 말)

:low
[lou/로우]

형 ① 낮은 (《반》 high 높은)
· The hill is *low*.
그 언덕은 낮다.
· She spoke to me in a very *low* voice.
그 여자는 매우 낮은 소리로 나에게 말했습니다.

형 ② 싼 (《동》 cheep)
· I bought this fountain-pen at a *low* price.
나는 이 만년필을 싼 값으로 샀습니다.

부 낮게, 싸게
· The pitcher threw the ball *low*.
투수는 공을 낮게 던졌다.

lower
[lóuər/로우어]

형 (*low*의 비교급) 더 낮은, 낮은 쪽의, 하급의
· This table is *lower* than that one.
이 테이블은 저 테이블보다 낮다.

자 타 낮추다, 내리다, 낮아지다
· Please *lower* your voice.

목소리를 낮춰주시오.

luck
[lʌk/럭]

명 운수, 행운 (《동》 fortune)(《참고》 lucky 행운의)

· He tried his *luck* with the cards.
그는 카드로 자기의 운을 점쳐 보았다.
· Good *luck* (to you)!
[=I wish you good *luck*.]
행운을 빌어요! 건강하세요!

lucky
[lʌki/러키]

형 운이 좋은, 행운의 (《동》 fortune)(《반》 unlucky 불운한)

· This is my *lucky* day.
오늘은 내가 운이 좋은 날이다.
· Black cats are not *lucky*.
검은 고양이는 재수가 없다.

luggage
[lʌgidʒ/러기지]

명 여행용 휴대폰, 수화물

· He carried his *luggage* out to the platform.
그는 수화물을 플랫폼 까지 운반 했다.
· a piece of *luggage*

수화물 한 개

lumber
[lʌmbər/럼버]

명 재목, 제 재목

· Korea buys *lumber* from Canada.
한국은 카나다에서 재목을 삽니다.

lump
[lʌmp/럼프]

명 (복수 lumps [lʌmp/럼프스])덩어리, 각설탕1개

· How many *lumps* in your coffee?
커피에 각설탕을 몇개 넣을까요?
· Put two *lumps* in my coffee, please
커피에 각설탕을 두개넣어 주세요.

:lunch
[lʌntʃ/런치]

명 (복수 lunches [lʌntʃiz/런치스]) 점심 (《참고》 breakfast 아침밥, supper 저녁밥)

★ *lunch* time : 점심시간
· Did you have *lunch*?
너 점심 먹었니?
· I had sandwiches for *lunch*.
나는 점심에 샌드위치를 먹었다.

lung
[lʌŋ/(을)렁]

명 (보통 복수형으로) 폐, 허파

· Smoking is bad for the *lungs*.
담배를 피우는 것은 폐에 나쁘다.

luxury
[lʌkʃ(ə)ri/럭셔리]
명 (복수 *lusuries* [lʌkʃ(ə)riz/럭셔리즈]) 사치, 사치품
· He lives in *luxury*.
그는 사치스럽게 산다.

lying¹
[láiiŋ/라이잉]
자 *lie*¹(가로 눕다)의 현재 분사
· The dog is *lying* on the sofa.
개가 소파에 누워 있습니다.

형 드러누운
· The *lying* man is a stranger to me.
저 드러누워 있는 사람은 내가 모르는 사람이다.
명 눕기
· *Lying* on a softbed is comfortable.
푹신한 침대에 드러누워 있으면 기분이 좋다.

lying²
[láiiŋ/라이잉]
자 *lie*²(거짓말하다)의 현재 분사
· The bad boy is *lying*.
그 나쁜 소년은 거짓말을 하고 있습니다.
형 거짓말의
· Don't believe such a *lying* story.
그러한 거짓말을 믿지 말아라.
명 거짓말 하기
· She is good at *lying*.
그 여자는 거짓말을 잘한다.

M

M, m
[em/엠] 알파벳의 열세 번째 문자

:ma'am
[mæm/맴]

명 《구어》 마님; 아주머니; 선생님
· May I help you, *ma'am*?
 뭘 도와드릴까요, 부인?
· Yes, *ma'am*.
 네, 마님[선생님].

☞ *madam* [mǽdəm/매덤]의 줄임 말이며 남자에게는 『sir』를 쓴다.

:machine
[məʃíːn/머신-]

명 (복수 *machines* [məʃíːnz/머신-즈] 기계, 기계 장치
· a sewing *machine* 재봉틀
· a vending *machine* 자동판매기
· a washing *machine* 세탁기
· Farmers milk their cows with *machines*.
 농부는 기계로 암소 젖을 짠다.
· This washing *machine* does not work.
 이 세탁기가 작동하지 않는다.

machinery
[məʃíːnəri/머시-너리]

명 (복수 *machineries* [məʃíːnəriiz/머시-너리즈] 기계류
· The *machinery* is driven by electricity.
 그 기계는 전기로 작동된다.

mad
[mæd/매드]

형 (비교급 *madder* [mǽdər/매더], 최상급 *maddest* [mǽdist/매디스트])

형 ① 《구어》 화가 난, 성난; 미친
· Are you *mad* at me?

너 나한테 화났니?
· She went *mad*.
그녀는 미쳐 버렸다.
휑 ② 열광적인, 열중한
· His brother is *mad* about computer games.
그의 동생은 컴퓨터 게임에 정신이 팔려 있다.

:made
[meid/메이드]
타 *make*(만들다)의 과거·과거 분사
· Betty *made* good cookies.
베티는 맛있는 쿠키를 만들었다.
휑 (합성어로) ~제의, ~로 만든
· These are Korean *made* cars.
이것들은 한국제 자동차들이다.

:magazine
[mǽgəzíːn/매거진-]
명 (복수 *magazines* [mǽgəzíːnz/매거진-즈]) 잡지
· Whose *magazine* is this?
이것은 누구 잡지니?
· I read a *magazine* every month.
나는 매일 잡지를 읽는다.

magic
[mǽdʒik/매직]
명 마법, 마술, 요술

· He is very good at *magic*.
그는 마술을 매우 잘한다.
휑 마법의; 요술의
· The queen had a *magic* lamp.
그 여왕은 마술 램프를 가지고 있었다.

magician
[mədʒíʃ(ə)n/머쥐슌[션]]
명 마술사, 요술쟁이
· Uncle Tom is a *magician*.
톰 아저씨는 마술사이시다.

magnet
[mǽgnit/매그닛]
명 (복수 *magnets* [mǽgnits/매그니스]) 자석
· This is a horseshoe [U] *magnet*.
이것은 말굽[U]자형 자석이다.
· *Magnets* attract iron.
자석은 쇠붙이를 끌어당긴다.

:maid
[meid/메이드]
명 (복수 *maids* [meidz/메이즈])
명 ① 하녀, 가정부
· Very few families have *maids* now.
지금은 하녀가 있는 가정은 거의 드물다.

명 ② 소녀, 처녀, 미혼 여자
· She is an old *maid*.
그녀는 노처녀다.

:mail
[meil/메일]

명 (복수 *mails* [meilz/메일즈])
우편, 우편물(《영》 post)
· Is there any *mail* for me today?
오늘 제게 온 우편물 있습니까?
타 우송하다; 투함하다
· Don't forget to mail my letter.
내 편지 부치는 걸 잊지 말아라.
《숙》 *by mail* : 우편으로

mailbox
[méilbɑ̀ks/메일박스]

명(복수 *mailboxes* [méilbɑ̀ksiz/메일박시즈]) 《미》우체통
· There is a *mailbox* just down the street.
길 바로 아래쪽에 우체통이 있다.

mailman
[mèilmǽn/메일맨]

명(복수 *mailmen* [méilmèn/메일멘] 집배원 (《영》 postman)
· The *mailman* brings a lot of mail to us.
우편 집배원은 우리에게 많은 우편물을 가져다 준다.

:main
[mein/메인]

형 주요한, 주된
· That's the *main* point of my opinion.
그것은 내 견해의 요점입니다.
· This is the *main* street of this town.
이 곳이 이 도시의 중심가이다.

·make
[meík/메이크]

타 자 (3단현 *makes* [meiks/메이크스], 과거·과거 분사 *made* [meid/메이드]현재 분사 *making* [méikiŋ/메이킹])
타 ① 만들다
· Let's *make* a big house with blocks.
블록으로 큰 집을 짓자.
타 ② ~이 되다
· He will *make* a good teacher.
그는 좋은 선생님이 될 것이다.
타 ③ ~하게 하다
· The spring shower *makes* the grass grow.
봄비는 풀을 자라게 한다.
《숙》 *make use of* ~을 이용하다
명 ① 제작, ~제
· He has a camera of German *make*.
그는 독일제 카메라를 가지고 있다.
명 ② 모양, 형
· He bought a new *make* of car.
그는 신형차를 샀다.

maker
[méikər/메이커]

명 (복수 makers [méikərz/메이커즈]) 제작자, 제조업자, 메이커
· He is a toy *maker*.
그는 장난감 제조업자다.

ma(m)ma
[máːmə/마-머, 《영》 məmáː/머마-]

명 (복수 ma(m)mas [máːməz/마-머즈],《영》 məmáːz/머마-즈])
《유아》 엄마(《반》 papa 아빠)
· The baby cried "*Mama*".
그 아기는 「엄마」하고 소리쳤다.

mammal
[mǽməl/매멀]

명 포유 동물
· Cats are *mammals*.
고양이는 포유동물이다.

man
[mæn/맨]

명 (복수 men [men/멘])
명 ① 사람, 인간
· Only *man* can speak a language.
인간만이 언어를 말할 수 있다.
명 ② 남자 (《반》 woman 여자)
· You are a very strong *man*.
당신은 매우 강한 남자에요.

《숙》 *like a man* 남자답게
He died like a *man*.
그는 남자답게 죽었다.

manager
[mǽnidʒər/매니저]

명 (복수 managers [mǽnidʒərz/매니저즈]) 지배인; 감독
· My father is the *manager* of the hotel.
나의 아버지는 호텔 지배인 이다.

:mankind
[mænkáind/맨카인드]

명 인류, 인간, 사람
· *Mankind* desires peace.
인류는 평화를 갈망하고 있다.

:manner
[mǽnər/매너]

명 (복수 manners [mǽnərz/매너즈])
명 ① 태도, 자세
· I don't like her *manner*.
나는 그녀의 태도가 싫다.
명 ② 방법, 방식 (《동》 way)
· Do it in this *manner*.
이런 방법으로 그것을 해라.
명 ③ 《복수형으로》 예의, 예절
· He has good *manners*.
그는 예의가 바르다.

mansion
[mǽnʃ(ə)n/맨션]
명 (복수 *mansions* [mǽnʃ(ə)nz/맨션즈]) 대저택
· She lives in a *mansion*.
그녀는 대저택에 살고 있다.

·many
[meni/메니]
형 (비교급 *more* [mɔːr/모-], 최상급 *most* [moust/모우스트]) 많은, 다수의 (《반》 few 적은)
· I have *many* books.
나는 많은 책을 가지고 있다.

> [many 와 much]
> ① 둘 다 「많은」이라는 뜻의 형용사인데 「many」는 수를 뜻하기 때문에 하나 둘 셀 수 있는 명사 앞에 오고 「much」는 양을 뜻하기 때문에 셀 수 없는 명사 앞에 온다.
> 예) *many* apples (많은 사과)
>   *much* water (많은 물)
> ② (구어)에서는 「many」 대신에 「a lot of, lots of」 등을 사용한다.

《숙》 *a good many* 꽤 많은
《숙》 *a great many* 대단히 많은
명 많은 사람들; 많은 것[일]
· How *many* have you got?
얼마나 많이 가지고 있니?

·map
[mæp/맵]
명 (복수 *maps* [mæps/맵스]) 지도
· Do you have a city *map*?
시가지 지도 가지고 있니?
· Look at the *map* on the wall.
벽의 지도를 보아라.

maple
[méipl/메이플]
명 (복수 *maples* [méiplz/메이플즈]) 단풍(잎); 단풍나무
· a flaming *maple*
타오르는 듯한 단풍나무

:march
[maːrtʃ/마-치]
명 행진, 행군; 행진곡
· They are on the *march*.
그들은 행진하고 있다.
자 행진하다
· The soldiers *marched* along the street.
군인들이 거리를 행진했다.

·March
[maːrtʃ/마-치]
명 3월 (*Mar.* 로 약한다)
· We have a lot of windy days in *March*.
3월은 바람이 센 날이 많다.

·mark
[maːrk/마-크]
명 (복수 *marks* [maːrks/마크스])
명 ① 표적, 과녁, 목표
· The arrow missed the *mark*.
화살은 과녁을 빗나갔다.
명 ② 표시, 기호; 자국, 흔적

· What does this ***mark*** mean?
이 표시는 무슨 의미인가요?
명 ③ 《영》점수, 성적(《미》grade)
· She got full ***marks*** in history.
그녀는 역사 과목에서 만점을 얻었다.
명 ④ ~에 표를 하다, 나타내다
· ***Mark*** the word in red.
그 단어에 빨간 색으로 표해요.
타 ~에 표를 하다
· ***Mark*** the words which you don't know with a pencil.
모르는 단어에 연필로 표시를 하시오.

market
[máːrkit/마-킷]
명 (복수 ***markets*** [máːrkits/마키츠]) 시장, 장 · 거래선
· We went shopping to the ***market***.
우리들은 시장에 쇼핑을 갔다.
· Mother goes to ***market*** everyday.
어머니는 매일 장보러 가신다.

☞ 『장보러 가다』의 뜻에는 a나 the를 사용하지 않는다.

marriage
[mǽrid/매리지]
명 결혼; 결혼식
· He proposed ***marriage*** to her.
그는 그녀에게 청혼했다.

marry
[mǽri/매리]
타 ① ~와 결혼하다
· Are you ***married*** or single?
당신 기혼입니까, 미혼입니까?
타 ② 결혼시키다
· He ***married*** his daughter to a young judge.
그는 딸을 젊은 판사와 결혼시켰다.
자 결혼하다, 시집(장가)가다
· She ***married*** when she was twenty-two.
그녀는 22살 때 결혼했다.

mask
[mæsk/매스크]
명 (복수 ***masks*** [mæsks/매스크스]) (무도회의) 가면, 탈, 방독면
☞ The ***mask*** dance: 탈춤
· They are wearing ***masks***.
그들은 가면을 쓰고 있다.

· He wore a mask of a lion
그는 사자탈을 쓰고 있다.
《숙》 ***put on a mask*** 가면을 쓰다
《숙》 ***under the mask of*** 가장하여

mass
[mæs/매스]
명 (복수 *masses* [mǽsiz/매시즈])
덩어리; 모임, 집단; 다수, 다량
☞ a *mass* of rock : 바윗덩어리
· I see large *masses* of clouds.
  큰 구름 덩어리들이 보인다.

:master
[mǽstər/매스터]
명 (복수 *masters* [mǽstərz/매스터즈])
명 ① (남자) 주인, 고용주
· A dog knows his *master*.
  개는 자신의 주인을 안다.
★ *master* and man : 주인과 하인
명 ② 장; 가장; 선장
★ a station *master* : 역장
· He is the *master* of a ship.
  그는 선장이다.
명 ③ 대가, 명수, 거장
· He is a great *master* of painting.
  그는 그림의 거장이다.
타 습득하다, 숙달하다, 정복하다
· It is difficult to *master* English.
  영어를 숙달하는 것은 어렵다.

:match
[mætʃ/매치]
명 (복수 *matches* [mǽtʃiz/매치즈])
명 ① 시합, 경기 (《동》 game)
· Did you see the bowling *match* yesterday?
  어제 볼링 시합 보았니?

명 ② (한 개비의) 성냥
· Please strike a *match*.
  성냥을 켜 주세요.
명 ③ 어울리는 것[사람]
· He is no *match* for me.
  그는 나의 상대가 될 수 없다.
타 자 ~에 필적하다
· No one can *match* him in strength.
  힘으로 아무도 그를 당할 수 없다.

math
[mæθ/매스]
명 수학 (《참고》 *mathematics*)
· We have English and *math* on Saturday.
  토요일에는 영어와 수학 시간이 있다.

:mathematics
[mǽθimǽtiks/매시매틱스]
명 수학
· I like *mathematics*.
  나는 수학을 좋아한다.
· We have *math* on Saturday.
  토요일에는 수학시간이 있다.

matter
[mǽtər/매터]
명 (복수 *matters* [mǽtərz/매터즈])
명 ① (the를 붙여서) 곤란한 일
· What's the *matter* with Kate?
케이트에 무슨 일이 있습니까?
명 ② 일, 문제, 시간
· It's no laughing *matter*.
그것은 웃을 일이 아니다.
자 중요하다, 문제가 되다
· That doesn't *matter* to me.
그것은 내게 중요하지 않다.

May
[mei/메이]
명 5월
· *May* is the fifth month of the year.
5월은 1년 중 다섯 번째 달이다.

may
[mei/메이]
조 ①(허가를 나타내어)~해도 좋다
《반》must not ~해서는 안 된다)
· *May* I come in?
들어가도 좋습니까?

조 ② ~인지도 모른다
《반》*may not* ~아닌지도 모른다)
· It *may* be true.
그것은 사실인지 몰라.
《숙》*may well* ~하는것도 당연하다

maybe
[méibi(:)/메이비(-)]
부 아마, 어쩌면
· *Maybe* it will rain tomorrow.
아마 내일은 비가 올 것이다.

mayor
[méiər/메이어]
명 (복수 *mayors* [méiərz/메이어즈]) 시장
· The *mayor* of this city is very popular, especially among women.
이 시의 시장은 특히 여성들 사이에서 매우 인기가 있다.

me
[(강)mi:/미-, (약)mi/미]
대 (I의 목적격) 나를, 나에게
· Who's there? 누구세요?
It's *me*, Ted. 나야, 테드
· She knows *me*.
그녀는 나를 알고 있다.

meadow
[médou/메도우]
명 (복수 *meadows* [médouz/메도우즈]) 목초지, 풀밭
· The *meadow* grows good grass for hay.
그 목초지에서는 건초용의 양

질의 풀이 자란다.

meal
[miːl/밀-]

명 (복수 meals [miːlz/밀-즈]) 식사
- We have three *meals* a day.
  우리는 하루 3번 식사를 한다.
- I had a light *meal*.
  나는 가벼운 식사를 했다.

mean
[miːn/민-]

타 (3단현 *means* [miːnz/민-즈], 과거·과거분사 *meant* [ment/멘트], 현재분사 *meaning* [míːniŋ/미-닝])

타 ① ~을 의미하다, 뜻하다
- N *means* north.
  N은 북쪽을 뜻한다.

타 ② ~할 작정이다
- I *mean* to read all these books.
  나는 이 책을 모두 읽을 작정이다.

형 천한, 비열한, 치사한
- She lives in a *mean* house.
  그녀는 초라한 집에 살고 있다.

《숙》 *mean business* 진심이다

meaning
[míːniŋ/미-닝]

명 (복수 *meanings* [míːniŋz/미-닝즈]) 의미, 뜻
- What is the *meaning* of this word?
  이 말 뜻은 무엇이니?

means
[miːnz/민-즈]

명 ① 방법, 수단
- There are no *means* of getting there?
  그 곳에 갈 방법이 없다.

명 ② (복수로 취급) 재력, 재산
- He is man of *means*.
  그는 재력가이다.

《숙》 *by all means* : 기어이, 꼭
《숙》 *by means of* : ~에 의하여

meat
[miːt/미-트]

명 고기, 육류
- The *meat* has gone bad.
  고기가 상했다.
- She doesn't like *meat*.
  그녀는 고기를 좋아하지 않는다.

medicine
[méd(i)sn/메디슨]

명 약, 내복약; 의학
- Would you tell me how to use this *medicine*?
  이 약의 복용법을 알려주시겠

습니까?
· A good *medicine* tastes bitter.
《속담》좋은 약은 입에 쓰다.

meet
[miːt/미-트]
타 자 (3단현 *meets* [miːts/미-츠], 과거·과거 분사 *met* [met/멧], 현재 분사 *meeting* [míːtiŋ/미-팅])
타 ① 만나다
· Let's *meet* there tomorrow.
내일 거기서 만납시다.
타 ② 마중하다
· I'll *meet* you at the airport.
제가 공항으로 당신을 마중하러 가겠습니다.
자 만나다; 화합하다
· Where shall we *meet*?
어디서 만날까요?
《숙》*meet with~* (사람)과 우연히 만나다
명 화합, 모임, 경기 대회
☞ at athletic *meet* : 운동회
a swimming *meet* : 수영 대회

meeting
[míːtiŋ/미-팅]
명 (복수 *meetings* [míːtiŋz/미-팅즈]) 모임, 화합, 집회
· The *meeting* was successful.
회합은 성공적이었다.
· I can't attend the club *meeting* today.
나는 오늘 클럽 모임에 참석할 수 없다.

melon
[mélən/멜런]
명 【식물】메론, 참외
· I like *melons* very much.
나는 멜론을 무척 좋아한다.

member
[mémbər/멤버]
명 (복수 *members* [mémbərz/멤버즈]) (단체의) 일원, 회원
· Paul is a *member* of our baseball team.
폴은 우리 야구팀의 일원이다.

memory
[méməri/메머리]
명 (복수 *memories* [méməriz/메머리즈])
명 ① 기억(력)
· I have a good[bad] *memory*.
나는 기억력이 좋다[나쁘다].
명 ② 추억, 회상
· It is but a *memory*.
이것은 이제 추억일 따름이다.
《숙》*in memory of* : ~을 기념하여

:men
[men/멘]
명 *man*(사람, 남자)의 복수
· All *men* are equal.
모든 사람은 평등하다.

:mend
[mend/멘드]
타 고치다, 수선하다
· She *mended* my pants.
그녀는 내 바지를 수선해 주었다.

mention
[ménʃ(ə)n/멘션]
타 말하다
· I *mentioned* it to him.
나는 그에게 그것을 말했다.
명 (복수 *mentions* [ménʃ(ə)nz/멘션즈]) 언급, 질술, 기재

menu
[ménju:/메뉴우]
명 식단표; 메뉴
· May I see the *menu*, please?
메뉴를 갖다 주시겠습니까?

:merchant
[mə́:rtʃ(ə)nt/머-천트]
명 (복수 *merchants* [mə́:rtʃ(ə)nt-s/머-천츠]) 상인, 무역 상인
· Rich *merchants* lived in this area.
부자 상인들이 이 지역에 살았다.
《숙》 *a merchant of death* 전쟁 상인

:merrily
[mérili/메릴리]
부 즐겁게, 유쾌하게, 흥겁게
· She was gymnastics *merrily*.
그녀는 유쾌하게 체조를 하고 있었다.

·merry
[méri/메리]
형 유쾌한, 즐거운
· *Merry* Christmas!
[=I wish you a *Merry* Christmas!]
즐거운 크리스마스가 되시길 바랍니다.

merry-go-round
[mérigouráund/메리고우라운드]
명 회전목마
· Children are riding the *merry-go-round*.
아이들이 회전목마를 타고 있다.

:message
[mésidʒ/메시지]
명 (복수 *messages* [mésidʒiz/메

시지즈]) 전달사항, 메시지
· Could you give him a *message*, please?
그에게 말 좀 전해 주시겠어요?
· May I take a *message*?
전하실 말씀 있으세요?

meter, (영) metre
[míːtər/미-터]
명 미터(길이 단위)
· One *meter* is one hundred centimeters.
1미터는 100센티미터이다.
· He is 1.6 *meters* tall.
그는 키가 160센티미터이다.

method
[méθəd/메서드]
명 (복수 *methods* [méθədz/메서즈]) 방법, 방식, 순서
· He explained to us a new *method* of teaching.
그는 우리에게 새로운 교수법을 설명해 주었다.

mice
[mais/마이스]
명 *mouse*(생쥐)의 복수
· When the cat is away, the *mice* will play.
《속담》고양이가 없을 때에는 쥐들이 뛰어논다.

microscope
[máikrəskóup/마이크러스코우프]
명 (복수 *microscopes* [máikrəskóups/마이크러스코우프스])현미경
· I often use this *microscope*.
나는 이 현미경을 자주 사용한다.

middle
[mídl/미들]
형 한가운데의, 중간의
· I am a *middle* school student.
나는 중학생이다.
명 중앙, 한가운데; 중간
· A table was in the *middle* of the dining room.
식탁이 식당 중간에 있었다.
· Don't paly in the *middle* of the street.
길 한복판에서 놀지 마라.

midnight
[mídnáit/미드나이트]
명 (복수 *midnights* [mídnáits/미드나이츠]) 한밤중
· He came back at *midnight*.
그는 한밤중에 돌아왔다.
· Everything is still at *midnight*
한밤 중에는 만물이 고요하다.

midst
[midst/미드스트]
명 중앙, 한가운데; 한창
《숙》 *in the midst of* ~의 한가운데
- The plane landed in the *midst* of the lighting and thunder.
그 비행기는 한창 천둥 번개치는 중에 착륙했다.

:might¹
[mait/마이트]
조 *may*의 과거형
조 (허가) ~해도 좋다
- Mother said I *might* go swimming.
어머니는 나에게 수영가도 좋다고 말씀하셨다.
- I thought it *might* be true.
나는 그것이 사실 일지도 모른다고 생각했다.
명 힘, 권력
- He opened the window by *might*.
그는 힘으로 창문을 열었다.

might²
[mait/마이트]
명 힘
- *Might* is right. 힘이 정의다.
- Work with all your *might*.
있는 힘을 다해 공부해라.

mild
[maild/마일드]
형 온순한, 점잖은, 상냥한
- He is a *mild* gentleman.
그는 점잖은 신사다.
- He has a *mild* nature.
그는 천성이 상냥하다.

:mile
[mail/마일]
명 (복수 *miles* [mailz/마일즈])마일 (1마일은 약 1609미터)
- The river is eighty *miles* long.
그 강은 길이가 80마일이다.
- I live twenty *miles* from New York.
나는 뉴욕에서 20마일 지점에 살고 있다.

milk
[milk/밀크]
명 우유
- Milch cows give us *milk*.
젖소는 우리에게 우유를 준다.

- I drink a glass of *milk* every morning
나는 매일 아침 우유 한 잔을 마신다.

mill
[mil/밀]
명 (복수 *mills* [milz/밀즈])제분기, 맷돌, 물방앗간
- He runs a *mill*.
그는 제분소를 경영한다.
- a coffee *mill*
원두커피를 가는 기구

million

[míljən/밀리언]

명 (복수 *millions* [míljənz/밀리언즈]) 백만; 《복수로 써서》 다수
- More than 11 *million* people live in Seoul.
  천백만 이상의 사람이 서울에 살고 있다.

형 백만의; 무수한
- *Millions* of people are hungry in Africa.
  아프리카에는 수백만의 사람들이 굶주리고 있다.

《숙》 *millions of* 수백만, 무수의

mind

[maind/마인드]

명 (복수 *minds* [maindz/마인즈])

명 마음, 정신 (《반》 body 육체)
- You read my *mind*.
  어떻게 내 마음을 잘 아니?
- She has changed her *mind*.
  그녀는 생각을 바꾸었다.

타 ~에 조심하다, 유의하다
- *Mind* the dog.
  《게시》 개 조심.
- *Mind* your own business.
  네 일이나 잘해라.

자 걱정[염려]하다
- Never *mind*!
  걱정[염려] 마라!
- Do you *mind* if I sit here?
  여기 앉아도 괜찮을까요?

《숙》 *make up one's mind* : 결심하다

mine

[main/마인]

대 《I의 소유 대명사》 나의 것
- Roy is a friend of *mine*.
  로이는 내 친구 중의 하나이다.
- This dictionary is *mine*.
  이 사전은 내 것이다.

mineral

[mín(ə)rəl/미너럴]

명 (복수 *minerals* [mín(ə)rəlz/미너럴즈]) 광물, 광석
- Coal is a common *mineral*.
  석탄은 흔한 광물이다.

형 광물의
- The *mineral* water 광천수

minister

[mínistər/미니스터]

명 (복수 *ministers* [mínistərz/미니스터즈]) 장관, 대신; 공사
- the prime *Minister* 국무총리
- He is a *minister* in the Embassy of Korea in London.
  그는 런던 주재 한국 대사관의 공사다.

minus

[máinəs/마이너스]

형 마이너스의, ~을 뺀 (《반》 plus 플러스의)
- Ten *minus* six is four.
  10 빼기 6은 4이다.

minute
[minit/미닛]
명 (복수 *minutes* [minits/미니츠])
명 ① (시간의) 분
· It's five *minute* past [after] nine.
9시 5분이다.
· It's five *minute* to [before] nine.
9시 5분 전이다.
명 ② 잠깐 동안, 순간
· Wait [Just] a *minute*, please.
잠깐만 기다려 주세요.
《숙》 *for a minute* 잠깐 동안
《숙》 *in a minute* 곧, 즉시
《숙》 *any minute* 언제라도

miracle
[mírəkl/미러클]
명 (복수 *miracles* [mírəklz/미러클즈]) 기적, 경이
· His success is a *miracle*.
그의 성공은 기적이다.

mirror
[mírər/미러]
명 (복수 *mirrors* [mírərz/미러즈]) 거울, 반사경
· My sister is looking in the *mirror*.
누이가 거울을 보고 있다.

miss
[mis/미스]
타 ~을 놓치다
· I got up late and *missed* the bus.
나는 늦게 일어나 버스를 놓쳤다.

Miss
[mis/미스]
명 (복수 *Misses* [mísiz/미시즈])
~양, 선생님(미혼의 여선생님)
· She is *Miss* Smith.
그녀는 스미스양이다.
· *Miss* White is our history teacher.
화이트 선생님은 우리 역사 선생님이시다.

mission
[míʃ(ə)n/미션]
명 (복수 *missions* [míʃ(ə)nz/미션즈])
명 ① (사절의) 임무; 사명
· The spy went to Paris on a secret *mission*.
그 스파이는 비밀 임무를 띠고 파리에 갔다.
명 ② 천직, 사명
· It is my *mission* to teach children.

아이들을 가르치는 것은 나의 천직이다.

mist
[mist/미스트]
명 (복수 *mists* [mists/미스츠]) 안개, 연무
· The *mist* cleared.
안개가 걷혔다.

mistake
[mistéik/미스테이크]
타 (3단현 *mistakes* [mistéiks/미스테이크스], 과거형 *mistook* [mistúk/미스툭], 과거 분사 *mistaken* [mistéikn/미스테이큰], 현재 분사 *mistaking* [mistéikiŋ/미스테이킹])
타 ① 틀리다, 잘못알다
· He *mistook* me for Mr. Hong.
그는 나를 홍씨로 잘못 알고 있었다.
타 ② ~로 잘못 생각하다
· He *mistook* the cloud for an island.
그는 구름을 섬으로 잘못 봤다.
명 (복수 *mistakes* [mistéiks/미스테이크스]) 잘못, 틀림
· We sometimes make *mistakes*.
우리는 때때로 실수를 한다.
《숙》 *by mistake* 잘못하여

:mitt
[mit/밋]
명 (복수 *mitts* [mits/미츠]) (야구용) 미트; (여자용) 긴 장갑
· Tony is using a catcher's *mitt*.
토니가 캐처 미트를 사용하고 있다.

mitten
[mítn/미튼]
명 벙어리 장갑
· She has her *mittens* on.
그녀는 벙어리 장갑을 끼고 있다.

mix
[miks/믹스]
타 섞다, 혼합하다
· She *mixed* flour and water.
그녀는 밀가루와 물을 섞었다.
자 섞이다, 혼합되다
· Oil and water won't *mix*.
기름과 물은 섞이지 않는다.

model
[mádl/마들]
명 (복수 *models* [mádlz/마들즈]) 모형, 모델; 모범
· His daughter is a high fashion *model*.
그의 딸은 고급 패션 모델이다.
· I made a *model* plane.
나는 모형 비행기를 만들었다.

modern
[mádərn/마던]
형 현대의, 근대의
· There are a lot of *modern* buildings in Seoul.
서울에는 현대적인 건물들이

많이 있다.
· This house is ***modren***.
이 집은 최신식 이다.

modest
[mádist/마디스트]
형 겸손한, 정숙한; 알맞은
· She is a ***modest*** woman.
그녀는 겸손한 여자다.

mom
[mɑm/맘]
명 (미·구어) 엄마(《반》 dad 아빠)
· May I go out, ***Mom***?
엄마 밖에 나가도 돼요?
· ***Mom***, I'm home.
엄마, 학교 다녀왔어요.

·moment
[mòumənt/모우먼트]
명 (복수 ***monents*** [mòumənts/모우먼츠]) 순간, 잠깐
· He looked at me for a ***moment***.
그는 잠깐동안 나를 바라보았다.
· Just [Wait] a ***moment***, please.
잠깐만 기다려 주세요.
《숙》 ***for a moment*** 잠깐 동안
《숙》 ***in a moment*** 곧, 즉시
《숙》 ***at the moment*** 마침 그때

·Monday
[mʌ́ndi/먼디]
명 월요일 (***Mon***. 으로 약한다)
· ***Monday*** is the second day of the week.
월요일은 일주일의 두 번째 날이다.

money
[mʌ́ni/머니]
명 돈, 금전, 동화, 화폐
· We have no ***money***.
우리는 돈이 한 푼도 없다.
· I have lost all my ***money***.
나는 돈을 전부 잃어버렸다.
· Do you have any ***money*** on [-with] you?
너 수중에 돈 좀 가지고 있니?

☞ ***on [with] you*** : 내 수중에

[여러 나라의 통화 단위]			
한국	won	(한국)	₩
미국	dollar	(미국)	$
영국	pound	(영국)	£
프랑스	franc	(프랑스)	F
독일	mark	(독일)	D M
일본	yen	(일본)	¥
중국	yuan	(중국)	R M B, ¥
러시아	ruble	(러시아)	R b l

:monkey
[mʌ́ŋki/멍키]
명 (복수 ***monkeys*** [mʌ́ŋkiz/멍키즈]) 원숭이
· A ***monkey*** is a funny animal.
원숭이는 우스운 동물이다.
· There are a lot

of *monkeys* in the zoo.
동물원에는 원숭이들이 많다.

monster
[mánstər/만스터]
명 (복수 *monsters* [mánstərz/만스터즈]) 괴물; 거대한 것
· I saw a *monster* in the woods.
나는 숲속에서 괴물을 보았다.

:month
[mʌnθ/먼스]
명 (복수 *months* [mʌnθs/먼스스]) (한)달, 월
· How many *months* are there in a year?
1년에는 몇 달이 있습니까?
· What day of the *month* is it today?
오늘은 며칠입니까?
· this *month* 이달
· last *month* 지난달
· next *month* 다음달

monument
[mánjumənt/마뉴먼트]
명 기념비[탑], 기념물
· Many people come to see the Washington *Mounment*.
많은 사람들이 워싱턴 기념탑을 보기 위해 온다.
☞ The Washington *Mounment*
미국의 초대 대통령「워싱턴」을 기념하기 위해 세운 석조탑

·moon
[muːn/문]
명 (천체의) 달, 달빛,

☞ a full *moon* : 보름달
　a half *moon* : 반달
· Tonight the full *moon* came up[out].
오늘 밤 보름달이 떴다[나왔다].

:more
[mɔːr/모-]
형 ① (*many*의 비교급)(수가) 보다 더 많은(《반》less 보다 더 작은)
· He has *more* books than I have.
그는 나보다 더 많은 책을 가지고 있다.
형 ② (*much*의 비교급)(양이) 보다 더 많은(《반》less 보다 더 작은)
· This baby needs *more* milk.
이 갓난아기는 더많은 우유가 필요하다.
부 ① (*much*의 비교급)보다 많이
· This question is *more* difficult than that one.
이 문제는 그 문제보다 더 어렵다.
부 ② 게다가, 더욱
· He tried once *more*.
그는 한번 더 해보았다.
· The story became *more* and *more* interesting.
이야기는 점점 더 재미있어졌다.
《숙》*more and more* 더욱 더
《숙》*more or less* 다소간

Months 달, 월

January
1월

February
2월

March
3월

April
4월

May
5월

June
6월

July
7월

August
8월

September
9월

October
10월

November
11월

December
12월

morning

·morning
[mɔ́ːrniŋ/모-닝]
명 아침, 오전
· I get up early in the *morning*.
나는 아침에 일찍 일어난다.

· It was raining this *morning*.
오늘 아침에 비가 왔다.
《숙》*Good morning!* 안녕하세요

mosquito
[məskíːtou/머스키-토우]
명 모기
☞ a *mosquito* net 모기장
· I was bitten by *mosquitoes*.
나는 모기에 물렸다.

:most
[moust/모우스트]
형 ① (*many*, *much*의 최상급)(수·양이) 가장 많은 (《반》 least 가장 적은)
· Who won the *most* prizes of you all?
너희들 중에서 누가 상을 가장 많이 탔니?
형 ② (관사없이) 대부분의
· *Most* children like pizza.
대부분의 아이들은 핏자를 좋아한다.
부 ① (much의 최상급) 가장(~)
· She walks the *most* slowly of the girls.
그녀는 소녀들 중에서 가장 느리게 걷는다.
부 ② (a *most*로) 대단히, 매우
· This is a *most* interesting book.
이것은 매우 재미있는 책이다.
명 ① (the *most*로) 최대량
· This is the *most* she can do.
그것이 그녀가 할 수 있는 최대한도다.
명 ② 대부분
· *Most* of them like baseball.
그들 대부분이 야구를 좋아한다.

《숙》 *make the most of* ~을 최대한 이용[활용]하다

mostly
[móustli/모우스틀리]
부 대개, 대부분, 보통
· We are *mostly* out on Sundays.
우리는 일요일에 대개 외출한다.

·mother
[mʌ́ðər/머더]
명 (복수 *mothers* [mʌ́ðərz/머더즈]) 어머니(《반》father 아버지)
· That lady is John's *mother*.
저 부인이 존의 어머니이다.
· *Mother* works part-time in su-

permarket.

어머니는 수퍼마켓에서 시간제로 일하신다.

☞ ***Mother***, Father, Mom, Dad 처럼 대문자로 쓰인 경우엔 『my *mother*(우리 어머니)』,『my *father*(우리 아버지)』를 뜻한다.

motion
[móuʃ(ə)n/모우션]

명 운동; 동작; 동의, 발의

· The ***motions*** of the actress are graceful.

그 여배우의 동작은 우아하다.

mountain
[máuntin/마운틴]

명 (복수 ***mountains*** [máuntinz/마운틴즈])

명 ① 산 (『*Mt.*』로 줄여 쓴다)

· They went ***mountain*** climbing.

그들은 등산하러 갔다.

명 ② (복수로 쓰여) 산맥

· The Rocky ***Mountains*** 로키산맥

mouse
[maus/마우스]

명 (복수 *mice* [mʌis/마이스]) 생쥐

· Cats catch ***mice***.

고양이는 쥐를 잡는다.

· a field ***mouse*** 들쥐
· a house ***mouse*** 집쥐

mouth
[mauθ/마우스]

명 (복수 ***mouths*** [mauðz/마우드즈]) (사람·동물의) 입

· Open your ***mouth***.

입을 벌리세요

· Shut your ***mouth***!

《구어》 입 닥쳐!

· She has kimbap in her ***mouth***.

그녀는 입에 김밥을 물고 있다.

move
[muːv/무-브]

타 ① 움직이다

· Don't ***move*** your head.

머리를 움직이지 말아라.

타 ② 감동시키다

· The drama ***moved*** me to tears.

나는 그 연극에 감동되어 눈물을 흘렸다.

자 ① 움직이다, 이동하다

· The moon ***moves*** around the earth.

달은 지구 주위를 돈다.

자 ② 이사하다, 옮기다

· When did you ***move*** to Seoul?

언제 서울로 이사했니?

:movie
[múːvi/무-비]

명 (복수 *movies* [múːviz/무-비즈]) (구어) 영화; 영화관
· a *movie* fan : 영화 팬
  a *movie* star : 영화 배우
· Let's go to the *movies* tonight.
  오늘 밤 영화 보러 가자.
· What kind of *movies* do you like?
  너는 어떤 종류의 영화를 좋아하니?

·Mr.
[místər/미스터]

명 (복수 *Messrs.* [mésərz/메서즈]) ~씨, ~선생, ~님, ~군 (*Mister*의 약어)
· Good morning, *Mr.* Smith.
  스미스씨, 안녕하십니까.
· *Mr.* Kim is reading a newspaper.
  김 선생은 신문을 읽고 있다.

·Mrs.
[mísiz/미시즈]

명 (복수 *Mmes.* [meudáːm/메이담-]) ~부인, ~여사 (*Mistress*의 약어)
· *Mrs.* Smith teaches us English.
  스미스 부인은 우리에게 영어를 가르칩니다.

Ms., Ms
[miz/미즈]

(여성의 「성」, 「성명」 앞에 붙는 높임말)

명 ~씨, ~선생님, ~여사
· *Ms.* Rollins, where are you from?
  롤린즈 선생님. 어디서 오셨나요?
  I'm from Canada.
  난 캐나다에서 왔어요.

:Mt.
[maunt/마운트]

명 산 (*mount*의 약어)
· *Mt.* Paektu is the highest mountain in Korea.
  백두산은 한국에서 제일 높은 산이다.

·much
[mʌtʃ/머치]

형 (비교급 *more* [mɔːr/모-], 최상급 *most* [moust/모우스트]) 많은, 다량의 (《반》 little 조금의)
· We have *much* rain in June.
  6월에는 비가 많이 온다.
· He drank too *much* coffee.
  그는 커피를 너무 많이 마셨다.

명 다량, 많음
· How *much* is this book?
  이 책은 (값이) 얼마입니까?
부 ① (동사와 함께 써서) 매우
· Thank you very *much*.

매우 감사합니다.
뷔 ② (형용사·부사의 비교급과 함께 써서) 훨씬
· His brother is ***much*** taller than he.
그의 형이 그보다 훨씬 키가 크다.
《숙》 ***as much as*** ~만큼
《숙》 ***as much as possible*** 되도록

:museum
[mju(ː)zíːəm/뮤(-)지-엄]
명 (복수 ***museums*** [mju(ː)zíːəmz/뮤(-)지-엄즈]) 박물관, 미술관
· Mother often takes me to the art ***museum***.
어머니는 종종 나를 미술 박물관에 데리고 가신다.

mushroom
[mʌ́ʃru(ː)m/므어쉬(우)룸]
명 버섯
· ***Mushrooms*** look like small umbrellas.
버섯은 작은 우산같이 보인다.

music
[mjúːzik/뮤-직]
명 음악
· Do you like pop ***music***?
너는 대중 음악을 좋아하니?
· I really enjoy singing to ***music***.
나는 노래 하는 것을 아주 좋아해요.

musical
[mjuːzik(ə)l/뮤-지컬]
형 음악의, 음악적인
· Her family are all ***musical***.
그녀의 가족은 모두 음악을 좋아한다.
명 음악(회)극, 음악영화, 뮤지컬

musician
[mju(ː)zíʃ(ə)n/뮤-지션]
명 (복수 ***mussicians*** [mju(ː)zíʃ(ə)nz/뮤(-)지션즈]) 음악가
· She was a famous ***musician*** in America.
그녀는 미국에서 유명한 음악가였다.

·must
[mʌst/머스트, (약)məst/머스트]
조 ① ~해야 한다(《동》 have to)
· We ***must*** study hard.
우리는 열심히 공부해야 한다.
· You ***must*** not tell a lie.
너는 거짓말을 해서는 안된다.
조 ② (추측) ~임에 틀림없다
· It ***must*** be wrong.

Musical Instruments 악기

그것은 잘못된 것이 틀림없다.

my
[mai/마이]
대 (복수 *our* [auər/아우어])(I의 소유격) 나의
- That is *my* pen.
저것은 나의 펜이다.

myself
[maisélf/마이셀프]
대 (복수 *ourselves* [auərsélvz/아우어셀브즈]) 나 자신이
- I did it for *myself*.
나는 내 힘으로 그것을 했다.
- I have hurt *myself*.
나는 다쳤다.

《숙》 *for myself* 손수
I made this box *for myself*
나는 손수 이 상자를 만들었다.

《숙》 *by myself* 혼자서
I would like to go sea *by myself*
나는 혼자서 바다에 가고 싶다.

mystery
[míst(ə)ri/미스터리]
명 (복수 *mystery* [míst(ə)riz/미스터리즈])신비, 불가사의, (탐정·추리) 소설
- Nature is full of *mystery*.
자연은 신비로 가득차 있다.

myth
[miθ/미쓰]
명 신화, 전설
- Nafe likes to read the Greek *myths*.
나패는 그리스 신화 읽기를 좋아한다.

N,n
[en/엔] 알파벳의 열네 번째 문자

nail
[neil/네일]
명 ① (복수 *nails* [neilz/네일즈])
손톱, 발톱
· Stop biting your *nails*.
  손톱 깨무는 것을 그만해.
· She cut the *nails*.
  그녀는 손톱을 깎았다.
명 ② 못, 압정; 못을 박다
· Pull out the *nail*.
  그 못을 빼라

·name
[neim/네임]
명 (복수 *names* [neimz/네임즈])
이름, 성명
· "What's your *name*?"
  「네 이름은 뭐니?」
· "My *name* is Young-soo."
  「내 이름은 영수야.」

[영어의 이름]
영어의 이름은 우리와는 달리 「이름」이 앞에오고, 「성」은 뒤에 온다. "개인의 이름"은 『first *name*, Christian *name*, 《미》given *name*』이라 하고, "성"은 『last *name*, family *name*, 《영》 sur *name*』이라 한다
예) John Smith
    │   └──▶ last *name* (성)
    └──────▶ first *name* (이름)

《숙》 ***by name*** : 이름으로
  I know her ***by name***.
  나는 그녀 이름을 알고있다.
타 ~에 이름을 붙이다(짓다)
· We *named* the dog John.
  우리들은 그 개에게 존이라고 이름 붙였다.
· He was *named* a chairman.
  그는 의장에 지명되었다.

nap
[næp/냅]
명 (복수 naps [næps/냅스]) 낮잠
· The dog was taking a *nap*.
그 개는 낮잠을 자고 있었다.
자 졸다, 낮잠자다
· I *napped* the afternoon away.
나는 오후를 졸면 보냈다.

narcissus
[naːrsísəs/나-시서스]
명 수선화
· *Narcissus* smell sweet.
수선화는 향기가 좋다.

:narrow
[nǽrou/내로우]
형 ① 좁은 (《반》 wide 넓은)
· There are many *narrow* streets in this city.
이 도시는 좁은 길이 많이 있다.
형 ② 한정된; (마음이) 좁은
· He is *narrow* in opinion.
그는 소견이 좁다.

·nation
[néiʃ(ə)n/네이션]
명 (복수 nations [néiʃ(ə)nz/네이션즈]) 국민; 나라, 국가
· He spoke on TV to the *nation*.
그는 텔레비젼에서 국민에게 연설했다.
· We must love our *nation*.
우리는 우리의 국가를 사랑해야 한다.

:national
[nǽʃən(ə)l/내셔널]
형 ① 국민의 ; 국가의, 나라의
a *national* holiday 국경일
a *national* flag 국기
· This is the *national* flag of Korea.
이것이 한국의 국기이다.

형 ② 국립의
a *national* park 국립공원
· I went to the *National* Museum.
나는 국립 박물관에 갔다.

:natural
[nǽtʃ(ə)rəl/내처럴]
형 ① 자연의, 천연의, 가공않은
natural science 자연과학
· He is a *natural* musician.
그는 타고난 음악가이다.
형 ② 자연스러운, 당연한
· I study *natural* science at college.
나는 대학에서 자연 과학을 공부한다.

naturally
[nǽtʃ(ə)rəli/내처럴리]
用 자연히; 있는 그대로; 당연히
· Plants grow ***naturally***.
식물은 저절로 자란다.
· ***Naturally*** they got angry.
그들이 화가 난 것은 당연하다.

:nature
[néitʃər/네이처]
명 ① 자연(계)
· In spring ***nature*** looks happy.
봄에 자연은 행복해 보인다.

명 ② 천성; 성질
· Habit is a second ***nature***.
습관은 제2의 천성이다.
《숙》 ***by nature*** 날때부터, 본래

:navy
[néivi/네이비]
명 (복수 ***navies*** [néiviz/네이비즈])
해군
· My brother is in the ***navy***.
나의 형은 해군에 있다.

·near
[niər/니어]
用 가까이(《반》 far 멀리)
· Please come a little ***nearer*** to me.
좀더 내게 가까이 오세요.
· There is a bus stop ***near*** the corner.
버스 정류장은 길 모퉁이 근처에 있다.
《숙》 ***for and near*** 여기저기
《숙》 ***near at hand*** 곁에
《숙》 ***near by*** 가까이에, 근처에
형 가까운 (《반》 far 먼)
· This is the ***nearest*** way.
이것이 가장 가까운 길이다.
전 ~의 가까이에
· His house is ***near*** the school.
그의 집은 학교 가까이에 있다.

nearby
[níərbái/니어바이]
형 가까운, 가까이의
· My father works at a ***nearby*** post office.
아버지는 가까운 우체국에서 일하신다.

:nearly
[níərli/니어리]
用 ① 거의, 대략
· He stayed there ***nearly*** two weeks.
그는 거의 2주간 거기에 머물렀다.

· It's *nearly* ten O'clock.
거의 10시가 다 되었다.
부 ② 하마터면, 간신히, 겨우
· The boy was *nearly* run over by a car.
그 소년은 하마터면 차에 치일 뻔 했다.

:necessary
[nésiséri/네시세리]
형 필요한, 없어서는 안될
· Exercise is *necessary* for health.
운동은 건강을 위하여 필요하다.

· It is *necessary* for you to study harder.
너는 더욱 열심히 공부할 필요가 있다.
《숙》 *if necessary* 필요하다면

:neck
[nek/넥]
명 (복수 *necks* [neks/넥스]) 목
· The giraffe has a long *neck*.
기린은 목이 길다.

necklace
[néklis/네클리스]
명 (복수 *necklaces* [néklisiz/네클리시즈]) 목걸이

· She wears a pearl *necklace*.
그녀는 진주목걸이를 하고 있다.

·need
[niːd/니-드]
명 ① 필요, 소용
· I have no *need* for money.
나는 돈이 필요치 않다.
《숙》 *be in need of* ~을 필요로 하다.
명 ② (보통 복수)필요한것
· These are our daily *needs*.
이것들은 우리들이 매일 필요로 하는 것이다.
명 ③ 위급할 때
· A friend in *need* is a friend indeed.
위급할 때의 친구야말로 진정한 친구다.
타 ~을 필요로 하다
· She *needs* clock.
그녀는 시계가 필요하다.

조 ~일 필요가 있다
☞ 부정문·의문문에서만 사용함
· Why *need* I go?
왜 내가 가야 하니?

:needle
[níːdl/니-들]
명 (복수 *neddles* [níːdlz/니-들즈]) 바늘, 바느질 바늘, 뜨개바늘

- There are many kinds of *needles*.
  많은 종류의 바늘이 있다.

:neighbo(u)r
[néibər/네이버]

명 (복수 *neighbo(u)rs* [néibərz/네이버즈]) 이웃 사람
- She and I are next door *neighbors*.
  그녀와 나는 이웃간이다.
- She is my next-door *neighbor*.
  그녀는 나의 이웃집 사람이다.

:neighbo(u)rhood
[néibərhúd/네이버후드]

명 (복수 *neighbo(u)rhoods* [néibərhúdz/네이버후즈])이웃
- He lives in my *neighborhood*.
  그는 우리 이웃에 살고 있다.

·neither
[níːðər/나이더]

부 ① (*neither* ~ nor ~로) ~도 아니고 ~도 아니다(않다)
- He plays *neither* tennis nor golf.
  그는 테니스도 못하고 골프도 못한다.

부 ② (부정문에 써서) ~도 또한 ~아니다(않다)
- She can't play the piano, and *neither* can I.
  그녀는 피아노를 칠줄 모르는데 나도 또한 칠줄 모른다.

nephew
[néfjuː/네퓨-]

명 (복수 *nephews* [néfjuːz/네퓨-즈]) 조카(《반》 niece 조카딸)
- The son of my brother is my *nephew*.
  형의 아들은 내 조카다.

:nest
[nest/네스트]

명 (복수 *nests* [nests/네스츠]) 둥지, 보금자리,
- The mother bird lays her eggs in the *nest*.
  어미 새는 둥지에 알을 낳는다.

:net
[net/넷]

명 (복수 *nets* [nets/네츠]) 그물, 네트, 어망
- This is a fishing *net*.
  이것은 고기를 잡는 그물이다.
- The ball touched the *net*.
  그 공은 네트에 닿았다.

never
[névər/네버]
- 부 ① 결코 ~하지 않다
  - He ***never*** breaks his promise.
  그는 결코 약속을 어기지 않는다.
- 부 ② 일찍이 ~(한 적이) 없다
  - I have ***never*** been to Paris.
  나는 한번도 파리에 가본 적이 없다.

new
[n(j)u:/뉴-]
- 형 새로운 (《반》 old 낡은)
  - Hi! I'm a ***new*** teacher.
  안녕! 나는 새로 온 선생님이다.

  - We will move into a ***new*** house next Sunday.
  우리는 다음 일요일에 새집으로 이사갈 것이다.

news
[n(j)u:z/뉴-즈]
- 명 (보통 단수 취급) 뉴스, 보도;
  - Listen! I have good ***news***.
  들어 봐! 좋은 소식이 있어.
  - No news is good ***news***.
  《속담》무소식이 희소식이다.
  foreign ***news*** : 해외 뉴스
  - There is bad ***news*** to you
  너에게 나쁜 소식이 있다.

newspaper
[n(j)u:zpéipər/뉴-즈페이퍼]
- 명 (복수 ***nephewpapers*** [n(j)u:zpéipər/뉴-즈페이퍼]) 신문
  - Father is reading the ***newspaper***.
  아버지는 신문을 읽고 계신다.
  - Did you read this morning's ***paper***?
  너 오늘 아침 신문 읽었니?
  a morning ***newspaper***
  조간 신문

New York
[n(j)ú: jɔ́:rk/뉴-요-크]
- 명 뉴욕
  - ***New York*** is one of the largest cities in the world.
  뉴욕은 세계 최대 도시의 하나이다.

next
[nekst/넥스트]
- 형 ① (시간적으로) 다음의
  - I am ***next***.
  다음은 내 차례다.
  - When does the ***next*** bus start?
  다음 버스 몇 시에 출발합니까?
- 형 ② (공간적으로) 가장 가까운
  - Your coat is in the ***next*** room.
  당신의 코트 옆방에 있습니다.
- 부 다음에
  - What did you see ***next***?
  다음에 너은 무엇을 보았니?
- 전 ~의 다음(옆)에, ~의 이웃에
  - Our school stands ***next*** (to) the church.
  우리 학교는 교회 옆에 있다.
《숙》***next place*** 다음에, 둘째로

nice
[nais/나이스]
형 ① 좋은, 훌륭한; 멋진, 유쾌한
· It's a *nice* day, isn't it?
날씨가 좋지?
· What a *nice* present!
정말 멋진 선물이군요!

형 ② 반가운, 기쁜
· *Nice* to see you again.
다시 뵙게 되어 반갑습니다.
형 ③ 친절한 (《동》 kind)
· Nancy is very *nice* to everyone.
낸시는 누구에나 매우 친절하다.

nicely
[náisli/나이슬리]
부 좋게, 잘; 상냥하게
· She is doing *nicely*.
그녀는 잘 지내고 있다.
· He speaks *nicely* to me.
그는 나에게 상냥하게 말한다.

nickname
[niknèim/닉네임]
명 (복수 *nicknames* [niknèimz/닉네임즈]) 별명, 애칭
· What's your *nickname*?
너의 별명은 뭐니?
타 별명(애칭)으로 부른다

niece
[niːs/니-스]
명 (복수 *nieces* [níːsiz/니-시즈])
조카딸, 질녀
(《반》 nephew 조카)
· Sue is Uncle Tom's *niece*.
수는 톰 아저씨의 조카딸이다.

night
[nait/나이트]
명 (복수 *nights* [naits/나이츠]) 밤, 야간 (《반》 day 낮)
· Did you sleep well last *night*?
간밤에 잘 주무셨어요?
· Good *night*!
안녕! 잘 자!
· We waited for you *night after night*.
우리는 매일밤 당신을 기다렸다.

[*night* 과 evening]
『*night*』은 「해가 진 후부터 해가 뜰 때까지」를 가르키며, 『evening』은 「해가 진 후부터 잠 잘때 까지」를 가리킨다. 참고로 『오늘 저녁』은 「this *night*」이 아니라 『this evening』이라고 한다

《숙》 *all night (long)* 밤새도록
《숙》 *at night* 밤중(에)
《숙》 *by night* 밤에는
《숙》 *Good night!* 안녕히 주무세요!

nine
[nain/나인]
형 9의, 아홉살의, 9명(개)의
· There are *nine* players on a baseball team.

nine

야구 한 팀에 9명의 선수가 있다.

명 9, 아홉살, 9명(개), 9시
- School begins at ***nine***.
  학교는 9시에 시작된다.
- I got up at ***nine*** this morning.
  나는 오늘 아침 9시에 일어났다.

《숙》 ***in nine cases out of ten*** 십중팔구, 대개

nineteen

[náintíːn/나인틴-]
명 19, 열아홉살, 19개(명)
- ***Nineteen*** plus five equals twenty-four.
  19 더하기 5는 24 이다.

형 19의, 열아홉살의, 19명(개)의
- My elder sister is ***nineteen*** years old.
  나의 누나는 열아홉살이다.

ninety

[náinti/나인티]
명 (복수 ***nineties*** [náintiz/나인티즈])
명 ① 90, 90살, 90명, 90개
명 ② (복수로 써서) 90대, 90년대
형 90의, 90개(살, 명)의
- My grandfather is ***ninety*** years old.
  나의 할아버지는 90세이다.

ninth

[nainθ/나인스]
명 아홉번째, 9번, 9일, 9분의 1
- Today is July the ***ninth***.
  오늘은 7월 9일이다.

형 아홉번째의, (달의) 9월의, 9일
- Today is her ***ninth*** birthday.
  오늘은 그녀 아홉번째 생일이다.

no

[nou/노우]
부 ① 아니(오)(《반》 yes 그래)
- Do you like rugby?
  너 럭비 좋아하니?
- ***No***, I don't. I don't like it at all.
  아니, 럭비는 전혀 좋아하지 않습니다.

부 ② (비교급 앞에 써서) 조금도 ~아니다(않다)
- He is ***no*** better yet.
  그는 아직 조금도 낫지 않고 있다.

형 조금도(전혀) ~ 없는(아닌)
- I have ***no*** brother.
  나는 형제가 없다.
- I have ***no*** money with me.
  나는 가진 돈이 조금도 없다.

noble

[nóubl/노우블]
형 귀족의, 고귀한; 고상한, 숭고한

· She looked very **noble**.
그녀는 매우 고상해 보였다.

·**nobody**
[nóubádi/노우바디]
대 아무도 ~않다
· **Nobody** comes.
아무도 오지 않는다.
· There was **nobody** absent.
결석한 사람은 아무도 없었다.

:**noise**
[nɔiz/노이즈]
명 (복수 **noises** [nɔ́iziz/노이지즈])
(불쾌한) 소리, 소음, 잡음
· What's that **noise**?
저 (시끄러운) 소리는 뭐니?
· Don't make a **noise**!
시끄럽게 떠들지 마라!

:**none**
[nʌn/넌]
대 ① 아무도 ~ 않다(없다)
· **None** know it so well as I.
아무도 그것은 나만큼 잘 모른다.
· There were **none** present.
참석한 사람은 아무도 없었다.
대 ② 조금도(전혀) ~않다(없다)
· She has **none** of her mother's beauty.
그녀는 어머니의 아름다움을 조금도 닮지 않았다.

nonstop
[nánstáp/난스탑(땁)]
형 도중에서 멈추지 않는
· It's been raining **nonstop** for several days.

몇일째 계속 비가 오고 있다.

·**noon**
[nuːn/눈-]
명 정오, 한낮
· I will be back by **noon**.
나는 정오까지는 돌아올 거야.
· We have lunch at **noon**
우리는 정오에 점심을 먹는다.

·**nor**
[nɔːr/노-]
접 (**neither** 또는 not과 상관적으로) ~도 또한 ~않다
· Neither he **nor** you are right.
그나 너나 옳지 않다.
· I have neither money **nor** time.
나는 돈도 시간도 없다.

·**north**
[nɔːrθ/노-스]
명 (보통 the **north** 로) 북, 북쪽
(《반》 south 남)
· In the **north** much snow falls in winter.
북쪽은 겨울에 눈이 많이 내린다.
형 북쪽의, 북방에 있는
· A cold **north** wind began to blow.

찬 북풍이 불기 시작했다.
부 북으로, 북방으로, 북쪽에, 북에
· The ship is sailing ***north***.
배는 북으로 항해하고 있다.

·nose
[nouz/노우즈]
명 (복수 ***noses*** [nóuziz/노우지즈]) 코

· Blow your ***nose***, Joe.
조, 코를 풀어라.
· An elephant has a long ***nose***.
코끼리는 코가 길다.

· Dogs have a good ***nose***.
개는 후각이 좋다.

·not
[nɑt/낫]
부 ~아니다(않다)
· It's ***not*** a desk.
그것은 책상이 아니다.
· I'm ***not*** busy now.
나는 지금 바쁘지 않다.
Not at all 「천만에요, 괜찮습니다」
☞『Thank you』에 대한 대답
A : Excuse me. Is there a gas station near here?
실례합니다. 이 근처에 주유소가 있나요?
B : Yes. Just follow this road for 300 meters.
예. 이 길을 따라서 300m 정도 가세요
A : Thank you. 감사합니다.
B : ***Not*** at all. 천만에요.
《숙》 ***not ~but~*** ~아니고 ~다

note
[nout/노우트]
명 (복수 ***notes*** [nóuts/노우츠]) 기록, 각서, 메모
· I took[made] ***notes*** during the class.
나는 수업 중 메모를 했다.
타 받아 쓰다, 적어두다
· ***Note*** down my words.
내 말을 받아 써라.

·notebook
[nóutbók/노우트북]
명 (복수 ***notebooks*** [nóutbóks/노우트북스]) 노우, 필기장, 공책
· It's my ***notebook***.
그것은 나의 공책이다.
· Write it down in your ***notebook***.
그것을 너의 노트에 적어 둬라.

·nothing
[nʌ́θiŋ/너싱]
대 아무것도 ~아니다
· I have ***nothing***.

나는 아무것도 가지고 있지 않다.
· There was *nothing* in the bag.
가방 속에는 아무것도 없었다.

《숙》*for nothing* 거저, 무료로
《숙》*nothing but* ~밖에 없는

·notice
[nóutis/노우티스]
명 주의, 주목; 광고; 통지
· The problem attracted their *notice*.
그 문제는 그들 주의를 끌었다.
· I put a *notice* in the newspaper.
나는 신문에 광고를 냈다.
《숙》*take notice of* ~의 주의하다
타 ~에 주의하다
· He did not *notice* what I said.
그는 내가 하는 말에 주의를 기울이지 않았다.

·noun
[naun/나운]
명 (복수 *nouns* [naunz/나운즈])
【문법】명사

·November
[no(u)vémbər/노(우)벰버]
명 11월(*Nov.* 라고 약한다)
· It gets cold in *November*.
11월에는 날씨가 추워진다.

·now
[nau/나우]
부 ① 지금, 현재, 근래, 요즈음은
· I'm busy *now*.
나는 지금 바쁘다.
· He is not studying *now*.
그는 지금 공부하고 있지 않다.
부 ② 지금 곧, 바로
· We must start *now*.
우리는 지금 곧 떠나야 한다.
부 ③ 《감탄사적으로》 자; 우선
· *Now* listen now !
자, 들어보세요 !
《숙》*just now* 바로 지금
명 지금
· *Now* is the time to study.
지금은 공부할 시간이다.

nowhere
[nóu(h)wɛ̀ər/노우훼어, 노우웨어]
대 아무데도 ~없다
· My family went *nowhere* last summer.
나의 가족은 작년 여름에 아무데도 가지 않았다.

·number
[nʌ́mbər/넘버]
명 (복수 *numbers* [nʌ́mbərz/넘버즈])

명 ① 수, 숫자
- The **number** of cars is getting larger and larger.
자동차 수는 점점 늘고 있다.

명 ② 번호, 전화번호
- You have the wrong **number**.
전화를 잘못 거셨어요.

《숙》 *a number of~* 다수의 ~
《숙》 *number of* 많은
《숙》 *without number* 무수한

:nurse
[nə:rs/너-스]

명 (복수 *nurses* [nə́:rsiz/너-시즈]) 간호사; 유모
- Our daughter is a **nurse**.
우리 딸은 간호사이다.

nursery
[nə́:rs(ə)ri/너-서리]

명 (복수 *nurseries* [nə́:rs(ə)riz/너-서리즈] 아기방, 육아실, 보육원
- She runs a **nursery** downtown.
그녀는 시내에서 아기방을 경영한다.
- Home is the best **nursery** for the babies.
가정은 아기들에게 가장 훌륭한 보육원이다.

:nut
[nʌt/넛]

명 (복수 *nuts* [nʌts/너츠])견과 나무 열매, (호두, 밤 따위)
- Let's go and gather **nuts** in the woods.
숲으로 나무 열매를 주으러 가자.

:nylon
[nailon/나일론]

명 나일론(합성섬유의 일종)
- My stockings and shirts are made of **nylon**.
내 양말과 셔츠는 나일론으로 만들어 졌다.

nymph
[nimf/님프]

명 (복수 *nymphs* [nimfs님프스]) 님프, 요정
- Have you ever read a story about a **nymph**?
당신은 지금까지 요정에 관한 이야기를 읽는적이 있습니까?

O,o
[ou/오우]
알파벳의 열다섯 번째 문자

·oak
[ouk/오우크]
명 (복수 *oaks* [oaks/오우크스])
참나무, 떡갈나무
· There are big *oaks* in my garden.
나의 집 정원에는 큰 참나무들이 있다.

·obey
[o(u)béi/오우베이]
타 ~따르다, ~의 말을 듣다
· Children should *obey* their parents.
어린이는 부모님의 말씀에 복종해야 한다.
· Naturally we should *obey* the law.
당연히 우리는 법에 따라야만 한다.
자 복종하다, 말을 잘 듣다.

object
[ábdʒikt/아브직트]
명 ① 물건, 물체
· I found a strange *object* in the woods.
나는 숲 속에서 이상한 물체를 발견했다.

명 ② 목적; (문법) 목적어
· What's your *object* in life?
너의 인생 목적은 무엇이냐?
타 자 반대하다 (~to)
· She *objected* to our plan.
그녀는 우리의 계획에 반대했다.

observe
[əbzə́ːv/어브저어브]

타 ① 관찰하다
· I like to *observe* things.
나는 사물을 관찰하기 좋아한다.
타 ② 지키다, 따르다
· We should *observe* the rules of the game.
경기의 규칙은 지켜야 할 것이다.

·ocean
[óuʃ(ə)n/오우션]
명 (복수 *oceans* [óuʃ(ə)nz/오우션즈]) 대양, 대해
★ The Indian *Ocean* : 인도양
 The Pacific *Ocean* : 태평양
· Ships travel on the *ocean*.
배들은 대양을 다닌다.

· We sailed the Atlantic *Ocean*.
우리들은 대서양을 항해하였다.

:o'clock
[əklák/어클락]]
명 ~시 (*of the clock*의 단축형)
· I get up at six *o'clock*.
나는 6시에 일어난다.
· It's twelve *o'clock* sharp.
12시 정각이다.

:October
[aktóubər/악토우버]
명 10월 (*Oct*.라고 약한다)

· *October* is the tenth month.
10월은 10번째 달이다.

octopus
[áktəpəs/악터프어스]
명 문어, 낙지
· An *octopus* has eight legs.
문어는 발이 8개 있다.

odd
[ad/아드]
형 ① 홀수의(《반》 even 짝수의), 우수리의, 여분의
· Seven is an *odd* number.
7은 홀수이다.
형 ② 이상한, 기묘한
· an *odd* fellow 묘한 사나이

·of
[əv/어브, (강조할 때) av/아브]
전 ① (소유를 나타내어) ~의
· They are students *of* this school.
그들은 이 학교의 학생이다.
· Paris is the capital *of* France.
파리는 프랑스의 수도이다.
전 ② ~라고하는
· Mr. Baker lives in the city *of* Chicago.
베이커씨는 시카고 시에 살고 계

신다.
전 ③ ~중에서
· He is one *of* the greatest scientists.
그는 가장 위대한 과학자들 중 한 사람이다.
전 ④ ~으로 만든, ~으로 된
· This chair is made *of* wood.
이 의자는 나무로 되어 있다.

off
[ɔːf/오오프]
전 ~에서 떨어져서, ~으로부터
· An apple fell *off* the tree.
사과가 나무에서 떨어졌다.

· Keep *off* the grass.
잔디(밭)에 들어가지 마시오.
부 ① 떨어져서, 저 편에, 멀리
· She stood ten meters *off*.
그녀는 10미터 떨어져 서있었다.
· He went *off*.
그는 (멀리) 떠나 버렸다.
부 ② 떨어져, 벗어서(《반》 on 접하여, 붙여서)
· Take *off* your coat.
네 웃옷을 벗어라.
· She got *off* the bus.
그녀는 버스에서 내렸다.
《숙》 *put off* 연기하다

offer
[ɔ́ːfɚ/오오퍼]
타 자 (3단현 *offers* [ɔ́ːfɚz/오오퍼즈], 과거·과거 분사 *offered* [ɔ́ːfɚd/오오퍼드], 현재 분사 *offering* [ɔ́ːfəriŋ/오오퍼링])
타 자 ① 제안, 제공, 신청
· I can't accept your *offer*.
나는 너의 제안을 받아들일 수 없다.
타 자 ② 제안하다, 제공하다
· This book *offers* a lot of information.
이 책은 많은 지식을 제공해준다.

office
[ɔ́ːfis/오오피스]
명 (복수 *offices* [ɔ́ːfisiz/오오피시즈]) 사무실, 회사
★ a head[branch] *officer* 본점[지점]
· People work in the *office*.
사람들은 사무실에서 일한다.
· Father goes to his *office* at 9:00.
아버지는 9시에 출근하신다.

officer
[ɔ́ːfisɚ/오오피서]
명 (복수 *officers* [ɔ́ːfisɚz/오오피서즈]) 경찰관 (《동》 policeman)

· Excuse me, ***officer***. How do I get to the Hyatt Hotel?
실례합니다, 경찰아저씨. 하야트 호텔로 가려면 어떻게 하지요?
· You've passed it. Go back to three blocks.
지나오셨군요. 3블럭 돌아가세요.

official
[əfíʃ(ə)l/어피셜]
형 공무상의, 공적인, 공식의
· a ***official*** duties 공무
명 (복수 ***officials*** [əfíʃ(ə)lz/어피셜즈]) 공무원, 관공리, 직원
· My father is a government ***o-fficial***.
나의 아버지는 국가 공무원이다.

:often
[ɔ́ːf(ə)n/오오픈[픈]]
부 (비교급 ***oftener*** [ɔ́ːf(ə)nɚ/오오프(퍼)너], 최상급 ***oftenest*** [ɔ́ːf(ə)nist/오오프(퍼)니스트]) 빈번히, 자주
· Do you meet her ***often***?
너는 그녀를 자주 만나니?
· My uncle ***often*** drinks too much.
나의 삼촌은 종종 술을 지나치게 많이 마신다.

·oh
[ou/오우]
감 오!, 어머나! (놀람·고통·비난)
· ***Oh*** no!
오, 안돼! [설마 그럴리가.]
· ***Oh***, my god!
이런, 맙소사!

· ***Oh***! Welcome to America!
오! 미국에 온 것을 환영해요!

·oil
[ɔil/오일]
명 (복수 ***oils*** [ɔilz/오일즈])
명 ① 기름; 석유
· Look at the ***oil*** on top of the water.
물 위에 있는 기름을 보아라.

명 ② (복수형) 유화; 그림물감
· Sally likes to paint in ***oils***.
샐리는 유화 그리기를 좋아한다.

:O.K.
[óukéi/오우케이]
형 부 (미구어) 좋다, 됐다
(***OK*** 라고도 쓴다)(《동》all right)
· That's ***O.K.*** 그것으로 좋다
· Are you ***O.K.***? 너 괜찮니?

:old
[ould/오울드]
형 (비교급 ***older*** [óuldɚ/오울더], 최상급 ***oldest*** [óuldist/오울디스트], 형제의 손위 손아래의 순서를 나타낼때는 비교급 ***elder*** [éldɚ/엘더], 최상급 ***eldest*** [éldist/엘디스트])
형 ① 나이 많은, 늙은. 나이먹은

(《반》 young 나이 어린)
- *Old* people feel lonely.
  노인들은 외로움을 느낀다.

형 ② 오래된 (《반》 new 새로운)
- My *old* coat is too small.
  내 낡은 코트는 너무 작다.

형 ③ (나이가) ~살인; 연상의
- "How *old* are you?"
  「너 몇 살이니?」
- "I am eleven (years *old*)."
  「나는 11살 이야.」

·**Olympic**
[o(u)límpik/올[오울]림픽]

형 올림픽의
- The *Olympic* Games are held every four years.
  올림픽 경기는 4년마다 열린다.
- She is an *Olympic* medalist.
  그녀는 올림픽 메달리스트이다.

:**on**
[ɑn/아, ɔːn/오온]

전 ① (표면에 접하여) ~의 위에, (《반》 under 의 밑에)
- There are many trees *on* the hill.
  언덕 위에 나무가 많이 있다.

전 ② (날짜·때를) ~일[날]에
- My birthday is *on* Friday.
  내 생일은 금요일이다.

전 ③ (전기·가스·수도 등) 켜져, 작용하여 (《반》 off 꺼져)
- Mother turned *on* the gas.
  어머니는 가스를 틀었다.

전 ④ (옷·신발 등을) 입고, 신고
- She has a red hat *on*.
  그녀는 빨간 모자를 쓰고 있다.

부 ① 위에[로]
- He jumped *on* to the stage.
  그는 무대로 뛰어 올라갔다.

부 ② ~계속하여
- He walked *on*.
  그는 줄곧 걸었다.

:**once**
[wʌns/원스]

부 ① 한 번, 1회
- I take a violin lesson *once* a week.
  나는 일주일에 한번 바이올린 교습을 받는다.

부 ② 옛날에, 이전에
- *Once* there lived a brave prince.
  옛날에 한 용감한 왕자가 살았다.

《숙》 ***Once upon a time*** 옛 날에

접 한 번 ~한다면, ~한 이상은
- *Once* you cross the river, you are safe.
  이 강을 건너면 당신은 안전하다.

명 한 번, 1회
《숙》 *all at once* 돌연, 갑자기
《숙》 *at once* 곧, 동시에
　Go *at once* 곧 가시오.

one
[wʌn/(우)원]
명 하나(의), 한 살(의), 한 사람
· I have *one* brother.
　나는 동생[형]이 한 명 있다.
· *One* and four make(s) five.
　하나 더하기 넷은 다섯이다.
대 ① (일반적으로) 사람
· *One* should take care of oneself.
　누구나 자기 자신을 소중히 해야 한다.
· Bill is *one* of my friends.
　빌은 내 친구 중의 한 사람이다.
대 ② (앞에 나온 명사를 대신하여) (그것과 같은) 것
· I don't have a pen. Can you lend me *one*?
　나는 펜이 없어, 펜 좀 빌려 줄 수 있니?
· He bought five red roses and two white *ones*.
　그는 빨간 장미 다섯 송이와 흰 장미 두송이를 샀다.
《숙》 *one day* 어느 날

oneself
[wʌnself/(우)원쎌프]
대 자기 자신; 자기 자신을[에게]
· To know *oneself* is very difficult.
　자기 자신을 아는 것은 매우 어렵다.

[*oneself*의 변화형]

인칭 \ 수	단수	복수
1인칭	I - myself	We - ourselves
2인칭	You - youself	You - yourselves
3인칭	He - himself She - herself It - itself	They - themselves

《숙》 *by oneself* 홀로-
　One cannot live by *oneself*.
　사람은 홀로 살 수 없다.
《숙》 *for oneself* 자기 힘으로
《숙》 *of oneself* 저절로

onion
[ʌ́njən/어년]
명 양파
· An *onion* has a strong smell.
　양파는 강한 냄새를 가지고 있다.
· Please don't use any *onion* when you cook it.
　양파는 빼고 요리해 주세요.

only
[óunli/오운리]
형 유일한, 단 하나의
· She has an *only* daughter.
　그녀는 외동딸이 있다.
부 오직, 단지, 겨우; ~뿐
· I like *only* sports.
　나는 오직 운동만을 좋아한다.
· She is *only* a student.

그녀는 단지 학생이다.
《숙》 *have only to (do)* 다만 ~하기만 하면 된다.
You *have only to* stay here.
당신은 이곳에 있기만 하면 된다.
《숙》 *not only ~ but (also)* ~뿐만 아니라 ~도 또한

onto
[ántu:/안투우]
전 ~의 위로
· The cat jammped *onto* the table.
그 고양이 책상 위로 뛰어올랐다.

:open
[óup(ə)n/오우픈[펀]]
타 열다, 펴다 (《반》 shut, close 닫다)
· *Open* he door. please.
문을 열어주십시오.
자 열리다
· The door *opened*.
문이 열렸다.
형 ① 열린, 열려 있는
· The gate is *open*.
그 문은 열려 있다.

형 ② 넓은
· An *open* sea appeared before us.
넓은 바다가 우리 앞에 나타났다.

opera
[áp(ə)rə/아프[퍼]러]
명 (복수 *operas* [áp(ə)rəz/아프[퍼]러즈]) 가극, 오페라
· I want to see an *opera*.
나는 오페라를 보고 싶다.

operation
[apəréiʃ(ə)n/아퍼레이션]
명 ① (기계의) 조작, 운전
· The *operation* of elevators is very easy.
엘리베이터 조작법은 아주 쉽다.
명 ② (의학의) 수술
· My aunt had an *operation* on her nose.
나의 고모는 코 수술을 받았다.

operator
[ápəreit/아퍼레이터]
명 (복수 *operators* [ápəreitəz/아퍼레이터즈]) 교환수
· *Operator,* may I help you?
교환입니다. 뭘 도와 드릴까요?

opinion
[əpínjən/어피년]
명 (복수 *opinions* [əpínjənz/어피년즈]) 의견, 견해, 설
· That's my *opinion*.
그것이 내 생각이다.

· I have no **opinion** about it.
나는 그것에 관하여 아무 의견이 없다.

:or
[ɔɚ/오오]
접 ① (선택적) 혹은, 또는
· Is this a cup **or** a glass?
이것은 컵이니, 유리컵이니?
· It's a cup.
그것은 컵이야.

> Is this[that] A **or** B?
> 「이것[저것]은 A니, B니?」
> 둘 중에서 어느 것인가를 묻는 『선택의문문』에 대한 대답은 "Yes, No"를 사용하지 않고 A 또는 B 중 하나를 선택해서 『It's A』 또는 『It's B』로 대답한다.

접 ② 그렇지 않으면
· Take a taxi, **or** you'll be late.
택시 타, 그렇지 않으면 늦을 거야.

:orange
[ɔ́ːrindʒ/오오런지]
명 (복수 **oranges** [ɔ́ːrindʒiz/오오런지즈]) 오렌지색
· Orange juice, please.
오렌지 주스 주세요.

《숙》 *a squeezed orange* 찌꺼기

·orchestra
[ɔ́ɚkistrə/오오키스트러]
명 오오케스트라, 관현 악단
· The **orchestra** is playing now.
그 오케스트라는 지금 연주 한다.

·order
[ɔ́ɚdɚ/오오더]
타 (3단현 **orders** [ɔ́ɚdɚz/오오더즈], 과거·과거 분사 **ordered** [ɔ́ɚdɚd/오오더드], 현재 분사 **ordering** [ɔ́ɚdɚiŋ/오오더링])
타 ① 명령하다
· He **ordered** me to stay home.
그는 나에게 집에 있으라고 명령하였다.
타 ② 주문하다
· I **ordered** ice cream.
나는 아이스크림을 주문 했다.
명 ① (복수형으로 하여) 명령
· He gave **orders** that we should go home at once.
그는 우리들이 곧 집으로 돌아가라고 명령하였다.
명 ② 순서, 질서
· Everything in the kitchen is in good **order**.
부엌에 있는 모든 것이 잘 정돈 되어 있다.
《숙》 *in order to (do)* ~하기 위하여
《숙》 *out of order* 틀어져서

organ
[ɔ́ɚgən/오오건]
명 (복수 **organs** [ɔ́ɚgənz/오오건즈]) 기관, 오르간(악기)
· Can you play the **organ**?
너 오르간 연주할 수 있니?

ostrich
[ɔ́:stritʃ/오오스트리치]
명 (복수 *ostriches*[ɔ́:stritʃiz/오오스트리치즈]) 타조
· *Ostriches* can't fly.
타조는 날지 못한다.

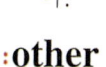

:other
[ʌ́ðɚ/어더]
형 ① 다른, 그밖의, 또 다른
· Is there any *other* size?
다른 사이즈가 있습니까?
· Use the *other* hand.
또 한 손을 사용해라.
형 ② 다른 물건[사람]
· I don't want this. I want the *other*.
나는 이것을 원하지 않는다. 나는 다른 것을 원한다.
《숙》 *each other* 서로
We love *each other*.
우리는 서로 사랑한다.

otherwise
[ʌ́ðɚwaiz/어더와이즈]
부 그렇지 않으면
· He worked hard. *Otherwise* he would have failed.
그는 열심히 공부했다. 그렇지 않았더라면 실패했을 것이다.

ouch
[autʃ/아우치]
감 아야! (아픔 따위를 나타낸다)
· *ouch* wagon 구급차

·ought
[ɔ:t/오오트]
조 ① (*to* 와 함께 쓰여) ~해야 한다 (《동》 should)
· You *ought to* tell the truth.
너는 진실을 말해야 한다.
조 ② ~하는 것이 당연하다
· It *ought to* be allowed.
그것은 허용하는 것이 당연하다.

:our
[auɚ/아우어]
대 (*we*의 소유격) 우리들의
· The building is *our* school.
저 건물이 우리 학교이다.

:ours
[auɚz/아우어즈]
대 (*we*의 소유 대명사) 우리들의 것(《참고》 mine 나의 것)
· She is a friend of *ours*.
그녀는 우리의 친구이다.
· Ours are the large *ones*.
우리의 것은 큰 것이다.

:ourselves
[auɚsélvz/아우어셀브즈]
대 ① (*myself*의 복수형) 우리들 자신이
· We *ourselves* did the work.
우리들 자신이 그 일을 하였다.

대 ② 우리들 자신을
- We must take good care of *ourselves*.
우리들은 자신을 잘 돌보지 않으면 안 된다.

《숙》 *for ourselves* 우리들 스스로

:out
[aut/아우트]
부 ① (방·집의) 밖에, 밖으로, 밖의 (《반》 in 안에)
- She is *out* now.
그녀는 지금 외출 중이다.

부 ② (불이나 등이) 꺼져; 없어져
- Blow the candle *out*.
촛불을 불어서 꺼라.

《숙》 *out of* : ~로부터
He got *out of* the car.
그는 차에서 내렸다.

☞ 『(버스 또는 열차에서) 내리다』는 『get off a bus[train]』이라고 함.

outdoor
[áutdɔ̀:r/아우드도오]
형 옥외의, (《반》 indoor 실내의)
- Judy is not an *outdoor* type.
쥬디는 밖에서 뛰노는 것을 좋아하는 아이가 아니다.
- *outdoor* advertising 옥외광고

·outdoors
[áutdɔ́:rz/아우드도오즈]
부 집 밖에서, 야외에서 (《반》 indoors 집 안에서)
- We sometimes play games *outdoors*.
우리들은 때때로 [가끔] 야외에서 경기를 한다.

·outside
[áutsáid/아우트사이드]
명 바깥 쪽 (《반》 inside 안쪽)
- The *outside* of the box is painted white.
상자 바깥쪽은 흰칠로 되어 있다.

형 바깥 쪽의, 외부의
- The train is running on the *outside* track [træk/트랙].
기차가 바깥쪽의 궤도를 달리고 있다.

전 ~의 밖에
- He is standing *outside* the gate.
그는 문 밖에 서 있다.

부 밖에 [으로]
- Let's go *outside*.
밖에 나가자.

oven
[ʌ́v(ə)n/어븐[번]]
명 (복수 *ovens* [ʌ́v(ə)nz/어븐[번]즈]) 솥, 가마, 화덕, 오븐
- Your dinner is in the *oven*.
너의 저녁밥은 솥 안에 있다.
- She baked some potatoes in the *oven*.
그녀는 오븐에 감자를 구웠다.

《숙》 *in the same oven* 같은 처지에

over
[óuvər/오우버(어)]
전 ~의 위에 (《반》 under ~ 의 아래에)
· He held an umbrella *over* me.
그는 나의 위에 우산을 들어주었다.
· There is a bridge *over* the river.
그 강 위에는 다리가 놓여 있다.

부 끝나서, 지나서
· School is *over* at three.
수업은 3시에 끝난다.
《숙》 *over again* 다시 한 번
Do it *over again*.
그것을 다시 한 번 하시오.
《숙》 *over and over again* (자꾸자꾸) 되 풀이하였다

overcoat
[óuvərkout/오우버코우트]
명 (복수 *overcoats* [óuvərkouts/오우버코우츠]) 외투, 오오바
· I sent my *overcoat* to the laundry.
나의 외투는 세탁소에 보냈다.

overhead
[óuvəhéd/오우버헤드]
부 머리 위에, 머리 위로
· *Overhead* the sun was shining.
머리 위에 태양이 빛나고 있었다.

owe
[ou/오우]
타 (3단현 *owes* [ouz/오우즈], 과거·과거 분사 *owed* [oud/오우드], 현재 분사 *owing* [óuiŋ/오우잉])
타 ① 힘입다
· I *owe* my success to my teacher.
나의 성공은 나의 선생님의 덕이다.
타 ② 빚이 있다
· I *owe* the grocer two dollars.
식료품상에 2달러 빚이 있다.

owl
[aul/아울]
명 (복수 *owls* [aulz/아울즈]) 【조류】 부엉이, 올빼미
· An *owl* is a bird with big eyes.
부엉이는 큰 눈을 가진 새이다.

own
[oun/오운]
타 자 (3단현 *owns* [ounz/오운즈], 과거·과거 분사 *owned* [ound/오운드], 현재 분사 *owning* [óuniŋ/오우닝])

형 ① 자기자신의
- Write it with your *own* pen.
  네 자신의 펜으로 그것을 써라.

형 ② 특유의
- Do it your *own* way.
  자네 독자적인 방법으로 하게.

owner
[óunɚ/오우너]

명 (복수 *owners* [óunɚz/오우너즈]) 소유자, 임자
- Who is the *owner* of this building?
  이 건물의 주인은 누구입니까?

·ox
[ɑks/악스]

명 (복수 *oxen* [ɑks(ə)n/악슨[선]) 수소 (《반》 cow 암소)
- An *ox* is pulling a heavy cart.
  수소 한 마리가 무거운 짐차를 끌고 있다.

oxygen
[ɑ́ksidʒ(ə)n/악시전]

명 【화학】 산소
- Green plants give off *oxygen*.
  녹색 식물은 산소를 방출한다.
- Plants grow give off *oxygen*.
  식물은 저절로 산소를 방출한다.

oyster
[ɔ́istɚ/오이스터]

명 (복수 *oysters* [ɔ́istɚz/오이스터즈]) 【조개】 굴
- *Oysters* are in season now.
  지금 굴이 제철입니다.

P,p
[piː/피이]
알파벳의 열여섯 번째 문자

pace
[peis/페이스]
몡 (복수 *paces* [péisiz/페이시즈])
(한)걸음; 걸음걸이; 걷는 속도
· I took a *pace* forward.
나는 한 걸음 앞으로 나아갔다.
《숙》 *at a foot's pace* 보통 걸음
《숙》 *at a good pace* 젠 걸음으로

pack
[pæk/팩]
몡 (복수 *packs* [pæks/팩스])
몡 ① 짐, 꾸러미, 보따리
· The smaller your *pack* is, the easier is for you to travel.
짐이 작을수록 여행하기 쉽다.
몡 ② (약한 등의) 떼, 한벌
· a *pack* of cards 트럼프 한 벌
타 싸다, 꾸리다; 채우다, 넣다
· Have you *packed* your things yet?
물건은 다 꾸렸니?
· They are *packing* clothes.
그들은 옷을 싸고 있다.

package
[pǽkidʒ/패키지]
몡 (복수 *packages* [pǽkidʒiz/패키지즈]) 짐, 꾸러미; 소포
· Mother gave me a small *package*.
어머니는 내게 작은 꾸러미를 주셨다.

page
[peidʒ/페이지]
몡 (복수 *pages* [peidʒiz/페이지즈])
(책의) 페이지

· I read a few *pages* last night.
나는 간밤에 몇 페이지를 읽었다.
· Open your books to *page* 45.
책 45페이지를 펴라.

:paid
[peid/페이드]

타 자 *pay*(지불하다, 대금을 치르다)의 과거·과거 분사
· I *paid* 10,500 dollars for this leather sofa.
나는 이 가죽 소파 값 10,500달러를 지불했다.

:pain
[pein/페인]

명 (복수 *pains* [peinz/페인즈])
명 ① 아픔, 고통 (《동》 ache)
· Where is the *pain*?
어디가 아프세요?
· I have *pains* all over.
나는 온몸이 아프다.

명 ② (복수로 쓰여) 노력, 수고
· She dodes not take much *pains*.
그녀는 별로 노력하지 않는다.
《숙》 *take pains*[=*make efforts*]
노력하다, 수고하다
《숙》 *be in pain* 괴로워 하고 있다.

·paint
[peint/페인트]

타 (3단현 *paints* [peints/페인츠], 과거·과거 분사 *painted* [péintid/페인티드], 현재 분사 *painting* [péintiŋ/페인팅])

타 ① 그리다; (페인트를) 칠하다
· She *paints* well.
그녀는 그림을 잘 그린다.
· He *painted* his room white.
그는 방을 하얗게 칠했다.

타 ② 페인트를 칠하다
· I will *paint* the fence tomorrow.
나는 내일 울타리에 페인트 칠을 할 것이다.

명 페인트; (복수형) 그림물감
· Wet *paint*.
《게시》 페인트 주의
· Mother bought me a box of *paints* for my birthday.
어머니는 내 생일날 그림물감 1상자를 사 주셨다.

painter
[péintər/페인터]

명 (복수 *painters* [péintərz/페인터즈]) 화가, 칠장이
· His daughter wants to be a *painter*.
그의 딸은 화가가 되고 싶어한다.

·pair
[pɛəɾ/페어]

명 (복수 *pairs* [pɛəɾz/페어즈]) 한 쌍, 한 벌, 한 켤레
 · He bought me a *pair* of gloves.
  그는 내게 장갑 한 쌍을 사주었다.
 · I want a *pair* of new shoes.
  나는 새 신발 한 켤레를 원한다.

[a *pair* of]
서로 관계가 있는 두 개의 부분으로 되어 있는 물건에 대해서 『a *pair* of』를 쓰며, of 뒤에는 명사의 복수형이 온다. 또 두쌍 이상인 경우엔 『*pair* of』를 쓴다.
예) a *pair* of glasses 안경 하나
  a *pair* of trousers 바지 한 벌

---

pajama
[pədʒǽmə/퍼재머]

명 (복수 *pajamas* [pədʒǽməz/퍼재머즈]) 파자마, 잠옷
 · I wear my *pajamas* at night.
  나는 밤에 잠옷을 입는다.

pal
[pæl/팰]

명 (복수 *pals* [pælz/팰즈]) 단짝, 《구어》 동아리, 친구
 · Jane is one of my best *pals*.
  제인은 내 가장 친한 친구들중의 한 사람이다.

:palace
[pǽlis/팰리스]

명 (복수 *palaces* [pǽlisiz/팰리시즈]) 궁전, 궁궐
 · The king lives in a *palace*.
  왕은 궁전에서 살고 있다.

:pale
[peil/페일]

형 (비교급 *paler* [péilər/페일러], 최상급 *palest* [péilist/페일리스트]) (얼굴이) 핼쑥한, 창백한
 · You look *pale*. What's the matter?
  너 안색이 창백해 보여. 무슨 일이 있니?

palm
[pɑːm/팜-]

명 (복수 *palms* [pɑːmz/팜-즈]) 손바닥, 손목에서 손가락끝까지의 길이
 · He held the insects in the *palm* of his hands.
  그는 양손에 곤충들을 놓았다.

pan
[pæn/팬]

명 (복수 *pans* [pænz/팬즈]) 납작

한 냄비
· Here is a frying *pan*.
여기 프라이팬이 있어요.

panda
[pǽndə/팬더]
명 (복수 *pandas* [pǽndəz/팬더즈])
팬더(작은 곰의 일종)
· Have you ever seen a *panda*?
너는 팬더를 본 적이 있느냐?

pants
[pænts/팬츠]
명 (복수로 써서)((미))바지,반바지
· She has many *pants*.
그녀는 바지가 여러 벌 있다.
· Can I see that *pants* in the window?
진열장 안에 있는 저 바지를 볼 수 있을까요?

papa
[((미)) pá:pə/파-퍼]
명 (유아)아빠(《반》 mama 엄마)
· That father is the *papa*.
저 아빠는 그 아빠다.

paper
[péipər/페이퍼]
명 ① 종이
· Give me a piece of *paper*.
종이 한 장 주시오.
· Mom, we have run out of toilet *paper*.
엄마, 화장지를 다 써 버렸어요.
명 ② 신문 (《동》 *newspaper*)
· He is reading a morning *paper*.
그는 조간 신문을 읽고 있다.

parachute
[pǽrəʃúːt/패뤄슈웃]
명 낙하산
· The *parachute* troops came down at 1,000 feet.
그 낙하산 부대는 1,000피트 높이에서 뛰어 내렸다.

parade
[pəréid/퍼레이드]
명 (복수 *parades* [pəréidz/퍼레이드즈]) 퍼레이드, 행렬, 행진
· We will have a big *parade* this Saturday.
이번 토요일에 성대한 퍼레이드가 있을 것이다.

pardon
[páːrdn/파-든]
타 용서하다
· *Pardon* me for being late.
늦어서 죄송합니다.
명 용서
· I beg your *pardon*.
미안합니다.: 실례합니다.

상대방의 말을 잘 알아듣지 못했을 경우 쓸 수 있는 표현이 『I beg your pardon?(↗)』이다. 이외에『Beg your pardon?』, 『Pardon me?』, 『Pardon?』, 『Excuse me?』등도 같은 뜻으로 쓰인다.

A: Would you mind trading s-

eats with me?
저와 자리 좀 봐줘 주시겠어요?
B: I beg your *pardon*?
다시 한번 말씀해 주시겠어요?

·parent
[pɛ́(:)rənt/페(-)런트]

명 (복수 *parents* [pɛ́(:)rənts/페(-)런츠]) 어버이; 《복수형으로》부모님, 양친

· They are my *parents*.
그들은 저의 부모님이십니다.

· Tom and Sally have come *p-arents*.
톰과 샐리는 부모가 되었다.

·park
[pɑːrk/파-크]

명 (복수 *parks* [pɑːrks/파-크스])
명 ① 공원, 유원지
· I take a walk in the *park* every morning.
나는 매일 아침 공원을 산책한다.
명 ② 주차하다(시키다)
· No *parking*.
《게시》주차 금지
· Where did you *park*?
어디에다 주차시켰어요?
· I *parked* in a pay parking lot.
유료 주차장에 주차시켰어요.
☞ a parking lot 《미》주차장

:parrot
[pǽrət/패럿]

명 (복수 *parrots* [pǽrəts/패러츠]) 앵무새

· I saw a *parrot* talking on TV.
나는 텔레비전에서 앵무새가 말하는 것을 보았다.

·part
[pɑːrt/파-트]

명 (복수 *parts* [pɑːrts/파-츠])
명 ① 부분, 일부《반》whole 전체)
· Only (a) *part* of her story is true.
그녀의 이야기는 일부분만이 사실이다.
명 ② (연극·일 따위) 역, 역할
· He will do the *part* of Hamlet well in the play.
그는 연극에서 햄릿 역을 잘 해낼 것이다.
《숙》*in part* 부분적으로
Her story is *in part* true.
그녀의 이야기는 부분적으로는 사실이다.
《숙》*take part in* ~에 참가하다
I *took part in* the race.
나는 그 경주에 참가했다.
자 헤어지다
· I *parted* with my old friend at

the airport.
나는 공항에서 옛 친구와 헤어졌다.
타 가르다
· He *parted* his hair in the middle.
그는 가운데로 가리마를 탔다.

·**party**
[páːrti/파-티]
명 (복수 *parties* [páːrtiz/파-티즈])
명 ① (사교상의) 모임, 회합
· Please come to my birtyday *party*.
저의 생일 파티에 와주세요.

· a garden *party* 가든파티
명 ② 당, 당파, 정당
· Which *party* do you favor?
너는 어느 정당을 지지하니?
명 ③ 일행
· The *party* took a rest by the river.
일행은 강가에서 쉬었다.

·**pass**
[pæs/패스]
자 타 (3단현 *passes* [pǽsiz/패시즈], 과거·과거 분사 *passed* [pǽst/패스트], 현재 분사 *passing* [pǽsiŋ/패싱])

자 (시간이) 지나다
· Five days have *passed*.
5일이 지났다.
타 ① (시험에) 합격하다
· He *passed* the driving test.
그는 운전 면허 시험에 합격했다.
타 ② (물건을) 건네주다
· *Pass* me the salt, please.
소금 좀 건네주세요.
명 통행증; 통과
· Let me see your boarding *pass*.
탑승권을 보여 주세요.

《숙》 *pass by* 지나가다, 통과하다
Some trucks *passed by* us.
몇 대 트럭이 우리 옆을 지나갔다.
《숙》 *pass away* 죽다(《동》 die)
His mother *passed away* three years ago.
그의 어머니는 3년 전에 돌아가셨다.

:**passage**
[pǽsidʒ/패시지]
명 (복수 *passages* [pǽsidʒiz/패시지즈]) 통행, 통과; 통로
· The *passage* through the mountains is dangerous.
그 산길은 위험하다.
《숙》 *a birds of passage* 철새

passenger
[pǽsindʒər/패신저]

명 (복수 *passengers* [pǽsindʒərz/패신저즈]) 승객, 여객, 통행인
· There were thirty *passengers* in the bus.
버스에 30명의 승객들이 있었다.

passport
[pǽspɔːrt/패스포-트]

명 (복수 *passports* [pǽspɔːrts/패스포-츠]) 여권, 패스포트
· May I see your *passport*, please?
여권 좀 보여 주시겠습니까?

:past
[pæst/패스트]

형 지나간, 과거의, 이미 없어진
· Winter is *past*.
겨울이 지나갔다.

전 (시간이) 지나서 (《반》 to 전)
· It's half *past* [(미)after] six.
6시 30분이다.
· Grandfather is *past* seventy now.
할아버지께서는 이제 70살이 넘으셨다.

명 《보통 the와 함께 쓰여》 과거 (《반》 present 현재 future 미래)
· Don't worry about the *past*.
과거 일은 걱정하지 말아라.

paste
[peist/페이스트]

명 풀; 반죽; 반죽해서 만든 것
· We need *paste*.
풀이 필요하다.

pasture
[pǽstʃər/패스처]

명 (복수 *pastures* [pǽstʃərz/패스처즈]) 목장, 방목장
· The milch cows are eating grass in the *pasture*.
젖소들이 목장에서 풀을 뜯고 있다.

patent
[pǽt(ə)nt/패턴트]

명 (복수 *patents* [pǽt(ə)nts/패턴츠]) 특허, 특허권
· He got a *patent* for his invention.
그는 그의 발명품에 특허를 받았다.

형 특허의, 특허를 받은

path
[pæθ/패스]

명 (복수 *paths* [pæðz/패드즈])

pay

작은 길, 오솔길, 통로
- There was no **path** in the mountain.
  그 산 속에는 오솔길이 없었다.

:pay
[pei/페이]
타 자 (3단현 **pays** [peiz/페이즈], 과거·과거 분사 **paid** [peid/페이드], 현재 분사 **paying** [péiiŋ/페이잉])

타 ① (대금을) 지불[지급]하다
- How much did you **pay** for it?
  너 그거 얼마 주고 샀니?
- Can I **pay** by check?
  수표로 지불해도 되나요?
※ check 수표 (《영》 cheque)

타 ② (관심을) 보이다
- I **paid** a visit to my uncle.
  나는 아저씨댁을 방문했다.

자 ① 대금을 치르다
- He is **paying** for his book.
  그는 책 값을 치르고 있다.

자 ② (일 따위가) 수지맞다
- This job doesn't **pay**.
  이 일은 수지가 안맞는다.

명 임금, 급료
- Did you get your **pay**?
  너는 급료를 받았니?

《숙》 **pay attention to** 기울이다
  Please **pay attention to** me.
  저를 주목해 주십시오.

《숙》 **get paid** 월급을 받다

:pea
[pi:/피-]
명 (복수 **peas** [pí:z/피-즈])완두(콩)
- **Peas** are small, round, and green.
  완두콩은 작고, 둥글고, 녹색이다.

- She is cooking **peas** in the kitchen.
  그녀는 부엌에서 콩을 요리하고 있다.

:peace
[pi:s/피-스]
명 평화 (《반》 war 전쟁)
- Every country wants **peace**.
  모든 나라가 평화를 원한다.
- The dove is the symbol of **peace**.
  비둘기는 평화의 상징이다.

《숙》 **in peace** 평화롭게
  The baby is sleeping **in peace**.
  그 아기는 평화롭게 자고 있다.

《숙》 **at peace** 평화롭게
  Her mind is **at peace**.
  그녀의 마음은 편안하다.

《숙》 **make peace with** ~와 화해하다
  They **made peace with** the e-

nemy.
그들은 적과 화해했다.

:peach
[piːtʃ/피-치]

명 (복수 *peaches* [piːtʃiz/피-치즈])
복숭아(나무)
· *Peaches* have a soft skin.
복숭아는 껍질이 부드럽다.

peacock
[píːkák/피-칵]

명 (복수 *peacocks* [píːkáks/피-카스]) (수)공작
(《참고》 peahen 암공작)
· A *peacock* has beautiful feathers.
수공작은 깃털이 아름답다.

peanut
[píːnʌ́t/피-넛]

명 (복수 *peanuts* [píːnʌ́ts/피너츠])
땅콩
· I like *peanut* candy.
나는 땅콩 사탕을 좋아한다.

:pear
[pɛər/페어]

명 (복수 *pears* [pɛərz/페어즈])
서양배(나무)
· Would you like to eat *pears*?
배 좀 드시겠습니까?

:pearl
[pəːrl/펄-]

명 (복수 *pearls* [pəːrlz/펄-즈])진주
· *Pearls* are used for making necklaces.
진주는 목걸이 만드는 데 쓰다.

peasant
[péz(ə)nt/페전트]

명 (복수 *peasants* [péz(ə)nts/페전츠]) 농부, 농군; 시골뜨기
· He is a poor *peasant*.
그는 가난한 농부다.

peep
[piːp/피-프]

자 ① 엿보다, 슬쩍 들여다보다
· He *peeped* into the room.
그는 방 안을 슬쩍 들여다보았다.
자 ② (모르는 사이에) 나타나다
· The stars began to *peep* out.
별이 나타나기 시작했다.
자 ③ (병아리가) 삐약삐약 울다
명 엿보기, 슬쩍 들여다봄
· I got a *peep* at the room.
나는 그 방을 슬쩍 들여다보았다.

·pen
[pen/펜]

명 (복수 *pens* [penz/펜즈]) 펜

★ a ball-point *pen* 볼펜
a fountain *pen* 만년필
· This *pen* is mine.
이 펜은 나의 것이다.
· What kind of *pen* do you use?
너는 어떤 (종류의) 펜을 쓰니?

·pencil
[pénsl/펜슬]
명 (복수 *pencils* [pénslz/펜슬즈])
연필
· Is this your *pencil*?
이것이 너의 연필이니?
· Write your name with[in] a *pencil*.
네 이름을 연필로 써라.

penguin
[péŋgwin/펭귄]
명 (복수 *penguins* [péŋgwinz/펭귄즈]) 펭귄
· A *penguin* cannot fly.
펭귄은 날지 못한다.

pen pal
[pén pǽl/펜 팰]
명 (복수 *pen pals* [pén pǽlz/펜 팰즈]) 편지로 사귀는 친구, 펜팔
· I have a lot of *pen pals* in america.
나는 미국에 많은 편지 친구들을 갖고 있다.

·people
[píːpl/피-플]
명 ① (복수) (세상) 사람들
· Dolphins like *people*.
돌고래는 사람들을 좋아한다.

명 ② 국민, 민족
· Singapore is the meeting-place of a hundred *peoples*.
싱가포르는 많은 민족이 모여드는 곳이다.

pepper
[pépər/페퍼]
명 (복수 *peppers* [pépərz/페퍼즈]) 후추
· Don't put the *pepper* in my soup.
내 수프에 후추를 치지 마시오.

percent
[pərséntidʒ/퍼센트]
명 퍼센트 (기호 %)
· Five *percent* of the students failed in the examination.
학생의 5퍼센트가 시험에 낙제했다.

perform
[pərfɔ́ːrm/퍼폼-]
타 자 ① 실행하다, 이행하다
· You should *perform* your promise.

너는 약속을 이행해야만 한다.
타 자 ② (극을) 상연하다, (역을) 맡아하다, (음악을) 연주하다
· She *performed* the heroine in the play.
그녀는 그 연극에서 여주인공 역을 맡아했다.

period
[pí(ː)riəd/피(-)리어드]
명 (복수 *periods* [pí(ː)riədz/피(-)리어즈])
명 ① 기간; 시대, 시기
· He has been ill for a long *period*.
그는 오랜 기간 동안 아팠다.

명 ② (학교의) 수업 시간
★ a fifty-minute *period*, 50분 수업시간
· We have six *periods* a day.
우리는 하루에 6시간의 수업이 있다.
명 ③ 마침표
· Put a *period* after each sentence.
각 문장 끝에 마침표를 찍어라.

permit
[pərmít/퍼밋]
타 자 허락하다, 허가하다
· He *permitted* me to drive his car.
그는 내게 그의 자동차 운전을 허락했다.

person
[pə́ːrsn/퍼-슨]
명 (복수 *persons* [pə́ːrsnz/퍼슨즈])
명 사람(개인), 인간
· Ted is an interesting *person*.
테드는 재미있는 사람이다.
· There is a young *person* to see you.
어떤 젊은 분이 당신을 만나러 찾아 왔습니다.
《숙》*in person* 몸소, 직접
I will come *in person*
내가 직접 가겠어요.

pet
[pet/펫]
명 (복수 *pets* [pets/페츠])애완 동물
· She keeps a raccoon as a *pet*.
그녀는 애완 동물로 너구리를 기른다.

· This cat is my *pet*
이 고양이는 나의 패트입니다.
형 마음에 드는, 총애하는
· a *pet* name 애칭

phone
[foun/포운]

타 (3단현 *phones* [founz/포운즈], 과거·과거 분사 *phoned* [found/포운드], 현재 분사 *phoning* [fóuniŋ/포우닝]) 전화로 이야기하다, 전화를 걸다

· Will you *phone* me again?
내게 다시 전화해 주겠니?

명 (복수 *phones* [founz/포운즈]) 전화, 전화기 (《동》 telephone)

· Answer the *phone*. please?
전화 좀 받아 주세요.

· May I use the *phone*?
전화를 써도 괜찮겠습니까?

photo
[fóutou/포우토우]

명 (복수 *photos* [fóutouz/포우토우즈]) (구어) 사진

· I'll take a *photo* of you.
네 사진을 찍어 줄께.

photograph
[fóutəgræf/포우터그래프]

명 (복수 *photographs* [fóutəgræfs/포우터그래프스]) 사진

· He took a *photograph* of mine.
그는 나의 사진을 찍었다.

· I had[got] my *photograph* taken.
나는 (나의) 사진을 찍었다.

photographer
[fóutəgræfer/퍼타그러퍼]

명 (복수 *photographers* [fóutəgræferz/퍼타그러퍼즈]) 사진사

· My uncle is a fashion *photographer*.
나의 삼촌은 패션 전문 사진사이시다.

physical
[fízik(ə)l/퓌지컬[크어]]

형 ① 신체의, 육체의

★ *physical* education [=P.E.] 체육

· We have a *physical* examination once a year.
우리는 1년에 한번 신체 검사를 받는다.

형 ② 물질적인, 물체의

★ The *physical* world 물질세계

piano
[piǽnou/피애노우]

명 (복수 *pianos* [piǽnouz/피애노우즈]) 피아노

· Can you play the *piano*?
너 피아노 칠 줄 아니?

· Judy played the *piano* and I sang.
쥬디는 피아노를 쳤고 나는 노래를 불렀다.

pick
[pik/픽]

타 (3단현 *picks* [piks/픽스], 과거·과거 분사 *picked* [pikt/픽트], 현재 분사 *picking* [píkiŋ/피킹])

picnic

타 ① (꽃 따위를) 따다, 뜯다
- Don't *pick* the flowers.
그 꽃들을 꺾지 마라.

타 ② 골라잡다
- I finally *picked* a red sweater.
나는 결국 빨간 색 스웨터를 골랐다.

·picnic
[píknik/피크닉]

명 피크닉, 소풍
- I went on a *picnic* yesterday.
나는 어제 소풍을 갔다.
- When is your school *picnic*?
너희 학교 소풍은 언제니?

·picture
[píktʃər/픽처]

명 (복수 *pictures* [píktʃərz/픽처즈])

명 ① 그림; 사진
- She is drawing a *picture*.
그녀는 그림을 그리는 중이다.

- May I look at your *pictures*?
네 사진들 좀 봐도 되겠니?

명 ② (the를 붙인 복수형에) 영화
- Let's go to the *pictures*.
우리 영화 보러 가자.

《숙》 *take a picture* 사진을 찍다
I would like to *take a picture* of your family.
나는 당신의 가족 사진을 찍고 싶어요.

pie
[pai/파이]

명 (복수 *pies* [paiz/파이즈]) 파이
- I like an apple *pie* very much.
나는 사과 파이를 무척 좋아한다.
- apple *pie* 사과 파이
- cherry *pie* 버찌 파이

piece
[piːs/피-스]

명 (복수 *pieces* [píːsiz/피-스즈])
조각; 일부
- John had a *piece* of bread for breakfast.
존은 아침 빵 한 조각을 먹었다.

단위명사로 쓰는 *pie*
「하나·둘 셀 수 없는 명사」의 수량을 나타낼 때에 쓰인다. 단수의 경우에는 『a *piece* of』, 복수인 경우에는 『two[three,~] *pieces* of』로 된다.
- a *piece* of advice 충고 한마디
- a *piece* of chalk 분필 한 자루
- a *piece* of furniture 가구 한 점

·pig
[fig/피그]

명 (복수 *pigs* [figz/피그즈]) 돼지
- A *pig* is a fat animal.
돼지는 살진 동물이다.

『젖 뗀 새끼 돼지』를 『shoat[쇼웃]』이라고 하고, 아직 어른 돼지가 덜 된 것은 『*pig*』 또는 『gruntling[그뤠틀링]』이라고 한다. 또 120pound(파운드), 약 60kg 이상 되는 큰 돼지는 『hog[학]』

이라고 하며, 다 큰 암퇘지는『sow[싸우]』, 수퇘지는『b-oar[보우어]』라고 부른다.

pigeon
[pidʒən/피전]
명 (복수 *pigeons* [pídʒənz/피전즈])
비둘기
☞『dove』보다 큰 것을 말함.
· She keeps three *pigeons*.
그녀는 비둘기 3마리를 기른다.

pillow
[pílou/필로우]
명 (복수 *pillows* [pílouz/필로우즈])
베개
· The baby is sleeping on a *pillow*.
그 어린아이는 베개를 베고 자고 있다.

:pilot
[páilət/파일럿]
명 (복수 *pilots* [páiləts/파일러츠])
명 ① 수로 안내인
· In a calm sea every man is a *pilot*.
《속담》 잔잔한 바다에서는 모두가 수로 안내인이다.

명 ② (비행기따위의) 조종사
· He is a good *pilot*.
그는 훌륭한 조종사다.

:pin
[pin/핀]
명 (복수 *pins* [pinz/핀즈]) 핀
· I need five *pins*.
나는 5개의 핀이 필요하다.
· Where did you buy that tie *pin*?
그 넥타이 핀을 어디서 샀나요?
타 핀으로 꽂다
· I *pinned* the pictures on the board.
나는 사진들을 판자에 핀으로 꽂았다.

pine
[pain/파인]
명 (복수 *pines* [painz/파인즈])솔, 소나무 ; 《구어》 파인애플
· A *pine* tree is always green.
소나무는 늘 푸르다.

pineapple
[páinæpl/파인애플]
명 (복수 *pineapples* [páinæplz/파인애플즈]) 파인애플
· Would you like some *pineapples*?
파인애플을 좀 먹겠느냐?

ping-pong
[píŋpáŋ/핑팡]
명 핑퐁, 탁구
★ a *ping-pong* ball : 탁구공
· The two girls are palying *ping-pong*.
두 소녀가 탁구를 치고 있다.

pink
[piŋk/핑크]
명 (복수 *pinks* [piŋks/핑크스]) 연분홍색, 핑크색 (옷); 패랭이꽃
· She was dressed in *pink*.
그녀는 핑크색 옷을 입었다.
· *Pinks* smell sweet.
패랭이꽃은 향기가 좋다.
형 분홍색의
· I like *pink* roses.
나는 분홍색 장미를 좋아한다.

pipe
[paip/파이프]
명 (복수 *pipes* [paips/파이프스])
명 ① (수도등의) 관, 파이프
· Water comes out of a long *pipe*.
물이 긴 수도관으로부터 나온다.
명 ② (담배) 파이프
· Grandfather is smoking a *pipe*.
할아버지는 파이프로 담배를 피우고 계신다.

pitch
[pitʃ/피치]
타 자 ① 던지다; 투구하다
· He *pitched* for six innings in the game.
그는 그 시합에 6회를 던졌다.
타 자 ② (땅에) 단단히 고정하다
· They *pitched* their tent near the stream.
그들은 그 개울 근처에 천막을 쳤다.
명 투구, 음조

pitcher
[pítʃər/피처]
명 (복수 *pitchers* [pítʃərz/피처즈])
명 ① 물 주전자
· There is a *pitcher* on the table.
식탁 위에 물 주전자가 있다.
명 ② 투수 (《반》 catcher 포수)
· Who's your favorite *pitcher*?
가장 좋아하는 투수는 누구니?

pity
[píti/피티]
명 (복수 *pities* [pítiz/피티즈])
명 ① 연민, 동정
· I felt *pity* for the child.

나는 그 아이를 불쌍하게 느꼈다.
명 ② 애석함, 유감
· What a *pity*!
정말 안됐군요!
타 자 불쌍히여기다
· I *pity* that beggar.
나는 저 거지를 동정한다.

·pizza
[pí:tsə/핏쩌](※발음주의)
명 핏자
· I want *pizza*.
핏자를 주세요.

·place
[pleis/플레이스]
명 (복수 *places* [pléisiz/플레이시즈]) 장소, 곳; 자리, 좌석
· This *place* is too noisy.
이 곳은 너무 시끄럽다.
· Go back to your *place*.
네 자리로 가라.
《숙》 *from place to place.* 이리 저리, 여기저기
《숙》 *in place of* ~의 대신에
He went *in place of* you.
그가 내 대신에 갔다.
《숙》 *take place* 개최되다
타 주다, 좋다
· She *placed* the chair beside the table.
그녀는 의자를 책상 곁에 놓았다.

·plan
[plæn/플랜]
명 (복수 *plans* [plænz/플랜즈])
명 ① 계획, 생각
· What's your *plan*?
너의 계획은 뭐니?
명 ② 계획하다; 설계하다
· They are *planning* a party.
그들은 파티를 계획하고 있다.
타 계획하다, 설계하다
· Have you *planned* a tour?
당신은 여행 계획을 세웠습니까?

:plane
[plein/플레인]
명 (복수 *planes* [pleinz/플레인즈])
명 ① 비행기, 수상기
· My big brother is making a paper *plane*.
나의 형은 종이 비행기를 만들고 있다.

· The *plane* landed at 7 o'clock.
그 비행기는 7시에 착륙했다.
명 ② 대패, 평면, 수평면
· A carpenter uses a *plane*.
목수는 대패를 사용한다.
숙》 *by(in, on)plane* 비행기로

planet
[plǽnit/플래닛]
명 (복수 *planets* [plǽnits/플래니츠]) 행성
- The earth is a *planet*.
  지구는 행성이다.

plant
[plænt/플랜트]
명 (복수 *plants* [plænts/플랜츠])
명 ① 식물(《반》 animal 동물)
- Many *plants* bloom in spring.
  많은 식물이 봄에 꽃이 핀다.

명 ② 공장 (설비)
- My brother works in a bicycle *plant*.
  형님은 자전거 공장에서 일하고 있습니다.
타 심다, (씨를) 뿌리다
- A farmer *plants* seeds.
  농부가 씨를 뿌린다.

:plate
[pleit/플레이트]
명 (복수 *plates* [pleits/플레이츠])
명 ① 접시(《납작하고 둥근 것》)
- This is a soup *plate*.
  이것은 수프 접시다.
명 ② (요리의) 한 접시
- He ate a *plate* of beef.
  그는 쇠고기 한 접시를 먹었다.
명 ③ (금속·유리 따위의) 판
- a steel *plate* 강철판
명 ④ 【야구】 본루; 투수판
- The home *plate* 본루
- The pitcher's *plate* 투수판

play
[plei/플레이]
자 타 (3단현 *plays* [pleiz/플레이즈], 과거·과거 분사 *played* [pleid/플레이드], 현재 분사 *playing* [pléiiŋ/플레이잉])

자 타 ① 놀다; (운동을) 하다
- Boys and girls are *playing* house.
  소년 소녀가 소꿉장난을 하고 있다.

☞ *play* house : 소꿉장난
자 타 ② (악기를) 연주하다
- Can you *play* the guitar?
  너는 기타 칠 줄 아니?
☞ 「악기 이름」앞에는 보통 『the』를 붙인다
명 (복수 *plays* [pleiz/플레이즈])
선수, 경기자; 연주자
- I am a fan of the *player*.
  나는 저 선수의 팬이다.
- He is not a good *player*.
  그는 운동을 잘하지 못한다.
《숙》 *play about* 돌아다니며 놀다

playground

[pléigráund/플레이그라운드]

명 (복수 playgrounds [pléigráundz/플레이그라운즈])

(학교의) 운동장, 놀이터
- Many children are playing on the *playground* at school.
많은 아이들이 학교 운동장에서 놀고 있다.

pleasant

[pléznt/플레즌트]

형 (비교급 pleasanter [plézntər/플레즌터], 최상급 pleasantest [plézntist/플레즌티스트]) 즐거운
- We had a *pleasant* time.
우리는 즐거운 시간을 보냈다.
- A lilac is a flower with a *pleasant* smell.
라일락은 기분 좋은 향기를 풍기는 꽃이다.

please

[pli:z/플리-즈]

타 자 ① 제발, 아무쪼록
- *Please* help me!
제발 저를 도와 주세요!
- Come in, *please*.
들어 오십시오

☞ 『please』를 문장 맨 뒤에 쓸 때는 바로 앞에 콤마(,)를 붙인다

타 자 ② 기쁘게 하다
- I am very *pleased* to see you.
(당신을) 만나 뵙게 되어 대단히 기쁩니다.

☞ 명사형 pleasure [pléʒər/프(을)렛쩌] 즐거움, 기쁨

《숙》 *be pleased to* 기꺼이 ~하다
He will *be pleased to* help you.
그는 기꺼이 당신을 도와줄 것이다.

《숙》 *be pleased with* ~이 마음에 들다, ~에 만족하다

pleasure

[pléʒər/프레저]

명 (복수 pleasures [pléʒərz/프레저즈]) 기쁨, 즐거움; 쾌감, 만족
- Painting is one of my *pleasures*.
그림 그리는 것은 내 즐거움 중의 하나다.

《숙》 *for pleasure* 재미로
She draws pictures *for pleasure*.
그녀는 재미로 그림을 그린다.

《숙》 *with pleasure* 기꺼이, 쾌히
I will do so *with pleasure*.
기꺼이 그렇게 하였습니다.

p.m., P.M.

[pí:ém/피-엠]

약 오후 (《동》 afternoon, 《반》 a.m., A.M. 오전)
- I had lunch at 2 *p.m.*
나는 오후 2시 점심을 먹었다.

① 라틴어 『post meridiem (정오 이후)』의 약자, 소문자나 대문자 둘 다 쓸 수 있으나, 보통은 『*p.m.*』을 쓴다.

예) 『오후 5시 30분』=〉 5:30 *p.m.*
(『f-ive-thirty *p.m.*』이라고 읽는다)
② 『*p.m.*』은 반드시 숫자 뒤에 쓰며, 『o'clock』과는 나란히 쓰지 않는다.
예) 오후 2시 =〉 2 *p.m.*   (O)
        =〉 2 *p.m.* o'clock   (X)

point
[pɔint/포인트]
명 ① (뾰족한) 끝; (경기) 득점
· The *point* of this needle is sharp.
이 바늘 끝은 뾰족하다.
명 ② (the point로 쓰여) 요점
· What's the *point* of the story?
그 이야기 요점은 무엇입니까?
명 ③ 가리키다, 지적하다
· He *pointed* at me
그는 나를 가리켰다.
타 ① ~을 (~에게) 향하다
· He *pointed* a camera at me.
그는 카메라를 내게 돌렸다.

타 ② (~을) 가리키다 (to, at)
· The girl *pointed* to a doll.
소녀는 인형을 가리켰다.
《숙》 *point out* 나타내다

police
[pəlíːs/펄리-스]
명 ① (보통 the를 붙여서) 경찰
· Call the *police* at once.
당장 경찰을 불러라.
명 ② (형용사적으로) 경찰의
· That is a *police* station[box]
저 곳이 경찰서[파출소]이다.

policeman
[pəlíːsmən/펄리-스먼]
명 (복수 *policemen* [pəlíːsmən/펄리-스먼]) 경찰관
· Betty's father is a *policeman*.
베티의 아버지는 경찰관이시다.

「여자 경찰관」은 『policewoman』이라고 하며, 최근에는 성별의 차이를 피하기 위해 『police officer』를 더 많이 사용하고 있다.

policy
[pálisi/팔리시]
명 (복수 *policeies* [pálisiz/팔리시즈]) 정책, 방침; 방책, 수단
· My *policy* is never to compiain.
나의 방침은 결코 불평하지 않는 것이다.

polish
[páliʃ/팔리시]
타 **자** 닦다, ~의 윤을 내다
· He *polished* his shoes.
그는 구두를 닦았다.

polite
[pəláit/펄라이트]
형 (비교급 *politer* [pəláitər/펄라이터], 최상급 *politest* [pəláitist/펄라이티스트]) 공손한, 예의바른
· Bill is a *polite* boy.
빌은 공손한 소년이다.
· She is *polite* to anybody.
그녀는 누구에게나 공손하다.

pond
[pɑnd/판드]
명 (복수 *ponds* [pɑndz/판즈])연못
· There are many ducks in the *pond*.
그 연못에는 오리가 많다.

pony
[póuni/포우니]
명 (복수 *ponies* [póuniz/포우니즈]) 조랑말
· A *pony* is a kind of small horse.
조랑말은 일종의 작은 말이다.

pool
[puːl/풀-]
명 (복수 *pools* [puːlz/풀-즈])수영장
· During summer vacation, I often go to the swimming *pool*.
여름 방학 동안에 나는 자주 수영장에 간다.
· There were *pools* on the road.
길에 물 웅덩이가 있었다.

poor
[puər/푸어]
형 (비교급 *poorer* [púərər/푸어러], 최상급 *poorest* [púərist/푸어리스트])
형 ① 가난한 (《반》 rich 부유한)
· He is *poor*, but he is honest.
그는 가난하지만 정직하다.
형 ② 서투른 (《반》 good 능숙한)
· She is a *poor* swimmer.
그는 수영을 잘 못한다.

popcorn
[papkɔ́ːrn/팝코우인]
명 팝콘
· I bought a box of *popcorn*.
나는 팝콘 한 상자를 샀다.

pork
[pɔːrk/포-크]
명 돼지고기
· Do you like *pork*?
너 돼지고기 좋아하니?

possible
[pásəbl/파서블]

형 가능한, 있음직한(《반》 impossible 불가능한)
- Come back early, if *possible*.
가능하면 일찍 돌아오라.
- That is quite *possible*.
그것은 정말 있음직하다.

《숙》 *as ~ as possible* 되도록
Come *as* soon *as possible*.
되도록 빨리 오시오.

《숙》 *if possible* 가능하다면
I will come, *if possible*.
가능하면 오겠습니다.

:post
[poust/포우스트]
명 《영》 우편(《미》 mail); 우편물
- The *post* hasn't come yet.
우편물이 아직 오지 않았다.
타 《영》 우송하다, 투함하다
- Will you *post* this letter, please?
이 편지 좀 부쳐주시겠어요?

poster
[póustər/포우스터]
명 (복수 *posters* [póustər/포우스터즈]) 포스터, 벽보, 광고 전단
- We see many *posters* on the street.
거리에서 우리는 많은 포스터를 본다.

postman
[póus(t)mən/포우스(트)먼]
명 (복수 *postmen* [póus(t)mən/포우스(트)먼])
《영》 우편 집배원(《미》 mailman)
- The *postman* brings letters and parcels to us.
우편 집배원은 우리에게 편지와 소포를 가져다 준다.

·post office
[póust ɔ̀fis/포우스트 아피스]
명 (복수 *post offices* [póust ɔ̀fisiz/포우스트 아피시즈]) 우체국
◘ 『P.O.』또는『p.o.』로 줄여 쓸 수 있다.
- Is there a *post office* near here?
이 근처에 우체국이 있습니까?

:pot
[pɑt/팟]
명 (복수 *pots* [pɑts/파츠]) 화분단지
- I put some roses in the little *pot*.
나는 작은 화분에 몇 송이의 장미를 담았다.

·potato
[pətéitou/퍼테이토우]
명 (복수 *potatoes* [pətéitouz/퍼테이토우즈]) 감자

· A *potato* is a vegetable.
감자는 채소입니다.

· She ate a lot of *potatoes*.
그녀는 감자를 많이 먹었다.

:pound
[paund/파운드]
명 (복수 *pounds* [paundz/파운즈])
명 ① 파운드
(영·미 문화권에서 사용되는 무게의 단위, 대략 454그램)
· Meat is sold by the *pound*.
고기는 파운드 단위로 팔고 있다.
명 ② (영국의 화폐 단위) 파운드
· This shirt is five *pounds*.
이 셔츠는 5파운드 입니다.

pour
[pɔːr/포-]
타 자 (3단현 *pours* [pɔːrz/포-즈], 과거·과거 분사 *poured* [pɔːrd/포-드], 현재 분사 *pouring* [pɔːriŋ/포-링])
자 흐르다, 흘러 나가다
· It is *pouring* outside.
바깥에 비가 억수로 퍼붓고 있다.
타 따르다, 쏟다, 붓다, 흘리다
· He *poured* some milk into the glass.
그는 유리잔에 우유를 약간 부었다.

poverty
[pávərti/파버티]
명 가난, 빈곤
· He lived in *poverty*.
그는 가난하게 살았다.

:power
[páuər/파우어]
명 (복수 *powers* [páuərz/파우어즈]) 힘, 능력, 권력
· It is beyond my *power*.
그것은 내 능력 밖이다.
· The *power* of the storm is very strong.
폭풍의 힘은 아주 강하다.

·practice
[préktis/프랙티스]
명 (복수 *practices* [préktisiz/프랙티시즈]) 연습; 실행
· I need more *practice*.
나는 좀더 연습이 필요하다.
타 자 연습하다; 실행하다
· Let's *practice*.
연습해 봅시다.
· I *practice* the flute everyday.
나는 매일 플루트를 연습한다.

:praise
[preiz/프레이즈]

타 ~을 칭찬하다; 찬미하다
· Father *praised* me for my efforts.
아버지는 나의 노력을 칭찬해 주셨다.
명 칭찬, 찬양
· She received much *praise*.
그녀는 많은 칭찬을 받았다.

precious
[préʃəs/프레셔스]
형 (비교급 *more precious* 최상급 the *most precious*) 비싼, 귀중한
· Nothing is more *precious* than time.
시간보다 더 귀중한 것은 없다.
· *Precious* words 금언

:prepare
[pripέər/프리페어]
타 자 준비하다; 마련하다
· Becky is *preparing* breakfast.
베키는 아침 식사를 준비하고 있다.
· Did you *prepare* for the exam?
너는 시험 준비를 했니?

·present¹
[préznt/프레즌트]
형 ① 출석한(《반》 absent 결석한)
· Many students were *present* at the lecture.
많은 학생들이 강의에 출석하였다.
형 ② 현재의(《반》 past 과거의)
· Are you satisfied with your *present* job?
당신은 현재의 일에 만족하고 계십니까?
명 지금, 현재
《숙》 *at present* 지금, 현재
I am busy *at present*.
나는 지금 바쁘다.
《숙》 *for the present* 당분간
It will not rain *for the present*.
당분간 비는 오지 않을 것이다.
《숙》 *up to the present* 오늘에 이르기 까지

:present²
[préznt/프레즌트]
명 (복수 *presents* [préznts/프레즌츠]) 선물
· Father gave me a Christmas *present*.
아버지는 내게 크리스마스 선물을 주셨다.

타 선물하다, 증정하다, 바치다
· I *presented* a book to him.
나는 그에게 책을 선물했다.

:president
[préz(i)d(ə)nt/프레지던트]
명 (복수 *presidents* [préz(i)d(ə)nts/프레지던츠])
명 ① (보통 *President*로) 대통령
· Lincoln was the 16th *President* of the United States of America.
링컨은 미국 16대 대통령이었다.

명 ② 회장, 의장, 사장, 총장
· Mike is the *president* of our club.
마이크는 우리 클럽 회장이다.

press
[pres/프레스]
타 누르다, 밀어붙이다
· Please *press* the button.
그 단추를 누르십시오.
명 ① 압착기; 인쇄기, 인쇄소
명 ② (the press로) 신문, 잡지
· give ~to the *press*
~을 신문에 공표하다
· freedom of the *press*
출판의 자유

·pretty
[príti/프리티]
형 예쁜(《반》 ugly 못생긴)
· Mrs. Smith's baby is very *pretty*.
스미스 여사 아기는 매우 귀엽다.
부 꽤, 상당히
· It's *pretty* hot today.
오늘은 꽤 덥다.

·price
[prais/프라이스]
명 가격; 대가; 값, 시세, 물가
· What's the *price* of this sweater?
이 스웨터 가격은 얼마입니까?
· What *price* range do you have in mind?
어느 정도의 가격 범위를 생각하고 계십니까?

:pride
[praid/프라이드]
명 자랑, 자존심
· It's satisfied his *pride*.
그것은 그의 자랑을 만족시켰다.

:prince
[prins/프린스]
명 (복수 *princes* [prinsiz/프린시즈]) 왕자
★ the *Prince* of Wales.
영국 황태자
· He is *Prince* Charles.
그는 찰스 왕자이다.

princess
[prínsis/프린시스, prínses/프린세스]

명 (복수 *princesses* [prínsisiz/프린시시즈, prínsesiz/프린세시즈]) 공주, 왕녀
· The *princess* fell in love with a farmer.
그 공주는 농부와 사랑에 빠졌다.

print
[print/프린트]

명 (복수 *prints* [prints/프린츠]) 인쇄; 인쇄물, 프린트; 자국, 흔적
· This book has clear *print*.
이 책은 인쇄가 선명하다.
· Write your name in *print*.
당신의 이름을 인쇄체로 쓰시오.

타 인쇄하다, 출판하다
· This machine can *print* 80pages in a minute.
이 기계는 1분에 80페이지를 인쇄할 수 있다.

printer
[printər/프(우)리너어]

명 프린터; 인쇄기; 인쇄업자
· What kind of *printer* do you have?
당신은 어떤 종류의 프린터를 가지고 계신가요?
I have a laser *printer*.
나는 레이저 프린터를 가지고 있어요.

prison
[prízn/프리즌]

명 (복수 *prisons* [príznz/프리즌즈]) 교도소, 감옥
· The thief was in *prison* for three years.
그 도둑은 3년간 교도소에 있었다.

prize
[praiz/프라이즈]

명 (복수 *prizes* [práiziz/프라이지즈]) 상품, 상
★ the Nobel *Prize* 노벨상
· She won[got] the first *prize* at the beauty contest.
그녀는 미인 선발 대회에서 1등상을 받았다.

probably
[prábəbli/프라버블리]

부 아마, 필시
· It will *probably* snow this afternoon.
오늘 오후에는 아마도 눈이 올 것입니다.

problem
[prábləm/프라블럼]

명 (복수 *problems* [prábləmz/프라블럼즈]) 문제, 골칫거리
· The parking *problem* in Seoul is serious.
서울은 주차 문제가 심각하다.
· Tony is a problem to his fam-

ily.
토니는 가족에게 골칫거리이다.

> No *problem*.
> 『미안합니다』 또는 『감사합니다』라는 말에 대해 『괜찮아요』,『천만에요』라고 할때 쓰는 표현이다. 원래 『That's no *Problem*.』였던 것이 간단하게 줄여진 형태다.
> A : Sorry, I couldn't keep the appointment yesterday.
> / 어제 약속을 못 지켜서 미안해.
> B : *No problem*. Why couldn't you make it yesterday?
> / 괜찮아. 그런데 어제 왜 못 왔니?

※ make it : 약속을 지키다
《숙》 *set a person a problem*
~에게 문제를 내다

produce
[prəd(j)úːs/프러듀-스]
囲 ① 산출하다; 생산하다
· Hens *produce* eggs.
암탉은 알을 낳는다.

· This factory *produces* cameras.
이 공장은 카메라를 생산한다.
囲 ② 연출하다
· She *produced* many plays.
그녀는 많은 극을 연출했다.
囲 (집합적으로) 농산물; 제품
· The farmer brings his *produce* to the market.
농부는 시장으로 농산물을 가지고 간다.

progress
[prágres/프라그레스]
囲 ① 전진, 진행
· His study is in *progress*.
그의 연구는 진행중이다.
囲 ② 진보, 발달(《동》 advance)
· He has made good *progress* in English.
그는 영어가 상당히 늘었다.
困 전진하다, 진척하다
· Science is *progressing* everyday.
과학은 나날이 진보하고 있다.

:promise
[prámis/프라미스]
囲 (복수 *promises* [prámisiz/프라미시즈])
囲 ① 약속; 가망
· Peter always keeps his *promise*.
피터는 항상 약속을 지킨다.
· There is no *promise* of sucess.
성공할 가망이 없다.
囲 ② 약속하다; 가망이 없다
· I *promised* to study hard.
나는 열심히 공부하겠다고 약속했다.

proof
[pruːf/프루-프]
囲 (복수 *proofs* [pruːfs/프루-프스])
증명, 증거

· He has given *proof* of his honesty.
그는 자기 정직함을 증명했다.

proper
[prápər/프라퍼]
형 ① 적당한, 타당한;
· I can't think of the *proper* words to explain.
나는 설명할 적절한 말이 생각나지 않는다.
형 ② 고유의, 특유한; 본래의
· It is *proper* to cats.
그것은 고양이의 속성이다.

property
[prápərti/프라퍼티]
명 (복수 *properties* [prápərtiz/프라퍼티즈])
명 ① 재산
· He is a man of *property*.
그는 재산가다.
명 ② (고유한) 성질, 특성
· the *properties* of metal
금속의 특성

·proud
[pruad/프라우드]
형 (비교급 *prouder* [pruádər/프라우더], 최상급 *proudest* [pruádist/프라우디스트])
형 ① 뽐내는, 자랑하는, 거만한
· Don't be too *proud*.
너무 뽐내지 마라.
· She is too *proud* to ask questions.
그녀는 너무 거만해서 질문을 않는다.
형 ② 자랑으로 여기는
· I am *proud* to be a Korean.
나는 한국인인 것을 자랑스럽게 여긴다.
《숙》 *be proud of* ~을 자랑하다
He *is proud of* his son.
그는 자기 아들을 자랑하다.

:public
[páblik/퍼블릭]
형 공중의, 공공의; 공립의
(《반》 private 사적인)
★a *public* library : 공립도서관
· Is there a *public*[pay] phone near here?
이 근처 공중전화가 있습니까?

명 공중, (일반) 사회, 세상; 국민
· The library is open to the *public*.
도서관은 일반에 공개되어 있다.
《숙》 *in public* 공공연히
He insulted me *in public*.
그는 공공연히 나를 모욕했다.

publish
[pʌ́bliʃ/퍼블리시]

타 (3단현 **publishes** [pʌ́bliʃiz/퍼블리시즈], 과거·과거 분사 **published** [pʌ́bliʃt/퍼블리시트], 현재 분사 **publishing** [pʌ́bliʃiŋ/퍼블리싱]) 출판, 발행

· This book was first **published** in 1989.
이 책은 1989년에 처음 출판됐다.

publisher
[pʌ́bliʃər/퍼블리셔]

명 (복수 **publishers,** [pʌ́bliʃərz/퍼블리셔즈]) 발행자, 출판사

· That is a small **publisher**.
그곳은 작은 출판사다.

pull
[pul/풀]

타 자 (3단현 **pulls** [pulz/풀즈], 과거·과거 분사 **pulled** [puld/풀드], 현재 분사 **pulling** [púliŋ/풀링]) 끌다, 끌어당기다《반》 push 밀다)

· Don't **pull** the rope.
그 끈을 잡아당기지 마라.
· She **pulled** her chair up to the table.
그녀는 탁자 쪽으로 의자를 끌어당겼다.

《숙》 **pull out** 빼내다, 꺼내다
I had my bad tooth **pulled out**.
나는 썩은 이를 뽑았다.

pumpkin
[pʌ́m(p)kin/펌(프)킨]

명 (복수 **pumpkins** [pʌ́m(p)kinz/펌(프)킨즈]) 호박

· A **pumpkin** is very large and yellow.
호박은 아주 크고 노랗다.

커다랗고, 그 속이 매우 다채로운 호박은 『**pumpkin**[펌킨]』, 그리고 우리가 보통 요리용으로 쓰는 자그마한 호박은 『squash [스쿼쉬]』라고 한다.

pupil
[pjú:p(i)l/퓨-필]

명 (복수 **pupils** [pjú:p(i)lz/퓨-필즈]) (초등) 학생

· How many **pupils** are there in your class?
너의 학급에는 학생이 얼마나 되니?

puppy
[pʌ́pi/퍼피]

명 (복수 **pupies** [pʌ́piz/퍼피즈]) 강아지

· A **puppy** is a baby dog.
강아지는 어린 개이다.

· The dog is nursing to her two **puppies**.
그 개는 두 마리의 강아지에게 젖을 먹이고 있다.

☞ nurse : ~에게 젖을 먹이다.

purple
[pə́:rpl/퍼-플]

purpose

명 형 자줏빛(의)
- She was dressed in *purple*.
그녀는 자줏빛 옷을 입고 있었다.

purpose
[pə́ːrpəs/퍼-퍼스]
명 (복수 *purposes* [pə́ːrpəsiz/퍼-퍼시즈]) 목적; 의지
- He realized his *purpose*.
그는 목적을 실현했다.

《숙》 *for the purpose of* ~을 위해
He came to Seoul *for the purpose of* entering a college.
그는 대학에 입학하기 위해 서울에 왔다.

《숙》 *on purpose* 일부러, 고의로
He broke it *on purpose*.
그는 일부러 그것을 부러뜨렸다.

《숙》 *to the purpose* 요령있게
His speech was *to the purpose*.
그의 연설은 적절했다.

:purse
[pəːrs/퍼-스]
명 (복수 *purses* [pə́ːrsiz/퍼-시즈])
돈지갑; 《미》 핸드백
- I have lost my *purse* yesterday.
나는 어제 지갑을 잃어버렸다.
- Mother took a handkerchief out of her *purse*.
어머니는 핸드백에서 손수건을 꺼내셨다.

pursuit
[pərsúːt/퍼수-트]
명 추적; 추격; 추구
- The dog was in *pursuit* of rabbits.
개가 토끼를 쫓고 있었다.

·push
[puʃ/푸시]
타 (3단현 *pushes* [puʃiz/푸시즈], 과거·과거 분사 *pushed* [puʃt/푸시트], 현재 분사 *pushing* [puʃiŋ/푸싱]) 밀다(《반》 pull 당기다)
- *Push* the door.
문을 밀어라
- Don't *push* me.
나를 밀지 마라.

《숙》 *push aside* [*away*] 밀어젖히다
She *pushed* him *aside*.
그녀는 나를 밀어젖혔다.

·put
[put/풋]
타 (3단현 *puts* [puts/푸츠], 과거·과거 분사 *put* [put/풋], 현재 분사 *putting* [pútiŋ/푸팅]) 얹다, 넣다, 놓다, 두다.

· *Put* your book on the desk.
책을 책상 위에 놓아라.
· Where did you *put* my bookbag?
내 책가방을 어디에 두었니?
☞ bookbag[= schoolbag] : 책가방

《숙》 *put aside*[*away*] 치우다
　　Put your toys *away*.
　　장난감을 제자리로 치워라.
《숙》 *put back* 제자리로 돌리다
《숙》 *put down* 내려놓다
《숙》 *put into* ~의 안에 넣다
《숙》 *put off* 연기하다, 미루다
《숙》 *put on* 입다, 신다, 쓰다
《숙》 *put out* 끄다; 내쫓다
　　She *put out* the light.
　　그녀는 불을 껐다.
《숙》 *put up* 올리다, 내걸다

puzzle
[pʌ́zl/퍼즐]

명 (복수 *puzzles* [pʌ́zlz/퍼즐즈])
수수께끼, 퍼즐
· I like word *puzzles*.
나는 단어 수수께끼를 좋아한다.
· How many of you have done a crossword *puzzle*?
너희들 중에서 십자말 맞히기를 해본 사람 몇 명이나 되지?

Q,q
[kjuː/큐우]
알파벳의 열일곱 번째 문자

quality
[kwáliti/콸리티]
명 (복수 *quailties* [kwálitiz/콸리티즈])질(《반》 quantity 양), 성질
· The cloth is of good *quality*.
이 천은 질이 좋다.

quarter
[kwɔ́ːtəɾ/쿼어터]
명 (복수 *quarters* [kwɔ́ːtəɾz/쿼어터즈])
명 ① 4분의 1, ¼/ (half ½)
· There is a *quarter* of apple left.
사과는 4분의 1이 남아 있다.
명 ② 15분; (미국·캐나다의) 25센트 경화 (¼ 달러)
· It is a *quarter* to[past] ten.
10시 15분 전[15분]이다.

[미국의 주화]
Penny(페니) - 1센트 주화(**1 cent**)
Nickel(닉클) - 5센트 주화(**5 cent**)
Dime(다임) - 10센트 주화(10 cent)
Quarter(쿼러) - 25센트 주화(25 cent)
Half dollar(해프 달러) - 50센트 주화(50 cent)
Susan B, Anthony(스잰 비 앤쏘니) - 1달러 주화(1 dollar)

·queen
[kwiːn/퀴인]
명 (복수 *queens* [kwiːnz/퀴인즈])
여왕(《반》 king 왕)
· The *queen* lives in that castle.
여왕이 저성에 사신다.
· The ship looked just like the *queen* of the seas.
그 배는 마치 바다의 여왕처럼 보였다.

queer
[kwiəɾ/퀴어]
형 (비교급 *queerer* [kwíərəɾ/퀴어러], 최상급 *queerest* [kwíərist/퀴어리스트]) 이상한, 기묘한
· He always asks *queer* questions.

그는 항상 이상한 질문을 한다.

: question
[kwéstʃ(ə)n/퀘스천]

명 (복수 questions [kwéstʃ(ə)nz/퀘스천즈])

명 ① 질문, 물음
- May I ask you a *question*?
  질문해도 됩니까?
- Answer my *question*, Please.
  제 질문에 대답해 주세요.

명 ② 문제, 문제점
- That's another *question*.
  그것은 별개의 문제이다.

·quick
[kwik/퀵]

형 (비교급 quicker [kwik/퀴커], 최상급 quickest [kwikist/퀴키스트]) 빠른, 재빠른 (《반》 slow 느린)
- He is a *quick* walker.
  그는 걸음이 빠르다.
- Come *quick*. please!
  (구어) 빨리 오시오!

: quickly
[kwíkli/퀴클리]

부 빨리, 급히, 곧
- Go *quickly*. 서둘러 가거라!.
- She ran *quickly*.
  그녀는 급히 달렸다.

·quiet
[kwáiət/콰이엇]

형 (비교급 quieter [kwáiətə/콰이어터], 최상급 quietest [kwáiətist/콰이어티스트]) 소리없는, 조용한 (《반》 noisy 시끄러운)
- Be *quiet*, please.
  조용히 해 주세요.
- It was a *quiet* Sunday afternoon.
  고요한 일요일 오후였다.

quietly
[kwáiətli/콰이어틀리]

부 조용히, 침착하게
- She closed the door *quietly*.
  그녀는 조용히 문을 닫았다.

quilt
[kwilt/퀼트]

명 (복수 quilts [kwilts/퀴츠])(솜·털을 둔) 누비 이불
- There is a *quilt* on the desk.
  책상위에 누비 이불이 있다.

quit
[kwit/큇]

타 자 (3단현 quits [kwits/퀴츠], 과거·과거 분사 quit, quitted [kwitid/퀴티드], 현재 분사 quiting [kwitiŋ/퀴팅]) ~을 떠나다, 중단하다

· I have *quit* my job, so I am free.
나는 일을 그만 두어 자유롭다.

:quite
[kwait/콰이트]
튀 아주, 상당히
· I *quite* agree with you.
나는 전적으로 너와 같은 의견이다.
· Soo-jin is *quite* a preety girl.
수진이는 꽤 예쁜 소녀이다.

quiz
[kwiz/퀴즈]
명 (복수 *quizzes* [kwíziz/퀴지즈]) 질문, 퀴즈
· We had a dictation *quiz* today.
오늘 우리는 받아쓰기 시험을 보았다.
· Do you like a *quiz* program?
너는 퀴즈 프로그램 좋아하니?

quotation
[kwo(u)téiʃ(ə)n/쿼우테이션]
명 (복수 *quotations* [kwo(u)téiʃ(ə)nz/쿼우테이션즈]) 인용, 인용구
· *ququotation* from the bible
성서에서의 인용
· *ququotation manks*
인용부호(" ",' ')

R

R,r
[ɑːr/아~(ㄹ)]
알파벳의 열여덟 번째 문자

:rabbit
[rǽbit/래빗]
명 (복수 *rabbits* [rǽbits/래비츠])
집토끼
- He keeps a *rabbit*.
  그는 토끼를 기르고 있다.

- A *rabbit* jumps and runs very fast.
  토끼는 매우 빨리 뛰고 달린다.

:race
[reis/레이스]
명 (복수 *races* [reisiz/레이시즈])
명 ① 경주; 경쟁
- Tom won the first prize in the marathon *race*.
  톰은 마라톤 경주에서 1등상을 탔다.
명 ② 인종, 종족, 민족
☞ colored *races* 유색인종
   the white *race* 백인종
- A *race* problem still continues.
  인종 문제는 아직도 계속 된다.
형 경주하다
- Let's *race* to the big tree.
  저 큰 나무까지 경주하자.

:racket
[rǽkit/래킷]
명 (복수 *rackets* [rǽkits/래키츠])
(테니스의) 라켓
- I bought a new tennis *racket*.
  나는 새 테니스 라켓을 샀다.

·radio
[réidiòu/레이디오우]
명 (복수 *radios* [réidiòuz/레이디

오우즈])
명 ① 라디오 (수신기)
· We have three ***radios***.
우리는 라디오 세 대가 있다.
명 ② (the와 함께) 라디오(방송)
· I always listen to music on the ***radio***.
나는 늘 라디오로 음악을 듣는다.
☞ 「on」대신에 「over」를 써도 됨.

rag
[ræg/래그]
명 (복수 ***rags*** [rægz/래그즈])넝마; 걸레; (복수로) 누더기 옷
· She cleaned the car with a ***rag***.
그녀는 자동차를 걸레로 훔쳤다.

railroad
[réilròud/레일로우드]
명 (복수 ***railroads*** [réilròudz/레일로우즈]) (미) 철도 (선로)
☞ a ***railroad*** station 철도역
· A train runs on a ***railroad***.
기차는 철도를 달린다.
· He was killed in the ***railroad*** accident.
그는 철도 사고로 죽었다.

·rain
[rein/레인]
명 비, 강우, 우천, 소나기
· Acid ***rain*** is harmful.
산성비는 해롭다.
· She was walking in the ***rain***.
그녀는 빗속을 걷고 있었다.
자 (it을 주어로 하여) 비가 오다
· It looks like it's going to ***rain***.
비가 올 것 같아요.

· It has been ***raining*** on and off all day.
하루 종일 비가 왔다 그쳤다 한다.

:rainbow
[réinbòu/레인보우]
명 (복수 ***rainbows*** [réinbòuz/레인보우즈]) 무지개
· A big ***rainbow*** was seen in the sky.
큰 무지개가 하늘에 나타났다.

raincoat
[réinkòut/레인코우트]
명 (복수 ***raincoats*** [réinkòuts/레인코우츠]) 레인코트, 비옷
· Susan wears her ***raincoat***.
수잔은 비옷을 입고 있다.
· Mom, where's my ***raincoat***?
엄마, 내 레인코트 어디 있어요?

:rainy
[réini/레이니]
형 (비교급 ***rainier*** [réiniər/레이니에], 최상급 ***rainiest*** [réiniist/레이니이스트]) 비 오는 (《반》 fine 맑게 갠)
☞ the ***rainy*** season 장마철
· When is Korea's ***rainy*** season?
한국의 장마철은 언제죠?
It's usually from the end of

June to the middle of July.
보통 6월 말부터 7월 중순까지예요.

[날씨에 관한 명사+Y=형용사]
(구름) cloud - cloudy (흐린)
(안개) fog - foggy (안개 낀)
(눈) snow - snowy (눈 내리는)
(태양) sun - sunny (햇볕이 내리쬐는)
(바람) wind - windy (바람이 부는)

:raise
[reiz/레이즈]

타 (3단현 *raises* [reiziz/레이지즈], 과거・과거 분사 *raised* [reiz-d/레이즈드], 현재 분사 *raising* [réiziŋ/레이징])

타 ① (위로) 올리다
· The pupils *raised* their hands to answer.
학생들은 대답하려고 손을 들었다.

타 ② (가축・작물을) 기르다
· They *raise* cattle.
그들은 소를 기르고 있다.

타 ③ (집 따위를) 세우다
· They *raised* a tower.
그들은 탑을 세웠다.

:ran
[ræn/랜]

타 자 *run*(달리다)의 과거형
· They *ran* around on the playground.
그들은 운동장을 이리저리 뛰어다녔다.
· I *ran* a mile in four minutes.
나는 4분 동안에 1마일을 달렸다.

※ 1 마일 = 약 1,609미터

:rapid
[rǽpid/래피드]

형 빠른, 신속한; 재빠른; 가파른
· I am a *rapid* eater.
나는 빨리 먹는다.
· That is a *rapid* train.
저것은 쾌속 열차이다.
· She is a *rapid* speaker.
그녀는 말이 빠르다.

:rat
[ræt/랫]

명 (복수 *rats* [ræts/래츠]) 쥐
· A *rat* is bigger than a mouse.
쥐는 생쥐보다 더 크다

· You old *rat*!
이 쥐새끼 같은 놈!

rather
[rǽðər/(우)래드어어]

부 ① 약간, 다소, 조금
· It is *rather* cold today.
오늘은 약간 춥다.

부 ② (*rather* than으로) 차라리; ~보다 오히려
· This color is purple *rather* than violet.
이 색깔은 보라색이라기 보다는 오히려 자주색이다.

ray
[rei/레이]

명 (복수 *rays* [reiz/레이즈])광선; 방사선
· the *rays* of the sun. 태양 광선

razor
[réizər/레이저]

명 (복수 *razors* [réizərz/레이저즈]) 면도칼; 전기 면도기
· a safety *razor* 안전 면도칼
· an electric *razor* 전기 면도기

·reach
[riːtʃ/리-치]

타 ~에 도착[도달]하다
· This ladder can *reach* the roof.
이 사다리는 지붕까지 닿는다.

자 (~을 잡으려) 손을 뻗치다
· I *reached* for the ball.
나는 공을 잡으려 손을 뻗었다.

·read¹
[riːd/리-드]

타 **자** (3단현 *reads* [riːdz/리-즈], 과거·과거 분사 *read* [red/레드], 현재 분사 *reading* [ríːdiŋ/리-딩]) 읽다, 낭독하다
· I am *reading* about UFOs.
나는 유에프오에 관해 읽고있다.

· Can you *read* German?
너는 독일어를 읽을 수 있니?

:read²
[red/레드]

타 **자** *read*(읽다)의 과거·과거 분사
· Have you *read* this letter?
너는 이 편지를 읽었니?

reader
[ríːdər/리-더]

명 (복수 *readers* [riːdərz/라더즈])
명 ① 읽는 사람; 독서가
· He is a good *reader*.
그는 훌륭한 독서가다.
명 ② 리더, 독본
· an English *reader* 영어 독본

reading
[ríːdiŋ/리-딩]

명 (복수 *readings* [ríːdiŋz/리-딩즈]) 읽기, 독서; 읽을거리
· I like *reading*.
나는 독서를 좋아한다.

·ready
[rédi/레디]

형 (비교급 *readier* [rédir/레디어], 최상급 *readist* [rédiist/레디이스트])

형 ① 준비가 된; 채비를 갖춘
- Are you *ready*?
  준비가 됐니?
- Dad! Breakfast is *ready*!
  아빠! 아침 식사 드세요!

형 ② 기꺼이 ~하는
- He is *ready* to help others.
  그는 기꺼이 남을 돕는다.

real
[rí(ː)əl/(우)리얼]
형 ① 실제의, 현실의(《반》ideal 상상의)
- Tell me the *real* reason for your absence.
  네가 결석한 실제 이유를 말해 보아라.

형 ② 진짜의(《반》false 가짜의)
- This is a *real* pearl.
  이것은 진짜 진주이다.

really
[ríi(ə)li/리-얼리]
부 참으로, 정말이지
- Do you *really* like her?
  너 정말로 그녀를 좋아하니?
- Oh, *really*? 오, 정말로?
- Not *really*! 설마!

rear
[riər/리어]

명 뒤, 배후; 맨뒤
- I moved to the *rear* of the bus.
  나는 버스 뒤쪽으로 옮겼다.
- He followed her in the *rear*.
  그는 뒤에서 그녀를 따라갔다.

reason
[ríːzn/리-즌]
명 (복수 reasons [ríːznz/리-즌즈])
명 ① 이유, 까닭
- Tell me the *reason*(why).
  이유를 말해 보렴.
- He failed for the *reason*.
  그는 그 이유로 실패했다.

명 ② 이성; 도리, 이치
- Only man has *reason*.
  인간만이 이성을 가지고 있다.

receipt
[risíːt/리시-트]
명 (복수 receipts [risíːts/리시-츠])
수령, 영수; 영수증
- Please give me a *receipt* for the computer.
  컴퓨터에 대한 영수증을 주세요.

receive
[risíːv/리시-브]
타 자 ① 받다, 수령하다
(《동》accept, 《반》give 주다)
- The doctor *received* a bill from him.
  그 의사는 그 사람으로부터 청구서를 받았다.
- I didn't *receive* a letter from her.
  나는 그녀로부터 편지를 받지 못했다.

타 자 ② 맞이하다; 접대하다
· We will *receive* guests tonight.
우리는 오늘밤 손님을 맞이한다.

recently
[riːsntli/리-슨틀리]
부 요사이, 최근에
· It happened quite *recently*.
그것은 아주 최근에 일어났다.
· Female drunk dirvers have been increasing *recently*.
여성 음주 운전자들이 최근에 늘어나고 있다.

record
[rékərd/래커드]
명 (복수 *records* [rékərdz/래커즈])
명 ① 기록; 기록하기
· I have a *record* of his speech.
나는 그의 연설문 기록을 가지고 있다.
명 ② (운동 경기) 기록; 성적
· She set a new *record*.
그녀는 신기록을 세웠다.
명 ③ (전축 따위의)음반, 레코드
· My hobby is collecting music *records*.
음반 모으는 것이 내 취미이다.
타 ~을 기록하다; 녹음[녹화]하다
· I *recorded* it in my diary.
나는 그것을 내 일기장에 썼다.

recyclable
[riːsáikləbl/뤼싸이크(을)러브어]
형 재생 이용할수 있는
· You must separate the *recyclable* goods from trash upon disposal.
재활용품은 쓰레기와 분리해서 수거해야한다.

recycle
[riːsáik(ə)l/(우)리싸이컬[크어]]
타 재활용하다
· Used aluminum cans and papers can be *recycled*.
사용한 알루미늄 캔과 종이는 재활용할 수 있다.

red
[red/레드]
형 빨간, 적색의
· Beeky's blouse is *red*.
베키 블라우스는 빨간 색이다.

· He was *red* with anger.
그는 화나서 (얼굴이) 빨개졌다.
· Let's paint the roof *red*.
지붕을 빨갛게 칠하자.
명 빨강, 적색

· Write in blue, not in *red*.
적색이 아니라 청색으로 써라.

refuse
[rifjúːz/리퓨-즈]
타 자 거절[거부]하다
· She *refused* his invitation.
그녀는 그의 초대를 거절했다.

region
[ríːdʒ(ə)n/리-전]
명 (복수 *regions* [ríːdʒ(ə)nz/리-전즈]) 지방, 지역; (학문의) 영역
· Have you ever been in the Arctic *regions*?
너는 북극 지방에 가 보았니?

regret
[rigrét/리그렛]
타 후회하다; 유감으로 생각하다
· I *regret* saying so.
나는 그렇게 말한 것을 후회하고 있다.
명 유감; 후회; 애도; 사절(장)
· I feel **regret** for his absence.
나는 그의 결석을 유감으로 생각한다.

regular
[régjulər/레귤러]
형 ① 규칙적인, 정연한
· His way of living is quite *regular*.
그의 생활 방식은 아주 규칙적이다.
형 ② 정례의, 정기적인; 일상의
· We had a *regular* meeting.
우리는 정기 모임을 가졌다.
형 ③ 정규의, 정식의
· He is not a *regular* member.
그는 정회원이 아니다.

relation
[riléiʃ(ə)n/릴레이션]
명 (복수 *relations* [riléiʃ(ə)nz/릴레이션즈])
명 ① 관계, 관련
· I have no *relations* with him.
나는 그 사람과 아무 관계 없다.
명 ② 친척, 혈연 관계
· She is a near *relation* of mine.
그녀는 나의 가까운 친척이다.
《숙》 *in relation to* ~에 관하여

relax
[riléks/릴랙스]
타 자 늦추다, 느슨해지다
· He *relaxed* by listening to music.
그는 음악을 들으며 편히 쉬었다.

rely
[rilái/릴라이]
자 의지하다, 신뢰하다
· Don't *rely* on others.
남에게 의지하지 마라.

:remain
[riméin/리메인]

remember

자 ① 남다, 남아 있다
· A few apples *remained* on the tree.
사과가 조금 나무에 남아 있었다.

자 ② 머무르다, 체류하다
· He still *remains* in London.
그는 아직 런던에 머무르고 있다.

자 ③ ~한 대로다, 여전히 ~이다
· He *remained* poor.
그는 여전히 가난했다.

remember
[rimémbər/(우)리멤브어어]
자 생각해 내다, 기억하다
· I can't *remember* her name.
나는 그녀의 이름이 생각나지 않는다.

타 안부를 전하다
· Please *remember* me to your family.
당신 가족에 안부 전해 주세요.

remember + {~ing (과거)
            to + 동사원형 (미래)
예) I *remember seeing* her somewhere.
나는 어디에선가 그녀를 만난 적이 있는 것을 기억한다.
I *remember to see* her tomorrow morning.
나는 내일 아침에 그녀를 만날 것을 기억하고 있다.

repair
[ripέər/(우)뤼페어어]
명 수리, 수선
· My bike needs *repair*.
내 자전거는 수리가 필요하다.
타 ~을 수리하다, 수선하다
· Can you *repair* this radio?
이 라디오를 고쳐 줄 수 있어요?

repeat
[ripí:t/리피-트]
타 자 되풀이하다; 반복하다
· Don't *repeat* a mistake.
실수를 반복하지 마라.
· *Repeat* after me.
나를 따라서 말해 보아라.

repent
[ripént/리펜트]
타 자 후회하다, 뉘우치다
· I *repent* of what I have done.
나는 내가 한 일 후회하고 있다.
· He *repented* his mistake.
그는 그의 실수를 후회했다.

reply
[riplái/리플라이]
타 자 대답하다; 회답하다
(《동》 answer, 《반》 ask 묻다)
· He *replied* nothing.
그는 아무 대답도 하지 않았다.
명 (복수 *replies* [ripláiz/리플라이즈]) 답, 대답; 회답
· My pen pal made no *reply* to my letter.
나의 펜팔은 내 편지에 답장을 하지 않았다.
《숙》 *in reply to* ~의 대답으로

report

:report
[ripɔ̀ːrt/리포-트]
타 ① ~을 보고하다, 알리다
· He *reported* the accident to the police.
그는 경찰에 그 사건을 알렸다.
타 ② ~을 보도하다
· The newspapers didn't *report* the accident.
신문은 그 사건을 보도 않했다.
타 ③ ~에 대한 일을 알리다
· They *reported* him to the teacher.
그들은 그에 대한 일을 선생님께 고자질했다.
자 보고[신고·출두]하다
· *Report* to the police.
경찰에 출두하시오.
명 (복수 *reports* [ripɔ̀ːrts/리포츠])
명 ① 보고(서); 보도, 기사
· He was writing a *report*.
그는 보고서를 쓰고 있었다

명 ② (학교의) 성적표
· I got a B in mathematics on my *report*.
나는 성적표에 수학 과목에 B를 받았다.
명 ③ 소문, 평판
· He is a man of good *report*.
그는 평판이 좋은 사람이다.

republic
[ripʌ́blik/리퍼블릭]
명 (복수 *republics* [ripʌ́bliks/리퍼블릭스]) 공화국
· *Republic* of Korea 한국

request
[rikwést/리퀘스트]
타 ~에게 바라다
· I *requested* him to go.
나는 그가 가기를 바랬다.
명 (복수 *requests* [rikwésts/리퀘스트츠]) 요구, 요망, 의뢰
· Buses stop here by *request*.
버스는 요구할 때만 여기에 정차한다.
· I have a *request* to make of you.
부탁이 하나 있습니다.

require
[rikwáiər/리콰이어]
타 요구하다, 필요로 하다
· Mom *requires* me to study harder.
엄마는 나에게 더 열심히 공부하라고 요구하신다.
· I *require* your help.
나는 네 도움이 필요하다.
《숙》 *it requires that* 할 필요가 있다

required

[rikwáiərd/(우)리크(우)아이엇]
형 필수의
· English is a *required* course.
영어는 필수 과목이다.

rescue

[réskju:/레스큐-]
타 구조하다, 구출하다
· He *rescued* a drowning child.
그는 물에 빠진 아이를 구출했다.
명 구조, 구출
· The *rescue* of the crew was difficult.
승무원의 구출은 어려웠다.

reservation

[rèzərvéiʃ(ə)n/뤠줘붸이슌[션]]
명 (좌석·방 따위의) 예약
· Do you have a *reservation?*
예약하셨습니까?
· What name is your *reservation* under?
어느 분의 이름으로 예약되어 있습니까?

reserve

[rizɔ́:rv/리저-브]
타 ① 저축하다; 준비해 두다
· You must *reserve* money for the future.
너는 장래를 위해서 돈을 저축해 두어야만 한다.
타 ② 예약하다
· These seats are *reserved*.
이 좌석은 예약되어 있습니다.
명 (복수 *reserves* [rizɔ́:rvz/리저-브즈]) 비축, 예비; 보류; 삼가
· I have some money in *reserved*.
나는 예비로 돈을 좀 갖고 있다.

residence

[rézid(ə)ns/레지던스]
명 (복수 *residences* [rézid(ə)nsiz/레지던시즈]) 주거, 주택; 저택
☞ 보통 「house」보다 「큰 저택」을 말함.
· This is the mayor's *residence*.
이 곳이 시장의 저택이다.

respect

[rispékt/리스펙트]
타 (3단현 *respects* [rispékts/리스펙츠], 과거·과거 분사 *respected* [rispéktid/리스펙티드], 현재 분사 *respecting* [rispéktiŋ/리스펙팅]) 존중하다, 존경하다
· He is *respected* by everyone.
그는 모든 사람들의 존경을 받고 있다.
명 (복수 *respects* [rispékts/리스펙츠]) 존경, 경의; 존중⟨for⟩

· I have a great ***respect*** for my teacher.
나는 나의 선생님을 대단히 존경한다.

명 (복수형으로) 안부, 문안
· Give my ***respects*** to you father.
아버지께 안부 전해 주거나.

·rest
[rest/레스트]
타 자 쉬다, 쉬게 하다
· She sat down to ***rest***.
그녀는 휴식을 취하려고 앉았다.
명 (복수 rests [rests/레스츠])
명 ① 휴식; 안정
· Let's have [take] ***rest***.
잠깐 쉬자.

· I had a good night's ***rest***.
나는 하룻밤 푹 잤다.
《숙》 ***at rest*** 휴식하여; 안심하여
Aren't you ***at rest*** yet?
너는 아직 쉬지 않고 있니?
명 ② (the rest로) 나머지; 잔여
· Can I eat the ***rest*** of the cake?
케익의 나머지를 먹을 수 있나요?

restaurant
[rést(ə)rənt/레스터런트]
명 (복수 ***restaurants*** [rést(ə)rənts/레스터런츠]) 요리점, 음식점
· Do you know a ***restaurant*** with good Chinese food?
요리 잘하는 중국 음식점 아세요?
· This is my favorite ***restaurant***.
이 곳은 나의 단골 음식점이다.

:result
[rizʌ́lt/리절트]
명 (복수 ***results*** [rizʌ́lts/리절츠]) 결과, 성과; (복수로 써서) 성적
· Our efforts were without ***result***.
우리의 노력은 헛되었다.
· The ***results*** of the examination were satisfactory.
시험 성적이 만족스러웠다.
《숙》 ***in the result*** 결국

·return
[ritə́ːrn/리턴-]
자 되돌아가다
· Father ***returned*** home late at night.
아버지는 밤늦게 집에 돌아오셨다.
타 돌려주다, 반환하다
· ***Return*** the book to the library.
그 책을 도서관에 반환해라.
명 (복수 ***returns*** [ritə́ːrnz/리턴-즈]) 돌아옴[감]; 도로 보냄, 반환
· They welcomed his ***return*** home.
그들은 그의 귀국을 환영했다.

·review
[rivjúː/리뷰-]
자 타 복습하다

· Let's *review* this lesson.
이 과목을 복습하자.
명 (복수 *reviews* [rivjúz/리뷰-즈])
명 ① 복습
· The boy could not finish the *review* exercises.
그 소년은 그 복습과제를 끝마치지 못했다.
명 ② 비평, 평론
· His *review* of the book is very interesting.
그의 서평은 대단히 흥미롭다.

:ribbon
[ribən/리번]
명 (복수 *ribbons* [ribənz/리번즈])
리본, 띠, 장식끈
· You have a pretty *ribbon*.
너는 예쁜 리본을 갖고 있구나.

·rice
[rais/라이스]
명 ① 쌀, 벼
· We need more *rice*.
우리는 쌀이 더 필요하다.
명 ② (쌀로 지은) 밥
· The Koreans live on *rice*.
한국 사람들은 밥을 주식으로 한다.
《숙》 *live on* : ~을 먹고 살다

·rich
[ritʃ/리치]
형 (비교급 *richer* [ritʃər/리처], 최상급 *richest* [ritʃist/리치스트])
형 ① 돈 많은, 부유한
(《반》 poor 가난한)
· His father is a *rich* businessman.
그의 아버지는 돈 많은 사업가다.
형 ② 풍부한, (땅이) 비옥한
· Cloudy has a *rich* voice.
클라우디는 성량이 풍부하다.

·ride
[raid/라이드]
타 자 (3단현 *rides* [raidz/라이즈], 과거·과거 분사 *rode* [roud/로우드], 현재 분사 *ridden* [ráidiŋ/라이딩])
타 (말·탈것 따위) 타다; 태우다
· Can you *ride* a bicycle?
너는 자전거를 탈 수 있니?

《숙》 *ride off [away]* 타고 갔다
명 (복수 *rides* [raidz/라이즈])태움, 탐; 타고[태우고] 감
· Let's have a *ride* on a horse.
말을 좀 타보자.

:right
[rait/라이트]

형 ① 오른쪽의 (《반》 left 왼쪽의)
- He raised his *right* hand.
그는 오른손을 들었다.

형 ② 옳은 (《반》 wrong 못된)
- You are *right*. 네가 옳다.
- That's *right*. 그것이 옳다.
- Telling a lie is not *right*.
거짓말하는 것은 옳지 않다.

형 ③ 정확한
- Tell me the *right* time.
정확한 시간 말씀해 주십시오.

《숙》 *All right.* 좋습니다.

부 ① 옳게, 바르게; 정확히
- She guessed *right*.
그녀는 옳게 알아맞혔다.

부 ② 바로, 꼭; 똑바로
- Your book is *right* here.
네 책은 바로 여기에 있다.

부 ③ 오른쪽에[으로]
- Turn *right*.
오른쪽으로 돌아라.

명 (복수 *rights* [raits/라이츠])
명 ① 옳바른 행위, 정의
- You must always do *right*.
너는 언제나 올바른 일을 해야만 한다.

명 ② 권리
- You must respect the *rights* of others.
남의 권리를 존중하지 않으면 안된다.

명 ③ 오른쪽, 우측
- Turn to the *right* at the next corner, please.
다음 모퉁이에서 오른쪽으로 돌아가십시오.
- Keep to the *right* 우측통행

《숙》 *the right way* 옳은 길

·**ring**
[riŋ/링]

자 타 (3단현 *rings* [riŋz/링즈], 과거형 *rang* [ræŋ/랭], 과거 분사 *rung* [rʌŋ/렁], 현재 분사 *ringing* [riŋiŋ/링잉])

자 (종·벨·전화가) 울리다
- Please *ring* me up at 5.
5시에 나에게 전화해 주세요.
- The phone is *ringing*.
전화벨이 울리고 있다.

타 (종·벨 따위를) 울리다
- He *rang* the doorbell.
그는 현관 벨을 울렸다.

명 (복수 *rings* [riŋz/링즈])
명 ① 반지, 고리, 바퀴
- This is a real gold *ring*.
이것은 진자 금반지이다.

명 ② (원형의)경기장;(복싱의)링

·**rise**
[raiz/라이즈]

자 (3단현 *rises* [ráiziz/라이지즈], 과거형 *rose* [rouz/로우즈], 과거 분사 *risen* [rízn/리즌], 현재 분사 *rising* [ráiziŋ/라이징])

자 ① 오르다 (《반》 set 지다)
- The curtain *rises*. 막이 오른다.
- The sun *rises* in the east.
태양은 동쪽에서 떠오른다.

재 ② 일어나다, 일어서다
· My mother *rises* early.
어머니는 일찍 일어나십니다.

·river
[rívər/리버]
명 (복수 *rivers* [rívərz/리버즈])강
· Let's go fishing in the *river*.
강으로 낚시질하러 갑시다.

· She fell into the *river*.
그녀는 강에 빠졌다.
《미》 The Han *River*
《영》 The (*River*) Han

·road
[roud/로우드]
명 (복수 *roads* [roudz/로우즈])길
· The restaurant is across the *road*.
식당은 길 건너에 있다.
· Don't play on the *road*.
도로에서 놀지 마라.

robot
[róubat/로우밧]
명 (복수 *robots* [róubats/로우바츠]) 로봇
· An industrial *robot*
산업용 로봇
· This is a *robot* used in the ho-me.
이것은 가정용 로봇이다.

·rock
[rak/락]
(복수 *rocks* [raks/락스])
명 ① 바위, 암석
· There is a *rock* in the middle of the river.
강 한가운데 암석이 하나 있다.
명 ② 작은 돌 (《동》 stone)
· Don't throw *rocks* into the pond.
연못에 돌을 던지지 마라.

rocket
[rákit/라킷]
명 (복수 *rockets* [rákits/라키츠]) 로켓
· a moon *rocket* 달 로켓
· a space *rocket* 우주 로켓
· I have a *rocket* toy.
나는 로켓 장난감을 가지고 있다.

rod
[rad/라드]
명 (복수 *rods* [radz/라즈])장대, 막대
· The grandfather bought a fishing *rod*.
할아버지는 낚싯대를 샀습니다.

:roll
[roul/로울]
타 ① (~을) 굴리다
· The boy is *rolling* a big snowball.
그 소년은 큰 눈덩이를 굴리고 있다.

타 ② (~을) 감다, 말다
· She is *rolling* a mat.
그녀는 매트를 말고 있다.
자 (공 따위가) 구르다
· The cat *rolled* on the floor.
고양이가 마루 위에서 굴렀다.
명 (복수 *rolls* [roulz/로울즈])
명 ① 두루마리
· The paper was in a *roll*.
그 종이는 두루마리로 되었다.
명 ② 명부, 출석부
· I will call the *roll*.
출석을 부르겠습니다.

roller
[róulər/로울러]
명 (복수 *rollers* [róulərz/로울러즈]) 롤러; 굴림대
· road *roller* 땅고르는 굴림대

roller skate
[róulər skèit/(우)로울러 스께잇]
명 (보통 복수형) 롤러 스케이트
· Do you have *roller skates*?
너는 롤러 스케이트 있니?

:roof
[ru:f/루-프]
명 (복수 *roofs* [ru:fs/루-프스])
지붕
· The *roof* of our house is blue.
우리 집의 지붕은 푸른 색이다.
· We live under the same *roof*.
우리는 한 지붕 아래서 산다.

·room
[ru(:)m/룸(-)]
명 (복수 *rooms* [ru(:)mz/룸(-)즈])
명 ① 방
· This is my *room*.
이것은 내 방이다.
명 ② 자리, 공간
· Is there a *room* for me in the car?
차 안에 내가 탈 자리가 있어요?

:root
[ru:t/루-트]
명 (복수 *roots* [ru:ts/루-츠]) 뿌리; 근원; 근본; 고향
· Pull the plant up by its *root*.
식물을 뿌리째 뽑으시오.

rope
[roup/로우프]
명 (복수 *ropes* [roups/로우프스])
새끼, 밧줄, 끈, 로프
· He tied up his package with a *rope*.
그는 짐 꾸러미를 밧줄로 묶었다.

:rose
[rouz/로우즈]
명 (복수 *roses* [róuziz/로우지즈])
장미, 장미꽃
- *Roses* smell sweet.
  장미는 향기가 좋다.

자 《*rise*의 과거형》 일어났다
- She *rose* from the table.
  그녀는 테이블에서 일어났다.

rosy
[róuzi/로우지]
형 (비교급 *rosier* [róuziər/로우지어], 최상급 *rosiest* [róuziist/로우지이스트])장미빛의, 혈색 좋은
- Her cheeks are *rosy*.
  그녀의 양쪽 뺨이 장밋빛이다.
- You look *rosy*.
  당신은 혈색이 좋아 보입니다.

rot
[rɑt/랏]
타 자 썩이다; 썩다
- Some apples *rotted* on the tree.
  사과 몇개가 나무에 매달린 채 썩었다.

명 (복수 *rots* [rɑts/라츠])썩음, 부패

rough
[rʌf/러프]

형 ① 거칠거칠한, 울퉁불퉁한
- His skin is too *rough*.
  그의 살결은 너무 거칠다.
- This road is *rough*.
  이 길은 울붕불퉁하다.

형 ② (성미가) 거친, 난폭한
- Our boss is very *rough*.
  우리 사장님은 성미가 매우 거칠다.

형 ③ 대강의, 대략의
- Can you give me a *rough* estimate?
  대략 견적 좀 내 주시겠어요?

·round
[raund/라운드]
형 ① 둥근; 둥그스름한
- The girl has a *round* face.
  그 소녀의 얼굴은 동그랗다.

형 ② 한바퀴 도는; 《미》왕복의
- I want to make a *round* trip of Italy
  나는 이탈리아를 일주 여행하고 싶다.

부 ① 돌아서, 빙 돌아
- He looked *round*.
  그는 빙 둘러보았다.

부 ② 둘레를, 사방에
- You can see two miles *round* form here.
  여기에서 사방 2 마일을 볼 수가 있다.

《숙》 *all the year round* 일년 내내

전 ① ~의 주의에
- I made a trip *round* the world.
  나는 세계 일주 여행을 했다.

전 ② ~을 돌아서

- The car went *round* the corner.
자동차는 모퉁이를 돌아서 갔다.

전 ③ ~의 안을 이곳저곳
- I showed her *round* the town.
나는 그녀에게 시내를 이곳저곳 안내했다.

명 (복수 *rounds* [raundz/라운즈])
원, 고리; 한 바퀴; (승부의) 한판
- They danced in a *round*.
그들은 원을 이루어 춤추었다.

:row¹
[rou/로우]

명 (복수 *rows* [rouz/로우즈])열,횡렬
- She is sitting in the third *row*.
그녀는 세째 줄에 앉아 있다.
- It has been raining for two days in a *row*.
이틀째 계속 비가 내리고 있다.

:row²
[rou/로우]

타 **자** (배를) 젓다
- I *rowed* a boat across the lake.
나는 배를 저어 호수를 건넜다.
- Can you *row* a boat?
너는 노를 저을 줄 아니?

명 노[배]젓기; 배를 저어가기
- Let's go for a *row*.
뱃놀이 가자

royal
[rɔ́iəl/로이얼]

형 왕[여왕]의
- a *royal* family 왕실, 왕가
- There is a *royal* crown in this museum.
이 박물관에는 왕관이 있다.

rub
[rʌb/러브]

타 **자** 문지르다
- He sometimes *rubs* his nose.
그는 가끔 코를 비빈다.

:rubber
[rʌ́bər/러버]

명 (복수 *rubbers* [rʌ́bərz/러버즈])

명 ① 고무; 고무 지우개
- We use *rubber* to make things like tires.
우리는 (자동차) 타이어와 같은 것들을 만들기 위해 고무를 사용한다.

명 ② (복수로) (미) 고무덧신

:rule
[ru:l/룰-]

명 (복수 *rules* [ru:lz/룰-즈])

명 ① 규칙, 규정, 룰
- We keep the *rules* of the school.
우리는 학교 규칙에 따른다.

명 ② 지배, 통치
- The country was under the *rule* of foreigners.
그 나라는 외국인의 지배하에 있었다.

명 ③ 습관, 관례

· It is my *rule* to brush my teeth before going to bed.
자기 전에 이를 닦는 것이 나의 습관이다.

《숙》 *as a (general) rule* 대개
타 자 다스리다, 통치[관리]하다
· The king *ruled* his country wisely.
그 왕은 자신의 나라를 현명하게 다스렸다.

ruler
[rúːlər/룰-러]
명 (복수 *rulers* [rúːlərz/룰-러즈])
명 ① 지배자, 통치자
· The *ruler* of our country is respected by the whole nation.
우리 나라의 지배자는 모든 국민의 존경을 받고 있다.
명 ② (길이를 재는) 자
· We use a *ruler* in school.
우리는 학교에서 자를 사용한다.

·run
[rʌn/런]
타 자 (3단현 *runs* [rʌnz/런즈], 과거형 *ran* [ræn/랜], 과거 분사 *run* [rʌn/런], 현재 분사 *running* [rʌ́niŋ/러닝])
자 ① 달리다, 뛰다

· How fast he *runs*!
그는 참 빨리 달리는구나!
· We must *run* to catch the bus.
우리는 버스를 타기 위해 뛰어야 한다.
자 ② (기계 따위가) 돌아가다
· This machine *runs* on gasoline.
이 기계는 휘발유로 작동한다.
자 ③ (강·액체) 흐르다, 통하다
· The river *runs* through our city into the sea.
그 강은 우리 도시를 지나서 바다로 흘러 들어간다.
타 ① (기계가) 작동하다
· The machine is *run* by electricity.
이 기계는 전기에 의해 작동된다.
타 ② (상점 따위를) 경영하다
· Uncle David *runs* a big restaurant in Pusan.
데이빗 삼촌은 부산에서 큰 식당을 경영하고 계신다.
명 (복수 *runs* [rʌnz/런즈])
명 ① 달리기; 경주
· Let's have a *run*.
달리기하자.
명 ② (a *run*) 연속, 득점
· The movie had a long *run*.
영화는 장기 상영되었다.
《숙》 *in the long run* 결국
《숙》 *run across* ~을 우연히 만나다
《숙》 *run after* ~을 뒤쫓다
《숙》 *run away* 달아나다

runner
[rʌ́nər/러너]
명 (복수 *runners* [rʌ́nərz/러너즈])

달리는 사람; (야구의) 주자
- The first *runner* is my friend.
첫번째 달리는 사람이 내 친구다.
- Bill is a long-distance *runner*.
빌은 장거리 주자이다.

:rush
[rʌʃ/러시]
타 자 돌진하다[시키다]
- He *rushed* into the room.
그는 방으로 뛰어 들어갔다.
- She *rushed* at me.
그녀는 내게 달려들었다.
명 (복수 *rushes* [rʌfiz/러시즈])
돌진; 쇄도, 붐빔
- They made a *rush* for the door.
그들은 문을 향해서 돌진했다.

rush hour
[rʌʃ auər/러시 아우어]
명 (복수 *rush hours* [rʌʃ áuərz/러시 아우어즈])(출근·퇴근) 혼잡한 시간
- I hate the morning *rush hour*.
나는 아침 붐비는 시간이 질색이다.

:rust
[rʌst/러스트]
명 (금속의) 녹
- The sword is covered with *rust*.
그 검은 녹슬어 있다.
자 녹슬다
- The ax has *rusted*.
그 도끼는 녹슬었다.

S, s
[es/에스]
알파벳의 열아홉 번째 문자

sack
[sæk/색]

명 (복수 *sacks* [sæks/색스])자루, 부대 《미》 종이 봉지

· This is my *sack*.
이것은 나의 배낭이다.

· She bought a *sack* of candies.
그녀는 캔디 한 봉지를 샀다.

:sad
[sæd/새드]

형 (비교급 *sadder* [sǽdər/새더], 최상급 *saddest* [sǽdist/새디스트]) 슬픈 (《반》 glad 기쁜)

· you look *sad*.
너는 슬퍼 보인다.
· I feel *sad* to hear the song.
나는 그 노래를 들으면 슬퍼진다.

:saddle
[sǽdl/새들]

명 (복수 *saddles* [sǽdlz/새들즈])
(말) 안장

· He put a *saddle* on my horse.
그는 내 말에 안장을 올려놓았다.

:safe
[seif/세이프]

명 (복수 *safes* [seifs/세이프스])
금고

· Keep the diamond in a *safe*.
그 다이아몬드를 금고 속에 보관해 두어라.

형 ① 안전한, 위험이 없는 (《반》 dangerous 위험한)

· Is the dog *safe* to touch?
그 개는 만져도 안전한가요?
 Yes. He doesn't bite.
네. 안 물어요.

형 ② 무사한
· He arrived *safe*.
그는 무사히 도착했다.

:safely
[séifli/세이플리]
부 안전하게, 무사히
· I came home *safely*.
나는 무사히 집에 왔다.

:safety
[séitli/세이프티]
명 (복수 *safeties* [séitliz/세이프티즈])안전, 무사 (《반》 danger 위험)
· We crossed the river in *safety*.
우리는 무사히 강을 건넜다.
《숙》 *in safety* 무사히
They arrived there *in safety*.
그들은 무사히 거기 도착했다.

said
[sed/세드]
타 *say*(말하다)의 과거·과거분사
· I haven't *said* such a thing.
나는 그런 말을 한 적이 없다.

:sail
[seil/세일]
명 (복수 *sails* [seilz/세일즈])
명 ① 돛
· Put the *sail* up! 돛을 올려라.

명 ② 돛단배, 범선
· We can see a lot of *sails*.
많은 돛단배가 보인다.
《숙》 *set sail* 돛을 올리다
We *set sail* for America.
우리는 미국을 향해 출발했다.
자 항해하다, 출범하다
· We *sailed* round an island.
우리는 섬을 돌아 항해하였다.

:sailor
[séilər/세일러]
명 (복수 *sailors* [séilərz/세일러즈]) 뱃사람, 선원; 수병
· My father is a *sailor*.
나의 아버지는 선원이시다.

salad
[sæləd/샐러드]
명 생채 요리, 샐러드
· Preparing the *salad* is my job.
샐러드 만드는 것이 내 일이다.
· I like fruit *salad*.
나는 과일 샐러드를 좋아한다.

salary
[sæləd/샐러리]
명 (복수 *salaries* [sælədiz/샐러리즈]) 급료, 봉급
· I live on my salary.
나는 급료로 생활하고 있다.

sale
[seil/세일]
명 ① 판매, 팔기
- a cash *sale* 현금 판매
- a credit *sale* 신용 판매

명 ② 팔림새, 매상
- *Sales* are up[down].
  매상이 오르고 있다[내리고 있다].

명 ③ 특매, 염가 매출
- The store is having a *sale* on shoes.
  그 상점 신발을 특매하고 있다.

《숙》 *for sale* 팔려고 내놓은
  Is your car *for sale*?
  차를 팔려고 내놓았습니까?

salt
[sɔ:lt/쏠-트]
명 소금, 식염
- Pass me the *salt*, please.
  소금 좀 내게 건네주세요.
- Please don't use any *salt* when you cook it.
  소금 넣지 말고 요리해 주세요.

same
[seun/세임]
대 (the *same*으로) 동일한 것[사람·일]
- They look exactly the *same*.
  그들은 정말 (생김새가) 똑같다.

형 (the *same*으로) 같은, 동일한; 마찬가지의 (《반》 different 다른)
- We are in the *same* class.
  우리는 같은 반이다.

> ***Same* here.** [=Me, too]
> 「같은 것으로 주세요」
> 식당에서 일행과 같은 것으로 주문할 때 쓰는 말. 『The *same* for me.』, 『I'll have the *same*.』 등도 같은 뜻으로 쓸 수 있다.

《숙》 *at the same time* 동시에
《숙》 *the same ~ as ~* ~와 같은 종류의 ~
《숙》 *the same ~ that* 와 동일한~

sample
[sǽmpl/샘플]
명 (복수 *samples* [sǽmplz/샘플즈]) 견본, 샘플
- Send me a *sample*, please.
  견본을 좀 보내주십시오.

:sand
[sænd/샌드]
명 (복수 *sands* [sænz/샌즈]) 모래 (복수로 써서) 모래밭
- Boys are building a *sand* castle.
  소년들이 모래성을 쌓고 있다.

- a grain of *sand*. 모래 한 알

:sandwich
[sǽn(d)wiʃ/샌(드)위치]

명 (복수 *sandwiches* [sǽn(d)wit-ʃiz/샌(드)위치즈]) 샌드위치
· Mother is making *sandwiches* for lunch.
어머니는 점심으로 샌드위치를 만들고 계신다.

:sang
[sæŋ/생]

타 자 *sing*(노래하다)의 과거형
· They *sang* a song for me.
그들은 나를 위해 노래 불렀다.

:sank
[sæŋk/생크]

자 *sink*(가라앉다)의 과거형
· The ship *sank* in a minute.
그 배는 곧 가라앉았다.

Santa Claus
[sǽntə-klɔ́ːz/쌔너 크(을)러스]

명 산타 클로스
· *Santa Claus* comes on Christmas Eve.
산타 클로스는 크리스마스이브에 온다.

:sat
[sæt/샛]

자 *sit*(앉다)의 과거형·과거 분사
· He *sat* down on his seat
그는 그의 좌석에 앉았다.

·Saturday
[sǽtərdi/새터디]

명 토요일 (*Sat.*로 약한다)
· Are you doing anything this *Saturday*?
이번 토요일에 무슨 할 일 있니?

Sun.	Mon.	Tues.	Wed.	Thurs.	Fri.	Sat.
일	월	화	수	목	금	토

:save
[seiv/세이브]

타 자 ① 구하다
· An air bag *saved* my life.
에어 백이 내 생명을 구했다.

타 자 ② 모으다, 저축하다 (《반》 waste 낭비하다)
· *Save* your money.
돈을 저축해라
· I *saved* money for a holiday.
나는 휴일을 위해 돈을 모아두었다.

타 자 ③ 절약하다
· We must *save* time.
우리는 시간을 절약해야 한다.

전 접 ~을 제외하고

· All *save* him went there.
그를 제외한 모두가 거기에 갔다.

savings
[séiviŋz/쎄이빙즈]
명 예금, 저축
★ *Savings* account 예금 계좌
Savings bank 저축 은행
· I want a *savings* account, please.
예금 계좌를 원합니다.

saw
[sɔː/쓰아]
타 자 *see*(보다)의 과거형
· I *saw* him yesterday.
나는 어제 그를 보았다.
명 톱, 톱으로 자르다
· Father cut down the tree with a *saw*.
아버지는 톱으로 나무를 잘라 넘어뜨렸다.

·say
[sei/세이]
타 (3단현 *says* [sez/세즈], 과거·과거 분사 *said* [sed/세드], 현재 분사 *saying* [séiiŋ/세이잉]) 말하다
· My parrot *says* a lot.
내 앵무새는 말을 많이 한다.

· What did she *say*?
그 여자가 뭐라고 했나요?
《숙》 *It is said that* ~라는 소문이다
It is said that he will go abroad.
그가 해외로 간다는 소문이 있다.
《숙》 *say to oneself* 혼잣말 하다
《숙》 *so to say[speak]* 말하자면
《숙》 *that is to say* 즉
《숙》 *to say nothing of* ~을 말할 것도 없고
《숙》 *what do you say to ~?* ~이 어떨까요

scale
[skeil/스케일]
명 (복수 *scales* [skeilz/스케일즈])
명 ① 저울
· He weighed some meat on the *scales*.
그는 고기를 저울에 달았다.
명 ② 눈금, 저울눈, 규모
· This ruler has a *scale* in both centimeters and inches.
이 자는 양쪽에 센티미터와 인치의 눈금이 있다.

scare
[skɛər/스케어]
타 자 놀라게 하다; 겁내다
· Are you *scared*? 너 겁나지?
· I'm *scared*. 나는 겁이 난다.

scarf
[skɑːrf/스카-프]
명 (복수 *scarfs* [skɑːrfs/스카-프스], 또는 *scarves* [skɑːrvz/스카-프

즈]) 스카프, 목도리, 넥타이
· Judy wears a yellow *scarf* round her neck.
쥬디는 목에 노란 스카프를 두르고 있다.

:scene
[si:n/신-]
명 (복수 *scenes* [si:nz/신-즈])
명 ① (연극·영화) 장; 장면; 현장
★Act 1, *Scene* ii
제 1막 제 2장
· The actress came on the *scene*.
그 여배우가 그 장면에 나왔다.
명 ② 광경, 풍경
· The sunrise was a beautiful *scene*.
일출은 아름다운 광경이었다.
명 ③ (논쟁을 하는) 다툼
· Don't make a *scene*. Why don't you let it go?
소란스럽게 하지 마세요. 그냥 내버려 두시지요.

scenery
[sí:nəri/시-너리]
명 풍경, 경치
· The *scenery* is beautiful around here.
이 부근은 경치가 아름답다.

scholar
[skálər/스칼러]
명 (복수 *scholars* [skálərz/스칼러즈]) 학자
· He is a famous *scholar*.
그는 유명한 학자다.

·school
[sku:l/스쿨-]
명 (복수 *schools* [sku:lz/스쿨-즈])
명 ① (건물로서의) 학교
· This is my *school*.
여기가 나의 학교입니다.
명 ② 수업, (수업의 뜻의) 학교
· *School* begins at 9
학교 수업은 9시에 시작한다.
· I have no *school* today.
나는 오늘 수업이 없다.
《숙》 *after school* 방과후
We played tennis *after school*.
우리는 방과후 테니스를 쳤다.
《숙》 *in school* 재학중
My brother is still *in school*.
내 동생은 아직 재학중이다.
《숙》 *leave school* 졸업하다
We *left school* last year.
우리는 작년에 졸업했다.

:science
[sáiəns/사이언스]
명 과학; 자연 과학; 이과
· I am interested in *science*.
나는 과학에 흥미를 가졌다.
· *Science* is very hard.
과학은 매우 어렵다.
· I want to learn *science*.
나는 과학을 배우고 싶다.

scientist

[sáiəntist/사이언티스트]

명 (복수 *scientists* [sáiəntist/사이언티스츠]) 과학자

· Thomas Alva Edison is a good *scientist*.
토머스 앨바 에디슨은 훌륭한 과학자이다.

scissors

[sízərz/시저즈]

명 (복수) 가위

· I bought a pair of *scissors* at the store.
나는 상점에서 가위 한 자루를 샀다.
『가위(*scissors*)』를 세는 방법은 다음과 같다.

· a pair of *scissors* 가위 한자루

scold

[skould/스코울드]

타 **자** 꾸짖다, ~에게 잔소리하다 〈for〉 (《반》 praise 칭찬하다)

· The teacher *scolded* me for being late.
선생님께서는 지각했다고 나를 꾸짖으셨다.

score

[skɔːr/스코-]

명 (복수 *scores* [skɔːrz/스코-즈]) (경기의) 득점, 점수

· The *score* was tied 3 to 3.
3대 3으로 비겼어요.
· There is no *score* yet.
아직 0대 0이에요.

명 (시험 따위의) 성적

· Jin-ah got a perfect *score* in English.
진아는 영어에서 만점 얻었다.

부 (점수를) 득점하다, 기록하다

· Tony *scored* two goals.
토니는 2골을 기록했다.

《숙》 *make a score* : ~득점하다

scrap

[skræp/스크랩]

명 (복수 *scraps* [skræps/스크랩스]) 작은조각; 폐물; (복수로) (신문·잡지의) 오려낸 것

· There is not a *scrap* of truth in this story.
이 이야기는 진실이 전혀 없다.

scratch

[skrætʃ/스크래치]

타 **자** 할퀴다; 긁히다

· The cat *scratched* my face.
고양이가 내 얼굴을 할퀴었다.
· Don't *scratch* your head.
머리를 긁지 마라.

scream
[skri:m/스크림-]
타 자 소리치다
- She *screamed* for help.
그녀는 도와 달라고 소리쳤다.
명 (복수 *screames* [skri:mz/스크림-즈]) 외침, 절규, 비명
- a *scream* for help
도와 달라는 비명

·sea
[sei:/시-]
명 바다 (《반》 land 육지)
- There are many fish in the *sea*.
바닷속에는 많은 종류의 물고기가 있다.
- In summer we go to the *sea*.
여름에 우리는 바다로 간다.
《숙》 *at sea* 해상에(서), 항해중인
The steamer is *at sea*.
기선은 지금 항해중이다.
《숙》 *go to sea* 선원이 되다
He *went to sea* at nineteen.
그는 열아홉에 선원이 되었다.

sea gull
[si: gʌ́l/시- 걸]
명 (복수 *sea gulls* [si: gʌ́lz/시- 걸즈]) 갈매기

·*Seagulls* catch fish to eat.
갈매기는 물고기를 잡아 먹는다.

:seal¹
[si:l/실-]
명 (복수 *seals* [si:lz/실-즈]) 물범; 물개
- *Seals* usually live in the cold waters of the north.
물개는 보통 북쪽의 추운 바다에 산다.

:seal²
[si:l/실-]
명 (복수 *seals* [si:lz/실-즈]) 봉인, 증인; 인장; 옥새; 문장
- the Great *Seal* of the United States 미합중국 국새

search
[sə:rtʃ/서-치]
타 자 찾다, 수색하다, 뒤지다
- They *searched* the house.
그들은 그 집을 수색했다.
- What are you *searching* for?
너는 무엇을 찾고 있니?
명 (복수 *searches* [sə́:rtʃiz/서-치즈]) 수색; 조사
- They went in *search* of the lost child.
그들은 길 잃은 아이를 찾으러 갔다.

season
[síːzn/시-즌]

명 (복수 *seasons* [síːznz/시-즌즈]) 계절, 절

· When should the rainy *season* end?

장마철이 언제쯤 끝날까요?

※ The rainy *season* 장마

· There are four *seasons* in Korea.

한국에는 4계절이 있다.

spring

summer

fall

winter

:seat
[siːt/시-트]

명 (복수 *seats* [siːts/시-츠]) 자리, 좌석

· All *seats* are reserved.

좌석은 모두 예약됐습니다.

· Please have [take] a *seat*.

좌석에 앉으세요.

· Is this *seat* taken [occupied]?

이 자리는 비었습니까?

:seat belt
[siːt bəlt/씯벨(트)]

명 (비행기·자동차 따위) 안전띠

· Fasten your *seat belt*, please.

안전 벨트를 착용해 주세요.

· The police cracked down on those who are not wearing *seat belt*.

경찰들은 안전띠를 안 맨 사람들을 집중 단속했다.

《숙》 *crack down on* : ~에 대해서 집중 단속하다

·second¹
[sékənd/쎄크언(드)]

형 제 2의, 두 번째의, 2위의

· February is the *second* month of the year.

2월은 1년의 두 번째 달이다.

· The library is on the *second* floor.

도서관은 2층에 있다.

·second²
[sékənd/쎄크언(드)]

명 ① 잠깐, 순간

· Wait a *second*, please. [=Wait a moment, please.]

잠깐 기다려 주세요.

《숙》 *in a second* 곧

I will be back *in a second*.

나는 곧 돌아오겠다.

명 ② (시간의) 초

· Sixty *seconds* make one minute.
60초는 1분이다.
· This watch has a *second* hand.
이 시계는 초침이 있다.

:secret
[síːkrit/시-크릿]

명 (복수 *secrets* [síːkrits/시-크리츠]) 비밀

· It is a *secret* between you and me.
그것은 너와 나 사이 비밀이다.
· I know his *secret*.
나는 그의 비밀을 알고 있다.

《숙》 *in secret* 비밀리에, 몰래

형 비밀의, 숨기는

· She is *secret* in her habits.
그녀는 숨기는 버릇이 있다.

·see
[siː/시-]

타 자 (3단현 *sees* [siːz/시-즈], 과거형 *saw* [sɔː/소-], 과거 분사 *seen* [siːn/신-], 현재 분사 *seeing* [síːiŋ/시-잉])

타 ① 보다, ~이 보이다
· Can you *see* that tower?
너는 저 탑이 보이니?
· I *saw* two birds in the tree.
나는 나무 위에 있는 두 마리의 새를 보았다.

타 ② ~을 만나다
· I am *seeing* no one today.
나는 오늘 아무도 만나지 않겠다.

타 ③ (의사에게) 진찰을 받다.
· Go and *see* a doctor right away.
당장 의사의 진찰을 받아라.

자 ~을 알다, 이해하다
· I *see* what you mean.
나는 네 말 뜻을 잘 안다.

《숙》 *see off* 배웅하다
I went to the airport to *see* him *off*.
나는 그를 배웅하러 공항에 갔다.

《숙》 *See you again!* 또 만납시다!

:seed
[siːd/시-드]

명 (복수 *seeds* [siːdz/시-즈]) 씨, 씨앗

· We planted flower *seeds*.
우리들은 꽃씨를 심었다.

seek
[siːk/시-크]
타 자 (3단현 *seeks* [siːks/시-크스], 과거·과거 분사 *sought* [sɔːt/소-트], 현재 분사 *seeking* [síːkiŋ/시-킹]) 찾다, 찾고 있다
- He is *seeking* a job.
그는 일거리를 찾고 있다.
- He *sought* fame.
그는 명성을 얻으려고 애썼다.

·seem
[siːm/심-]
자 ~인 것 같다, ~처럼 보이다
- She *seems* (to be) happy.
[=It *seems* that she is happy.]
그녀는 행복한 것 같이 보인다.
- The food *seems* to be stale.
그 음식은 상한 것 같다
- He *seems* honest.
그는 정직한 것 같다.
- He doesn't *seem* to like dogs.
그는 개를 좋아하는 것 같지 않다.
※ stale : (음식 따위가) 상한

[*seem*과 look의 차이점]
『*seem*』은 여러 가지 상황으로 미루어보아 『~인 것 같다』처럼 말하는 사람의 주관을 나타내는 말이고, 『look』은 겉모양을 본 느낌으로 『~한 것 같다』란 뜻이다.
예) He looks wise.
그는 현명한 것 같다.

seesaw
[síːsɔ̀ː/시-소-]
명 시소놀이
- Let's play on the *seesaw*.
시소놀이를 하자.

·sell
[sel/셀]
타 자 (3단현 *sells* [selz/셀즈], 과거·과거 분사 *sold* [sould/소울드], 현재 분사 *selling* [séliŋ/셀링]) 팔다
- Will you *sell* me your car?
당신 차를 팔지 않으렵니까?

자 팔리다
- The goods will never *sell*.
그 물건은 어지간해서 팔리지 않을 것이다.

seller
[sélər/셀러]
명 (복수 *sellers* [sélərz/셀러즈]) 파는 사람(《반》 buyer 사는 사람); 팔리는 물건
☞ a book *seller* 책 장수
- This book is a best[poor] *seller*.
이 책은 잘[안] 팔린다.
☞ a best *seller* 베스트 셀러

·send
[send/센드]
타 자 (3단현 *sends* [sendz/센즈], 과거·과거 분사 *sent* [sent/센트], 현재 분사 *sending* [séndiŋ/센딩]) 보내다, (편지 따위를) 부치다
- Americans *send* and get many

kinds of cards.
미국 사람들은 많은 종류의 카드를 보내고 받는다.
· I *sent* her a letter.
나는 그녀에게 편지를 부쳤다.
《숙》 *send for* ~을 가지러[부르러] 보내다
They *sent for* the doctor.
그들은 의사를 부르러 보냈다.

:sense
[sens/센스]
명 (복수 *senses* [sénsiz/센시즈])
명 ① 감각
· Sally has no *sense* of humor.
샐리는 유머 감각이 없다.

명 ② 의미, 뜻
· The word has many different *senses*.
그 단어는 많은 다른 뜻이 있다.
명 ③ (복수형) 제정신, 본정신
· He must be out of *senses*.
그는 틀림없이 제정신 아니다.
《숙》 *in a sense* 어떤 의미에서는
It is true *in a sense*.
어떤 의미에서 그것은 사실이다.

:sentence
[séntəns/센턴스]
명 (복수 *sentences* [séntənsiz/센턴시즈]) 문장
· Read this *sentence* twice.
이 문장은 두 번 읽어라.
· A saying is a short *sentence*.
속담은 짧은 문장이다.

separate
[sépərəit/세퍼레이트]
타 분리하다, (사람을)떼어놓다
· They *separate* gold from sand.
그들은 모래에서 금을 가려낸다.
자 헤어지다, 갈라지다
· We *separate* in Seoul.
우리는 서울에서 헤어졌다.
형 [sépərit/세퍼릿] 분리된
· The children have *separate* beds.
아이들은 각자의 침대가 있다.

September
[septémbər/셉템버]
명 9월(*Sept*. 로 약한다)
· In America school begins in *September*.
미국에서는 학교가 9월에 시작된다.

serious
[sí(:)riəs/시(-)리어스]
형 ① 진지한, 진정한
· Are you *serious*?
너 진정이냐?
형 ② (병 따위가)심각한, 위독한
· I hope her sickness is not *serious*.
나는 그녀의 병이 중태가 아니기를 바란다.

· Air pollution is a *serious* problem.
공해가 심각한 문제이다.

·serve
[sə:rv/서-브]

타 자 ① 섬기다, 봉사하다
· He *served* his master for many years.
그는 오랫동안 주인을 섬겼다.

타 자 ② (음식을) 내놓다
· The dish must be *served* hot.
요리는 뜨거울 때 내놓아야 한다.

타 자 ③ 군무에 복무하다
· I *served* in the army for three years.
나는 육군에서 3년간 복무했다.

:service
[sé:rvis/서-비스]

명 (복수 *services* [sé:rvisiz/서비시즈])

명 ① (교회의) 예배(식)
· What does a *service* begin?
예배는 몇 시에 시작되나요?

명 ② 교통편
· There is no bus *service* here.
이 곳은 버스편이 없어요.

명 ③ (호텔·식당 따위의) 서비스
· The food is good at this restaurant, but the *service* is poor.
이 식당은 음식은 괜찮은데 서비스가 나쁘다.

명 ④ 군무, 병역
· Have you finished your military *service*?
당신은 군복무를 마치셨나요?

·set
[set/셋]

타 ① 두다, 놓다; 배치하다
· She *set* a vase on the table.
그녀는 책상 위에 꽃병을 놓았다.

타 ② (때·장소를) 정하다
· His plans for summer vacation were all *set*.
그의 여름 휴가 계획이 다 확정되었다.

타 ③ 준비[마련]하다; 맞추다
· I forgot to *set* the clock.
나는 시계 마추는 것을 잊었다.

타 ④ (머리) 세트하다; 고정하다

· She had her hair *set*.
그녀는 머리를 세트했다.

자 (해·달이) 지다(《반》 rise 뜨다)
· The sun *sets* in the west.
해는 서쪽으로 진다.

《숙》 *set about* ~에 착수하다
He *set about* the work.
그는 그 일에 착수했다.

《숙》 *set free* 석방하다
The prisoner was *set free*.
그 죄수는 석방되었다.

《숙》 *set in* 시작되다
The rainy season has *set in*.
장마철이 시작되었다.

《숙》 *set off* 발사하다; 출발하다
They *set off* the rocket.
그들은 로켓을 발사했다.

《숙》 *set out* 출발하다

명 (복수 *sets* [sets/셋츠])한 세트, 한 벌
· a tea *set* 홍차 세트

·seven
[sév(ə)n/세번]

명 7, 일곱살, 일곱개
· *Seven* plus two is nine.
7 더하기 2는 9다.

형 7의, 일곱살의, 일곱개의
· He is *seven* years old.
그는 일곱살이다.

·seventeen
[sév(ə)ntíːn/세번틴-]

명 17, 열일곱살, 열일곱개
· How old is your sister?
네 누이는 몇살이니?
She is *seventeen*.
그녀는 열일곱살이야

형 17의, 열일곱개의, 열일곱명의
· There are *seventeen* girls in our class.
우리 학급에 여자가 17명 있다.

·seventy
[sév(ə)nti/세번티]

명 70, 70살, 70개
· The tower was about *seventy* feet high.
그 탑은 높이가 약 70피트 였다.

·several
[sév(ə)rəl/세버럴]

형 몇몇의, 몇개의
· *Several* people left the room.
몇사람이 방을 나갔다.

대 몇몇, 몇개; 몇사람
· I have *several*.
나는 몇개 가지고 있다.

:sew
[sou/소우]

타 자 꿰매다, 깁다; 바느질하다
· Mom, this button is coming off my jacket.
엄마 재킷의 단추가 떨어지려고 해요.
I'll *sew* it on later.
나중에 달아 줄게.

《숙》 *sew up* 기워서 있다

:sewing machine
[sóuiŋ məʃiin/쏘우잉 머쉰]
명 재봉틀
- I don't know how to handle a *sewing machine*.
나는 재봉틀 사용법을 모른다.

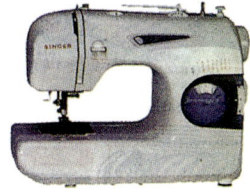

:shade
[ʃeid/셰이드]
명 (복수 *shades* [ʃeidz/셰이즈]) 그늘; 그늘진 곳; 차양
- There was no *shade* anywhere.
아무데도 그늘은 없었다.

타 자 그늘지게 하다; 가리다
- The trees *shade* the house nicely.
나무들이 그 집을 시원하게 그늘지운다.

:shadow
[ʃǽdou/섀도우]
명 (복수 *shadows* [ʃǽdouz/섀도우즈]) 그림자
- Bill looked at his *shadow* in the water.
빌은 물에 비친 자신의 모습을 보았다.
- Our *shadows* are on the wall.
우리들 그림자가 벽에 비친다.

:shake
[ʃeik/셰이크]
타 자 (3단현 *shakes* [ʃeiks/셰이크스], 과거형 *shook* [ʃuk/슉], 과거 분사 *shaken* [ʃéikn/셰이큰], 현재 분사 *shaking* [ʃéikiŋ/셰이킹])
타 흔들다, 뒤흔들다
- She *shook* her head.
그녀는 머리를 흔들었다.
자 흔들리다, 떨다
- The dog was *shaking* with cold.
그 개는 추워 몸을 떨고 있었다.
《숙》 *Shake hands with* ~와 악수하다
They *shook hands with* each other.
그들은 서로 악수했다.

·shall
[(강)ʃæl/샐, (약)ʃ(ə)l/셜]
조 (과거형 *should* [ʃud/슈드])
조 ① (I[we] *shall* ~의 꼴로, 단순 미래를 나타내어) ~일 것이다.
- I *shall* be 13 years old next month.
나는 다음 달이면 13살이 된다.
조 ② (You [He, She, They] *shall* ~의 꼴로 말하는 사람의 강한 의지를 나타내어) ~하게 하다

- You *shall* come with us.
너는 우리와 함께 가야해.
- He *shall* not die.
그를 죽게 하지 않겠다.

조 ③ (*Shall* I [we] ~?로 단순 미래 또는 상대방의 의지를 물어) ~할까요?, ~하면 좋을까요?
- *Shall* we begin right now?
곧 시작할까요?
- What *shall* I do next?
다음에 무엇을 하면 좋을까요?

조 ④ (Let's ~, *Shall* we?로) ~할까요?, ~합시다
- Let's go to the movies tonight, *shall* we?
오늘 밤에 영화보러 갈까?
Yes, let's. [No, let's not.]
그래. 그러자.[아니. 그러지 말자.]

:shallow
[ʃǽlou/섈로우]

형 (비교급 *shallower*[ʃǽlouər/섈로우어], 최상급 *shallowest* [ʃǽlouist/섈로우이스트]) 얕은
- This lake is *shallow*.
이 호수는 얕다

shame
[ʃeim/셰임]

명 (복수 *shames* [ʃeimz/셰임즈])
명 ① 부끄러움; 수치심

- *Shame* on you! [=For *shame*!]
(구어) 부끄럽지도 않느냐! [무슨 꼴이냐!]
- Peter has no *shame*.
피터는 수치심이 없다.

명 ② 유감스러운 일, 안쓰런 일
- That's *shame*.
[=That's too bad.]
그거 정말 안됐군요.

shan't
[ʃænt/슈앤(트)]

약 *Shall not*의 줄임말
- I *shan't* forgive her.
나는 그녀를 용서 않겠다.

:shape
[ʃeip/셰이프]

명 (복수 *shapes* [ʃeips/셰이프스])
모양, 형상; 모습
- What *shape* is it?
그것은 어떤 모양입니까?

타 자 모양을 이루다
- Korea is *shaped* like a rabbit.
한국은 토끼와 같은 모양을 하고 있다.

share
[ʃɛər/셰어]

명 (복수 *shares* [ʃɛərz/셰어즈])
몫; 배당몫; 할당, 분담
- Each boy took his *share*.
각 소년은 자기의 몫을 가졌다.

타 분배하다, 나누다; 공유하다
- Let's *share* the bill.
(계산서를) 각자 부담하자.
- She *shares* the room with her friend.

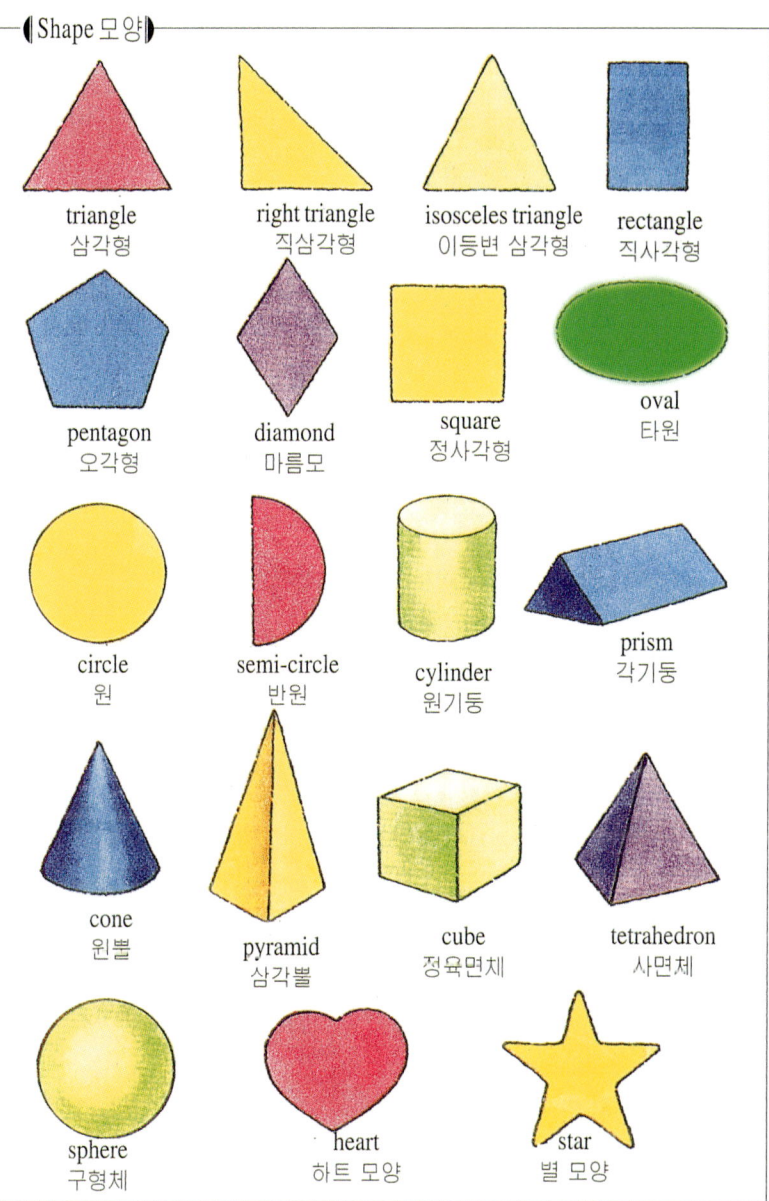

그녀는 그 방을 친구와 함께 쓰고 있다.

shark
[ʃɑːrk/샤-크]

명 (복수 *sharks* [ʃɑːrks/샤-크스])
상어
- A *shark* is a large fierce fish.
  상어는 크고 사나운 물고기다.

:sharp
[ʃɑːrp/샤-프]

형 (비교급 *sharper* [ʃɑːrpər/샤-퍼], 최상급 *sharpest* [ʃɑːrpist/샤-피스트]) (날·끝이) 날카로운, 예리한 (《반》 dull 무딘)
- This needle is very *sharp*.
  이 바늘은 아주 날카롭다.
- Be careful with the *sharp* knife.
  예리한 칼을 다룰때는 조심해라.

부 날카롭게; 빈틈없이; 정각에
- Come here at ten o'clock *sharp*.
  10시 정각에 이리로 오십시오.

·she
[ʃiː/시-, (약) ʃi/시]

대 (복수 *they* [ðei/데이]) (소유격·목적격 *her*) 그녀는, 그녀가
- Who is *she*?
  그녀는 누구입니까?
- *She* is a Korean.
  그녀는 한국인이다.

[she의 변화형]

격 \ 수	단 수	복 수
주격	she 그녀는[가]	they 그들은[이]
소유격	her 그녀의	them 그들을[에게]
목적격	her 그녀를[에게]	their 그들의

shed
[ʃed/슈엣]

명 헛간, 창고, 광
- The children are playing in the *shed*.
  어린 아이들이 헛간에서 놀고 있다.

타 (눈물·피 따위를) 흘리다
- He *shed* tears.
  그는 눈물을 흘렸다.

☞ 과거·과거분사 *shed*

:sheep
[ʃiːp/시-프]

명 (복수 *sheep* [ʃiːp/시-프]) (단수·복수가 동일함) 양
- A *sheep* is a gentle animal.
  양은 온순한 동물이다.

① 『새끼 양』은 『lamb [læm/(을)램]』, 『양고기』는 『mutton [mʌtn/므어른]』이라고 한다.
② 단수·복수가 동일한 예
  deer(사슴) → deer
  fish(물고기) → fish
  salmon(연어) → salmon

sheet
[ʃiːt/시-트]
명 (복수 **sheets** [ʃiːts/시-츠])
명 ① 시트, 까는 천
· She changes the **sheets** on the bed every day.
그녀는 매일 침대 시트를 간다.
명 ② (종이·천 따위의) 한 장
· Bring me a **sheet** of paper, please.
종이 한 장 갖다 주세요.

① 『a **sheet** of paper』는 사무용 또는 인쇄용으로 쓰이는 보통 4각으로 된 종이 한 장을 말하며, 『a piece of paper』는 일정한 모양이 없는 종이 한 조각을 말한다.
② a **sheet** of glass 유리 한 장
a **sheet** of ice 얼음 한 장
a **sheet** of iron 철판 한 장
two **sheets** of paper 종이 두 장

shelter
[ʃéltər/셸터]
명 (3인칭 단수 현재: **shelters** [ʃéltərz/셸터즈])
피난 장소, 은신처; 차폐물; 보호
· The big tree was a good **shelter** from the rain.
그 큰 나무는 비를 피하는데 좋은 은신처였다.
타 자 숨기다, 감추다; 피난하다
· He **sheltered** himself behind a tree.
그는 나무 뒤에 몸을 숨겼다.

shelf
[ʃelf/셸프]
명 (복수 **shelves** [ʃelvz/셸브즈])
선반, 시렁, 턱진장소

· There is an electric razor on the **shelf**.
선반 위에 전기 면도기가 있다.
※ an electric razor 전기 면도기

shell
[ʃel/셸]
명 (복수 **shells** [ʃelz/셸즈]) (달걀·조개 따위의) 껍질, 조가비; (거북의) 등딱지; 포탄
★ nut **shell** 땅콩 껍질
· Jane is collecting **shells** at the beach.
제인은 바닷가에서 조가비를 줍고 있다.

shine
[ʃain/샤인]
타 자 (3단현 **shines** [ʃainz/샤인즈], 과거·과거 분사 **shone** [ʃoun/쇼운], 현재 분사 **shining** [ʃáiniŋ/샤이닝])
자 빛나다; 번적이다, 비치다
· The moon **shines** brightly.
달이 환하게 비친다.
타 (과거·과거 분사 **shone** [ʃoun/쇼운]) (구두를) 닦다, 광을 내다
· **Shine** your shoes before going out.
외출 하기전에 구두를 닦아라.

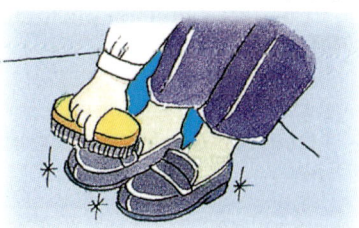

명 빛; (날씨의) 맑음, 햇빛; (단수

로 써서**)** 윤, 광(택)
· The ***sunshine*** came in through the window.
햇빛이 창문으로 들어왔다.
《숙》***(in) rain or shine*** 궂은 때나 맑은 때나
I go to school, ***rain or shine***.
날씨에 관계없이 학교에 간다.

shiny
[ʃáini/샤이니]
형 (비교급 ***shinier*** [ʃáiniər/샤이니어], 최상급 ***shiniest*** [ʃáiniist/샤이니이스트]) 반짝이는
· The soldier wears a uniform with ***shiny*** buttons.
그 군인은 반짝이는 단추가 달린 제복을 입고 있다.

·ship
[ʃip/십]
명 (복수 ***ships*** [ʃips/십스])배, 선박
· The ***ship*** sailed for San Francisco.
그 선박은 샌프란시스코를 향해 출항했다.
· Did you go to Europe by ***ship***?
당신은 배로 유럽에 갔습니까?
《숙》***by ship*** 배로, 배편으로
He went to Europe ***by ship***.
그는 배로 유럽에 갔다.

·shirt
[ʃə:rt/셔-트]
명 (복수 ***shirts*** [ʃə:rts/셔-츠])셔츠, 와이셔츠
· He is wearing a green ***shirt***.
그는 초록색 셔츠를 입고 있다.
· Your ***shirt*** is in the wardrobe.
네 셔츠는 옷장 속에 있다.

shiver
[ʃiver/시버]
타 자 와들와들 떨다
· She was ***shivering*** with cold.
그녀는 추워 덜덜 떨고 있었다.
명 (복수 ***shivers*** [ʃivərz/시버즈]) 몸서리, 떨림
· A ***shiver*** ran down my back.
등이 오싹했다.

shock
[ʃak/샥]
명 (복수 ***shocks*** [ʃaks/샥스])충격; (정신적인) 타격
· Her call was a great ***shock*** to me.
그녀의 전화는 나에게 큰 충격이었다.
타 자 ~에 충격을[쇼크를] 주다

· I was *shocked* at the news of his death.
나는 그의 사망 소식을 듣고 몹시 놀랐다.

shoe
[ʃuː/슈-]

명 (복수 *shoes* [ʃuːz/슈-즈]) 구두, 신, (특히) 단화

☞ 『장화』는 『boot』이라고 함.

· I bought a new pair of *shoes*.
나는 새 단화 한 켤레를 샀다.

· He put on[took off] his *shoes*.
그는 신을 신었다[벗었다].
· Take off your *shoes*.
신을 벗으시오.

:shone
[ʃoun/쇼운]

자 타 *shine*(빛나다)의 과거·과거분사

· The lights *shone* in the distance.
불빛이 멀리서 반짝였다.

:shook
[ʃuk/슉]

타 자 *shake*(흔들다)의 과거형
· He *shook* his head.
그는 머리를 (가로) 저었다.

:shoot
[ʃuːt/슈-트]

타 자 (3단현 *shoots* [ʃuːts/슈-츠], 과거·과거 분사 *shot* [ʃɑt/샷], 현재 분사 *shooting* [ʃúːtiŋ/슈-팅])

타 (총·화살을) 쏘다, 맞히다
· The man *shot* his gun at the bird.
그 사람은 새를 겨냥해 총을 쏘았다.

자 ① 공을 차다[던지다]
· Mike *shot* the football into the goal.
마이크는 축구공을 골로 차넣었다.

자 ② 사진을 찍다
· Please *shoot* the camera when we smile.
우리가 웃을 때 사진을 찍어주세요.

·shop
[ʃɑp/샵]

명 (복수 *shops* [ʃɑps/샵스])

명 ① 가게, 상점 (《미》 store)
· Is there a pet *shop* near here?
이 근처에 애완 동물 가게가 있습니까?

명 ② 물건을 사다, 쇼핑하다
· When I am free, I often go *shopping*.
한가할 때 나는 종종 쇼핑을 간다.

[*shop*/store]
미국에서는 『*shop*』은 『공장, 작업장』, 『store』는 『보통의 가게, 상점』을 말한다. 반면 영국에서 『*shop*』은 『보통의 가게, 상점』, 『store』는 『대형 점포』를 말한다.

:shopping
[ʃápiŋ/샤핑]
명 쇼핑, 물건 사기, 장보기
· **Shopping** is interesting.
장보기는 재미있다.

:shore
[ʃɔːr/쇼-]
명 (복수 **shores** [ʃɔːrz/쇼-즈])해변 바닷가, 해안
· I went to the **shore** last Sunday.
나는 지난 일요일 물가에 갔다.
《숙》 **go on shore** 상륙하다

·short
[ʃɔːrt/쇼-트]
형 (비교급 **shorter** [ʃɔːrtər/쇼-터], 최상급 **shortest** [ʃɔːrtist/쇼-티스트])
형 ① 짧은(《반》 long 긴)
· Today was a **short** day.
오늘은 하루가 짧았다.
형 ② 키가 작은(《반》 tall 키가 큰)
· Is your brother **short**?
네 남동생은 키가 작니?
No, he is tall.
아니. 그는 키가 커
형 ③ 부족한, 모자라는
· I am one dollar **short**.
1달러가 모자란다.

《숙》 **by short of** ~이 부족하다
부 갑자기, 별안간
· The car stopped **short**.
자동차가 갑자기 멈췄다.
명 (복수 **shorts** [ʃɔːrts/쇼-츠])부족; 간결; (복수로)짧은 바지
《숙》 **for short** 줄여서
《숙》 **in short** 요컨대, 결국

:shortage
[ʃɔːrtidʒ/쇼-티지]
명 부족, 결핍, 부족량, 결함, 결점
· The **shortage** of food is a big problem.
식량 부족은 큰 문제다.

shot
[ʃɑt/샷]
타 자 **shoot**(쏘다)의 과거·과거 분사
· The hunter **shot** at the hare.
사냥꾼은 산토끼를 겨냥해 쏘았다.
명 ① 발사, 탄환, 총성
· I heard several **shots** in the distance.
나는 멀리서 몇 발의 총성을 들었다.
명 ② (주사 따위의) 한 대
· I am scared of getting a **shot**.
나는 주사 맞는 게 겁나요.

:should
[(강) ʃud/슈드, (약) ʃəd/셔드]
조 *shall*의 과거형
조 ① (시제일치에 의한 *shall*의 과거형으로) ~일 것이다.
· They thought that I *should* pass the examination.
그들은 내가 시험에 합격할 것이라고 생각했다.

☞ 《미국》에서는 보통 『would』를 쓰고, 《영국》에서도 「구어」에서 만큼은 『would』를 씀
조 ② (의무와 당연을 나타내어) ~해야 한다
· We *should* obey the traffic rules while driving.
운전할 때 우리는 교통 규칙을 따라야 한다.
《숙》 *should like to* ~하고 싶다

:shoulder
[ʃóuldər/쇼울더]
명 (복수 *shoulders* [ʃóuldərz/쇼울더즈]) 어깨
· Stand on my *shoulders*!
내 어깨 위에 올라서라!
· She has a bag on her *shoulder*.
그녀 어깨에 가방을 메고 있다.
《숙》 *shoulder to shoulder* 어깨를 나란히 하여

:shout
[ʃaut/샤우트]
타 자 외치다, 고함치다.
· The patient *shouted* with pain.
그 환자는 아파서 소리쳤다.
· He *shouted* at the children.
그는 아이들에게 고함쳤다.
명 (복수 *shouts* [ʃauts/샤우츠]) 외침, 큰소리; 환호
· He gave a *shout*.
그는 외쳤다.

shovel
[ʃʌ́vl/셔블]
명 (복수 *shovels* [ʃʌ́vlz/셔블즈]) 삽
· Can I borrow your *shovel*?
네 삽을 좀 빌릴 수 있을까?

·show
[ʃou/쇼우]
타 ① ~을 보여주다; 보이다
· *Show* me some cassette recorders, please.
카세트 녹음기를 좀 보여줘요.
타 ② (길 따위를) 알려 주다.
· Could you *show* me the way to the City Hall?
시청 가는 길 좀 알려 주세요?
명 쇼, 전시회, 전람회

· We saw a dolphin *show* yesterday.
우리는 어제 돌고래 쇼를 봤다.
자 나타나다, 보이다
· The tower *showed* in the distance.
멀리 탑이 보였다.

:shower
[ʃáuər/샤우어]
명 (복수 *showers* [ʃáuərz/샤우어즈])
명 ① 소나기
· Rain falls everyday like a *shower*.
매일 소나기 오듯 비가 오내요.
· I was caught in a *shower*.
나는 소나기를 만났다.

《숙》 *be caught in* : ~을 만나다
명 ② 샤워, 샤워 목욕
· He is taking a *shower*.
그는 샤워를 하고 있다.

:shut
[ʃʌt/셧]
타 (문을) 닫다; (입을) 다물다 (《반》 open 열다)
· Please *shut* the door.
문을 닫아 주세요.
자 닫히다

· This window *shuts* easily.
이 창문은 잘 닫힌다.
· *Shut* your eyes.
눈을 감아라.

shy
[ʃai/샤이]
형 수줍어하는, 부끄러워 하는
· Mi-na is very *shy*.
미나는 매우 수줍어 한다.
· Don't be *shy* of telling me.
부끄러워 하지 말고 나에게 말해 보아라.

·sick
[sik/쓰익]
형 ① 병든, 아픈
☞ (영국)에서는 『*sick*』 대신에 『ill』을 쓴다.
· He was *sick* in bed.
그는 병들어 누워 있었다.

형 ② (영) (속이) 매스꺼운
· I am going to be *sick*.
나는 토할 것 같다.
《숙》 *fall[get] sick* 병이 나다

·side
[said/사이드]
명 (복수 *sides* [saidz/사이즈])
명 ① 쪽, 측(면), 면

☞ the left[right] *side* 좌[우]측
· A tree is on one *side* of the road.
길 한쪽에 나무 한 그루가 있다.
· Triangles have three *sides*.
삼각형은 3개의 변이 있다.

명 ② (시합 따위의) ~편, ~쪽
· George took our *side*.
조지는 우리 편을 들었다.
《숙》 *by the side of* 가까이
《숙》 *on one's side of* ~의 쪽에
《숙》 *side by side* 나란히

:sight
[sait/사이트]
명 (복수 *sights* [saits/사이츠])
명 ① 시력; 시야
· She has good[bad] *sight*.
그녀는 시력이 좋다[나쁘다].
· Get out of my *sight*!
내 앞에서 꺼져!
명 ② 광경·풍경
· What a beautiful *sight* (it is)!
얼마나 아름다운 경치인가?
《숙》 *at first sight* 한눈에
He understood it *at first sight*.
그는 한눈에 그것을 알았다.
《숙》 *at the sight of* ~을 보고
《숙》 *catch sight of* ~을 찾아내다
《숙》 *in sight* 보여
《숙》 *lose sight of* ~을 놓치다

:sign
[sain/사인]
명 (복수 *signs* [sainz/사인즈])
명 ① 신호; 손짓, 몸짓
· She made a *sign* of me.
그녀는 나에게 신호하였다.
명 ② 표시, 표지(판); (수학)기호
· The *sign* for dollar is $.
달러는 $로 표시한다.
타 자 ① 서명하다
· Please *sign* up here.
여기 위에 사인해 주세요.
타 자 ② 신호하다
· The policeman *signed* to us to stop.
경찰관은 우리에게 멈추라고 신호했다.

:signal
[sígn(ə)l/시그널]
명 (복수 *signals* [sígn(ə)lz/시그널즈])
명 ① 신호; 신호등
☞ a traffic *signal* 교통 신호(등)
· A blue light is a go-ahead *signal*.
파란 불은 진행하라는 신호다.

명 ② (전파 따위의) 진동
· The radio *signal* here is not very strong.
이 곳은 라디오 전파가 별로 강하지 않다.
타 자 신호하다
· He *signaled* me to stop talking.
그는 나에게 이야기를 중단하라고 신호했다.

silence
[sáiləns/사일런스]
명 (복수 *silences* [sáilənsiz/사일런시즈])
명 ① 침묵, 무언; 무소식
· There was a moment of *silence*.
잠시 침묵이 흘렀다.
명 ② 고요함, 정적
· A dog's bark broke the *silence* of the night.
개짖는 소리에 밤 정적을 깼다.

:silent
[sáilənt/사일런트]
형 ① 침묵하는, 무언의
· keep *silent* 침묵을 지키다
형 ② 잠잠한, 고요한
· Be *silent*, class.
여러분, 조용하세요.
형 ③ 발음되지 않는
· The "t" in "listen" is *silent*.
「listen」의 「t」는 발음 않된다.

:silk
[silk/실크]
명 비단; 명주실; 《복수》 비단옷
· This dress is made of *silk*.
이 옷은 실크로 만들었다.
· Is this cloth *silk* or cotton?
이 천은 명주냐 무명이냐?
《숙》 *artificial silk* ~인조견

silly
[síli/실리]
형 어리석은; 바보같은
· Don't be *silly*.
어리석게 굴지 마라.
[바보 같은 소리 마라.]
· How *silly* you are!
너 참 바보로구나!
《숙》 *Don't be silly*~바보같은 소리 하지마

silver
[sílvər/쓰일뷔어]
명 은; 은식기
· This spoon is made of *silver*.
이 스푼은 은으로 되어 있다.

· She is cleaning the *silver*.
그녀는 은식기를 닦고 있다.
형 은색의; 은으로 만든
· I have a *silver* watch.
나는 은시계를 가지고 있다.

similar
[símilər/시밀러]
형 유사한, 비슷한, 닮은

- What is a *similar* expression to this?
  이 표현과 비슷한 표현은 무엇입니까?
- Your ring is *similar* to mine.
  네 반지는 내 것과 비슷하다.

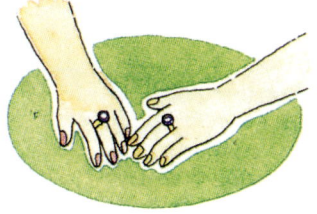

:simple
[símpl/심플]
형 ① 간단한, 쉬운, 단순한
- The English test was quite *simple*.
  영어 시험은 아주 쉬웠다.

형 ② 소박한, 검소한
- She is living a *simple* life.
  그녀는 검소한 생활 하고있다.

형 ③ 순진한, 천진난만한
- The is as *simple* as a child.
  톰은 어린애처럼 순진하다.

simply
[símpli/심플리]
부 솔직히; 알기 쉽게
- He answered their questions very *simply*.
  그는 그들의 질문에 아주 간단히 대답했다.

·since
[sins/신스]

전 ① ~이래[이후], ~로부터
- He has been in Korea *since* last month.
  그는 지난달부터 한국에 머문다.

전 ② ~한 이래
- I have been busy *since* I came here.
  나는 여기 온 이래 줄곧 바쁘다.

전 ③ ~하므로[이므로]
- *Since* it was Sunday, all the stores were closed.
  일요일이었으므로 가게는 모두 닫혀 있었다.

부 그 후 (지금까지)
- I haven't heard from him *since*.
  그 후 그로부터 소식이 없다.

·sing
[siŋ/싱]
타 자 (3단현 *sings* [siŋz/싱즈], 과거형 *sang* [sæŋ/생], 과거 분사 *sung* [sʌŋ/성], 현재 분사 *singing* [síŋiŋ/싱잉]) 노래하다
- *Sing* a song, Judy.
  쥬디. 노래 한 곡 불러 봐.
- Some of the birds are *singing* on the trees.
  몇몇 새들이 나무 위에서 지저귀고 있다.

singer
[síŋər/싱어]

명 (복수 *singers* [síŋərz/싱어즈]) 가수, 성악가
- Kate is a good *singer*.
케이트는 노래를 잘 부른다.

- Who is your favorite *singer*?
네가 가장 좋아하는 가수는 누구냐?
- She is a fine *singer*?
그녀는 훌륭한 가수이다.

:single
[síŋgl/싱글]

형 ① 단 하나의
- He did not say a *single* word.
그는 단 한 마디 말도 하지 않았다.
- She did not say a *single* word.
그녀는 단 한 마디 말도 하지 않았다.

형 ② 1인용의; 한 가족용의
- I want a *single* room.
나는 싱글 룸[1인용 방]을 원합니다.

형 ③ 혼자[독신]의
- Are you married?
결혼하셨나요?
- No, I am still *single*.
아니요. 저는 아직 독신입니다.

:sink
[siŋk/싱크]

타 자 (3단현 *sinks* [siŋks/싱크스], 과거형 *sank* [sæŋk/생크], 과거 분사 *sunk* [sʌŋk/성크], 현재 분사 *sinking* [síŋkiŋ/싱킹]) 가라앉다
- The boat began to *sink*.
보트가 가라앉기 시작했다.

명 (부엌의) 개수대, 싱크대; 《미》 세면대 (《영》 washbasin)
- Please put the dishes in the kitchen *sink*.
그릇을 부엌 개수대에 넣어 주세요.

·sir
[(강) səːr/서-, (약) sər/서]

명 ① (호칭) 님, 선생님
- *Sir*, may I ask you a question?
선생님, 질문해도 좋습니까?
- Are you ready to order, *sir*?
《음식점에서》 손님. 주문하시겠습니까?

명 ② (*Sir*로) 경
· *Sir* Winston Churchill
윈스턴 처칠 경

·sister
[sístər/시스터]
명 (복수 *sisters* [sístərz/시스터즈]) 자매 (《반》 brother 남동생)
· How many *sisters* do you have?
자매는 몇 명입니까?
· She is my little *sister*.
그녀는 나의 누이동생이다.

·sit
[sit/싯]
타 자 (3단현 *sits* [sits/시츠], 과거·과거 분사 *sat* [sæt/샛], 현재분사 *sitting* [sítiŋ/시팅]) 걸터앉다, 앉다 (《반》 stand 서 다)
· He was *sitting* on the desk.
그는 책상에 걸터앉아 있었다.
· Please *sit* down. 앉으세요.

site
[sait/사이트]
명 (복수 *sites* [saits/사이츠]) 위치, 장소; 용지
· The *site* for the new school has been bought.
새 학교 부지는 구입되었다.

sit-up
[sítʌp/씨랍]
명 윗몸 일으키기, 복근 운동
· How many *sit-ups* can you do in a minute?
너는 1분에 윗몸 일으키기를 몇 번이나 할 수 있니?
Between 50 and 55.
50번 내지 55번.

《숙》 *sit up* 똑바로 앉다
Sit up, children!
여러분, 똑바로 앉으세요!
☞ chin-up 턱걸이
   push-up 팔 굽혀펴기

·six
[siks/식스]
명 6, 여섯시, 여섯살
· I get up at *six* in the morning.
나는 아침 6시에 일어난다.
형 6의, 여섯개의
· He stayed here for *six* weeks.
그는 여기에 6주간 머물렀다.

:sixteen
[sikstíːn/식스틴-]
명 16, 열여섯개, 열여섯살
형 16의, 열여섯개의
· There are *sixteen* teachers in

our school.
우리 학교에는 열여섯명의 선생님이 계신다.

·sixty
[síksti/식스티]
명 60, 60개[명], 60살
· There are *sixty* students in our class.
우리 반에는 학생들 60명 있다.
형 60의, 60개의, 60명의
· An hour has *sixty* minutes.
1시간은 60분이다.

:size
[saiz/사이즈]
명 (복수 *sizes* [sáiziz/사이지즈]) 사이즈, 크기, 치수
· What *size* do you wear?
어떤 사이즈로 입으시나요?

·skate
[skeit/스케이트]
명 스케이트 구두
☞ 스포츠로서의 『스케이트』는 『*skating* [skéitiŋ/스께이팅]이라고 함.』
· Mother bought me a new pair of *skates*.
어머니는 새 스케이트 한 벌을 내게 사 주셨다.

자 스케이트를 지치다[타다]
· Can you *skate* well?
너는 스케이트를 잘 타니?

:ski
[ski:/스키-]
명 (복수 *ski* [ski:/스키-] 또는 *skis* [ski:z/스키-즈]) 스키(도구)
☞ 스포츠로서의 『스키』는 『*skiing* [skí:iŋ/스끼잉]이라고 함.』
· She has a pair of *skis* on her shoulder.
그녀는 어깨에 스키 한 벌을 메고 있다.

자 스키를 타다
· Do you know how to *ski*?
너는 스키 탈 줄 아니?
· My big brother can *ski* very well.
나의 형은 스키를 매우 잘 탄다.

skill
[skil/스킬]
명 숙련, 노련, 능숙함
· She painted the picture with great *skill*.
그녀는 매우 솜씨 있게 그림을 그렸다.
· You need great *skill* to fly a plane.

skin

비행기를 조종하는 데는 상당한 기술이 필요하다.

:skin
[skin/스킨]
명 (복수 *skins* [skinz/스킨즈])
명 ① (사람의) 피부; (동물) 가죽
· She had a brown *skin*.
그녀는 갈색 피부를 하고 있다.
명 ② (과일의) 껍질
· A peach has a thin *skin*.
복숭아는 껍질이 얇다.
자 상처가 나다
· How did you *skin* your knee?
어쩌다가 무릎에 상처가 났니?

· I fell down playing tennis.
테니스 치다가 넘어졌어.

skip
[skip/스킵]
자 타 ① 가볍게 뛰다
· Don't *skip* about the room.
방 안을 뛰어다니지 마라.
· They are *skipping* rope.
그들은 줄넘기를 하고 있다.
· The children *skipped* about.
아이들은 뛰어 돌아다녔다.
자 타 ② ~을 (가볍게) 거르다;
· She *skips* breakfast every day.
그녀는 매일 아침을 거른다.

skirt
[skə:rt/스커-트]
명 (복수 *skirts* [skə:rts/스커-츠])
명 ① 스커트, 치마
· The *skirt* is short on you.
그 스커트는 너에게 짧다.
· Make my *skirt* an inch longer, please.
내 치마를 1인치 길게 해 주세요.
명 ② (복수로 써서) 교외
· He lives on the *skirts* of town.
그는 교외에 살고 있다.

·sky
[skai/스카이]
명 (복수 *skies* [skaiz/스카이즈])
하늘
· The *sky* is high and clear.
하늘은 높고 맑다.

sled
[sled/슬레드]
명 (복수 *sleds* [sledz/슬레즈])(미)
썰매
· I am riding on a *sled*.
나는 썰매를 타고 있다.
· Some children are sliding down the hill on *sleds*.
몇몇 아이들이 썰매를 타고 언덕을 미끄러져 내려가고 있다.

·sleep
[sliːp/슬리프]

타 자 (3단현 *sleeps* [sliːps/슬리-프스], 과거·과거 분사 *slept* [slept/슬렙트], 현재 분사 *sleeping* [slíːp-iŋ/슬리-핑]) 잠자다 (《반》 wake 잠깨다)

· How long do you *sleep* a day?
너는 하루에 얼마나 잠을 자니?
· About seven hours.
약 7시간.

《숙》 ***go to sleep*** 잠들다

명 잠, 수면
· I didn't get much *sleep* yesterday.
나는 어제 잠을 많이 못 잤다.

:sleepy
[slíːpi/슬리-피]

형 졸리는, 졸리는 듯한
· It's time to get up, Jim.
짐, 일어날 시간이야.
· Aw-don't-. I'm very *sleepy*.
어휴! 졸려 죽겠어요.

slice
[slais/슬라이스]

명 (복수 *slices* [sláisiz/슬라이시즈]) (햄 따위의) 얇은 조각
· She had a *slice* of toast for breakfast.
그녀는 아침으로 토스트 한 조각을 먹었다.

타 (칼 따위에) 베다; 쪼개다
· I *sliced* my finger cutting paper.
나는 종이를 자르다 손가락을 베었다.

slide
[slaid/슬라이드]

자 미끄러지다, 미끄러져 가다
· He is *sliding* on the ice.
그는 얼음 위에서 미끄럼을 타고 있다.

명 (복수 *slides* [slaidz/슬라이즈]) 미끄럼틀; 슬라이드
· Boys and girls are playing on the *slide*.
소년 소녀들이 미끄럼틀에서 놀고 있다.

slip
[slip/슬립]

자 (찍) 미끄러지다
· The knife *slipped* and cut my hand.
칼이 미끄러져 손을 베었다.

타 미끄러뜨리다
· He *slipped* his hand into a pocket.
그는 손을 주머니에 쑥 넣었다.

명 (복수 *slips* [slips/슬립스]) 슬립 《여자용 속옷》, 미끄러짐
· He had a *slip* in the bathroom.
그는 욕실에서 미끄러졌다.
· Your *slip* is showing.
네 속옷이 보인다.

slipper
[slípər/슬리퍼]
명 (복수 *slippers* [slípərz/슬리퍼즈]) 슬리퍼, 가벼운 실내화
· I bought a pair of bedroom *slippers*.
나는 침실용 슬리퍼 한 켤레를 샀다.

slow
[slou/슬로우]
형 ① (속도가) 느린, 더딘(《반》 quick 빠른)
· The turtle is *slow*.
거북은 느리다.
형 ② (시계가) 늦은, 더디 가는
· My watch is five minutes *slow*.
내 시계는 5분 늦다.
부 늦게, 더디게, 느리게
· Please drive much *slower*.
더 천천히 운전하십시오.

slowly
[slóuli/슬로울리]
부 (비교급 *more slowly*, 최상급 the *most slowly*) 천천히, 느릿느릿
· Please speak a little more *slowly*.
좀더 천천히 말씀해 주세요.

small
[smɔ:l/스몰-]
형 작은(《반》 large, big 큰)
· My desk is *small*.
내 책상은 작다.
· Your camera is *smaller* than mine.
네 카메라는 내 것보다 작다.

smell
[smel/스멜]
타 자 (3단현 *smells* [smelz/스멜즈], 과거형 *smelt* [smelt/스멜트], 과거분사 *smelled* [smeld/스멜드])
타 냄새맡다
· She *smelled* the food.
그녀는 그 음식 냄새를 맡았다.
자 냄새가 나다; 냄새를 맡다
· This cake *smells* good.
이 케이크 맛있는 냄새가 난다.
명 냄새, 향기, 악취
· I don't like the *smell* of garlic.
나는 마늘 냄새를 좋아하지 않는다.

smile
[smail/스마일]
자 미소짓다, 생글거리다
· *Smile* at the camera, please.
카메라를 보고 웃으세요.
명 (복수 *smiles* [smailz/스마일즈]) 미소
· He came in with a *smile*.
그는 미소를 짓고 들어왔다.
《숙》 *with a smile* 방긋 웃으며
She came in *with a smile*.
그녀는 방긋 웃으며 들어왔다.

:smoke
[smouk/스모우크]
명 (복수 *smokes* [smouks/스모우크스])
명 ① 연기; 매연
- *Smoke* goes up into the sky.
연기가 하늘로 올라간다.
명 ② (담배의) 한 대
- Will you have a *smoke*?
(담배) 한 대 피우시겠어요?
타 자 ① 연기가 나게 하다[나다]
- The stove is *smoking*.
난로에서 연기가 나고 있다.
타 자 ② 담배를 피우다
- May I *smoke* here?
여기서 담배를 피워도 됩니까?

smooth
[smuːð/스무-드]
형 ① 부드러운, 매끄러운, 평탄한 (《반》 rough 울퉁불퉁한)
- You are a *smooth*[wild] drive.
운전을 부드럽게[난폭하게] 하시는군요.
- The road was not *smooth*.
그 길은 평탄하지 않았다.
형 ② (바다가) 잔잔한, 평온해진 (《반》 rough 거친)
- The sea is *smooth*.
바다는 잔잔하다.

snack
[snæk/스낵]
명 간식, 가벼운 식사
- Try eating a small bedtime *snack*.
가벼운 잠자리 간식을 먹어보세요.

snail
[sneil/스네일]
명 (복수 *snails* [sneilz/스네일즈]) 달팽이

- We saw a *snail* in the grass.
우리는 풀밭에서 달팽이를 보았다.

snake
[sneik/스네이크]
명 (복수 *snakes* [sneiks/스네이크스]) 뱀
- A *snake* is a long thin animal.
뱀은 길고 몸통 가는 동물이다.

sneaker
[sníːkər/스니-커]
명 운동화
- I bought a pair of *sneakers*.
나는 운동화를 한 켤레 샀다.

snore
[snɔːr/스노우어]
자 코를 골다

· He *snored* away the whole night.
그는 밤새도록 코를 골았다.

·snow
[snou/스노우]
명 눈
· This is the first *snow* in a long time.
오랜만에 눈이 오는군요.
자 《it을 주어로》 눈이 내리다
· It *snows* in winter.
겨울에는 눈이 내린다.

·snowman
[snóumǽn/스노우맨]
명 (복수 *snowmen* [snóumən/스노우멘]) 눈사람
· Many children are making a big *snowman*.
많은 아이들이 큰 눈사람을 만들고 있다.

snowstorm
[snóustɔ́ːrm/스노우스토어엄]
명 눈보라
· We will have a heavy *snowstorm* tonight.
오늘 밤에 심한 눈보라가 칠거예요.

·so
[sou/쏘오우]
부 ① 그렇게, 그런 식으로
· Stand just *so*.
그렇게 서 있으시오.
부 ② 매우, 대단히 (=very)
· I am *so* glad.
나는 매우 기쁘다.
부 ③ 그래서, 그런 까닭에
· It is raining today, *so* I will stay at home.
오늘 비가 오고 있다. 그래서 나는 집에 있을 것이다.
《숙》 *and so on* 따위, 등등
《숙》 *so far as ~* ~하는 한
《숙》 *so as to ~* ~하기 위하여
《숙》 *so to speak* 말하자면
《숙》 *and so on* 따위, 등등.
접 그러므로, 그래서, ~해서
· He had a fever, *so* he went home early.
그는 열이 있었다. 그래서 일찍 집에 갔다.

:soap
[soup/소우프]
명 비누
☞ a cake of *soap* 비누 한 개
· I bought a cake of *soap*.
나는 비누 한 개를 샀다.

soccer
[sákər/사커]
명 사커, 축구
- I saw the *soccer* game between Brazil and Germany on (the) television.
나는 브라질과 독일의 축구 경기를 텔레비전으로 보았다.

social
[sóuʃəl/쏘우셜]
형 ① 사회의, 사회적인
- Man is a *social* animal.
인간은 사회적 동물이다.
형 ② 사교적인, 사귐성이 있는
(《반》 unsocial 비사교적인)
- He is very *social*.
그는 정말 사교적이다.

society
[səsáiəti/서사이어티]
명 (복수 *societies* [səsáiətiz/서사이어티즈])
명 ① 사회, 세상
- Laws protect *society*.
법은 사회를 보호한다.
명 ② 회, 협회
- Chang-sik is a member of the English Speaking *Society*.
창식이는 영어 회화반의 회원이다.
명 ③ 교제, 사교계
- I always enjoy her *society*.
그녀와의 교제는 늘 즐겁다.

·sock
[sɑk/삭]
명 (복수 *socks* [sɑks/삭스])
《보통 복수로 써서》 짧은 양말
★ a pair of *socks* 양말 한 켤레
- Hey! you are wearing your *socks* inside out.
야! 너 양말을 뒤집어 신었구나.
- Where is the other *sock*?
나머지 양말 한짝은 어디 있니?

soda
[sóudə/쏘우더[러]]
명 소다, 소다수
- Would you like a *soda* pop?
사이다 드실래요?
☞ *soda* pop : 사이다

sofa
[sóufə/소우퍼]
명 (복수 *sofas* [sóufəz/소우퍼즈])
소파, 긴 안락 의자
- She is sitting on the *sofa*.
그녀는 소파에 앉아 있다.

:soft
[sɔːft/소-프트]
형 (비교급 *softer* [sɔ́ːftər/소-프터], 최상급 *softest* [sɔ́ːftist/소-프티스트])
형 ① 부드러운(《반》 hard 단단한)
- The bottom of the river has *soft* sands.

강의 밑바닥은 부드러운 모래로 되어 있다.
형 ② (날씨가) 온화한, **따뜻한**
· The weather here is *soft*.
이 곳의 날씨는 따뜻하다.

형 ③ 상냥한, 조용한, 얌전한
· Cloudy speaks in a *soft* voice.
클라우디는 상냥한 목소리로 말한다.
《숙》 *a soft winter* ~따뜻한 겨울

soil
[sɔil/소일]
명 흙, 토양, 땅
· I left my native *soil* long ago.
나는 오래 전에 고향을 떠났다.

solar
[sóulər/소울러]
형 태양의 (《반》 lunar 달의)
☞ the *solar* system 태양계
· We use the *solar* energy.
우리는 태양 에너지를 이용한다.

:soldier
[sóuldʒər/소울저]
명 (복수 *soldiers* [sóuldʒərz/소울저즈]) (육군) 군인; 병사
☞ 보통『육군』을 가르키는 말이며『해군의 병사』는『sailor』라고 한다.

· All the Korean *soldiers* learn Taekwondo.
한국 군인들은 모두가 태권도를 배운다.

solve
[sɑlv/살브]
타 풀다, 해답하다; 해결하다
· She *solved* the puzzle.
그녀는 그 수수께끼를 풀었다.

·some
[(강) sʌm/섬, (약) səm/섬]
형 ① 얼마간의, 약간의
☞ 보통 긍정문에 쓰며 부정문·의문문에서는 any가 쓰인다.
· There are *some* books on the desk.
책상 위에 몇권의 책이 있다.
형 ② 《단수 보통 명사에 붙여》 어떤, 무언가의
· He is talking with *some* woman.
그는 어떤 부인과 이야기하고 있다.
《숙》 *some day* 언젠가
《숙》 *(for) some time* 얼마 동안
대 ① 다소; 얼마간, 좀, 약간
· I will give you *some* of my pencils.
내 연필을 몇자루 네게 주겠다.
대 ② 어떤 사람들, 어떤것

· I don't like it, but *some* do.
나는 그것이 싫지만 좋아하는 사람도 있다.

somebody
[sʌ́mbádi/섬바디]

때 ① 누군가 (《동》 someone)
☞ 보통 긍정문에 쓰인다.
· *Somebody* is knocking at the door.
누군가가 문을 두드리고 있다.

때 ② 상당한 인물
· Peter thinks that he is (a) *somebody*.
피터는 자신을 상당한 인물이라고 생각한다.

『*somebody*』와 『*someone*』은 뜻과 용법은 같지만, 『*sombody*』가 더 구어적이다. 부정문에서는 『*anybody*』가 쓰인다.
예) I have not seen *anybody* in the room.
나는 그방에서 아무것도 보지 못했다.
※ *somebody else* 누군가 다른 사람
Somebody else must go there.
누군가 다른 사람이 거기에 가야 한다.

someone
[sʌ́mwʌ́n/섬원]

때 누군가, 어떤사람, 모르는자
· Ask *someone* else.
누군가 딴 사람에게 물으시오.

something
[sʌ́mθiŋ/썸씽[띵]]

때 《긍정문에 쓰여》 어떤 것
· She has *something* in the box.
그녀는 상자 안에 무언가를 가지고 있다.

때 《의문문에 쓰여》 무언가
· Would you like *something* hot[cold] to drink?
뜨거운[차가운] 음료를 좀 드시겠습니까?

☞ 『~thing』으로 끝나는 단어에 형용사가 붙은 때, 그 형용사는 반드시 뒤에 온다.

때 《구어》 대단한 사람
· He is *something* in our company.
그는 우리 회사에서 중요한 인물이다.

sometime
[sʌ́mtaim/섬타임]

튀 언젠가, 후에
· I should like to go there *sometime*.
나는 언젠가 거기 가보고 싶다.

somewhere
[sʌ́mhwέər/썸웨여어]

튀 어딘가에, 어딘가로
· *Somewhere* a church bell was ringing.

어디에선가 교회 종이 울리고 있었다.

·son
[sʌn/선]

명 (복수 *sons* [sʌnz/선즈]) 아들 (《반》 daughter 딸)
· He is my eldest [(《미》) oldest] *son*.
그는 나의 장남이다.
· Mr. and Mrs. Kim have one *son*.
김씨 부부에게 아들이 하나있다.

·song
[sɔːŋ/송-]

명 (복수 *songs* [sɔːŋz/송-즈]) 노래
· Let's start the day off with the alphabet *song*.
우리 알파벳 노래로 하루를 시작해 봐요.
· Father likes a folk *song* very much.
아버지는 민요를 무척 좋아 하신다.
☞ folk song : 민요

·soon
[suːn/순-]

부 (비교급 *sooner* [súːn/수-너], 최상급 *soonest* [súːnist/수-니스트])
부 ① 곧, 머지않아
· She will *soon* be back.
그녀는 곧 돌아올 것이다.
부 ② 빨리, 일찍(《반》 late 늦게)
· The *sooner*, the better.
빠르면 빠를수록 좋다.
· Must you leave so *soon*?
그렇게 급히 떠나야 합니까?
《숙》 *as soon as* ~하자 마자
《숙》 *sooner or later* 머지 않아

sorrow
[sárou/사로우]

명 (복수 *sorrows* [sárouz/사로우즈]) 슬픔, 불행(《반》 joy 기쁜)
· She felt *sorrow* for the death of her friend.
그녀는 친구 죽음을 슬퍼했다.
· Life has many *sorrows*.
인생에는 슬픈 일이 많다.

·sorry
[sári/사리]

형 ① 가엾은, 안된
· She felt *sorry* for the beggar.
그녀는 그 거지를 가엾게 여겼다.

형 ② 미안한, 죄송한
· I'm *sorry* I'm calling at this late hour.
늦은 시간에 전화해 미안하다.

형 ③ 유감스러운; 후회하는
· I am *sorry* to hear the news.
그 소식을 들으니 유감이네요.

[I'm *sorry* 와 Excuse me]
① 『I'm *sorry*(미안합니다.)』라는 말은 고의는 아니지만 상대방에게 비교적 커다란 실수를 저질렀을 때 쓰는 사과의 표현.『Excuse me(실례/죄송합니다.)』역시 고의가 아니지만 비교적 가벼운 실수를 저질렀을 때 쓰는 표현.
② 『I'm *sorry*』라고 사과를 받았을 때, 『괜찮습니다』.『괘념치 마세요』라는 뜻으로『That's all right.』등으로 대답 할 수 있다.

:sort
[sɔːrt/소-트]
명 종류
· What *sort* of cake do you like?
너는 무슨 종류의 과자를 좋아하니?
· They sell all *sorts* of flowers.
그들은 온갖 종류의 꽃을 판다.
《숙》*a sort of* ~ 일종의 ~
《숙》*of a sort* 같은 종류의

soul
[soul/소울]
명 (영)혼, 넋; 정신; 사람
· He put his *soul* into his work.
그는 그 일에 정신을 쏟았다.

:sound¹
[saund/사운드]
형 ① 건전한
· A *sound* mind in a *sound* body.
건전한 신체에 건전한 정신이 깃든다.
형 ② (수면이) 충분한
· He had a *sound* sleep.
그는 잠을 푹 잤다.

:sound²
[saund/사운드]
명 소리, 음
· That *sound* is sweet.
그 소리는 듣기 좋다.
· The bell makes a big *sound*.
그 종은 소리가 크다.
자 ① 울리다, 소리가 나다
· The music *sounds* sweet.
그 음악은 감미롭게 들린다.

자 ② ~하게 생각되다
· It *sounds* strange.
그건 좀 이상한데.
타 ~을 소리나게 하다
· *Sound* the bell.
종을 울려라.
· He *sounded* a trumpet.
그는 트럼펫을 불었다.
《숙》*sound like* ~처럼 들리다
It *sounded like* thunder.
그것은 천둥소리처럼 들렸다.
· He *sounds like* a young man.
그는 청년처럼 생각한다.

:soup
[suːp/수-프]
명 수프, (음식) 국, 탕
- Tommy. don't blow on your *soup*!
토미, 수프를 불어대지 말아라!
- The *soup* is boiling over!
국이 끓어 넘쳐요!

sour
[sauər/사우어]
형 시큼한, 신
- This apple is very *sour*.
이 사과는 매우 시다.

·south
[sauθ/사우스]
명 ① 《보통 the *south* 로》 남쪽 《반》 north 북쪽)
- Naksan beach is 15km *south* of Sorak Mountain.
낙산 해수욕장은 설악산에서 15km 남쪽에 있다.
명 ② 《the *south*로》 남부 지방
- He comes from the *South*.
그는 미국 남부 출신이다.
형 남쪽의
- A *south* wind is blowing.
남풍이 불고 있다.
부 남쪽으로, 남쪽에
- The ship is sailing *south*.
배는 남쪽으로 항해하고 있다.

southeast
[sáuθiːst/사우스이-스트]
명 《보통 the *southeast*로》 남동부
형 남동(쪽)의, 남동쪽에 있는
부 남동(쪽)으로, 남동쪽으로부터
- They walked *southeast* continuously.
그들은 남동쪽으로 계속해서 걸어갔다.

:southern
[sʌ́ðərn/서던]
형 남쪽의(《반》 northern 북쪽의)
- She lives in the *southern* part of the town.
그녀는 도시 남쪽에 살고 있다.

souvenir
[súːvəníər/수-버니어]
명 기념품, 선물

- She bought a doll as a *souvenir*.
그녀는 선물로 인형을 샀다.

sow
[sou/소우]
타 자 (씨를) 뿌리다, 심다
- We *sowed* the field with corn.
우리는 밭에 옥수수를 심었다.

:space
[speis/스페이스]
명 ① 공간, 자리
- This table takes up too much *space*.
이 탁자는 공간을 너무 많이 차지한다.

명 ② 우주
- Someday we will travel in *space*.
언젠가 우리는 우주를 여행할 것이다.

명 ③ 간격, 거리
- a *space* between houses
집과 집의 간격

spade
[speid/스페이드]
명 ① 삽
- A farmer is digging the ground with a *spade*.
농부가 삽으로 땅을 파고 있다.

명 ② (트럼프의) 스페이드
- My last card was a *spade*.
나의 마지막 카드는 스페이드였다.

:Spain
[spein/스페인]
명 스페인
- In *Spain* only a few people understand English.
스페인에서는 단지 소수의 사람들만이 영어를 이해한다.

sparrow
[spǽrou/스패로우]
명 참새
- This is a *sparrow*.
이것은 참새다.

·speak
[spi:k/스피-크]
타 자 (3단현 *speaks* [spi:ks/스피-크스], 과거형 *spoke* [spouk/스포우크], 과거 분사 *spoken* [spóuk-(ə)n/스포우컨], 현재 분사 *speaking* [spí:kiŋ/스피-킹]) 연설하다; 말하다
- He *spoke* for thirty minutes.
그는 30분 동안 연설했다.

> *speaking*.「전데요.」
> 전화로 상대방이 『May I *speak* to ~? (~씨 좀 바꿔 주세요.)』라는 말에 『전데요.』라고 대답할 때 쓰는 표현이다. 좀더 친절하게 말할 때는 남자의 경우엔 『This is he (*speaking*).』여자의 경우엔 『This is she (*speaking*).』이라고 한다.
>
> A : May I *speak* to Eric?
> 에릭 좀 바꿔 주세요.
> B : *Speaking*. Who is calling, please?
> 전데요. 누구시죠?
> A : Hi, Eric. it's me, Tom
> 안녕, 에릭. 나, 톰이야.
> B : Oh, hi, Tom. What's up?
> 오, 톰! 웬일이니?

《숙》 *not to speak of* ~ ~은 물론
《숙》 *so to speak* 말하자면
《숙》 *speak ill of* ~을 헐뜯다
《숙》 *speak of* ~에 관해 말한다
《숙》 *speak one's mind* 털어놓고
《숙》 *speak to* 에게 이야기를 걸다
· May I speak to Tom?
톰과 통화하고 싶은데요?

:special
[spéʃ(ə)l/스페셜]
형 특수한(《반》 general 일반적인)
· This is a very *special* case.
이것은 아주 특수한 경우다.
· She is a *special* friend of mine.
그녀는 나의 특별한 친구다.

:speech
[spiːtʃ/스피-치]
명 연설, 강영
· She made a *speech* in English.
그녀는 영어로 연설을 했다.

:speed
[spiːd/스피-드]
명 속력, 속도
· I ran at full *speed*.
나는 전속력으로 달렸다.

·spell
[spel/스펠]
타 (낱말을) 철자하다
· He is *spelling* "CAT" on the blackboard.
그는 칠판에「CAT」이라는 철자를 쓰고 있다.

:spelling
[spéliŋ/스펠링]
명 (낱말의) 철자(법)
· Do you know the *spelling* of this word?
이 단어의 철자를 아십니까?
· His *spelling* is very good.
그의 철자법은 아주 정확하다.

·spend
[spend/스펜드]
타 자 (3단현 *spends* [spendz/스펜즈], 과거·과거 분사 *spent* [spent/스펜트], 현재 분사 *spending* [spéndiŋ/스펜딩]) (시간을) 보내다, (돈을) 쓰다
· I *spend* five thousand won a week.
나는 1주일에 5,000원을 쓴다.
· How do you usually *spend* your Sundays?
일요일은 주로 어떻게 보내세요?

spider
[spáidər/스파이더]

명 거미
- *Spiders* catch insects to eat.
거미는 곤충을 잡아먹는다.

spill
[spil/스필]
타 자 엎지르다, 흘리다
- She *spilt* salt.
그녀는 소금을 엎질렀다.
《숙》 *spill* out ~엎질러지다.

spin
[spin/스핀]
타 자 (3단현 *spins* [spinz/스핀즈], 과거형 *spun* [spʌn/스펀] 또는 *span* [spæn/스팬], 과거 분사 *spun* [spʌn/스펀], 현재 분사 *spinning* [spíniŋ/스피닝])
타 자 ① (실을) 잣다
- She *spun* wool into threads.
그녀는 양털에서 실을 자았다.
타 자 ② (팽이를) 돌리다
- The boy is *spinning* his top.
소년이 팽이를 돌리고 있다.

:spirit
[spirit/스피릿]
명 ① 정신(《반》 body 육체)
- You must understand the *spirit* of the law.
너는 법의 정신을 이해하지 않으면 안된다.
명 ② 용기
- He is a man of *spirit*.
그는 용기 있는 사람이다.

splash
[splæʃ/스플래시]
타 자 (물·흙탕물을) 튀기다
- The dirty water *splashed* her dress.
흙탕물이 그녀의 옷에 튀었다.
명 튀김; 튄 물
- She jumped into the pool with a *splash*.
그녀는 풍덩 풀로 뛰어들어갔다.

·spoon
[spuːn/스푼-]
명 숟가락, 스푼
- Koreans use *spoons*.
한국인들은 숟가락을 사용한다.

·sport
[spɔːrt/스포-트]
명 (복수 *sports* [spɔːrts/스포-츠])
스포츠, 운동 경기
- What is your favorite *sport*?
네가 가장 좋아하는 스포츠는 뭐니?

spread
[spred/스프레드]
타 펴다
- She *spread* a map on the desk.
그녀는 책상위에 지도를 폈다.

자 펴지다
- The fire *spread* to the next house.
불은 옆집으로 번졌다.

spring
[spriŋ/스프링]
명 ① 봄
- It is *spring* now.
지금은 봄이다.

명 ② 샘, 샘물
- There is a little *spring* by the hillside.
산허리에 작은 샘이 하나 있다.

명 ③ 용수철, 태엽, 스프링
- This toy works by a *spring*.
이 장난감은 용수철로 작동한다.

자 (3단현 *springs* [spriŋz/스프링즈], 과거형 *sprang* [spræŋ/스프랭] 또는 *sprung* [sprʌŋ/스프렁], 과거분사 *sprung* [sprʌŋ/스프렁])

자 ① 튀다, 뛰어넘다
- The dog suddenly *sprang* at me.
개가 갑자기 내게 덤벼들었다.

자 ② (물이) 솟아 오르다
- Water suddenly *sprang* up.
별안간 물이 솟아 나왔다.

《숙》 *with a spring*. ~단숨에

square
[skwɛər/스퀘어]
형 ① 정사각형의, 사각형의
- There is a *square* box on the desk.
책상 위에 사각형의 상자가 있다.

형 ② 〖수학〗 제곱의
- The *square* of 3 is 9.
3의 제곱은 9이다. [$3^2=9$]

명 ① 정사각형, 사각형
- Draw a *square* on the blackboard.
칠판에 정사각형을 그리시오.

명 ② 광장
- Many children are playing in the public *square*.
많은 아이들이 광장에서 놀고 있다.

squirrel
[skwə́:r(ə)l/스쿼-럴]
명 다람쥐

- The *squirrels* are eating a corns.
다람쥐들이 도토리를 먹고 있다.

Sports 스포츠(1)

Sports 스포츠(2)

stair
[stɛər/스테어]
® (계단의) 칸; (복수로) 계단
· She went up the stair
  그녀는 계단을 올라갔다
· I fell on the *stairs* and I sprained my ankle.
  나는 계단에서 넘어져서 발목을 삐었다.

:stamp
[stæmp/스탬프]
® 우표, 인지, 도장
· Please give me three one-dollar *stamps*.
  1달러짜리 우표 3장을 주세요.

재 ① 우표를 붙이다
· I forgot to *stamp* the envelope.
  나는 봉투에 우표 부치는 것을 잊어버렸다.
재 ② 발을 (동동) 구르다
· He *stamped* about the room.
  그는 방을 쿵쿵 걸어다녔다.

·stand
[stænd/스탠드]
재 타 (3단현 *stands* [stændz/스탠즈], 과거 · 과거 분사 *stood* [stud/스투드], 현재 분사 *standing* [stændiŋ/스탠딩])
재 ① 서다, 서 있다(《반》 sit 앉다)
· *Stand* still. 가만히 서 있어라.
· *Stand* up. 일어서라.
재 ② (어떤 곳에) 위치하다
· Our school *stands* on the hill.
  우리 학교는 언덕 위에 있다.
타 ① 세우다, 세워놓다
· He *stood* a candle on the table.
  그는 테이블 위에 양초를 세워 두었다.
타 ② ~에 견디다, 참다
· I can't *stand* this any longer.
  더 이상 이것을 견딜 수 없다.
《숙》 *stand by* ~ 곁에 있다
《숙》 *stand for* ~ 을 뜻하다
® (복수]*stands* [stændz/스탠즈])
대; 꽂이; 매점; 관람석
· The *stands* are full.
  관람석은 만원이다.
· I can't *stand* the headache.
  나는 두통을 참을수가 없다.

:standard
[stǽndərd/스탠더드]
® 표준, 기준, 규격
· a high *standard* of living
  높은 생활 수준
® 표준의
· *Standard* English 표준 영어

·star
[staːr/스타-]
® ① 인기 스타, 배우, 거물
· Who is your favorite movie *star*?
  네가 가장 좋아하는 영화 배우는 누구니?
® ② 별; 별표

· The sky is full of *stars* tonight.
오늘 밤 하늘에 별이 가득하다.

start
[stɑːrt/스타-트]
짜 ① 출발하다(《반》 arrive 도착하다)
· The plane *started* from Seoul for Paris.
그 비행기는 서울을 출발해서 파리로 향했다.
짜 ② 시작되다
· School *starts* at eight o'clock.
수업은 8시에 시작된다.
타 시작하다
· They *started* their work.
그들은 일을 시작했다.
명 개시; 출발, 스타트
· The meeting didn't go well from the *start*.
회의는 시작부터 잘 되어가지 않았다.
《숙》 *start after* ~을 쫓아가다.

starve
[stɑːrv/스타-브]
짜 타 굶주리다
· A man *starves* without food.
먹는 것이 없으면 사람은 굶어 죽는다.

·station
[stéiʃ(ə)n/스테이션]
명 ① 정거장; 역, 정류장
· The train is coming into the *station*.
기차가 정거장에 들어오고 있다.
· If you are going to Seoul *Station*, get off at the third stop.
서울역을 가려면 세 번째 정류장에서 내리세요.
명 ② (관청 따위의) 서, 국, 소
· Is there a police *station* nearby?
근처에 경찰서가 있습니까?

·stay
[stei/스테이]
짜 머무르다, 체류하다
· I *stayed* at home all day yesterday.
어제는 하루종일 집에 있었다.
· He is *staying* at the hotel.
그는 그 호텔에 묵고 있다.
명 머무름, 체재
· I made a long *stay* in Seoul.
나는 서울에 오래 머물렀다.

:steal
[stiːl/스틸-]
타 짜 (3단현 *steals* [stiːlz/스틸-즈], 과거형 *stole* [stoul/스토울], 과거분사 *stolen* [stóul(ə)n/스토울런], 현재분사 *stealing* [stíːliŋ/스틸-링])
타 훔치다; 【야구】 도루하다
· The runner *stole* second base.
주자가 2루로 도루했다.
· Karen *stole* money from a safe.
카렌은 금고에서 돈을 훔쳤다.

steam

자 도둑질하다; 몰래 가다
- It is wrong to *steal*.
도둑질하는 것은 나쁘다.
- I had my wallet *stolen* in the bus.
나는 버스 안에서 돈지갑을 도둑맞았다.

steam
[stiːm/스티-ㅁ]
명 증기, 스팀, 수증기
- The building is heated by *steam*.
그 건물 스팀으로 난방되고 있다.
- When water boils, it becomes *steam*.
물이 끓을 때 증기가 된다.

steel
[stiːl/스틸-]
명 강철, 스틸
- This knife is made of *steel*.
이 칼은 강철제품이다.

steep
[stiːp/스티-프]
형 가파른, 험한
- The mountain path was very *steep*.
그 산길은 아주 험했다.

step
[step/스텝]
명 ① 걸음(걸이), 한 걸음
- Jim has a quick *step*.
짐은 걸음이 빠르다.
- She took two *steps* backward [forward].
그녀는 두 걸음 물러났다[나아갔다].
명 ② 발소리
- I heard his steps outside.
나는 밖의 그의 발소리를 들었다.
명 ③ 《복수형으로 쓰여》 계단
- The boys are walking up the *steps*.
그 소년들은 계단을 올라가고 있다.
《숙》 *step by step* 한 걸음 한 걸음
자 걷다 《동》 walk)
- I *step* carefully when it is dark.
나는 어두울 때는 조심해 걷는다.
《숙》 *step aside* 옆으로 비키다

stereo
[stériou/스테리오우]
명 (복수 *stereos* [stériouz/스테리오우즈]) 스테레오, 입체 음향
- Do you have a *stereo*?
당신은 스테레오를 가지고 있습니까?
형 스테레오의, 입체 음향의

:stick
[stik/스틱]
명 ① 막대기; 지팡이
· The old woman cannot walk without a ***stick***.
그 할머니는 지팡이가 없이는 걸을 수 없다.

명 ② (자동차의) 수동 기어
· Can you drive a manual ***stick*** [transmission]?
당신은 수동 기어를 운전할줄 아세요?

타 찌르다; 붙이다
· She ***stuck*** her finger with a needle.
그녀는 바늘로 손가락을 찔렀다.
· Please ***stick*** a stamp here.
여기에 우표를 붙이십시오.

자 찔리다; 달라붙다
· The car ***stuck*** in the mud.
자동차가 진흙속에 빠져 꼼작 못하게 되었다.

《숙》 ***stick out*** 튀어나오다
《숙》 ***stick to*** ~에 달라붙다

·still¹
[stil/스틸]
부 ① 아직도, 여전히
· she is ***still*** poor.
그녀는 아직도 가난하다.
· The ground is ***still*** covered with snow.
땅은 아직도 눈으로 덮여 있다.

부 ② (비교급과 함께) 더욱
· He is tall but his brother is ***still*** taller.
그는 키가 큰데 그의 형은 더크다.

:still²
[stil/스틸]
형 조용한; 소리 없는
· The night was very ***still***.
밤은 아주 고요했다.

:stomach
[stʌ́mək/스터먹]
명 위; 복부, 배
· I have an upset ***stomach***.
나는 배탈이 났어요.
· ***Stomach*** is a digestive organ.
위는 소화 기관이다.

·stone
[stoun/스토운]
명 돌, 돌멩이
· This house is built of ***stone***.
이 집은 돌로 지어져 있다.
· Don't throw ***stones*** into the pond.
연못 속에 돌멩이를 던지지 말아라.

·stop
[stap/스탑]

타 자 (3단현 *stops* [staps/스탑스], 과거·과거 분사 *stopped* [stapt/스탑트], 현재 분사 *stopping* [stápiŋ/스타핑])

타 ① 멈추다(《반》 start 움직이다)
- We *stopped* working at 5:00.
  우리는 5시에 일을 멈추었다.

타 ② 그치다, 중지하다
- It has *stopped* raining.
  비가 그쳤다.
- I *stopped* smoking[to smoke].
  나는 담배를 끊었다[담배를 피우기 위하여 섰다].

자 ① 멈춰서다; 그치다
- The rain *stopped*.
  비가 그쳤다.

자 ② 묵다, 체재하다
- I *stopped* at a hotel.
  나는 호텔에 묵었다.

명 (복수 *stops* [staps/스탑스])

명 ① 정지, 정차, 착륙
- The train made three *stops*.
  그 열차는 세번 정차했다.

명 ② (버스 따위의) 정류장
- a bus *stop* 버스 정류장
- Where is the nearest bus *stop*?
  가장 가까운 버스 정류장은 어디입니까?

·store
[stɔːr/스토-]

명 ① 《미》가게, 상점
- What day of the week is the *store* closed?
  가게가 무슨 요일에 쉬죠?

명 ② 저장, 비축, 저축
- We have a *store* of food.
  우리는 식량을 비축하고 있다.

타 저축[비축·저장]하다
- Ants *stored* up food for the winter.
  개미들은 겨울철을 대비하여 식량을 저장했다.

stork
[stɔːrk/스토-크]

명 (복수 *storks* [stɔːrks/스토-크스]) 황새

- The *storks* are eating fish.
  황새는 물고기를 먹고산다.

:storm
[stɔːrm/스톰-]

명 폭풍우
- I was caught in a *storm*.
  나는 폭풍우를 만났다.
- This *storm* has a lot of rain.
  이번 폭풍우는 비가 많다.

·story¹
[stɔ́ːri/스토-리]

명 이야기
- I believe his *story*.
  나는 그의 이야기를 믿는다.
- Mother told me the *story* of the hare and the tortoise.

어머니는 나에게 토끼와 거북이의 이야기를 해 주셨다.

:story²
[stɔ́ːri/스토-리]
명 《미》 (건물의) 층
· We live on the 2nd *story*.
우리는 2층에 살고 있다.
· This is a building of three *stories*.
이것은 3층 건물이다.

stove
[stouv/스토우브]
명 스토브, 난로
· a gas *stove* 가스 난로
· Don't take a seat near the *stove*.
난로 가까이에 앉지 마라.

:straight
[streit/스트레이트]
형 곧은, 똑바른
부 ① 곧장, 똑바로
· Go *straight* until you come to a traffic light.
신호등이 나올 때까지 똑바로 가십시오.
부 ② 솔직한, 정직한
· I want a *straight* answer.
나는 솔직한 대답을 원한다.

· Draw a *straight* line on the blackboard.
칠판에 직선을 그리시오.

:strange
[streindʒ/스트레인지]
형 ① 이상한, 좀 별난
· I saw a *strange* animal in the forest.
나는 숲 속에서 이상한 동물을 보았다.
형 ② 낯선, 생소한
· Are you *strange* here?
당신은 여기에 처음 와보세요?
《숙》 *strange to say* 이상하게도

:stranger
[stréindʒər/스트레인저]
명 낯선 사람
· My dog always barks at *strangers*.
내 개는 낯선 사람을 보면 늘 짖는다.
· I am quite a *stranger* here.
나는 여기가 아주 생소하다.

:straw
[strɔː/스트로-]
명 짚, 밀짚; (음료용의) 스트로
· She was wearing a *straw* hat.
그녀는 밀짚 모자를 쓰고 있었다.

strawberry

[strɔ́:brəi/스트로-베리] 명 딸기
· I bought a jar of *strawberry* jam.
나는 딸기 잼을 한 병 샀다.

:stream

[stri:m/스트리-ㅁ]
명 시내, 개울; 흐름
· The boys crossed the *stream*.
소년들은 개울을 건넜다.
《숙》 *in a stream* 연달아서

·street

[stri:t/스트리-트]
명 ① 길, 거리
· Go along this *street*.
이 길을 따라 가십시오.
· There are many stores in the main *street*.
큰 거리에는 상점들이 많다.
명 ② 《보통 대문자 Street로》 ~가
· We live on Oxford *Street*.
우리는 옥스퍼드가[런던의 번화가]에 살고 있다.

stretch

[stretʃ/스트레치]
자 뻗다, 펴지다
· The desert *stretches* for miles.
사막은 수마일이나 뻗쳐 있다.
명 뻗음, 퍼짐; 연속
· a wide *stretch* of land
광활한 땅
타 뻗치다, 늘이다, 펴다
· *Stretch* your legs.

다리를 쭉 뻗으세요.
· Ted got up and *stretched*.
테드는 일어나 기지개를 켰다.

strict

[strikt/스트릭트]
형 엄격한, 엄한
· She is a *strict* teacher.
그녀는 엄한 선생님이다.

:strike

[straik/스트라이크]
타 자 (3단현 *strikes* [straiks/스트라이크스], 과거·과거 분사 *struck* [strʌk/스트럭], 현재 분사 *striking* [stráikiŋ/스트라이킹])
타 자 ① ~을 치다, 때리다
· He *struck* me in the face.
그는 내 얼굴을 때렸다.
타 자 ② ~에 부딪치다, 충돌하다
· Her car *stuck* against the wall.
그녀의 차는 벽에 부딪쳤다.
타 자 ③ (생각이) 떠오르다
· A good idea *struck* me.
좋은 생각이 떠올랐다.
명 ① (노동 조합의) 파업
· We went on (a) *strike*.
우리는 동맹 파업에 들어갔다.
명 ② (야구의) 스트라이크, 타격
(《반》 ball 볼)

· The count is on ball and two *strikes*.
카운트는 투 스트라이크, 원 볼이다.

:string
[striŋ/스트링]
명 끈, 실, 줄
· Father tied up the box with a *string* to carry.
아버지는 상자를 나르기 위해 끈으로 묶으셨다.
· How many *strings* does a Kayakeum have?
가야금은 몇 줄입니까?

strip
[strip/스트립]
타 자 벗기다; 까다; 옷을 벗다
· He *stripped* the skin from a banana.
그는 바나나 껍질을 벗겼다.
· I *stripped* myself and took a shower.
나는 옷을 벗고 샤워를 했다.
《숙》*strip off* 벗기다, 빼앗다

stripe
[straip/스트라이프]
명 줄무늬; 줄
★ the Stars and *Stripes* 성조기
· American flag has seven *stripes*.
미국 국기는 7개 줄무늬가 있다.

·strong
[strɔːŋ/스트롱-]
형 ① 힘센, 강한(《반》 weak 약한)
· He is *strong* enough to lift the barball.
그는 역기를 들만큼 힘이 세다.

형 ② (커피가) 진한; (바람) 거센
☞ *strong* coffee 진한 커피
· Street trees fell down in a *strong* wind.
가로수가 거센 바람에 넘어졌다.
형 ③ 자신 있는, 잘하는
· She is *strong* in French.
그녀는 프랑스어를 잘한다.

·student
[st(j)úːd(ə)nt/스튜-던트]
명 (중학교 이상의) 학생
☞ 「초등 학교·중학교」의 학생은 『pupil』이라고 함
· My oldest brother is a *student* at Havard.
나의 큰 형은 하바드(대학)의 학생이다.
· I am a high school *student*.
나는 고등학생이다.

study

[stʌ́di/스터디]

명 ① 공부
· He likes sports better than *study*.
그는 공부보다 스포츠를 좋아한다.

명 ② 서재, 공부방
· Father is in his *study*.
아버지는 서재에 계신다.

타 자 공부하다, 연구하다
· I *studied* insects through a magnifying glass.
나는 돋보기로 곤충을 관찰했다.

· Mary is *studying* Korean history.
메리는 한국 역사를 연구하고 있다.

stuff

[stʌf/스터프]

명 재료, 원료; 물자
★ building *stuff* 건축 재료
· What is all this *stuff*?
이 물건들은 다 뭐냐?

타 채우다, 채워넣다, 메우다
· Mother *stuffed* her clothes into the drawer.
어머니는 옷장 서랍에 옷을 채워 넣으셨다.

· *Stuff* (up) your ears with cotton wool.
네 귀를 솜으로 틀어막아라.

stupid

[st(j)uːpid/스튜-피드]

형 어리석은, 바보스러운 《반》 clever 현명한)
· I made a *stupid* mistake.
나는 어리석은 실수를 하였다.
· He is a *stupid* person.
그는 우둔한 사람이다.

style

[stail/스타일]

명 ① 양식, 형
· The modern *style* of living
현대 생활 양식

명 ② 문체, 표현 방법
· This book is written in an easy *style*.
이 책은 쉬운 문체로 쓰여 있다.

명 ③ 유행, 스타일
· the latest *style* in hats
최신형 모자

《숙》 *in style* 유행하여

:subject

[sʌ́bdʒikt/서브직트]

명 ① 학과, 과목
· What *subject* do you like best?

너는 무슨 과목 제일 좋아하니?
명 ② **(문법)** 주어
☞ 목적어는 『object』라고 함.
· What is the *subject* of this sentence?
이 문장의 주는 무엇입니까?
명 ③ (논문·연구의) 주제, 제목
· It is an interesting *subject*.
그것은 재미있는 주제이다.

submarine
[sʌ́bməriin/썹머뤼인]
명 잠수함
· A *submarine* can stay under water.
잠수함은 물 밑에 머무를 수 있다.

subscribe
[səbskráib/썹스크(우)롸임]
형 정기 구독하다
· What magazines do you *subscribe* to?
어떤 잡지를 구독하고 계세요?

:suburb
[sʌ́bəːrb/서버-브]
명 교외, 근교(특히 주택지역)
· He lives in the *suburbs* of Seoul.
그녀는 서울 근교에 살고 있다.

subway
[sʌ́bwei/서브웨이]
명 (미)지하철, (영)지하도
· A lot of people go to their office by *subway*.
많은 사람들이 지하철로 회사에 다닌다.

:succeed
[səksíːd/석시-드]
자 성공하다
· Mr.Baker will *succeed* in the business.
베이커는 사업에 성공할 것이다.
타 (to와 함께) ~을 물려받다
· I *succeeded* to my father's estate.
나는 아버지 재산을 물려받았다.

:success
[səksés/석세스]
명 성공, 출세
· The concert was a great *success*.
그 음악회는 대성공이었다.
《숙》 *make a success of* ~을 성공으로 이끌다

such
[sʌtʃ/써취]
형 ① 그와[이와] 같은, 그러한

· You should not use *such* words.
너는 그와 같은 말을 쓰면 안된다.
형 ② 대단한, 굉장한
· He is *such* a liar.
그는 대단한 거짓말장이다.
· Don't read *such* a book as this.
이와같은 책을 읽지 마라.
《숙》 *such as~* (예컨대) ~같은

:suddenly
[sʌ́dnli/서든리]
부 갑자기, 불시에, 느닷없이
· The door opened *suddenly*.
갑자기 문이 열렸다.
· He ran away *suddenly*.
그는 갑자기 달아났다.
★ run away 달아나다

sugar
[ʃúgər/슈거]
명 설탕, 설탕 한 개(한 숟가락)
· *Sugar* is sweet.
설탕은 달다.
· Do you take *sugar* in your coffee?
커피에 설탕을 넣어 드세요?

『*sugar*(설탕)』는 원래 수를 셀 수 없는 「물질명사」이다. 아래 사항을 참고하기 바란다.
a spoonful of *sugar* 설탕 한 스푼
two spoonfuls of *sugar* 설탕 두 스푼
a lump of *sugar* 각설탕 한 개

suitcase
[súːtkèis/수-트케이스]
명 소형 여행가방
· She put all her things in her *suitcase*.
그녀는 자기 물건을 모두 여행가방에 넣었다.

·summer
[sʌ́mər/서머]
명 여름, 여름철, 더운 절
· Many people go to the beach in *summer*.
많은 사람들이 여름에 해변으로 간다.
· We like *summer*.
우리는 여름을 좋아한다.

·sun
[sʌn/선]
명 (the *sun*으로) 해, 태양
· The *sun* shines in the daytime.
태양은 낮에 빛난다.

· Which is bigger, the *sun* or the star?
태양과 별 중 어느 것이 더 큰가?

《숙》 *in the sun* 양지에

Sunday
[sʌ́ndi/선디]
명 (복수 *sundays* [sʌ́ndiz/선디즈])
일요일(*Sun.*으로 약한다)
· What do you do on *Sunday*?
  너는 일요일에 뭘 하니?
· I don't do anything in particular.
  특별히 하는 것 없이 보내고 있어.

Sun.	Mon.	Tues.	Wed.	Thurs.	Fri.	Sat.
일	월	화	수	목	금	토

Sunday driver
[sʌ́ndi dráivər/썬디 드(우)라이 붜어]
명 초보 운전자
· Aunt Alan is a *Sunday driver*.
  앨런 이모는 초보 운전자이시다.

:sunny
[sʌ́ni/서니]
형 ① 양지 바른, 맑게 개인
· She lives in a *sunny* room.
  그녀는 햇볕이 잘 드는 방에 살고 있다.
형 ② 명랑한, 쾌활한, 밝은
· He has a *sunny* character.
  그는 쾌활한 성격을 가지고 있다.

:sunrise
[sʌ́nráiz/선라이즈]
명 해돋이, 일출(《반》 sunset 일몰)
· We must start before *sunrise*.
  우리는 해 뜨기 전 출발해야 한다.

:sunset
[sʌ́nsèt/선셋]
명 해넘이, 일몰; 해질녘
· The scene of *sunset* was very beautiful.
  일몰의 광경이 무척 아름다웠다.

:sunshine
[sʌ́nʃàin/선샤인]
명 햇빛, 일광, 양지
· The children are playing in the *sunshine*.
  어린이들은 양지에서 놀고 있다.

supermarket
[sú:pərmá:rkit/수-퍼마-킷]
명 슈퍼마켓
· Uncle Tom runs a *supermarket*.
  톰 아저씨는 슈퍼마켓을 운영하고 계신다.

supper
[sʌ́pər/서퍼]
명 저녁 식사

· Do you have homework before *supper*.
저녁 식사 전에 숙제를 해라.

support
[səpɔ́ːrt/스포우엇]
🔲 ① (가족 따위를) 부양하다
· Mr.Harrison has a large family to *support*.
헤리슨은 부양할 대식구가 있다.
🔲 ② 지탱하다, 지지하다
· I will *support* you all the way.
나는 너를 계속해 지지하겠다.
🔲 지지, 찬성; 부양
· He needs your *support*.
그는 너의 지지가 필요하다.

:suppose
[s(ə)póuz/서포우즈]
🔲 ① ~라고 생각한다
☞ "I think" 나 "I believe" 또는 "I guess" 의 뜻으로 쓰인다.
· I *suppose* the news is true.
나는 그 뉴스가 사실이라고 생각한다.
🔲 ② 만일 ~라고 한다면
· *Suppose* it rains tomorrow, what shall we do?
만일 내일 비가 오면, 우리는 어떻게 할까?
🔲 ③ ~하면 어떨까
· *Suppose* we go for a walk.
산보하는 것 어떨까?

·sure
[ʃuər/슈어]
🔲 ① 틀림없는, 확실한, 그럼요
· Are you *sure*? 틀림없지?

Yes, I am. 그래, 틀림없어.
🔲 ② 확신하고 있는
· I am *sure* she will come.
[=I am *sure* of her coming.]
나는 그녀가 반드시 오리라고 생각한다.
· He is *sure* to lose.
그는 반드시 진다.

> *Sure*. 「물론이죠, 그럼요」
> 남의 부탁이나 제안을 받았을 경우 승락을 하고자 할 때 쓸 수 있는 적극적인 표현중의 하나이다.
> ① A : May I use your phone?
> 전화 좀 써도 좋습니까?
> B : *Sure*. What is it?
> 물론이죠. 뭔데요?
> ② A : May I ask a favor of you?
> 부탁 좀 해도 될까요?
> B : *Sure*. What is it?
> 물론이죠. 뭔데요?

《숙》 *make sure* 확신하다
《숙》 *to be sure* 확실히, 정말
🔲 ① 확실히, 꼭
· I *sure* am tired.
나는 확실히 지쳤다.
🔲 ② 좋고말고요, 물론이죠
· May I use your bike?
네 자전거를 타도 되니?
Sure. 물론이지.

:surely
[ʃúərli/슈어리]
🔲 ① 틀림없이, 확실히
· He will *surely* succeed.
그는 틀림없이 성공할 것이다.
🔲 ② (부정문에 써서) 설마
· *Surely* this nice weather can-

not last long.
설마 이런 좋은 날씨가 오래 계속되지는 않겠지.

:surprise
[sərpráiz/서프라이즈]
타 ~을 놀라게 하다
· Her answer *surprised* me.
나는 그녀의 대답에 놀랐다.
· They were much *surprised* at the news.
그들은 그 소식을 듣고 매우 놀랐다.
《숙》 *be surprised* 놀라다

명 놀람, 경악; 놀라운 일[것]
· I have a *surprise* for you.
네가 놀랄 소식이 있어.
《숙》 *to one's surprise* 놀랍게도

:swallow¹
[swálou/스왈로우]
명 제비
· One *swallow* does not make a summer.
《속담》 제비 한 마리가 왔다고 여름이 되는 것은 아니다.

swallow²
[swálou/스왈로우]
타 들이켜다, 삼키다
· The snake *swallowed* the egg whole.
그 뱀은 알을 통째로 삼켰다.

swan
[swan/스완]
명 백조
· There was a *swan* on the lake.
호수에 백조 한마리가 있었다.

swear
[swɛər/스웨어]
타 자 맹세하다, 선서하다
· He *swore* to tell the truth.
그는 진실을 말하겠다고 선서했다.

sweat
[swet/스웻]
명 땀
· He wiped the *sweat* off his forehead.
그는 이마에 땀을 씻었다.

:sweater
[swétər/스웨터]
명 스웨터
· She is wearing a pink *sweater*.
그녀는 핑크색 스웨터를 입고 있다.
· I'm looking for a skirt to go with this *sweater*.
이 스웨터에 어울리는 스커트를 찾습니다.

:sweep
[swi:p/스위-프]
타 자 (3단현 *sweeps* [swi:ps/스위-프스], 과거·과거 분사 *sewpt* [swept/스웹트], 현재 분사 *sweeping* [swí:piŋ/스위-핑]) 쓸다, 청소하다
· First, go to your bedroom and *sweep* the floor.
먼저 네 침실로 가서 방바닥을 청소해라.

·sweet
[swi:t/스위-트]
형 ① 단, 달콤한(《반》 bitter 쓴)
· This candy is very *sweet*.
이 사탕은 매우 달다.
· I like *sweet* things very much.
나는 단것을 매우 좋아한다.
형 ② 향기로운
· The crinum smell *sweet*.
문주란꽃은 냄새가 향기롭다.

형 ③ 듣기 좋은
· She has a *sweet* voice.
그녀의 목소리는 듣기 좋다.
형 ④ 상냥한, 친절한, 예쁜
· She was very *sweet* to me.
그녀는 내게 매우 친절했다.
명 (복수 *sweets* [swi:ts/스위-츠]) 단것; (복수로 써서) 사탕
· I bought some *sweets* at the store.
나는 그 가게에서 사탕을 좀 샀다.

sweet potato
[swi:t pətéitou/스위-트퍼테이토우]
명 고구마
· Girls like baked *sweet potatoes* very much.
여자 아이들은 군고구마를 아주 좋아한다.

swell
[swel/스웰]
타 자 부풀다; 부어 오르다
· The balloon *swelled*.
풍선이 부풀었다.
· The river is *swollen* by rain.
비로 인해 강물이 불어났다.

swift
[swift/스위프트]
형 날랜, 빠른(《반》 slow 느린)
· She is a *swift* runner.
그녀는 빨리 달린다.
· He is *swift* of foot.
그는 발이 빠르다.

·swim
[swim/스윔]
타 자 (3단현 *swims* [swimz/스윔즈], 과거형 *swam* [swæm/스왬], 과거 분사 *swum* [swʌm/스윔], 현재 분사 *swimming* [swímiŋ/스위밍]) 헤엄치다, 수영하다
· Can you *swim* to that island?

너는 저 섬까지 헤엄칠 수 있니?
- I *swim* almost every day.

  나는 거의 매일 수영을 한다.

명 수영, 헤엄
- I have a *swim* every day.

  나는 매일 수영을 한다.

swimming
[swímiŋ/스위밍]

명 수영, 헤엄

☞ a swimming pool 수영장
- My brother is good at *swimming*.

  나의 형은 수영을 잘한다.

swing
[swiŋ/스윙]

자 타 (3단현 *swings* [swiŋz/스윙즈], 과거·과거 분사 *swung* [swʌŋ/스웡], 현재 분사 *swinging* [swíŋiŋ/스윙잉])

자 타 ① 흔들리다, 흔들다
- The door is *swinging* in the wind.

  문이 바람에 흔들리고 있다.

자 타 ② 매달리다, 매달다
- She *swung* a lamp from the ceiling.

  그녀는 천장에 램프를 매달았다.

자 타 ③ 빙돌다, 빙 돌리다
- He *swung* the car around.

  그는 자동차 방향을 획 돌렸다.

명 휘두르기, 진동; 그네
- Let's have a *swing*.

  그네를 타자

:switch
[switʃ/스위치]

명 (전기의) 스위치
- Please turn on[off] the light *switch*.

  전등 스위치 좀 켜[꺼]주세요.

타 (전등·라디오)켜다⟨on⟩, 끄다⟨off⟩
- He *switches* on the radio every morning.

  그는 매일 아침 라디오를 켠다.

sympathy
[símpəθi/심퍼시]

명 동정
- I feel much *sympathy* for her.

  나는 그녀를 매우 동정한다.

system
[sístəm/시스템]

명 ① 제도, 체계; 조직계통, 시스템
- You need some *system* in your work.

  네 일에는 약간의 체계가 필요하나.

명 ② 방법, 방식
- Mr. Kang teaches English on a new *system*.

  강 선생님은 새로운 방법으로 영어를 가르치신다.

T,t
[ti:/티이]
알파벳의 스무 번째 문자

:table
[téibl/테이블]
명 ① 테이블, 식탁, 탁자, 책상
- The *table* has four legs.
  테이블은 4개의 다리가 있다.
- Please clear the *table*.
  식탁을 치우세요.

명 ② 표, 목록
- She is looking at the *timetable*.
  그녀는 시간표를 보고 있다.

《숙》 *at table* 식탁에 앉아
  He are *at table* now.
  그는 지금 식사 중이다.

tablet
[tǽblit/태브(을)릿]
명 (약의) 알약, 정제
- Please take two *tablets* after each meal.
  한번에 두 알 식후에 드세요.

table tennis
[téibl tènis/트에이블 테너스]
명 탁구, 핑퐁 (《동》 ping-pong)
- Do you often play *table tennis*?
  너는 탁구를 자주 치니?

·tail
[teil/테일]
명 (복수 *tails* [teilz/테일즈])
명 ① 꼬리 (《반》 head 머리)
- Rabbits have very short *tails*.
  토끼는 매우 짧은 고리를 가지고 있다.
명 ② (보통 복수형으로 쓰여)
화폐의 뒷면 (《반》 heads 앞면)
- Heads or *tails*?
  앞이냐 뒤냐?

tailor
[téilə/테일러]
명 (남성복의)재단사. 재봉사
- The *tailor* makes the man.
《속담》옷이 날개다.

:take
[teik/테이크]
타 ① 손에 쥐다, 잡다(《동》catch)
- He *took* me by the hand.
그는 내 손을 쥐었다.
타 ② 가지고 가다
- *Take* these things home.
이것들을 집으로 가지고 가라.
타 ③ (약·음식물) 먹다, 마시다
- I *take* lunch at noon.
나는 정오에 점심을 먹는다.

타 ④ (시간·날짜가) 걸리다; (사진을) 찍다
- It *takes* (me) about 15 minutes to walk to the station.
(나는) 정거장까지 걸어서 약 15분 정도 걸린다.
- He *took* our pictures.
그는 우리 사진을 찍었다.
타 ⑤ ~을 사다, 구입하다; (신문 따위를) 구독하다
- Which newspaper do you *take*?
당신은 어떤 신문을 구독하십니까?
타 ⑥ (탈것) 타다; (체온을) 재다
- Where can I *take* the bus for the City Hall?
시청 가는 버스 어디서 탑니까?
타 ⑦ (주는것)받다(《반》give 주다)
- Please *take* the gift.
제발 이 선물을 받아 주세요.
《숙》*take away* 치워버리다
《숙》*take care of* ~을 돌봐주다
《숙》*take interest in* ~에 흥미를 갖다
《숙》*take off* (모자 따위를)벗다
《숙》*take part in* ~에 참가하다
《숙》*take place* 일어나다

:talk
[tɔ:k/토오크]
타 자 이야기하다, 강연하다.
- What are you *talking* about?
너 무슨 이야기 하고 있는 거니?

- She *talks* too much.
그녀는 너무 말이 많다.
《숙》*talk about* 〈또는 *of*〉~에 대하여 이야기하다
《숙》*talk over* ~ ~에 대하여 상의하다
《숙》*talk to oneself* 혼잣말하다
《숙》*talk with*~ ~와 이야기하다
명 ① 이야기, 담화
- Jim gave a long *talk* about his

trip.
짐은 그의 여행담을 길게 늘어놓았다.
명 ② 의논, 상의
· I want to have a *talk* with you.
당신께 의논하고 싶은 일이 있다.

:tall
[tɔːl/토올]
형 (비교급 *taller* [tɔ́ːlɚ/토올러], 최상급 *tallest* [tɔ́ːlist/토올리스트]) 키가 큰《동》high,《반》short 짧은)
· John is very *tall*.
존은 키가 매우 크다.
· How *tall* are you?
당신은 키가 얼마나 됩니까?
· I am five feet six inches (*tall*).
5피트 6인치 입니다.
※ inch : 대략 2.54cm

tape
[teip/트에잎]
명 테이프, (비디오) 테이프
· This *tape* is very sticky.
이 테이프는 접착력이 매우 좋다.
· My voice is recorded on *tape*.
내 목소리 테이프에 녹음된다.
형 ~에 테이프를 달다[붙이다]; 녹음[녹화]하다
· Could you *tape* it for me?
나 대신 그것을 녹화 좀 해줄래요?

tape recorder
[téip rikɔ́ːdɚ/테이프 리코오더]
명 녹음기, 테이프 리코오더
· Please turn on[off] the *tape recorder*.
녹음기를 켜[꺼]주세요.

target
[táːɚgit/타아깃]
명 (복수 *targets* [táːɚgits/타아기츠]) 목표, 목표물
· The arrow hit the *target*.
화살이 과녁을 맞혔다.

task
[tæsk/테스크]
명 (부과된)일, 과업, 작업, 업무
· I have done my home *task*.
나는 숙제를 끝마쳤다.

·taste
[teist/테이스트]
타 ~의 맛을 보다, 맛보다
· The cook *tasted* the soup.
요리사는 수프의 맛을 보았다.

자 ~의 맛이 나다
· What does it *taste* like?
그것은 무슨 맛이 납니까?
명 맛, 미각; 취미
· It has no *taste*.
그것은 아무 맛도 없다.
· She has a *taste* for music.
그녀는 음악에 취미가 있다.

·taxi
[tǽksi/택시]
명 택시

· Call me a *taxi*, please.
택시를 불러 주세요.
· How much is a *taxi* to Shinchon?
신촌까지 택시 요금이 얼마나 나옵니까?

> 『*taxi*』는 원래 『*taxi*cab』의 줄임말. 《미국》에서는 『cab [kæb/캡]』이라고 말하기도 한다.

·tea
[tiː/티이]
명 차, (특히) 홍차
· Father likes green *tea* better than coffee.
아버지는 커피보다 녹차를 좋아하신다.

> ① 『*tea*』는 하나·둘로 셀 수 없는 명사이다. 따라서 수량 표시는 다음과 같이 한다.
> a cup of *tea* 차 한 잔
> two cups of *tea* 차 두 잔
> ② 보통 『*tea*』라고 하면 미국과 영국에서 『홍차(black *tea*)』를 말한다.

:teach
[tiːtʃ/티이치]
타 자 가르치다 《반》 learn 배우다
· What do you *teach*?
무엇을 가르치세요?
· I *teach* English Conversation.
영어 회화를 가르치고 있어요.

:teacher
[tíːtʃər/티이처]
명 선생, 교사
· Hello. I am a new *teacher*.
안녕. 나는 새로 온 선생님이예요.

·team
[tiːm/티임]
명 (경기의)팀, (일)조, 작업조
· Which *team* do you support?
너는 어느 팀을 응원하니?
· I am on the basketball *team*.
나는 농구 팀에 속해 있다.

·tear¹
[tiər/티어]
명 눈물, 물방울
· Wipe your *tears* with this handkerchief.
이 손수건으로 눈물을 닦아라.

《숙》 *burst into tears* 울음을 터뜨리다
She *burst into tears* to hear the news.
그녀는 그 소식을 듣고 울음을 터뜨렸다.

tear²
[tɛɚ/테어]

타 자 (3단현 *tears* [tɛɚz/테어즈], 과거형 *tore* [tɔɚ/토오], 과거 분사 *torn* [tɔɚn/토온], 현재 분사 *tearing* [téəriŋ/테어링])

타 자 ① 찢다, 째다, 찢어지다
· He *tore* up her letter angrily.
그는 화가 나서 그녀의 편지를 갈기갈기 찢었다.

· This paper does not *tear* easily.
이 종이 쉽게 찢어지지 않는다.

타 자 ② 잡아 뜯다, 잡아 때다
· The roof was *torn* from the house by the wind.
지붕이 바람에 떨어져 나갔다.

teeth
[ti:θ/티이드]

명 *tooth* (이)의 복수
· You have to brush your *teeth* after every meal.
식사 후에 양치질을 꼭 해야 한다.

telegram
[téligræm/텔리그램]

명 (한 통의) 전보, 전신
· Let me know by *telegram*.
전보로 알려 주시오.

:telephone
[télifoun/텔리포운]

명 (복수 *telephones* [télifounz/텔리포운즈]) 전화, 전화기
· What's your *telephone* number?
당신 전화 번호는 몇 번입니까?
My telephone number is 293-5402.
제 전화 번호는 293-5402입니다.

타 자 (~에게) 전화를 걸다
· He *telephoned* Mary.
그는 메리에게 전화를 걸었다.

> 우리 나라 사람들이 흔히 말하는 『핸드폰』은 잘못된 영어이다. 『cellular phone [séljulɚ foun/쎌룰러포운]』이라고 해야 옳다.

telescope
[téliskoup/텔리스코우프]

명 (복수 *telescopes* [téliskoups/텔리스코우프스]) 망원경
· I looked at the ship through a *telescope*.
나는 망원경으로 배를 보았다.

:television
[télivíʒ(ə)n/텔리비전]

명 ① 텔레비전(방송)
☞ 『TV』라고 간단하게 줄여 쓸 수 있음.

· What is on *television* tonight?
오늘밤 TV에서 무슨 프로를 합니까?

명 ② 텔레비전 수상기
· Your cassette is on the *television*.
너의 카세트는 TV위에 있다.

:tell
[tel/텔]

타 (3단현 *tells* [telz/텔즈], 과거·과거 분사 *told* [tould/토울드], 현재 분사 *telling* [téliŋ/텔링])

타 ① 말하다, 이야기하다
· Don't *tell* a lie.
거짓말을 하지 마라.

타 ② 알리다, 가르쳐 주다
· Could you *tell* me the shortest way to the station?
역으로 가는 지름길을 알려 주시겠습니까?

《숙》 *tell~from* 와~을 구별하다
《숙》 *tell of~* ~을 일러주다
《숙》 *To tell the truth,* 사실은

temper
[témpə/템퍼]

명 기분, 기질, 성미
· He is in a good [bad] *temper*.
그는 기분이 좋다 [나쁘다].

temperature
[témp(ə)ritʃə/템퍼리처]

명 ① 온도, 기온
· What is the *temperature* (now)?
지금 몇 도나 될까요?
· The *temperature* is about 10 degrees below[above] zero.
현재 온도는 약 영하[영상] 10도 입니다.

명 ② 체온; 열
· I will take your *temperature*.
체온을 재 봅시다.

temple
[témpl/템플]

명 (복수 *temples* [témplz/템플즈])
신전, 사원, 절
· Have you ever visited the Pulguk *Temple*?
너는 불국사에 가 본 적이 있니?
· We saw old *temples*.
우리는 오래된 사원들을 보았다.

:ten
[ten/텐]

명 열, 10시, 10살, 10인
· Please count from one to *ten*.
1에서 10까지 세어보세요.

《숙》 *ten to one* 십중팔구는
Ten to one he will fail.
십중팔구 그는 실패할 것이다.

형 10의, 10인의, 10개의
· Here are *ten* apples.
여기 사과가 열개 있다.

:tennis
[ténis/테니스]

명 정구, 테니스
· Are you good at *tennis*?
너는 테니스를 잘 치니?
· I usually play *tennis* on Saturdays with my family.
나는 보통 토요일마다 가족들과 테니스를 친다.

·tent
[tent/텐트]
명 (복수 *tents* [tents/텐츠]) 천막
· When we go camping, we always carry a *tent*.
캠핑을 갈 때 우리는 항상 텐트를 가지고 간다.
· We piched a *tent* by the river
우리는 강가에 천막을 쳤다.

·term
[tə:m/터엄]
명 (복수 *terms* [tə:mz/터엄즈])
명 ① 학기
· The second *term* begins in September.
2학기는 9월에 시작한다.
명 ② 기간, 임기
· The president served his *term* of office.
대통령은 임기를 마쳤다.

·test
[test/테스트]
명 (복수 *tests* [tests/테스츠])시험, 테스트, 검사
· We have an English vocabulary *test* every week.
우리는 매주 영어 단어 시험을 친다.
타 테스트하다
· I *tested* the new machine.
나는 새 기계를 테스트했다.

·textbook
[tékstbuk/텍스트북]
명 교과서
· What *textbook* do you use?
당신은 무슨 교과서를 사용합니까?

:than
[(강) ðæn/댄, (약) ðən/던]
형 ① (형용사, 부사의 비교급 다음에 위치하여) ~ 보다(도)
· Ted is taller *than* I (am).
테드는 나보다 키가 크다.
형 ② (other 다음에) ~이외에
· No other person can play the piano *than* you.
당신 이외에는 피아노를 칠 사람이 없다.

:thank
[θæŋk/댕크]
타 감사하다 (~*for*), 사례하다.
· I *thank* you. 감사합니다.
· *Thank* you very much.
대단히 감사합니다.
· *Thank* you for your kind let-

ter.
당신의 친절한 편지 감사합니다.
명 (복수 *thanks* [θæŋks/댕크스])
《복수형으로서》감사
· Many *thanks*. 참 고맙습니다.
· *Thanks* very much.
대단히 감사합니다.
《숙》*thanks to* ~의 덕택으로

No, *thank* you.「아니, 괜찮습니다.」
◘ 누군가가 음료수 같은 것을 권해 왔을 때 그냥 "No!"해 버리면 상대는 무안해진다. 이런 경우에 쓸 수 있는 표현에 『No, *thank* you.』『No, *thanks* (스스럼없는 말)』등이 있다.

·Thanksgiving Day
[θæŋksgiviŋdéi/댕크스기빙데이]
명 《미》감사절
· *Thanksgiving Day* is the fourth Thursday of November.
추수 감사절은 11월 4째 목요일이다.

『추수 감사절』은 11월의 넷째 목요일이며, 미국인들이 가장 중요하게 여기는 명절 중의 하나이다. 따라서 미국 정부에서는 이 날을 법정 공휴일로 정해 놓고 있다. 특히 이 날만큼은 여러 각지에 흩어져 살던 가족들이 한 데 모여 감사절 예배에 참석하거나, 가족끼리 즐거운 시간을 보낸다

:that
[(강) ðǽt/댓, (약) ðət/덧]
명 (복수 *those* [ðouz/도우즈])
대 ① 《지시대명사》저것, 그것; 저[그] 사람(《반》this 이것, 이 사람)
☞『this』는 가까이 있는 것[사람]을 가리킬 때,『that』은 조금 떨어져 있는 것[사람]을 가리킬때 씀.
· This is a desk and *that* is a table.
이것은 책상이고, 저것은 테이블이다.
대 ② 《지시형용사》저, 그, 저것 (《반》this 이)
· *That* ball is mine.
저 공은 나의 것이다.
대 ③ 《앞에 나온 명사의 반복을 피하기 위하여》(~의) 그것
· The light of the sun is brighter than *that* of the moon.
태양의 빛은 달 빛보다 더 밝다.
(*that*=the light)
대 ④ 《이미 말했거나 문맥의 앞·뒤 관계로 알 수 있는 것[사람]을 가리킬 때》그것, 그 일[사람]
· What does *that* mean?
그것은 무슨 뜻입니까?
· I am glad to hear *that*.
그 말을 들으니 기쁘다.
형 (복수 *those* [ðouz/도우즈])《명사 앞에 사용하여》저, 그
· Do you know *those* girls?
저 소녀들을 아십니까?
접 ~이라는(것), 이므로

· I think (*that*) he will come soon.
나는 그가 곧 오리라 생각한다
· I know (*that*) he is alive.
나는 그가 살아있는 것을 안다.

:the
[(강) ðiː/디이(모음 앞), (자음 앞) ðə/더]
《명사로서「저」「그」「이」의 뜻이 있지만 번역하지 않는 수가 많다》
관 ① 《이미 앞에 나온 명사가 반복될 때》
· I keep a dog and a cat. *The* dog is white and *the* cat is black.
나는 개와 고양이를 기른다. 개는 흰 색이고 고양이는 검은 색이다.
관 ② 《서로 알고 있는 것일 때》
· He hit *the* ball hard.
그는 볼을 세게 쳤다.
관 ③ 《세상에 하나밖에 없는것 앞에》
★ *the* earth 지구 *the* sky 하늘 *the* Bible 성서 *the* cloud 구름
관 ④ 《종류·종족 전체를 나타낼 때》
· *The* dog is a faithful animal. [=Dogs are faithful animal.]
개는 충실한 동물이다.
관 ⑤ 《신체 일부분을 나타낼 때》
· She kissed me on *the* cheek.
그녀는 나의 뺨에 키스를 했다.
관 ⑥ 《악기 이름 앞에》
· Can you play *the* guitar?
너는 기타를 칠 수 있니?
☞ 「운동 경기」앞에는 『*the*』가 붙지 않는다.

· They play baseball after school.
그들은 방과 후에 야구를 한다.

·theater
[θíːətər/디이어터]
명 (복수 *theaters, theatres* [θíːətərz/디이어터즈]) 극장, 무대
★ a movie *theater* 영화관
· There is a movie *theater* near here.
이 부근에 영화관이 하나 있다.

:their
[ðɛər/데어]
대 (*they*(그들은)의 소유격) 그들의
· I don't know *their* names.
나는 그들의 이름을 모른다.

:theirs
[ðɛərz/데어즈]
대 (*they* 의 소유대명사. *his, hers,*

them

its 의 복수) 그들 [그 여자들]의 것
· These books are ours, those are ***theirs***.
이 책들은 우리들의 것이고 저 것들은 그들의 것이다.

:them
[(강) ðæm/뎀, (약) ðəm/덤]
때 (***they*** 의 목적격. ***him, her, it***의 복수) 그들[그 여자들]을 [에게]
· They are Andy and Rex. I know ***them*** very well.
그들은 앤디와 렉스이다. 나는 그들을 잘 안다.

:themselves
[ð(ə)msélvz/덤셀브즈]
때 (***himself, herself, itself***의 복수)
때 ① (강조적 용법)그들 자신
· They did it ***themselves***.
그들 자신이 그 일을 했다.
· The students ***themselves*** made a dictionary.
그 학생들이 직접 사전을 하나 만들었다.
때 ② (재귀적 용법)그들 스스로
· All of them hurt ***themselves*** except one.
그들은 한 사람을 제하고는 전원이 부상하였다.

:then
[ðen/덴]
부 ① (과거 또는 미래의 어떤 때를 가리켜) 그 때에, 그 당시에
(《반》 now 지금)
· I was seven ***then***, but now I am eighteen.
그 당시 나는 7살이었지만, 지금은 18살이다.
부 ② (시간적인 순서를 나타내어) 그리고서, 그 다음에
· Your turn is first, and ***then*** mine.
네가 먼저고, 그 다음 내 차례다.

부 ③ 그러면, 그렇다면
· What is this, ***then***?
그럼 이건 뭐요?
《숙》 ***from then on*** 앞으로는
《숙》 ***just then*** 바로 그 때
《숙》 ***now and then*** 때때로
I see him ***now and then***.
나는 때때로 그를 만난다.

:there
[ðər/더, (강조할 때) ðɛər/데여어]
부 ① 거기에, 거기서, 거기로 (《반》 here 여기에[서])
· Is he still ***there***?
그는 아직 거기에 있니?
· Are you ***there***?
(전화로) 여보세요?
부 ② (***There*** is[are] ~ 형태로 쓰여) ~가 있다
· ***There*** is someone at the door.
문에 누군가 있다[왔다].
부 ③ 저봐, 거봐
· ***There*** goes my hat!

저봐, 모자가 날아갔잖아!
· ***There*** he comes!
저기 그가 온다.
《숙》 ***here and there*** 여기저기에
《숙》 ***over there*** 저기에, 저쪽에

·therefore
[ðéəfɔ̀ːr/데어포오]
튀 그러므로, 따라서
· I think, ***therefore*** I am.
나는 생각한다, 그러므로 나는 존재한다.

:these
[ðiːz/디이즈]
대 (***this***의 복수) 이것들은
(《반》 those 저것들은)
· Are ***these*** your books?
이것들은 너의 책이니?
· Don't look at ***these***.
이것들을 보지 마라.
형 이것들의(《반》 those 저것들의)
· Who are ***these*** boys?
이 소년들은 누구니?

:they
[ðei/데이]
대 (***he, she, it***의 복수)
대 ① 그들은[이], 그것들은[이]
· ***They*** are my friends.
그들은 내 친구들이다.
· ***They*** are my brother's books.
그것들은 내 형의 책이다.
대 ② (막연히) 사람들
· ***They*** speak English in Canada.
캐나다에서는 영어를 쓴다.
· It is ***they*** 그것은 그들이다

·thick
[θik/딕]
형 ① 두꺼운(《반》 thin 얇은)
· How ***thick*** is it?
두께가 얼마나 되니?
· Slice the bread ***thick***.
빵을 두껍게 썰어라

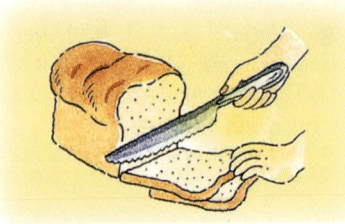

형 ② 굵은
· He has a ***thick*** neck.
그는 목이 굵다.
형 ③ 진한, 무성한
· Her hair is ***thick***.
그 여자의 머리는 숱이 많다.
형 ④ (사람이) 빽빽이 차 있는
· The train was ***thick*** (또는 crowded) with people.
기차에 사람이 빽빽이 차 있었다.

thief
[θiːf/디이프]
명 (복수 ***thieves*** [θiːvz/디이브즈])
도둑, 절도
· A person who steals is a ***thief***.
훔치는 사람은 도둑이다.

·thin
[θin/딘]
형 (비교급 ***thinner*** [θínər/디너],
최상급 ***thinnest*** [θínist/디니스트])
형 ① 얇은 (《반》 thick 두꺼운)

- This paper is very ***thin***.
  이 종이는 매우 얇다.
- 형 ② 여윈, 마른 (《반》 fat 뚱뚱한)
- He is very ***thin***.
  그는 매우 여위었다.
- Women like looking ***thin***.
  여성들은 호리호리하게 보이기를 좋아한다.
- 형 ③ (색깔이) 엷은; (빛이) 약한
- ***Thin*** colors 엷은 색채
- ***Thin*** sunlight 약한 햇빛

thing
[θiŋ/딩]
- 명 (복수 ***things*** [θiŋz/딩즈])
- 명 ① 물건, 것; 일
- Put these ***things*** on the table.
  이 물건들을 테이블 위에 놓아라.

- 명 ② (복수형) 사정, 일; 의복
- ***Things*** are getting better.
  사정이 좋아지고 있다.
- Put your ***things*** on and come for a walk
  옷을 입고 산책하러 나오세요.

think
[θiŋk/딩크]
- 타 자 (3단현 ***thinks*** [θiŋks/딩크스] 과거·과거 분사 ***thought*** [θɔːt/도오트], 현재 분사 ***thinking*** [θiŋkiŋ/딩킹] ~라고 생각한다
- I ***think*** (that) he is honest.
  나는 그가 정직하다고 생각한다.

- Who do you ***think*** is going with us?
  너는 누가 우리와 동행하리라 생각하니?
- 《숙》 ***think about*** ~ ~에 대하여 생각하다
- 《숙》 ***think of*** ~ 생각하다

third
[θəːd/더어드]
- 명 (복수 ***thirds*** [θəːdz/더어즈])
- 명 ① 제3, 세번째
- My room is on the ***third*** floor.
  내 방은 3층에 있다.
- Get off at the ***third*** stop.
  세 번째 정류장에서 내리세요.
- 명 ② 셋, 3분의1
- I received the one ***third***(또는 a ***third***) of an apple.
  나는 3분의 1의 사과를 받았다.
- 형 ① 제 3의
- She won the ***third*** prize.
  그 여자는 3등상을 탔다.
- 형 ② 3분의 1의
- The ***third*** month of the year.
  일년중 세번째 달
- 《숙》 ***Henry the Third*** 헨리 3세

:thirsty
[θə́ːsti/더어스티]
형 목이 마른, 갈증이 난
- I am *thirsty* with running.
뛰었더니 갈증이 난다.

·thirteen
[θəːtíːn/더어티인]
명 13, 열세살, 열세개, 십삼인
- I am *thirteen* (years old).
나는 13살 이다.
형 13의
- Friday the *13th* is unlucky.
13일의 금요일은 불길하다.

:thirty
[θə́ːti/더어티]
명 ① 30, 서른살
- Ten and twenty makes *thirty*.
10 더하기 20은 30이 된다.
명 ② (나이가) 30대
- He was married in his *thirties*.
그는 30대에 결혼하였다.
형 30의, 서른살의
- I have *thirty* pencils.
나는 연필을 30자루 가지고 있다.

:this
[ðis/디스]
대 (복수 *these* [ðiːz/디이즈])(지시대명사)
대 ① (지시대명사) 이것, 이 물건, 이 사람(《반》 that 저것)
☞ 『that』보다 가까운 것[사람]을 가리킨다.
- *This* is an eraser.
이것은 지우개입니다.
- *This* is my friend, Jack.
이 애는 내친구 잭입니다.

대 ② (지시형용사) 이~, 이쪽의 (《반》 that 저, 그)
☞ 『that + 명사』의 형태로 쓰여서 바로 뒤의 명사를 수식함.
- Who is *this* boy?
이 소년은 누구입니까?
- Is *this* bat yours?
이 야구 방망이는 너의 것이니?
형 (복수 *these* [ðiːz/디이즈])(명사 앞에만 쓰인다)
형 ① 이, 이쪽의(《반》 that 저)
- I will take *this* book.
나는 이 책을 가지겠다.
형 ② 지금의, 현재의
《숙》 *this day week* 전주의 오늘
《숙》 *this month [week, year]* 이달 [주일, 해]
《숙》 *this morning [afternoon, evening]* 오늘 아침[오후, 저녁]
《숙》 *this time* 이번, 이맘때
《숙》 *to this day* 오늘날까지

those

[ðouz/도우즈]

대 (*that*의 복수)

대 ① 그것들은, 저것들은

대 ② (관계 대명사 who의 선행사로 되어) (~하는) 사람들

· Heaven helps *those* who help themselves.

하늘은 스스로 돕는자를 돕는다.

형 (*that*의 복수이며, 명사 앞에서만 쓰인다) 그것들의

(《참고》*these* 이것들의)

· *Those* books are mine.

저 책들은 나의 것이다.

though

[ðou/도우]

접 ① ~라고는 하지만

· *Though* (you are) good at English, you must study it hard.

당신은 영어를 잘할지라도 열심히 공부하지 않으면 안 됩니다.

접 ② 비록 ~이지만

· We must try, *though* we may fail.

비록 실패해도 해봐야 한다.

《숙》 *as though* 마치 ~처럼

부 그렇지만, 그러나, 그래도

· It was true, *though*.

그러나 그것은 사실이었다.

thought

[θɔːt/도오트]

타 **자** think(생각하다)의 과거·과거 분사

· I *thought* him to be crazy.

나는 그가 정신이 이상하다고 생각했다.

명 생각, 사고(력)

· Don't act without *thought*.

생각 없이 행동하지 말아라.

thousand

[θáuz(ə)nd/다우전드]

명 천[1,000]

· One Hundred times ten is one *thousand*.

10의 100배는 1,000이다.

· Eighty *thousand* people live in our city.

우리 시에는 8만 명이 살고 있다.

형 천의

· Sixty *thousand* people live in our city.

우리 시에는 6만명이 살고 있다.

> 『hundred(백)』, 『thousand(천)』, 『million(백만)』은 앞에 숫자가 오면 단수로 쓰고, 막연히 많은 수를 나타낼때는 복수로 쓴다.
>
> 예)three *thousand* dollars 3천 달러
> *thousand* of people 수천 명의 사람들

thread

[θred/드레드]

명 실, 줄기 (《참고》string 끈)

· There is a needle and *thread* there

저기에 실을 끼운 바늘이 있다.

:three
[θriː/드리이]

명 3, 3살, 3시, 3개, 3인, 3달러
· My sister has a child of *three*.
누나에게는 3살 먹은 어린애가 있습니다.

형 3의, 세살의
· There are *three* pencils on the table.
테이블 위에는 연필 세자루가 있습니다.

:through
[θruː/드루우]

전 ① ~을 통하여
· Tom saw her *through* the window.
톰은 창문을 통해 그녀를 보았다.

전 ② (시간·장소) ~동안 쭉
· He traveled (all) *through* Korea.
그는 한국을 두루 여행했습니다.

전 ③ (원인·동기) ~을 통하여
· He succeeded *through* hard work.
열심히 공부했기 때문에 그는 성공했다.

부 ① 통하여, 통과하여
· The store is open the year *through*.
그 상점은 일년 내내 문을 연다.

부 ② 아주, 완전히
· I am wet *through*.
나는 함께 젖었습니다.

형 통과하는, 직통의
· I took the *through* train.
나는 직행 열차를 탔습니다.

:throw
[θrou/드로우]

타 자 (3단현 *throws* [θrouz/드로우즈], 과거형 *threw* [θruː/드루우], 과거 분사 *thrown* [θroun/드로운], 현재 분사 *throwing* [θróuiŋ/드로우잉])

타 자 ① 던지다
· Don't *throw* a stone at my cat.
우리 고양이에 돌을 던지지 마라.

타 자 ② 넘어뜨리다
· Many houses were *thrown* by the wind.
많은 집들이 바람에 넘어졌다.

《숙》*throw away* 던져 버리다
《숙》*throw off* 떨어뜨리다

명 던짐, 던져서 닿는 거리
· Jim lives within a stone's *throw* of the school.
짐은 학교에서 돌을 던져 닿는 (아주 가까운) 곳에 살고 있다.

thumb
[θʌm/덤]

명 (복수 *thumbs* [θʌmz/덤즈]) 엄지손가락

☞ 『엄지발가락』은 『a big toe』라 함.

· I hurt my *thumb*.
나는 엄지손가락을 다쳤다.

· He points to himself with his *thumb*.
그는 엄지손가락으로 자신을 가리킨다.

thunder
[θʌ́ndɚ/던더]
명 ① 우뢰, 천둥 소리
· *Thunder* usually follows a flash of lightning.
천둥은 대개 번갯불 빛 다음에 온다.
명 ② 우뢰같이 울리는 소리
· We heard the *thunder* of Niagara Falls.
우뢰같은 나이아가라 폭포의 소리를 들었습니다.
자 천둥이 치다
· It *thundered* yesterday.
어제 천둥이 쳤다.

Thursday
[θə́ːdi/더어즈디]
명 목요일
· My younger brother fell ill on *Thursday*.
내 남동생은 목요일에 병이 났다.
· We have six lessons on *Thursday*.
우리는 목요일에 수업이 6과목 있다.

·ticket
[tíkit/티킷]
명 ① 표, 승차권, 권, 입장권
· All *tickets* are sold out.
모든 표가 다 팔렸습니다.
· How much is a *ticket* to Los Angeles?
로스엔젤레스행 승차권은 얼마입니까?
명 ② 《교통 위반자》 빨간 딱지
· I got a *ticket* for speeding.
나는 속도 위반 딱지를 떼었다.

tickle
[tíkl/티클[크어]]
형 ~을 간지럽히다
· He *tickled* me with a feather.
그는 깃털로 나를 간지럽혔다.

·tie
[tai/타이]
타 자 (3단현 *ties* [taiz/타이즈], 과거·과거 분사 *tied* [taid/타이드], 현재 분사 *tying* [táiiŋ/타이잉])
타 자 (끈)~을 묶다, 매다, 잇다.
· She *tied* her apron.
그녀는 앞치마를 매었다.
《숙》 *tied garage* 전용 차고

《숙》 *tie up* 묶어 두다
명 (복수 *ties* [taiz/타이즈])
명 ① 넥타이 (《동》 necktie)
· Is my *tie* straight?
넥타이 똑바르게 됐니?
No, it's a little crooked.
아니, 조금 삐뚤어졌어.
명 ② 【운동】 동점
· The game ended in a *tie*.
그 시합은 무승부로 끝났다.

tiger
[táigər/타이거]
명 (복수 *tigers* [táigərz/타이거즈])
【동물】 호랑이
· I saw a *tiger* at the zoo.
나는 동물원에서 호랑이를 보았다.

tight
[tait/타이트]
형 (비교급 *tighter* [táitər/타이터], 최상급 *tightest* [táitist/타이티스트]) 꽉 끼는; 단단한 (《반》 loose 헐렁한)
· It's too *tight*. Don't you have anything a little larger?
이건 너무 끼는데 좀더 큰 사이즈가 없습니까?
· The kimchi jar was shut *tight*.
김치 항아리가 꽉 닫혀 있었다.

:till
[til/틸]
전 ① ~까지(《동》 until, 《참고》 by ~까지는)
· She studied from morning *till* night.
그녀는 아침부터 밤까지 공부를 했다.
전 ②(~할 때)까지
· Stay here *till* he comes home.
그가 집에 올 때까지 여기서 머물러라.

[by와 *till*의 차이점]
『by(~까지는)』는 동작·상태의 완료를 나타내고, 『*till*(~까지는)』은 동작·상태가 어느 때까지 계속되는 경우를 말한다.
예)I will be here by six.(be=come)
나는 6시까지 이곳에 올 것이다.
I will be here *till* six.(be=remain)
나는 6시까지 이 곳에 있을 것이다.

:time
[taim/타임]
명 ① 시간, 시각, 때, 시일, 세월
· What *time* is it now?
지금 몇 시입니까?
It's [It is] nine o'clock.
9시 입니다.

명 ② ~번, 횟수
· We eat three *times* a day.
우리는 하루에 세 번 식사를 한다.
명 ③ (복수로 쓰여)곱하기, ~배
· Three *times* six is eighteen.
3 곱하기 6은 18이다.
[3 X 6 = 18]
· He has three *times* as many b-ooks as I have.
그는 내가 가진 책의 3배를 가지고 있다.
《숙》 *after a time* 한 동안 지나서
《숙》 *all the time* 언제나
《숙》 *at a time* 한 번에
《숙》 *at all times* 언제나
《숙》 *(at) any time* 언제라도
《숙》 *in time* 곧, 조만간
《숙》 *be in time for* 시간에 대다
《숙》 *at times* 때때로
《숙》 *on time* 정시에, 시간대로
《숙》 *for a time* 한 때

· **tiny**
[táini/타이니]
형 조그마한 (《동》 very small)
· Look at those *tiny* baby chick.
저 조그마한 병아리를 보아라.

tire¹
[táiɚ/타이어]
타 자 ① 피곤하게 하다
· Reading *tires* me.
독서는 나를 피곤하게 만든다.
타 자 ② 지겹게 하다
· A long speech *tires* the audience.
긴 연설은 청중을 지겹게 한다.

· **tire²**
[táiɚ/타이어]
명 타이어, 고무타이어, 바퀴
· The *tire* is flat.
타이어가 빵꾸 났다.

· **tired**
[táiɚd/타이어드]
형 ① 피곤한, 지친, 싫증나는
· You look *tired* today.
너 오늘 피곤해 보인다.
형 ② (be[get] *tired* of 형태로 쓰여) 싫증나다
· I am *tired* of the same food every day.
나는 매일 같은 음식에 싫증이 났다.

title
[táitl/타이틀]
명 (책 따위의) 제목
· What is the *title* of the book you are reading?
당신이 읽고 있는 책의 표제[책이름]은 무엇입니까?

· **to**
[(자음 앞에서) tə/터, (모음 앞에서) tu/투, (강조할 때) tuː/투우]
전 ① (방향을 나타내어) ~에,

today

~으로 (《반》 from ~로부터)
· Turn *to* the right.
오른쪽으로 돌아라.

전 ② (도착점을)~로, ~까지
· He went *to* Paris.
그는 파리로 갔다.

전 ③ (시간을 나타내어) ~까지, ~분 전에 (《반》 past 지나서)
· It is ten *to* three.
3시 10분 전이다.

☞ 미국에서는 『*to*』 대신에 『*of*』 나 『*before*』를 씀.

전 ④ (행위의 대상을)~를 위해
· Give this letter *to* her.
이 편지를 그녀에게 주어라.

전 ⑤ (목적을) ~를 위해
· Drink to *our* friendship!
우리의 우정을 위해 축배!

《숙》 *enough to* ~ 하는데 충분한
《숙》 *too* ~ *to* ~ 너무 ~하여서

:today
[tədéi/터데이]
명 오늘(날), 현대, 현재
· *Today* is Monday.
오늘은 월요일이다.

부 ① 오늘은
· We have no school *today*.
오늘은 수업이 없다.

부 ② 지금은, 오늘날에는
· Many women study in colleges *today*.
오늘날에는 많은 여성이 대학에서 공부하고 있습니다.

·toe
[tou/토우]
명 ① 발가락 (《반》 finger 손가락)
· We have five *toes* on each foot.
우리는 각각의 발에 5개의 발가락이 있다.

명 ② 발끝, 앞부리
· He was wet from head to *toe*.
그는 머리부터 발끝까지 젖었다.

:together
[təgéðər/터게드어어]
부 함께, 같이(《반》 along 혼자서)
· She and I often go far a race *together*.
그녀와 나는 종종 함께 달리기를 한다.

《숙》 *all together* 모두 함께
《숙》 *put~together* ~을 한데 묶다

toilet
[tɔ́ilit/토일릿]
명 ① 화장
· She spent a good many minu-

❰ Toe 발가락 ❱

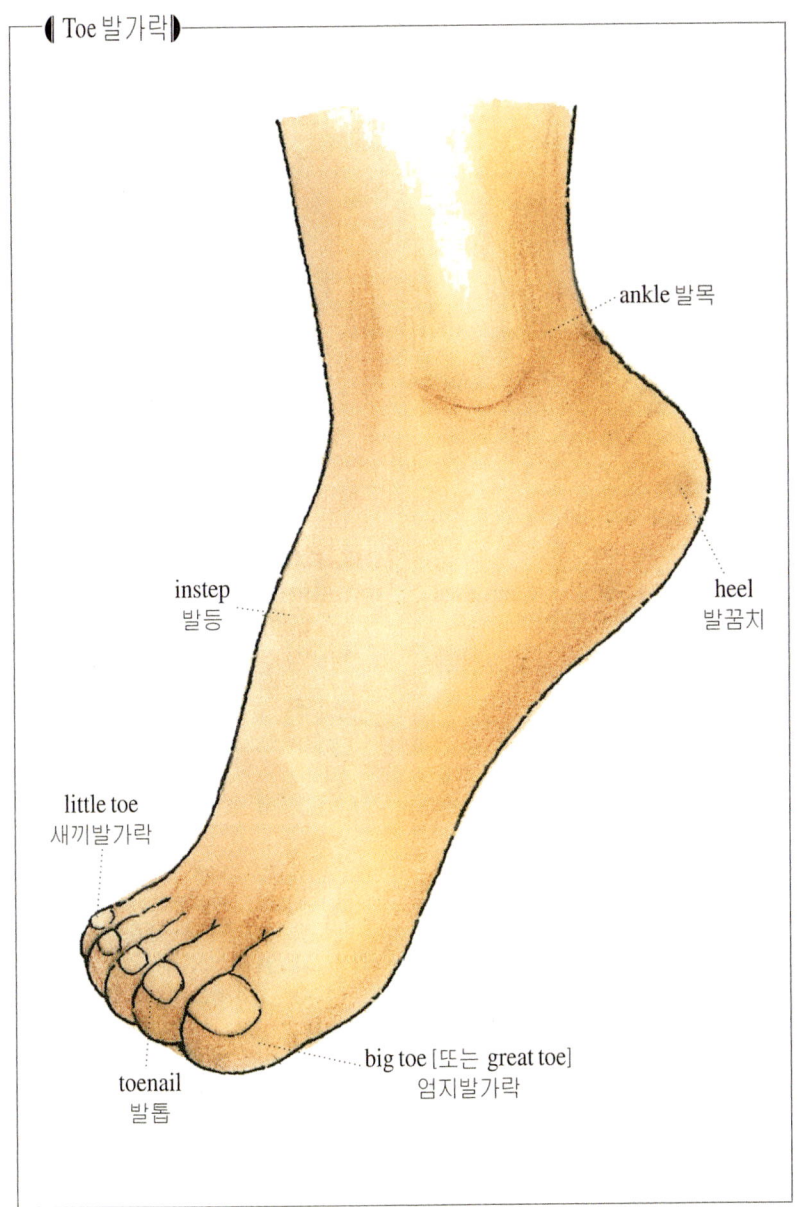

tes on her *toilet*.
그녀는 화장에 꽤 많은 시간을 소비했다.
명 ② 화장실, 세면장, 변소
· Excuse me, where is the *toilet*?
실례지만 화장실이 어디 있나요?

>『*toilet*』이란 말 대신에 『rest room』을 흔히 사용합니다. 그리고 남녀 구별을 하고 싶을 때에는 『The Men's room(남자용 화장실)』, 『The Ladies' room(숙녀용 화장실)』 또는 그냥 『Men's, Ladies'』라고 쓰기도 합니다.

·tomato
[təméitou/터메이토우]
명 (복수 *tomatoes* [təméitouz/터메이토우즈]) 토마토
· Is a *tomato* a vegetable or a fruit?
토마토는 야채냐 과일이냐?

:tomorrow
[təmɔ́:rou/터모오로우]
명 내일
· *Tomorrow* is Thursday.
내일은 목요일입니다.
· See you *tomorrow*!
내일 만나자!

부 내일은
· It will rain *tomorrow*.
내일은 비가 올 것이다.

·tongue
[tʌŋ/텅]
명 혀, 혓바닥
· The dog was hanging out its *tongue*.
그 개는 혀를 쭉 빼고 있었다.

· Watch your *tongue*!
말조심해요!
명 언어, 국어(《동》 language)
· Korean is my mother *tongue*.
한국어는 나의 모국어이다.
※ mother *tongue* 모국어

·tonight
[tənáit/터나이트]
명 오늘 밤, 오늘 밤(에)
· It is very hot *tonight*.
오늘 밤은 매우 덥다.
부 오늘 밤은
· There are many stars out *tonight*.
오늘 밤에 별들이 많이 떴다.
· It is very cold *tonight*.
오늘 밤은 대단히 춥다.
· *Tonight* radio news.
오늘 밤의 라디오 뉴스.

:too
[tuː/투우]

부 ① (형용사·부사 앞에 쓰여) 너무, 지나치게
- This coat is *too* big for me.
이 코트는 나에게 너무 크다.

부 ② ~도[또한]《동》also); 역시
- She is a student, *too*
그녀도 역시 학생이다.

부 ③ (구어) 매우, 대단히
- I'm just *too* glad.
나는 매우 기쁘다.

《숙》*That's too bad* 참 안됐다
《숙》*too ~to~* 너무 ~하여

tool
[tuːl/투울]

명 연장, 도구, 기구
- We use *tools* to make things.
우리는 물건을 만드는 데 도구를 사용한다.

·tooth
[tuːθ/투우드]

명 이, 치아
- I had my *tooth* pulled out.
나는 이를 하나 뽑았다.
- After breakfast I brush my *teeth*.
아침 식사 후에 나는 이를 닦는다.

toothache
[túːθeik/투우데이크]

명 이앓이, 치통
- I have a *toothache*.
나는 이가 아프다.

·top¹
[tɑp/탑]

명 ① 꼭대기, 정상
- The bird is sitting on the very *top* of the cactus.
새가 선인장 꼭대기에 앉아 있다.

명 ② (the를 붙여) 윗부분, 표면
- Write your name at the *top* of papers.
답안지 윗부분에 당신의 이름을 쓰시오.

명 ③ 극치, 절정
- She cried at the *top* of her voice.
그 여자는 목청을 다하여 외쳤다.

명 ④ (the를 붙여) 수석[1등], 최고위 (《반》 bottom 꼴찌)
- Mike is always at the *top* his class.
마이크는 항상 그의 반에서 수석[1등]이다.

《숙》*from top to toe* 머리 끝에서 발 끝까지

형 첫째의, 최대의, 톱의
- John is the *top* batter.
잔은 일번 타자입니다.

top²
[tɑp/탑]

명 (복수 *tops* [tɑps/탑스]) 팽이
- The *top* is spinning.
팽이가 돌고 있다.

《숙》 **on top of** ~의 꼭대기에

tortoise
[tɔ́ətəs/토오터스]
명 거북
· **Tortoises** are slow walkers.
거북은 걸음이 느리다.

육지나 민물에서 사는 '거북'은 『**tortoise**』, 바다에서 사는 '거북'은 『turtle [tə́ːrtl/터어틀[를]]』이라고 한다.

total
[tóutl/토오를]
명 합계, 총액
· Add these numbers and tell me the **total**.
이 숫자들을 더해서 나에게 그 합계를 말해 줘.
※ add 더하다
형 합계의, 총계의 (《동》 whole)
· The **total** cost is 200 dollars.
총경비는 200달러이다.

totally
[tóutəli/토오럴리]
형 완전히, 전적으로(《동》 wholly)
· I don't **totally** agree with what you say.
나는 네 말에 전적으로 동의 할 수 없다.

touch
[tʌtʃ/터치]
타 ① ~에 손대다, 만지다
· Don't **touch** anything in this room.
이 방 안의 물건에는 어느 것에도 손대지 마라.
타 ② (사람·마음)을 감동시키다
· He **touched** the hearts of many people.
그는 많은 사람들의 마음을 감동시켰다.
명 ① 손을 댐, 접촉
· I felt a **touch** on my shoulder.
누군가 내 어깨에 손 대는 것을 느꼈다.
명 ② 기미, 기색
· I have a **touch** of cold.
나는 감기 기미가 있다.

tourist
[túˑrist/투(우)리스트]
명 관광객, 여행사
· Many foreign **tourists** visit the old temple in Kyongju.
많은 외국 관광객들이 경주에 있는 오래 된 절을 구경하러 간다.
· She is from Canada and a **tou-**

rist.
그녀는 캐나다 출신이고 여행자이다.

·toward(s)
[təwɔ́ːd/터워어드, təwɔ́ːdz/터워어즈]

전 ① (방향) ~쪽으로
· My house looks *toward* the south.
나의 집은 남향이다.

전 ② (시간·수량의 접근) ~에 가까이
· He came to see me *toward* evening.
그는 저녁 무렵 나를 찾아 왔다.

전 ③ (목적·경향) ~에 대하여
· Mary is very friendly *toward* me.
메어리는 나에 대하여 매우 친절합니다.

towel
[táu(ə)l/타우얼]
명 타올, 수건
★ a bath *towel* 목욕 타월
· Here is a *towel*. Now dry your face.
수건 여기 있다. 자 얼굴을 닦아라.

《숙》 *towel off* 몸을 닦다.

tower
[táuər/타우어]
명 탑, 망루
· The two famous *towers* are in Kyongju.
그 유명한 두 개의 탑은 경주에 있다.
· Have you ever seen the *Tower* of London?
너는 런던탑을 본 적이 있니?

town
[taun/타운]
명 ① 읍, 마을, 소도시
· A *town* is a small city.
읍은 작은 도시이다.
명 ② (도시의) 중심지, 시내
· The bank has a good site in *town*.
그 은행은 시내에서도 좋은 장소에 있다.

> 『*town*』은 『village (마을)』보다 크고 『city(시)』보다 작은 곳을 말한다. 그러나 실제 회화에서는 『city』를 『*town*』이라고 부르는 경우가 많다.

·toy
[tɔi/토이]
명 장난감, 노리개

· They sell many kinds of *toys* in the shop.
그 가게에서는 여러 종류의 장난감을 판다.
형 장난감의

trade
[treid/트레이드]
명 (복수 *trades* [treidz/트레이즈])
명 ① 직업, 일
· He is a carpenter by *trade*.
그는 직업이 목수입니다.
명 ② 거래, 상업, 무역
· International *trade* is growing better.
국제 무역은 점차 호전되어 가고 있습니다.
타 자 장사하다
· What do they *trade* in?
그들은 무슨 장사를 하고 있습니까?
· They *trade* in furniture.
그들은 가구 장사를 합니다.

traffic
[trǽfik/드래픽]
명 교통, 왕래
· *Traffic* is bumper to bumper.
교통이 혼잡하다.

traffic light
[trǽfik láit/드[우]래픽 (을)라잇]
명 교통 신호등
· How do I get to the Disneyland?
디즈니랜드로 가려면 어떻게 가야 되지요?
· Just turn right at the second *traffic* light.
두 번째 신호등에서 우회전 하세요.

train
[trein/트레인]
명 (복수 *trains* [treinz/트레인즈])
열차, 기차
· Here comes your *train*.
여기에 당신이 탈 기차가 옵니다.
《숙》 *by train* 기차로
I go to school by *train*.
나는 기차로 통학한다.

타 자 훈련하다, 양성하다
· He is *training* his dog.
그는 개를 훈련시키고 있습니다.

translate
[trænsléit/트랜슬레이트]
타 번역하다
· He *translated* a novel from English into Korean.
그는 영어로 된 어떤 소설을 한국말로 번역했다.

trash
[træʃ/트래쉬]
명 쓰레기
· We must not throw *trash*.
우리는 쓰레기를 던지지 말아

야 한다.

travel
[trǽvl/트래블]
명 여행 (《동》journey, trip)
· He told me the story of his *travels*.
그는 그의 여행담을 나에게 이야기 해 주었다.
자 여행하다
· We *traveled* around the world last year.
우리는 작년에 세계 일주 여행을 했다.

:tree
[tri:/트리이]
명 나무 (《참고》 wood 목재)
· There is a *tree* in front of my house.
나의 집 앞에는 나무가 한 그루 있다.
· It was shady under the *tree*.
나무 아래 그늘이 졌다.

·tremble
[trémbl/트렘블]
자 ① (추위) 떨다 (《동》shake)
· She is *trembling* with cold.
그 여자는 추위서 떨고 있습니다.

자 ② 흔들리다
· The leaves are *trembling* in the wind.
바람에 나뭇잎이 흔들리고 있다.

명 (복수 *trembles* [trémblz/트렘블즈]) 떨림, 흔들림

triangle
[tráiæŋgl/트라이앵글]
명 (복수 *triangles* [tráiæŋglz/트라이앵글즈]) 삼각형
· a right *triangle*
직각 삼각형

·trick
[trik/트릭]
명 ① 재주, 요술
· My dog can do *tricks*.
나의 개는 재주를 부릴 줄 압니다.
명 ② 계교, 술책
· He got much money by a *trick*.
그는 계교를 써서 큰 돈을 모았다.
명 ③ 장난
· I found out his *trick*.
나는 그의 장난을 알아차렸다.
명 ④ 요령, 비결
· I will teach you the *tricks* of the trade.
이 장사의 요령을 가르쳐 주겠다.
《숙》 *play a trick on* ~을 속이다

Toys 장난감

·trip
[trip/트립]

명 (짧은) 여행 (**동** journey, travel)
- Have a nice *trip*.
  즐거운 여행을 하시기 바랍니다.
- How was your *trip*?
  여행은 재미있었나요?
- We will go on a *trip* to Sorak Mountain.
  우리는 설악산으로 여행 갈 것이다.

《숙》 *make* (또는 *take*) *a trip to*
  ~에 여행가다

triumph
[tráiəmf/트라이엄프]

명 승리 (**동** victory), 개선, 개가
《숙》 *in triumph* 이겨 뽐내어
자 승리를 얻다, 이겨 뽐내다
- Our team *triumphed* over theirs.
  우리 팀은 그들의 팀을 이겼다.

·trouble
[trÁbl/트러블]

명 ① 수고, 고생, 폐
- Thank you for your *trouble*.
  수고에 감사드립니다.

명 ② 걱정거리; 어려움
- What is the *trouble* with you?
  너 무슨 걱정되는 일이 있니?
- He is in big *trouble*.
  그는 큰 어려움에 처해 있다.

《숙》 *get into trouble* 난처하게 되다
《숙》 *be in trouble* 곤란[난처]한 처지에 있다
《숙》 *make trouble* 말썽 일으키다

타 ~에게 폐를 끼치다
- I am sorry to *trouble* you.
  폐를 끼쳐 죄송합니다.

trousers
[tráuzərz/트라우저즈]

명 바지 (반드시 복수형이다) (《미》 pants)
★ a pair of *trousers* 바지 한 벌
- She bought a new pair of *trousers*.
  그녀는 새 바지 한 벌을 샀다.
- This *trousers* is too small for me.
  이 바지는 나에게 너무 작다.

truck
[trʌk/트럭]

명 (복수 *trucks* [trʌks/트럭스]) 트럭 (《영》 lorry)
- Look out the *truck*!
  트럭을 조심해!
- He is a *truck* driver.
  그는 트럭 운전사이다.

true

[tru:/트루우]
형 (비교급 *truer* [trúːɚ/트루우어], 최상급 *truest* [trúːist/트루우이스트]) 사실의, 진실의, 정말의, 참말 (《반》 false 가짜의)

· It is *true* that she sings very well.
그녀가 노래를 잘한다는 건 사실이다.

《숙》 *come to be true* 사실이 되다
His ideas *came to be true*
그의 생각은 실현되었다.

trumpet

[trʌmpit/트럼핏]
명 나팔, 트럼펫
· I can play the *trumpet*.
나는 트럼펫을 연주할 수 있다.

·trunk

[trʌŋk/트렁크]
명 ① (나무의) 줄기
· The *trunk* of this tree is three feet in diameter([daiǽmitɚ/다이애미터] 지름).
이 나무 줄기의 지름은 3피이트입니다.

명 ② 몸통
· She has a short *trunk* and long legs.
그 여자는 몸통이 짧고 다리가 길다.

명 ③ (코끼리의) 코
· The elephant picks up food with its long *trunk*.
코끼리는 긴 코로 먹이를 줍는다.

trust

[trʌst/트러스트]
명 신용, 신뢰
타 신용하다, 맡기다, 위탁하다
· I cannot *trust* him with my money.
그에게는 돈을 맡길 수 없다.

·truth

[tru:θ/트루우드]
명 ① 진리, 도리
· There is some *truth* in what you say.
당신의 말에는 어느 정도 일리가 있다.

명 ② 진실, 사실
· I doubt the *truth* of the story.
그 이야기가 정말인지 아닌지 의심스럽습니다.

try

[trai/트라이]
타 자 (3단현 *tries* [traiz/트라이즈], 과거·과거 분사 *tried* [traid/트라이드], 현재 분사 *trying* [tráiiŋ/트라이잉])

타 자 ① 해보다, 시도하다
· *Try* again.
다시 해 봐.

타 자 ② (*try* to (do)로 쓰여) ~해 보려고 애쓰다

· I *tried* to finish my report early.
나는 보고서를 빨리 끝마치려고 노력했다.

타 자 ③ 먹어[마셔]보다
· Have you ever *tried* Kimchi, Joe?
조, 너 김치 먹어 본 적이 있니?

《숙》 *try on* 입어 보다

tunnel
[tʌ́n(ə)l/터널]
명 (복수 *tunnels* [tʌ́n(ə)lz/터널즈])
굴, 터널
· The train is going through a *tunnel*.
그 기차는 터널을 통과 중이다.

turkey
[tə́ːki/터어키]
명 칠면조
· On christmas Day we eat *turkey*.
크리스마스에 칠면조를 먹는다.

:turn
[təːn/터언]
타 자 (3단현 *turns* [təːnz/터언즈], 과거·과거 분사 *turned* [təːnd/터언드], 현재 분사 *turning* [tə́ːniŋ/터어닝])

타 자 ① 돌리다, 돌다
· *Turn* the wheel to the right.
(자동차) 핸들을 오른쪽으로 돌려라.

타 자 ② (방향·위치 따위를) 바꾸다; (모퉁이를) 돌다
· He *turned* his back to me.
그는 나에게 등을 돌렸다.
· *Turn* right[left] at the first corner.
첫번째 모퉁이에서 오른쪽[왼쪽]으로 도시오.

타 자 ③ (페이지를) 넘기다
· *Turn* the page over.
페이지를 넘겨라.

《숙》 *turn away* 외면하다
《숙》 *turn into* ~으로 변하다
《숙》 *turn out [to be]* ~이 되다
《숙》 *turn over* 넘기다, 뒤집다
《숙》 *turn round* 회전하다

명 ① 회전, 변화
· The light goes out at a *turn* of the switch.
스윗치를 틀면 전등이 꺼집니다.

명 ② 차례
· I am waiting for my *turn*.
내 차례를 기다리고 있습니다.

《숙》 *by turns* 번갈아
　We danced *by turns*.
　우리는 번갈아 춤추었다.
《숙》 *in turn* 차례로, 이번에는
《숙》 *out of turn* 순서없이

turtle
[tə́ːtl/터어틀]

몡 (복수 *turtles* [tə́ːtlz/터어틀즈])
바다 거북

· A *turtle* has a hard shell on his back.
거북이는 등에 단단한 껍질이 있다.

tutor
[t(j)úːtər/튜우터]

몡 (복수 *tutors* [t(j)úːtərz/튜우터즈]) 가정 교사

· He studied under a *tutor*.
그는 가정 교사 밑에서 공부했다.

TV
[tíːvíː/티이비이]

몡 텔레비젼 (television의 약어)
· Are there any interesting programs on *TV*?
TV에서 뭐 재미있는 거 안하니?

twelve
[twelv/트웰브]

몡 12, 12세, 12시
형 12의

· A year has *twelve* months.
1년에는 12개월이 있다.

《숙》 *in twelves* 사륙판의(으로)

twenty
[twénti/트웬티]

몡 스물[20]
· My oldest brother is in his *twenties*.
나의 큰 형은 20대 입니다.

형 20의
· They are palying the game of "*Twenty* Questions."
그들은「스무 고개」를 하며 놀고 있습니다.

twice
[twais/트와이스]

甼 두 번, 2회; 두 배로
· Think *twice*.
두 번 생각해라.
· He spent *twice* the money.
그는 그 금액의 (두)배를 썼다.

『한번』은 『once』, 『두 번[배]』은 『*twice*』, 그리고 세 번[배] 이상은 『three times』, 『four times』,『five times』처럼 표현하면 된다.

twin
[twin/트(우)윈]

몡 쌍둥이의 한 사람; (복수형으로) 쌍둥이

· They are *twins*.
그들은 쌍둥이이다.

· Jack is my *twin*. We were born on the same day.
잭은 나의 쌍둥이이다. 우리는 같은 날 태어났다.

two
[tu:/투우]
명 2, 두살, 두 시, 두사람, 두명
· I have *two* apples.
나는 사과 2개를 가지고 있다.
· Make it *two* inches shorter.
2인치 짧게 해 주세요.
형 2의
· He got well in *two* days.
그는 이틀 만에 나았습니다.

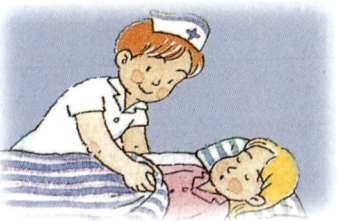

type
[taip/타이프]
명 (복수 *types* [taips/타이프스])
명 ① 형, 양식
· She is not my *type*.
그녀는 내가 좋아하는 타입이 아니다.
· These boots are a new *type*.
이 부츠는 신형이다.
명 ② 전형, 본보기
· He is the perfect *type* of English gentleman.
그는 영국 신사의 전형입니다.
명 ③ (집합적으로)활자
· This book is printed in big *type*.
이 책은 큰 활자로 인쇄되었다.

typhoon
[táifúin/타이푼]
명 태풍
· A *typhoon* hit the island.
태풍이 그 섬을 덮쳤다.

typical
[tipik(ə)l/티피컬]
형 전형적인, 대표적인, 특수적인
· This is a *typical* example.
이것은 대표적인 예다.

ABCDEFGHIJKLMNOPQRSTUVWXYZ

U,u
[juː/유우]
알파벳의 스물한 번째 문자

·ugly
[ʌ́gli/어글리]
혱 (비교급 **uglier** [ʌ́gliər/어글리어], 최상급 **ugliest** [ʌ́gliist/어글리이스트])
혱 ① 못생긴, 보기 흉한, 잘못난 (《반》 beautiful 아름다운)
☞ an **ugly** face 못생긴 얼굴
· Young-ja is **ugly**, but she is very kind.
영자는 얼굴은 못생겼지만 매우 친절한다.
혱 ② (날씨) 험악한
· The weather turned out **ugly**.
날씨가 험악해졌다.

·umbrella
[ʌmbrélə/엄브렐러]
명 우산
· He put up[closed] an **umbrella**.

그는 우산을 폈다[접었다].

· It is really cloudy outside. Bring[take] your **umbrella**.
날씨가 잔뜩 찌푸렸는데 우산 가지고 가거라.
A: Suddenly it showers!
/갑자기 소나기가 오네!
B: Why don't you get under my **umbrella**?
/제 우산 속으로 들어오시지요.
A : Oh, thank you.
/어머 고마워요.

·uncle
[ʌ́ŋkl/엉클]
명 아저씨 (《반》 aunt 아주머니)
· My **uncle** is a newscaster.

나의 삼촌은 뉴스 방송 해설자이시다.

우리 나라말과는 달리 영어에서는 「(외)삼촌, 백부, 숙부, 이모부, 고모부」등을 따로 구별하지 않고 개인의 이름을 붙여 『*uncle* Roy (로이 삼촌)』, 『*uncle* Tom (톰 삼촌)』 등으로 부른다.

·under
[ʌ́ndə/언더]
전 ① ~의 밑에[으로](《반》 over ~의 위에)
- The radio is *under* the table.
라디오는 테이블 밑에 있다.

전 ② (나이・가격 따위가)~미만인, ~아래인
- The thief was a man a little *under* thirty.
도둑은 30살이 못된 남자였다.

전 ③ ~하는 중인[중에]
- The bridge is *under* repair.
그 다리는 수리 중이다.

:understand
[ʌndəstǽnd/언더스탠드]
타 자 (3단현 *understands* [ʌndəstǽndz/언더스탠즈], 과거・과거 분사 *understood* [ʌndəstúd/언더스투드], 현재 분사 *understanding* [ʌndəstǽndiŋ/언더스탠딩])이해함
~을 이해하다, 알다
- Do you *understand* me?
제 말을 아시겠어요?
- Can you *understand* me?
내 말을 알아 듣겠습니까?

unhappy
[ʌnhǽpi/언해피]
형 불행한, 슬픈, 불쾌한
- She seems (to be) *unhappy*.
그녀는 불행한 것처럼 보인다.
- I am *unhappy* because my daughter is very sick.
딸이 매우 아파서 나는 슬프다.

uniform
[júːnifɔːrm/유우니포옴]
명 제복, (운동 선수가 입는)유니폼
☞ a school *uniform* 교복
- Policemen wear *uniforms*.
경찰관은 제복을 입는다.
- The baseball players are wearing team *uniforms*.
야구 선수들은 팀의 유니폼을 입고 있다.

unit
[júːnit/유우닛]
명 ① 단위
- A pound is a *unit* of weight.
파운드는 무게의 단위다.

명 ② 【교육】 단원

United States
[juː́néitid stéits/유나이릿 스떼잇쓰]

명 (the를 붙여) 미국
· The *United States* of America is a big country.
아메리카 합중국은 큰 나라이다.

·university
[juːnivə́ːs(i)ti/유우니버어시티]

명 종합 대학, 대학교
· My oldest sister goes to the *university*.
나의 큰 누이는 대학에 다닌다.

> [college/*university*]
> 『college』는 하나의 『단과 대학』, 『*university*』는 여러 단과 대학이 모여 이루어진 『종합 대학』을 말한다. 그러나 실제 대화에서는 영·미인들은 보통 『college』라고 말해 버리는 경우가 많다.

unkind
[ʌnkáind/언카인드]

형 불친절한 (《반》 kind 친절한)
· Mary is *unkind* to her cat.
메리는 자기 고양이를 귀여워하지 않는다.

·unless
[ənlés/언레스]

전 ~이 아닐 것 같으면
· I shall not go *unless* the weather is fine.
나는 날씨가 좋지 않으면 안간다.

·until
[əntíl/언틸]

전 접 ① ~까지 (《동》 till)
· I will be home *until* five o'clock.
나는 5시까지 집에 있을 것이다.

전 접 ② ~할 때까지
· Wait *until* the shower stops.
소나기가 그칠 때까지 기다려라.

전 접 ③ ~이 되어 비로소
· Tom did not start to read *until* he was eight years old.
톰은 여덟살이 되어 비로소 책을 읽기 시작했다.

:up
[ʌp/업]

부 ① 위로 (《반》 down 아래로)
· Hold *up* your hands!
손을 들어라

부 ② 일어나서
· I was *up* all night writing my report.
나는 리포트 쓰느라고 밤을 꼬박 새웠다.
· Stand *up*.
일어 서시오

부 ③ ~의 쪽에[으로]
· I went *up* to Seoul last year.

나는 작년에 상경했습니다.
부 ④ 모조리
· She ate *up* her supper.
그녀는 저녁 식사를 몽땅 먹어치웠다.
《숙》 *up and down* 위아래로
전 ~의 위에[로]
· The cat climbed *up* the tree.
고양이는 나무 위로 기어 올라갔다.
형 올라가는
· The *up*[down] train will start at six.
상행[하행] 열차는 여섯 시에 출발합니다.

upset
[ʌpsét/업쎗]
부 ① 화가 난; 당황한
· You look *upset*. What's the matter?
너 화난 것 같은데 무슨 일이니?
부 ② ~을 뒤집다, 전복시키다
· Don't *upset* the boat.
보트를 뒤집지 마라.

·upstairs
[ʌpstɛ́ərz/업스테어즈]
부 위층에, 위층으로《반》 downstairs 아래층에)

· Where is Chang-soo?
창수는 어디 있니?
· He is playing a video game *upstairs*.
2층에서 비디오 게임을 하고 있어요.
형 위층의, 2층의
· We study in the *upstairs* room.
우리들은 2층에서 공부합니다.
명 위층, 2층
· The *upstairs* is quiet.
2층은 조용하다.

:us
[(강)ʌs/어스, (약)əs/어스]
대 《*we*의 목적격》 우리들[에게]
《참고》we 우리들은, our 우리들의)
· Does this football belong to *us*?
이 축구공 우리 것 아니야?

:use
[juːz/유우즈]
타 사용하다, 쓰다
· May I *use* your knife?
당신의 칼을 써도 좋습니까?
· May I *use* your dictionary?
네 사전 좀 써도 될까?
명 (복수 *uses* [júːziz/유우시즈])
사용, 용도
· The painter's *use* of color is good.
그 화가의 색채 사용법은 훌륭하다.
《숙》 *be of use* 소용이 되다.
《숙》 *be in use* 쓰이고 있다.
make use of ~을 이용하다.

used¹
[juːst/유(우)스트]
자 (***used* to do**로) ~하곤 했다
- I ***used*** to go to church every Sunday.
  나는 매주 일요일에 교회에 다니곤 했다.

형 ~에 익숙하다
- He is not ***used*** to speaking in public.
  그는 사람들 앞에서 말하는 것에 익숙하지 못하다.

used²
[juːst/유(우)스트]
부 중고의, 써서 낡은
- I bought a ***used*** car a few days ago.
  나는 며칠 전에 중고차를 한대 샀다.

useful
[júːsfəl/유우스펄]
형 쓸모 있는, 유용한(《반》 useless 쓸모 없는)
- Your advice was very ***useful*** to me.
  너의 충고는 나에게 매우 유용했다.

useless
[júːslis/유우슬리스]
형 쓸모 없는, 무용한 (《반》 useful 유용한)
- It is ***useless*** to talk with you.
  너와 이야기해도 소용 없다.
- The broken chair is ***useless***.
  그 부서진 의자는 쓸모 없다.

·usual
[júːʒu(ə)l/유우주얼]
형 평소의, 보통의 (《참고》 ***usually*** 보통으로)
- She arrived earlier than ***usual***.
  그녀는 여느 때보다 일찍 도착했다.

《숙》 ***as usual*** 평소와 같이
  The bus has come a little earlier ***than usual***.
  그 버스는 평소보다 좀 빨리 왔다.

usually
[júːʒu(ə)li/유우주얼리]
부 언제나, 의례히, 보통
- I ***usually*** get rid of my stress by singing songs.
  나는 보통 노래를 부르면서 스트레스를 푼다.

utter¹
[ʌ́tər/어터]
형 온전한 (《동》 complete)
- ***utter*** darkness 완전한 어둠

utter²
[ʌ́tər/어터]
타 (신음 소리) 내다, 말로 표현하다
- ***Utter*** a cry of pain
  아프다고 외치다

V,v
[viː/브이]
알파벳의 스물두 번째 문자
☞ 영국에서는 『브이』라고 발음함.

vacancy
[véikənsi/베이컨시]
명 빈방, 공터; 공석
- There were no *vacancies* in the hotel.
  그 호텔에는 빈방이 없었다.

vacation
[veikéiʃ(ə)n/베이케이션]
명 휴가, (미) 휴일
- Have a nice *vacation*!
  휴가 잘 보내세요!
- When does the summer[winter] *vacation* begin?
  여름[겨울] 방학이 언제 시작되니?

> 우리 나라와는 달리 미국에서는 9월에 새 학기가 시작되어 6월에 끝난다. 방학은 「겨울 방학, 봄 방학, 여름 방학」등 3회이다.

valley
[væli/밸리]
명 계곡, 골짜기; (큰 강의) 유역
- the Mississippi *valley*
  미시시피강 유역
- A car fell into the *valley*.
  자동차가 계곡으로 떨어졌다.

valuable
[væljuəbl/밸류어블]
형 귀중한; 값비싼, 소중한, 귀한
- This jewel is *valuable*.
  이 보석은 값비싸다.

명 《복수로 써서》 귀중품
- Put your *valuables* in the safe.
  네 귀중품을 금고에 넣어 둬라.
- a *valuables* watch 값비싼 시계

value
[vǽlju(ː)/밸류]
명 가치, 평가, 가격
· The painting is of great *value*.
그 그림은 매우 가치가 있다.
· What is the *value* of this clock.
이 시계의 값은 얼마입니까?
타 평가하다, 값을 매기다
· They *valued* the jewel at five thousand dollars.
그들은 그 보석을 5천달러로 평가했다.

vase
[(미)veis/베이스, (영)vɑːs/바-즈]
명 꽃병, 항아리, 병, 단지
· Where shall we put this *vase*?
이 꽃병을 어디에다 놓을까요?

vegetable
[védʒ(i)təbl/베지터블]
명 야채, 푸성귀
· We grow *vegetables* in our farm.
우리는 농장에서 채소를 재배합니다.

vehicle
[víːikl/비-이클]
명 탈것, 수송기관; 전달 수단
· These are *vehicles*.
이것들은 탈것들이다.

verb
[vəːrb/버-브]
명 【문법】 동사
· a regular *verb* 규칙 동사

very
[véri/베리]
부 ① 대단히, 매우, 몹시, 무척
· She is *very* pretty.
그녀는 매우 예쁘다.
· Thank you *very* much.
대단히 감사합니다.
부 ② (부정문에)그다지(~않다)
· He isn't *very* kind.
그는 그다지 친절하지 않다.
형 바로 ~의[한]
· My *very* son laughed at me.
내 아들까지도 나를 보고 웃었다.
· She seemed a *very* queen.
그녀는 진짜 여왕처럼 보였다.

vest
[vest/베스트]
명 (복수 *vests* [vests/베스츠])셔츠 조끼; (영) 속옷.
· She wears a beautiful *vest*.
그녀는 예쁜 바지를 입었다.

victory
[víkt(ə)ri/빅터리]
명 (복수 *victories* [víkt(ə)riz/빅터리즈]) 승리(《반》 defeat 패배)
· The war ended in a *victory* for France.

vegetables 야채

pumpkin
호박

eggplant
가지

chiness cabbage
배추

sweet potato
고구마

corn
옥수수

carrot
당근

cucumber
오이

pepper(s)
고추

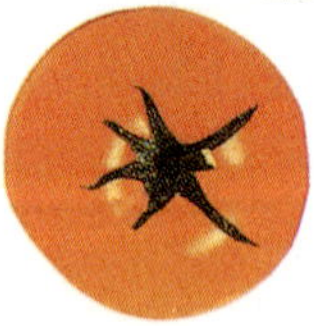

tomato
토마토

green onion
파

mushroom
버섯

◀ Vehicles 탈 것 ▶

airplane 비행기

tow truck 견인차

oil truck 유조차

ambulance 구급차

bicycle 자전거

passenger ship 여객선

garbage truck 트럭

fire engine 소방차

express bus 고속버스

jeep 지프

poclain 포클레인

taxi 택시

helicopter 헬리콥터

remicon 레미콘

patrol car 경찰차

truck 트럭

그 전쟁은 프랑스승리로 끝났다.

·video
[vídiòu/뷔디[리]오우]
명 비디오; (TV) 영상
· I saw a *video* of MacGyver with my brother yesterday.
나는 어제 동생하고 『맥가이버』를 비디오로 보았다.
· They have a large *video* in their living room.
그들은 거실에 대형 텔레비전 영상을 가지고 있다.

view
[vju:/뷰-]
명 ① 전망; 광경, 경치
· We can have a wonderful *view* from here.
여기서부터 우리는 멋진 경치를 볼 수 있다.
· The *view* from the top is beautiful.
정상에서의 전망은 아름답다.

명 ② 시계, 시야
· A ship came into *view*.
한척의 배가 시야에 들어왔다.
· In my *view*, time is on our side.
내 생각으로는 시간은 우리 편이다.
명 ③ 견해, 의견
· In my *view*, he is honest.
내 견해로는 그는 정직하다.

vigo(u)r
[vígər/비거]
명 활기, 정력, 생기, 기운
· They ran with *vigor*.
그들은 기운차게 뛰었다.

·village
[vílidʒ/빌리지]
명 (복수 *villages* [vílidʒiz/빌리지즈]) 마을, 촌락; 마을 사람
· She lives in a small *village*.
그녀는 작은 마을에 살고 있다.
· The whole *village* went to the circus.
온 마을 사람들이 서커스를 구경하러 갔다.

·violin
[vàiəlín/바이얼린]
명 바이올린, 바이올린계통악기
· He can not play the *violin*.
그는 바이올린을 켤 줄 모른다.
· Sue likes to play the *violin* in front of her family.
수는 그녀의 가족 앞에서 바이올린을 연주하는 것을 좋아한다.
《숙》 *play first violin* ~ 앞장서다.

violinist

[vàiəlínist/바이얼리니스트]
명 바이올린 연주자
· He is a famous *violinist*.
그는 유명한 바이올린 연주자다.

virtue

[vɚ́ːrtʃuː/버-추-]
명 (복수 *virtues* [vɚ́ːrtʃuːz/버-추-즈])
명 ① 미덕, 덕, 덕행; 장점
· *Virtue* is its own reward.
덕행은 스스로 보답을 받는다.
명 ② (약의) 효능
· There is little *virtue* in that medicine.
그 약은 거의 효능이 없다.

vision

[víʒ(ə)n/비전]
명 ① 시력, 시각
· He has poor *vision*.
그는 시력이 나쁘다.
· I took a test for my *vision* yesterday.
나는 어제 시력검사를 받았다.
명 ② 상상력, 직감력, 통찰력
· He is a poet of great *vision*.
그는 위대한 상상력을 가진 시인이다.
명 ③ 환상, 환영
· It appeared to me in a *vision*.
그것은 내게 환상으로 나타났다.

·visit

[vízit/비짓]
타 자 ① 방문하다, 찾아가다
· I am going to *visit* her.
나는 그녀를 방문할 예정이다.
타 자 ② 문병[위문]하다
· Father *visited* his friend in (the) hospital.
아버지는 입원 중인 친구분 문병을 가셨다.
명 (복수 *visits* [vízits/비지츠]) 방문, 위문, 구경, 시찰
· Is this your first *visit* to Korea?
한국 방문 이번이 처음이세요?

:visitor

[vízitər/비지터]
명 방문자, 내객; 관광객
· We had no *visitors* all day.
하루 종일 손님 한 사람 없었다.

:voice

[vɔis/보이스]
명 ① (사람의) 목소리
· Keep your *voice* down.
목소리를 낮춰.
· He said in a loud *voice*.
그는 큰 소리로 말했다.
명 ② (문법) 태
·the active *voice* 능동태
·the passive *voice* 수동태

volcano

[vɑlkéinou/발케이노우]

명 화산, 분화구
☞ an active *volcano* 활화산
· There are many active *volcanoes* in Japan.
일본에는 활화산이 많이 있다.

:volleyball
[válibɔ́ːl/발리볼-]
명 배구; 배구공
· I have sore shoulders from playing *volleyball* yesterday.
어제 배구를 했더니 어깨가 시큰거려요.

· Is this your *volleyball*?
이거 네 배구공이니?
· Yes, It is. /No, It isn't.
응. 그래. /아니. 그렇지 않아.

vote
[vout/보우트]
타 자 투표하다
· Who are you going to *vote* for?
너는 누구에게 투표할 거니?
명 (복수 *votes* [voutz/보우츠]) 투표, 표결
· He was elected monitor by *vote*.
그는 투표를 해 반장에 뽑혔다.

※ monitor (학급의) 반장

:voyage
[vɔ́i(i)dʒ/보이(이)지]
명 (복수 *voyages* [vɔ́i(i)dʒiz/보이(이)지즈]) 항해
· It was a long *voyage*.
그것은 긴 항해였다.
· They made a *voyage* to Africa.
그들은 아프리카로 항해했다.
자 항해하다
· He is *voyaging* across the Pacific Ocean.
그는 태평양을 항해중이다.

V sign
[víː sáin/비- 사인]
명 승리의 손가락 표시
· What does the *V sign* mean?
V 사인은 무엇을 뜻합니까?

W,w
[dʌ́blju(ː)/더브(을)류]
알파벳의 스물세 번째 문자

wag
[wæg/왜그]

타 자 (3단현 *wags* [wægz/왜그즈], 과거·과거 분사 *wagged* [wægd/왜그드], 현재 분사 *wagging* [wǽgiŋ/왜깅]) (꼬리 따위를) 흔들다

· A dog *wags* its tail when it feels pleased.
개는 기분이 좋으면 꼬리를 흔든다.

wage
[weidʒ/웨이지]

명 (복수 *wages* [wéidʒiz/웨이지즈]) (복수로 써서) 임금, 급료

· high *wages* 높은 임금
· low *wages* 낮은 임금
· He gets[earns] good *wages*.
그는 많은 임금을 받고 있다.

wail
[weil/웨일]

자 타 소리내어 울다

· The child *wailed* with pain.
그 아이는 아파서 소리내어 울었다.

명 (복수 *wails* [weilz/웨일즈]) 울부짖는 소리, 통곡

waist
[weist/웨이스트]

명 ① 허리, 허리 둘레[치수]

· She has a very small *waist*.
그녀는 허리가 대단히 가늘다.
· She has no *waist*.
그녀는 (허리가) 절구통이다.

명 ② (여성복의) 허리통

· Her *waist* measures 23 inches around.

그녀의 허리 둘레는 23인치다.

·wait
[weit/웨이트]
타 자 기다리다, 기다리고 있다
- *Wait* a minute.
  잠깐 기다려라.
- Are you *waiting* for anybody?
  너 누군가를 기다리고 있니?

《숙》 *wait for* ~을 기다리다
We are *waiting for* her.
우리는 그녀를 기다리고 있다.

:wake
[weik/웨이크]
타 자 (3단현 *wakes* [weiks/웨이크스], 과거형 *waked* [weikt/웨이크트] 또는 *woke* [wouk/워크], 과거분사 *waked* [weikt/웨이크트] 또는 *woken* [wóukn/워큰], 현재분사 *waking* [wéikiŋ/웨이킹])
자 잠이 깨다, 일어나다, 눈뜨다
(《반》 sleep 잠자다)
- *Wake* up, please.
  일어나세요.

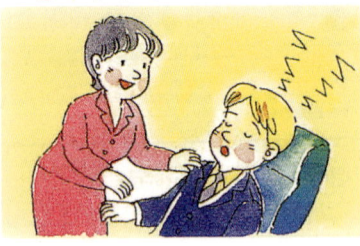

- In the middle of the night they *woke* from sleep.
  한밤중에 그들은 잠에서 깨어났다.

타 ~를 깨우다

- Will you *wake* me up at 7:30?
  7시 30분에 깨워 주시겠어요?

·walk
[wɔːk/워-크]
자 걷기, 산책; 걸음걸이
- We take a *walk* every morning.
  우리는 매일 아침 산책을 한다.

타 걷다, 산책하다
- *Walk*, do not run.
  뛰지 말고 걸어라.

《숙》 *take a walk* 산책하다
I usually *take a walk* before.
나는 보통 아침 식사 전에 산책한다.

·wall
[wɔːl/월-]
명 (복수 *walls* [wɔːlz/월-즈])벽, 담
- Hang this picture on the *wall*.
  이 그림을 벽에 거시오.

walnut
[wɔ́ːlnət/월-넛]
명 호두(의 열매·나무)호두속
- A *walnut* fell off the tree.
  호두 한 개가 나무에서 떨어졌다.

wand
[wɑnd/(우)완]

명 마법사의 지팡이
· The magician waved his magic *wand*.
그 마법사는 요술 지팡이를 한번 흔들었다.

want
[wɑnt/완트]
타 ① ~을 원하다, 바라다, 탐내다
· I *want* a cheeseburger.
치즈버거를 하나 주세요.
· Do you *want* a vacation?
당신은 휴가를 원합니까?
타 ② (*want* to do로 쓰여) ~하고 싶다
· Do you *want* to go shopping?
쇼핑하러 가고 싶니?
Yes, but I am broke.
응, 하지만 나에겐 돈이 없어.
타 ③ (*want*+사람+to do로 쓰여) ~에게 ~해 주었으면 하다
· I *want* you to meet my parents.
내가 너의 부모님과 만났으면 좋겠다.
명 부족, 결핍; 필요
· They suffered from *want* of water.
그들은 물이 부족해서 고통을 받았다.
《숙》 *from want of* ~ 이 원인으로

war
[wɔːr/워-]
명 전쟁 (《반》 peace 평화), 싸움
· A *war* is a fight between countries.
전쟁은 국가 간의 싸움이다.

warm
[wɔːrm/웜-]
형 따뜻한, 더운 (《반》 cool 서늘한)
· Do you think tomorrow will be *warm*?
내일 따뜻할 거라고 생각하세요?
· It was a *warm* summer day.
꽤 더운 여름 날이었다.
타 자 따뜻하게 하다
· Please *warm* my room.
내 방을 따뜻하게 해 주세요.
《숙》 *warm up* 더워지다
Will you *warm up* this milk?
이 우유를 데워 주시겠습니까?

warn
[wɔːrn/원-]
타 경고하다, 주의시키다, 알리다
· I *warn* you.
주의[조심]하시오.

· The policeman *warned* him not to drive too fast.
경찰관은 그에게 과속 운전을

하지 말라고 경고했다.

:was
[wɑz/와즈]

자 《be 동사 *am, is*의 과거형》 ~였다, (어떤 장소에) 있었다
· *Was* he a student then?
그는 그때 학생이었니?

·wash
[wɑʃ/와시]

타 자 ~을 씻다, 세탁하다, 빨다
· *Wash* your hands first.
먼저 손부터 씻어라.
· My sister does not like to *wash*.
나의 누이는 빨래하기를 싫어한다.

wasn't
[wǽznt/와즌트]

약 *was not*의 단축형
· I *wasn't* busy yesterday
나는 어제 바쁘지 않았다.

:waste
[weist/웨이스트]

타 헛되이 하다, 낭비하다
· Please don't *waste* your money.
제발 돈 좀 해프게 쓰지 마라.
자 쇠약해지다; 약화되다

· She has been *wasting* away since she sent to hospital.
그녀는 입원 후에 점점 쇠약해지고 있다.

명 낭비, 허비; 《종종 복수형으로 쓰여》 쓰레기(《동》 garbage, trash)
· It is a *waste* of time.
그것은 시간의 낭비다.
· Put the paper *waste* in the wastebasket.
그 종이류 쓰레기를 쓰레기통에 넣어라.

형 폐물의, 쓸모없는, 버려도 되는
· Put your *waste* paper into this box.
휴지는 이 상자에 넣어라.

·watch
[wɑtʃ/와치]

명 손목 시계, 회중 시계, 시계 (《동》 wristwatch)
· My *watch* keeps good[bad] time.
내 시계는 (시간이) 잘 맞는다 [잘 맞지 않는다].
· This *watch* is three minutes fast[slow].
이 시계는 3분 빠르다[느리다].

타 ① 지켜보다, 주시하다
· I *watch* the baby walking.

나는 갓난아기가 걷는 것을 보고 있다.

[타] ② 돌보다, 간호하다
· **Watch** the baby today.
오늘은 아기를 돌봐주시오.
[타] ③ 망보다, 감시하다
· Will you **watch** this baggage for a while?
잠시 이 짐을 봐주시겠습니까?
[자] 지켜보다; 망보다
· The nurse **watched** all night.
간호사는 밤새도록 간호했다.
《숙》**watch for** ~을 기다리다
《숙》**watch over** ~을 지키다

water
[wɔ́:tər/워-터]
[명] 물;《보통 **waters**로》넘칠듯한 많은 물
· Give me a glass of **water**, please.
물 한 잔 갖다 주세요.
· Still **waters** run deep.
《속담》고요히 흐르는 강은 깊다.
[=생각이 깊은 사람은 말이 적다.]
[타][자] 물을 주다, 물을 뿌리다
· **Water** my plants while I am away.
내가 없는 동안에 화초에 물좀 줘라.
· Turn on the **water**.
물을 틀어라.
· Turn off the **water**.
물을 잠궈라.

watermelon
[wɔ́:tərmèlən/워-터맬런]
[명] 수박
· Mother is cutting the **watermelon**.
어머니는 수박을 자르고 계신다.

· My favorite fruit is **watermelon**.
내가 가장 좋아하는 과일은 수박이다.

:wave
[weiv/웨이브]
[명] 파도, 물결
· The **waves** became very high.
파도가 매우 높아졌다.
[타][자] (손·발 따위를) 흔들어 ~ 신호[인사]하다
· He **waved** me to sit down.
그는 손을 흔들어 나에게 앉으라고 신호했다.

wax
[wæks/왝스]
[명] (복수 **waxes** [wéksiz/왝시즈])

밀초;밀랍 ;광내는 약
· This doll is made of **wax**.
이 인형은 밀초로 만들어져 있다.

·**way**
[wei/웨이]
명 ① 길, 도로(《동》 road,street)
· Is this the right **way** to the Hyatt Hotel?
이 길이 하야트 호텔로 가는 길이 맞나요?

명 ② 거리; 방향(《동》 direction)
· It is a long **way** to the station.
역까지는 상당히 먼 거리이다.
· You came the wrong **way**.
당신은 반대 방향으로 오셨군요.

명 ③ 방법, 방식(《동》 means)
· This is the best **way** to study English.
이것은 영어를 배우는 최선의 방법이다.

《숙》 **make one's way** 나아가다
《숙》 **on the[one's] way** 도중에
《숙》 **out of the way** 방해가 안되는 곳에
《숙》 **all the way** 내내, 멀리(서)
《숙》 **by the way** 그런데
《숙》 **by way of** ~을 경유하여
· My father went Rome.
우리는 오늘 여행은 떠났다.

·**we**
[wi:/위-]
대 우리는[가], 우리들
· **We** are seven.
우리들은 일곱명이다.
· Have you met each other yet?
서로 인사 나누셨어요?
· **We** know each other. **We** went to the same college.
우리는 서로 아는 사이예요. 우리는 같은 대학을 다녔어요.

:**weak**
[wi:k/위-크]
★ week와 같은 발음
형 약한, 허약한(《반》 strong 강한)
· Everybody has his **weak** point.
누구에게나 약점이 있다.
· She is very **weak**.
그녀는 매우 허약하다.

wealth
[welθ/웰스]
명 부, 재산(《동》 riches)
· He is a man of **wealth**.
그는 재산가다.
· The old man gathered **wealth**.
그 노인은 재산을 모았다.

:**wear**
[wεər/웨어]
타 자 (3단현 **wears** [wεərz/웨어즈], 과거형 **wore** [wɔ:r/워-], 과거분사 **worn** [wɔ:rn/원-], 현재분사 **wearing** [wεəriŋ/웨어링])
타 입고 있다, 몸에 지니고 있다
· She does not **wear** a hat.
그녀는 모자를 쓰고 있지 않다.

weather

- Our teacher *wears* glasses.
우리 선생님은 안경을 쓰신다.

자 오래가다
- This kind of cloth *wears* well.
이런 종류의 천은 꽤 오래간다.

명 의복
- children's *wear* 아동복
- man's *wear* 신사복

weather
[wéðər/웨더]

명 일기, 날씨, 기후
- How will the *weather* be tomorrow?
내일 날씨는 어떨까요?
- It will be cloudy.
흐리겠지.

wedding
[wédiŋ/웨딩]

명 혼례, 결혼식
- Chris and Steven invited me to their *wedding*.
크리스와 스티븐은 나를 그들의 결혼식에 초대했다.

- They invited us to their *wedding*.
그들은 우리를 결혼식에 초대했다.
- *wedding* breakfast 결혼피로연

Wednesday
[wénzdi/웬즈디]

Sun.	Mon.	Tues.	Wed.	Thurs.	Fri.	Sat.
일	월	화	수	목	금	토

명 수요일 (**Wed.**또는 **W.**로 약한다)
- Today is *Wednesday*.
오늘은 수요일이다.
- We will go on a picnic on *Wednesday*.
우리들은 수요일에 소풍을 간다.

weed
[wi:d/위-드]

명 잡초, 해초
- The garden was full of *weeds*.
그 정원은 잡초가 우거져 있었다.

week
[wi:k/위-크]

★ weak와 같은 발음
명 주; 일주일
- What day of the *week* is it?
오늘은 무슨 요일입니까?
- A *week* is made up of seven days.
1주일은 7일로 구성되어 있다.

weekend
[wí:kénd/위-크엔드]

명 주말
- We went to Seoul last *weekend*.
우리는 지난 주말에 서울에 갔다.
- Are you free this *weekend*?
너 이번 주말에 시간 있니?
- We went on a *weekend* today.
우리는 오늘 여행을 떠났다.

weight
[weit/웨이트]
★ wait와 같은 발음
명 무게, 중량, 체중
· It is ten pounds in *weight*.
  그것은 무게가 10파운드다.

· What is your *weight*?
  당신의 체중은 얼마입니까?

welcome
[wélkəm/웰컴]
형 ① 환영받는, 기꺼이 맞이하다
· *Welcome* to America!
  미국에 오신 것을 환영합니다!
형 ② 별말씀을, 천만에
· Thank you very much.
  You're *welcome*.
  매우 감사합니다, 별말씀을.
타 환영하다
· She *welcomed* her guests at the front door.
  그녀는 현관에서 손님을 기꺼이 맞이했다.
감 어서 오십시오
· *Welcome* home!
  (귀국 인사로) 어서 오십시오!
· *Welcome* to Korea!
  한국에 잘 오셨습니다!
명 환영, 환대
· He gave me a hearty *welcome*.
  그는 나를 진심으로 환영했다.

You are *welcome* 「"별 말씀을 다하시네요", "천만에요"」

◎ 『Thank you(감사합니다).』라는 말에대해 『천만에요.』라는 뜻으로 쓸 수 있는 가장 정중한 표현, 간단하게는 『*Welcome*.』이라고만 해도 된다.

well¹
[wel/웰]
부 (비교급 *better* [bétər/베터], 최상급 *best* [best/베스트])
부 ① 잘, 훌륭하게; 능숙하게
· He speaks English *well*.
  그는 영어를 잘한다.
부 ② 잘, 충분히; 적절히
· I don't feel *well* today.
  나는 오늘 기분이 좋지 않다.
· Have you eaten *well*?
  잘 드셨습니까?
· I know it *well*.
  나는 그것을 잘 알고 있다.
《숙》 *as well* 더욱이
《숙》 *may as well (do)* ~하는 편이 낫다
《숙》 *may well (do)* ~하는 것도 당연하다
《숙》 *as well as* ~와 마찬가지로
《숙》 *be well off* 유복하다, 잘 살다
형 (비교급 *better* [bétər/베터], 최상급 *best* [best/베스트])

well²

형 ① 건강한
- Did he get *well*?
  그는 건강해졌습니까?
- He looks very *well*.
  그는 아주 건강해 보인다.

형 ② (형편이) 좋은
- All is *well* that ends *well*.
  끝이 좋으면 만사가 좋은 법이다.

《숙》*feel well* 기분이 좋다
  I'm *feeling* very *well* today.
  나는 오늘 기분이 매우 좋다.

《숙》*get well* (몸이) 좋아지다

well²
[wel/웰]

명 (복수 *wells* [welz/웰즈]) 우물
- There was no water in the *well*.
  그 우물에는 물이 없었다.

well-known
[wélnóun/웰노운]

형 잘 알려진 (《동》famous)
- Africa is *well-known* for its wind animals.
  아프리카는 야생 동물들로 잘 알려져 있다.
- She is a *well-known* design.
  그녀는 유명한 디자이너이다.

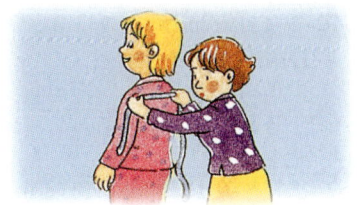

went
[went/웬트]

자 *go* (가다)의 과거형
- He *went* to London.
  그는 런던으로 갔다.
- I *went* to Cheju Island with my family last Saturday.
  나는 지난 토요일에 가족과 함께 제주도에 갔다.

were
[wəːr/워-]

자 ① *are*의 과거형
- They *were* very kind to me.
  그들은 내게 대단히 친절했다.

자 ② (만약) ~이라면
- If I *were* rich, I would help poor people.
  만약 내가 부자라면 가난한 사람들을 도울텐데.
- We *were* in Taegu last summer.
  우리는 지난 여름 대구에 있었다.
- The children *were* hungry
  아이들은 배가 고프다.

weren't
[wəːrnt/원-트]

약 *were not*의 단축형
- There *weren't* any tigers in the zoo.
  그 동물원에 호랑이는 한마리도 없었다.

west
[west/웨스트]

명 ① 《the *west*로》서, 서쪽, 서방 (《반》east 동쪽)
- The sun rises in the east and sets in the *west*.
  해는 동쪽서 뜨고 서쪽으로 진다.

- The sun sets in the *west*.
해는 서쪽으로 진다.

명 ② (*the West*로) 서부 지방
- We must shake hands with *the West*.
우리는 서양과 손을 잡아야만 한다.

부 서쪽으로
- Our car was running *west*.
우리 자동차는 서쪽으로 달리고 있었다.

형 서쪽의
- A *west* wind began to blow.
서풍이 불기 시작했다.

:wet
[wet/]

형 ① 젖은 (《반》dry 마른), 눅눅한
- He got *wet* to the skin.
그는 흠뻑 젖었다.

형 ② 비내리는, 비의
- We had many *wet* days last month.
지난 달에 비가 오는 날이 많았다.

:whale
[(h)weil/훼일, 웨일]

명 고래
- A *whale* is the largest animal living in the sea.
고래는 바다에서 사는 가장 큰 동물이다.

what
[(h)wɑt/홧, 왓]

대 ① (《의문 대명사》) 무엇, 어떤 것, 무슨일
- *What* is this?
이것은 무엇입니까?
- *What* is your name?
당신의 이름은 무엇입니까?
- *What* is the matter(with you)?
너 무슨일 있니?

대 ② (《관계 대명사》) 것, 일
- *What* I say is true?
내가 말하는 것은 사실이다.

《숙》 *What about~?* ~하는게 어떠니
《숙》 *What~for?* 무슨 목적으로
《숙》 *What is more* 게다가
《숙》 *What is called* 소위
《숙》 *What not* 그런 따위의 것의

wheel

[형] ① 《명사 앞에 쓰여》 어떤, 무슨
- **What** color do you like?
  너는 어떤 색을 좋아하니?
- **What** day is it today?
  오늘은 무슨 요일이니?

[형] ② 《관계 형용사》 ~하는
- Lend me **what** money you can.
  당신이 빌려줄 수 있는 만큼 돈을 좀 빌려주시오.

[형] ③ 《감탄문에서》 정말이지
- **What** a pretty doll!
  얼마나 예쁜 인형이냐!
- **What** good students!
  정말이지 좋은 학생들이로구나!

> 「① Who is he? ② What is he?」
> ① 은 『사람의 이름』이나 『가족[인척] 관계』를 묻는 것이고, ② 는 『직업·신분』 따위를 묻는 것이다.
> 예) ① Who is he? (그는 누구니?)
>   He is Sang-ho. (그는 상호야.)
>   ② What is he?
>   (그는 무엇을 하니?)
>   He is a doctor. (그는 의사야.)

wheel
[(h)wiːl/휠-, 월-]
[명] 바퀴; (자동차의) 핸들
《숙》 **Wheel and deal** 술책 부리다.
- A wagon has four **wheels**.
  4륜 마차는 바퀴가 4개이다.

- I never speak when I am at the **wheel**.
  나는 운전할 때 절대로 말을 하지 않는다.

when
[(h)wen/훼ㄴ, 웬]
[부] ① 《의문 부사》 언제, 언제쯤
- **When** did she come?
  그녀는 언제 왔니?
- I don't know **when** to start.
  나는 언제 출발 할지 모른다.

[부] ② 《관계 부사; 제한적 용법》 ~하는[한, 인, 할] 때
- Now is the time **when** we must study.
  자, 이제 공부해야 할 시간이다.

[부] ③ ~할[일] 때
- I came here at five, **when** the sun set.
  내가 다섯시에 여기 왔을 때 해는 졌다.

[접] ~할 때에, ~할 때는
- It was snowing **when** they arrived.
  그들이 도착했을 때에는 눈이 내리고 있었다.

where
[(h)wɛər/훼어, 웨어]
[부] ① 《의문 부사》 어디에, 어디로
- **Where** are you, Mom?
  엄마, 어디에 계셔요?
- **Where** are you going?
  어디로 가십니까?

[부] ② 《관계 부사; 제한적 용법》 ~한 (바의)
- This is the house **where** he was

born.
이곳이 그가 태어난 집이다.

부 ③ 그러자 그곳에(서)
· I went to New York, *where* I met her.
나는 뉴욕으로 가서 거기서 그녀를 만났다.
접 ~하는 곳에 [으로, 을]
· Stay *where* you are.
지금 있는 곳에 있거라.
· I will go *where* I like.
나는 내가 좋아하는 곳으로 가겠다.
대 어디, 어느 장소
· *Where* are you from?
어디 출신 입니까?

:whether
[(h)wéðər/훼더, 웨더]
접 ① ~인지 어떤지
· I don't know *whether* she is coming (or not).
그녀가 올지 안 올지 나는 모른다.
접 ② ~이든지 (아니든지)
· You must do it, *whether* you like it or not.
네가 좋든 싫든 그것을 해야만 한다.

·which
[(h)witʃ/휘치, 위치]

대 ① 어느 쪽[것]
· *Which* pencil is yours, this or that?
어느 연필이 네 것이냐, 이것이냐, 저것이냐?
대 ② ~하는[한] (바의)
· This is a bus *which* goes to the park.
이것은 공원으로 가는 버스다.
대 ③ 그리고 그것은[을]
· Yesterday we saw a movie, *which* was very fantastic.
이제 우리는 영화 한편을 봤는데 그것은 매우 환상적이었다.
《숙》*Which is worse* 더욱 나쁜 것은
형 어느, 어떤
· *Which* book is mine?
어느 책이 내 것이냐?
· *Which* way did they go?
그들은 어느 쪽으로 갔니?

·while
[(h)wail/화일, 와일]
접 ① ~하는 동안(에)
· *While* I was sleeping, he went out of the house.
내가 자고 있는 동안에 그는 집을 나가버렸다.
접 ② 그런데, 한편(으로는)
· You are too young, *while* she

is too old.
너는 너무 젊은데 그녀는 너무 늙다.
명 동안, 시간, 잠시
· They started a short *while* ago.
그들은 방금 전에 출발 했다.
《숙》 *after a while* 잠시 후에
《숙》 *all the while* 그동안 죽[내내]
《숙》 *for a while* 잠시 동안
《숙》 *in a little while* 좀 있으면

whistle
[(h)wisl/휘슬, 위슬]
명 휘파람; 호각
· The boy is blowing a *whistle*.
그 소년은 휘파람을 불고 있다.
형 휘파람을 불다
· Don't *whistle* in the classroom.
교실 안에서 휘파람을 불지 마라.

·white
[(h)wait/화이트, 와이트]
형 흰, 백색의(《반》 black 검은 색)
· This rose is *white*.
이 장미꽃은 하얗다.

· My grandfather has *white* hair.
할아버지는 백발이시다.
명 백색; 흰 옷; 백인
· The nurse was dressed in *white*.
그 간호사는 흰 옷을 입고 있었다.

· She is a *white*.
그녀는 백인이다.

·who
[hu:/후-]
대 ① 누구, 누가
· *Who* are you?
너는 누구니?
· *Who* is playing the violin?
누가 바이올린을 켜고 있니?
대 ② 누구를[에게]
· *Who* did you meet yesterday?
당신은 어제 누구를 만났습니까?
대 ③ ~하는[한, 인] 사람
· Do you know the girl *who* is playing the piano?
당신은 피아노를 치고 있는 소녀를 알고 있습니까?

:whole
[houl/호울]
형 전체의, 전부의, 모든
· It rained (for) five *whole* days.
꼬박 5일간 비가 왔다.

명 (the *whole*로 쓰여) 전체, 전부
(《반》 part 부분)
· I know the *whole* of it.
나는 그것을 전부 알고 있다.
《숙》 *as a whole* 전체로서
《숙》 *on the whole* 대체로

whom
[hu:m/훔-]
때 ① 누구를, 누구에게
· I don't know *whom* to believe.
나는 누구를 믿어야 할지 모른다.
· *Whom* [who] did you invite?
너는 누구를 초대했니?
때 ② ~하는 (사람)
· He is the man (*whom*) I met yesterday.
그는 내가 어제 만난 사람이다.

whose
[hu:z/후-즈]
때 ① 누구의; 누구의 것
· *Whose* book is this?
이것은 누구의 책이니?
· *Whose* is that car?
저 자동차는 누구 것입니까?
· It's mine.
내 것입니다.
때 ② ~하는, ~인
· I know a boy *whose* name is Tom.
나는 이름이 톰이라는 소년을 알고 있다.

why
[(h)wai/화이, 와이]
부 ① 왜, 어째서, 왜 그런데
· *Why* are you crying?
너 왜 울고 있니?
· But *why*?
그러나 어째서 그렇지?
부 ② ~하는 이유
· That is *why* I was angry with her.
그래서 나는 그녀에게 화를 냈다.
감 아니, 저런, 어머
· *Why*, it's you!
어머, 너로구나!

wide
[waid/와이드]
형 (폭이)넓은, 폭이 ~한, 광대한
(《반》 narrow 좁은)
· Father has *wide* shoulders.
아버지는 어깨가 넓으시다.

· How *wide* is that?
그것은 폭이 얼마나 되니?
· It is ten inches *wide*.
그것은 폭이 10인치야.
부 널리; 광범위하게
· Open the window *wide*.
창을 활짝 열어라.
· She is *wide* awake.
그녀는 완전히 잠이 깨어 있다.
《숙》 *far and wide* 널리

wife
[waif/와이프]
명 (복수 *wives* [waivz/와이브즈])
아내, 부인, 처(《반》 husband 남편)
· He has a *wife*.
그는 아내가 있다.
· My *wife* is a teacher.
내 부인은 선생이다.
· They are husband and *wife*.
그들은 부부이다.

wildly
[wáildli/와일들리]

부 거칠게, 난폭하게
· He knocked *wildly* on the door.
그는 문을 난폭하게 두드렸다.
《숙》 *go wildly* 사납게 날뛰다

· will
[wil/윌]

조 (과거형 *would* [wud/우드])
조 ① (미래를 나타내어) ~할 것이다, ~일 것이다
· I *will* be thirteen next year.
나는 내년에 13살이 된다.
· He *will* come here soon.
그는 곧 여기에 올 것이다.
조 ② (의지를 나타내어) ~하겠다 ~할 작정이다
· I *will* study harder from now on.
나는 지금부터 더 열심히 공부하겠다.
조 ③ (*will* you~?로 쓰여) ~해 주시지 않겠습니까?
· *Will* you come this way?
이쪽으로 오지 않겠습니까?
· Pass me the pepper, *will* you?
후추 좀 집어 주시겠습니까?
조 ④ (습성·경향을 나타내어) ~하기 마련이다
· Children *will* be noisy.
아이들은 시끄럽기 마련이다.
명 (복수 *wills* [wilz/윌즈]) 결의; 의지(력)
· He has a strong *will*.
그는 강한 의지를 가지고 있다.

:win
[win/윈]

타 자 (3단현 *wins* [winz/윈즈], 과거·과거 분사 *won* [wʌn/원], 현재분사 *winning* [wíniŋ/위닝])
타 자 ① (전쟁·경기), 싸움이기다 (《반》 lose 지다)
· I am sure our team will *win* the game.
우리 팀이 꼭 시합에서 이길것이라고 나는 확신한다.
타 자 ② (상·상금) 타다, 얻다
· Who will *win* the prize?
누가 그 상을 타겠느냐?
· He *won* the first prize?
그는 일등상을 탔다.

자 이기다, 승리하다
· Which team will *win*?
어느 팀이 이길까요?

·wind¹
[wind/윈드]

명 (복수 *winds* [windz/윈즈]) 바람
· The *wind* is strong today.
오늘은 바람이 세다.

· The *wind* blew her umbrella inside-out.
바람 때문에 그녀의 우산이 뒤집어졌다.

:wind²
[waind/와인드]
타 자 (3단현 *winds* [waindz/와인즈], 과거·과거 분사 *wound* [waund/와운드], 현재 분사 *winding* [wáindiŋ/와인딩])

타 (시계 따위를) 돌리다
· Did you *wind* (up) the clock?
너는 시계의 태엽을 감았니?

자 (길·강)꼬불고불 구부러지다, 굽이치다
· The road *winds* along the river.
길이 강을 따라 꼬불고불 이어 나갔다.

windmil
[wín(d)mil/윈(드)밀]
명 풍차
· *Windmils* are used to pump water or grind grain.
풍차는 물을 퍼올리거나 곡식을 찧는데 사용된다.

·window
[wíndou/윈도우]

명 창(문), 진열창, 창유리
· Shut the *windows*, please.
창문을 닫아주시오.
· Please open the *window*.
창문을 열어주시오.

windy
[wíndi/윈디]
형 바람이 부는, 바람이 세게 부는
· It's very *windy* today.
오늘은 바람이 매우 세다.
· It is cold and *windy*.
춥고 바람이 분다.

:wing
[wiŋ/윙]
명 (새·곤충·비행기 따위의)날개
· The bird spread its big *wings*.
그 새는 큰 날개를 폈다.
· A bird's *wing* is coverd with feathers.
새의 날개는 깃털로 덮여 있다.

·winter
[wíntər/윈터]
명 겨울
· It snows in *winter*.
겨울에는 눈이 온다.
· *Winter* is gone.
겨울이 다 갔군요.
· *Winter* is the last season of the

year.
겨울은 1년의 마지막 계절이다.

:wipe
[waip/와이프]
타 닦다, 훔치다
· He *wiped* face with the towel.
그는 수건으로 얼굴을 닦았다.
· *Wipe* the table right now.
지금 당장 그 테이블을 닦아라.

:wise
[waiz/와이즈]
형 현명한, 슬기로운, 지혜로운
· He is a very *wise* man.
그는 대단히 현명한 사람이다.
· The boy is *wise* and knows everything.
그 소년은 현명해서 모든 것을 알고 있다.

·wish
[wiʃ/위시]
타 ① 바라다, 원하다
· What do you *wish* of me?
당신은 내게 무엇을 바라십니까?
타 ② (행복·건강을) 빌다
· I *wish* you a Happy New Year.
새해 복 많이 받으십시오.

타 ③ ~하면 좋겠다고 여기다

· I *wish* I could fly like a bird.
내가 새처럼 날 수 있다면 좋을 텐데.
타 ④ ~하고 싶다
· I *wish* to be a pilot.
나는 비행기 조종사가 되고 싶다.
· I *wish* you to keep quiet.
나는 당신이 조용히 해주기를 바랍니다.
자 원하다, 바라다
· She *wished* for a new car.
그녀는 새 자동차를 원했다.
명 (복수 *wishes* [wíʃiz/위시즈])
명 ① 소원, 소망, 바람
· She has the *wish* to be a stewardess.
그녀는 스튜어디스가 되고 싶어한다.
명 ② (복수로 써서) 호의; 의뢰
· Please send him my best *wishes*.
그에게 안부 전해 주십시오.

·with
[wið/위드]
전 ① ~와 함께; ~을 데리고(서)
(《반》 without 없이)
· Can I go to the store *with* you, Mom?
엄마, 저도 함께 가게에 가도 괜찮아요?
전 ② ~와 동시에, ~에 따라서
· He gets up *with* the sun.
그는 해가 뜰 때 일어난다.
전 ③ ~을 가지고 (있는)
· He has no money *with* him.
그는 가지고 있는 돈이 없다.
전 ④ ~을 사용하여, ~(으)로

· He opened the door *with* a key.
그는 열쇠로 문을 열었다.
전 ⑤ ~(으)로, ~을
· He filled the bucket *with* water.
그는 양동이에 물을 채웠다.
전 ⑥ ~때문에, 탓으로, 인하여
· He is in bed *with* a cold.
그는 감기로 인해 자고 있다.

《숙》*with all* ~이 있으면서도

:within
[wiðín/위딘]
전 ~의 범위 내에, ~이내에의
· They will arrive *within* an hour.
그들은 한 시간 이내에 도착할 것이다.
부 안에[으로]; 마음속으로
· He went *within*.
그는 집안으로 들어갔다.
· She is pure *within*.
그녀는 마음이 순수하다.

·without
[wiðáut/위다웃]
전 ① ~없이, ~없이는, ~이없다
(《반》 with ~를 가지고)
· I drink coffee *without* sugar.
나는 설탕을 타지 않고 커피를 마신다.
전 ②~하지 않고

· He went out *without* even saying good-bye.
그는 안녕이란 말도 하지 않고 나갔다.
《숙》*do without* ~없이 때우다
부 밖에(는); 옥외에
· It's very cold *without*.
밖에는 대단히 춥다.

:woke
[wouk/워크]
자 타 wake(깨다, 깨우다)의 과거형
· I *woke* up at six this morning.
나는 오늘 아침 여섯시에 깼다.

:wolf
[wulf/울프]
명 (복수 *wolves* [wulvz/울브즈])
늑대, 이리
· I have never seen a *wolf*.
나는 늑대를 한번도 본적이 없다.
· A *wolf* looks like a big dog.
늑대는 큰 개처럼 보인다.

·woman
[wúmən/우먼]
명 (복수 *women* [wímin/위민])
여자, 여성 (《반》 man 남자)
· That *woman* is my aunt.
저 부인은 나의 아주머니시다.

:won
[wʌn/원]

타 자 *win*(이기다)의 과거·과거분사
- Our team *won* the game.
  우리 팀이 시합에 이겼다.
- Lg Twins *won* the game 4to2.
  Lg 트윈스가 4대2로 이겼다.

:wonder
[wʌ́ndər/원더]

자 ① 놀라다
- We *wondered* at his talent.
  우리는 그의 연기에 놀랐다.
- I *wondered* to see you there.
  나는 거기서 너를 만나서 놀랐다.

자 ② 의아하게 여기다, 의심하다
- I was just *wondering* about that.
  나는 그 일에 관해서 의아하게 여기고 있던 참이었다.

타 ① ~을 이상하게 여기다, ~이라니 놀랍다
- I *wonder* that he did not succeed.
  나는 그가 성공하지 못한것이 놀랍다.

타 ② ~가 아닐까 생각하다, ~인가 하고 생각하다
- They *wondered* if that man was her father.
  그들은 그 남자가 그녀의 아버지가 아닐까 생각했다.

명 (복수 *wonders* [wʌ́ndərz/원더즈]) 불가사의, 놀라움
- I was filled with *wonder*.
  나는 대단히 놀랐다.
- The Seven *Wonders* of the World
  세계의 7대 불가사의.

·wonderful
[wʌ́ndərfəl/원더펄]

형 ① 놀라운, 이상한
- The boy had a *wonderful* memory.
  그 소년은 놀라운 기억력을 가지고 있었다.

형 ② 훌륭한, 굉장한
- The circus was *wonderful*.
  그 서커스는 굉장했다.

won't
[wount/원트]

약 *will not*의 단축형
- You *won't* be in time unless you hurry.
  서두르지 않으면 시간에 늦을 것이다.

·wood
[wud/우드]

명 (복수 *woods* [wudz/우즈])

명 ① 목재; 장작
- Paper is made from *wood*.
  종이는 나무로 만들어진다.
- Put more *wood* into the fire.
  불에 장작을 더 얹어라.

명 ② (복수로 써서) 숲, 수풀
- She was walking in the *woods*.
  그녀는 숲속을 거닐고 있었다.

《숙》 *saw wood* 자기 일에 전념하다.

:wool
[wul/울]
명 양털, 울; 털실
· This blanket was made of *wool*.
이 담요는 양털로 만들어졌다.

·word
[wəːrd/워-드]
명 (복수 *words* [wəːrdz/워즈])
명 ① 말, 낱말, 단어
· Let's play a *word* game.
낱말 놀이를 하자.

명 ② 이야기, 한마디 말
· He did not speak a *word*.
그는 한마디 말도 하지 않았다.
명 ③ 약속
· He always keeps his *word*.
그는 언제나 약속을 지킨다.
《숙》 *in a word* 요컨대
《숙》 *in other words* 바꾸어 말하면

wore
[wɔːr/(우)오아-]
자 타 *were*(입다)의 과거형
· She *wore* a short skirt.
그녀는 짧은 스커트를 입고있었다.

:work
[wəːrk/워-크]
자 ① 일하다; 공부하다
· My mother is *working* in the kitchen.
어머니는 부엌에서 일하고 계신다.
자 ② 근무하고 있다
· Mom *works* at the hospital.
엄마는 병원에서 근무하신다.
자 ③ (기계) 작동하다
· This elevator is not *working* now.
이 승강기는 지금 작동하지 않는다.
자 ④ 잘 되어가다
· The plan will *work* well.
이 계획은 잘 되어갈 것이다.
타 일시키다; 움직이다
· I don't know how to *work* this machine.
나는 이 기계를 조작하는 방법을 모른다.
명 (복수 *works* [wəːrks/워-크스])
명 ① 일, 작업; 공부
· I have a lot of *work* to do.
나는 해야 할 일이[공부가] 많다.
명 ② (예술)작품, 저작
· a literary *work* 문학 작품
《숙》 *at work* 일터에서
He is *at work*.
그는 일하고 있다.
《숙》 *out of work* 실직하여

·world
[wəːrld/월-드]
명 ① (*the world*로)세계
· This is a map of *the world*.
이것은 세계 지도다.
· He traveled around *the world*.
그는 세계 일주 여행을 했다.
명 ② (*the world*로)세상

- You know nothing of ***the world***.
  너는 세상일을 아무것도 모른다.
- 명 ③ (***the world***로)세상 사람들
  - All ***the world*** knows it.
  세상 사람들은 모두 그것을 알고 있다.
- 《숙》 ***all over the world*** 온 세계에

worm
[wəːrm/웜-]
- 명 벌레
  - Look at that big ***worm***!
  저 큰 벌레를 보아라!
  - Larks like to eat ***worm***.
  종달새는 벌레 먹는 것을 좋아한다.

·worry
[wə́ːri/워-리]
- 자 걱정[근심]하다
  - I'm sorry. Don't ***worry***.
  미안합니다. 걱정하지 마세요.
- 타 난처하게 하다, 괴롭히다
  - He often ***worries*** his teacher with silly questions.
  그는 가끔 어리석은 질문을 하여 선생님을 난처하게 한다.
- 명 (복수 ***worries*** [wə́ːriz/워-리즈]) 걱정, 근심; 골칫거리
  - She is sick with ***worry***.
  그녀는 걱정때문에 병이 났다.

worse
[wəːrs/워-스]
- 형 (***bad, ill***의 비교급)더 나쁜; (병이) 악화된 (《반》 better 더 좋은)
  - This is ***worse*** than that.
  이것은 저것보다 더 나쁘다.
  - She is much ***worse*** this afternoon.
  오늘 오후 그녀의 병세는 훨씬 악화되었다.

- 부 더 나쁘게, 보다 심하게
  - Tom is bad, but his little brother is ***worse***.
  톰은 못됐지만 그의 동생은 더 못됐다.

:worst
[wəːrst/워-스트]
- 형 (***bad, ill***의 최상급)가장 나쁜; (용태)최악의(《반》 best 가장 좋은)
  - He was the ***worst*** in the class.
  그는 반에서 성적이 가장 나빴다.
- 부 가장 나쁘게, 가장 서투르게
  - He sang ***worst*** of all.
  모든 사람 가운데서 그의 노래가 가장 서툴렀다.
- 명 최악; 최악의 것[사람]

- The ***worst*** has happened.
최악의 사태가 발생했다.
- He is the ***worst*** boy in school.
그는 학교에서 가장 나쁜 학생이다.

worth
[wə:*r*θ/워-스]
명 가치, 값어치
- We know his real ***worth***.
우리는 그의 진가를 알고 있다.
- It is a book of little ***worth***.
그것은 별로 가치가 없는 책이다.

《숙》 ***be worth ~ing***
~ 할 만한 가치가 있다
This movie ***is worth seeing***.
이 영화는 볼 만한 가치가 있다.

형 ~의 가치가 있는
- The book is ***worth*** reading.
그 책은 읽을 만한 가치가 있다.

worthy
[wə́:*r*θi/워-디]
형 (~에) 어울리는
- His deed is ***worthy*** of praise.
그의 행위는 칭찬할 만하다.
- The teacher was a ***worthy*** man.
그 선생님은 훌륭한 인물이었다.

:would
[wud/우드]

조 ① (시제 일치로 *will*의 과거형)
~할 것이다
- He said (that) he ***would*** help me.
나를 도와주겠다고 그가 말했다.

조 ② (과거의 습관) ~하곤했다
- They ***would*** play together after school.
그들은 방과 후에 함께 놀곤 했다.

조 ③ (***would*** you (please)~?로)
~하여 주시겠습니까?
- ***Would*** you please be quiet?
I am trying to get some sleep.
조용히 해주시겠습니까?
눈 좀 붙이려던 참이거든요.

《숙》 ***would like to do*** ~하고 싶다
《숙》 ***would rather (do)*** ~하는 쪽이 낫다
《숙》 ***Would that*** ~면 좋을텐데
《숙》 ***Would you~?*** ~해 주지 않겠습니까
Would you open the window?
창문을 열어주지 않겠습니까?

:wound¹
[waund/와운드]
타 자 *wind*(감다, 굽이치다)의 과거·과거 분사
- The ivy ***wound*** around the tree.
담쟁이덩굴이 그 나무를 휘감았다.

wound²
[wuːnd/운-드]

㉠ ㉣ 상처를 입히다[입다]
- He was *wounded* in the head.
그는 머리에 부상을 당했다.

㈂ (복수 *wounds* [wuːndz/운-즈])
부상, 상처
- a fatal *wound* 치명상
- He received a serious *wound*.
그는 중상을 입었다.

wow
[wau/와우]

㈂ 야, 와(경탄·기쁨·고통 따위를 나타냄)
- *Wow*! That's great!
야, 굉장하구나!

wrap
[wæp/랩]

㉠ ㉣ (3단현 *wraps* [ræps/랩스], 과거·과거 분사 *wrapped* [ræpt/랩트] 또는 *wrapt* [ræpt/랩트], 현재 분사 *wrapping* [ræpiŋ/래핑]) 감싸다 싸다; 얽다
- She *wrapped* the present in pretty paper.
그녀는 선물을 예쁜 종이로 쌌다.
- *wrap* it in black paper!.
그것은 검은색 종이로 싸다.
- Can you gift-*wrap* it?.
선물용 포장을 해주시겠어요?

wrist
[rist/리스트]

㈂ (복수 *wrists* [rists/리스츠]) 손목
- I caught him by the *wrist*.
나는 그의 손목을 잡았다.

·write
[rait/라이트]

㉠ ㉣ (3단현 *writes* [raits/라이츠], 과거형 *wrote* [rout/로우트], 과거 분사 *written* [rítn/라튼], 현재 분사 *writing* [ráitiŋ/라이팅])

㉠ ㉣ ① (글씨·문장·편지·원고 따위를) 쓰다
- *Write* your name here.
여기에 네 이름을 써라.
- He *wrote* a new novel.
그는 새 소설을 썼다.

㉠ ㉣ ② 편지를 쓰다
- She *wrote* to me yesterday.
그녀는 어제 내게 편지를 썼다.

《숙》 *write down* 써 두다
Write it *down* in your notebook.
그것을 노트에 기록해 두시오.

writing
[ráitiŋ/라이팅]

㈂ (복수 *writings* [ráitiŋz/라이팅즈]) 쓰기, 집필, 저술; 필적
- I am busy with my *writing*.
나는 집필로 바쁘다.

- I cannot read his *writing*.
나는 그의 필적을 읽을 수가 없다.

·wrong
[rɔːŋ/롱-]

형 ① (도덕적으로) 그릇된, 나쁜
· Something is *wrong* with my car.
내 차는 어딘가 고장이 난것 같다.

형 ② 잘못된, 틀린
· His answer is *wrong*.
그의 답은 틀렸다.
· You took the *wrong* subway.
당신은 지하철을 잘못 타셨군요.

형 ③ 상태가[컨디션이] 나빠서
· Something is *wrong* with my car.
내 차는 어딘가 고장이 난것 같다.

부 부정하게, 그릇(잘못)되게
· He told me *wrong*.
그는 내게 틀리게 말했다.

명 악, 죄; 부정
· He never does *wrong*.
그는 결코 나쁜 짓을 하지 않는다.

·wrote
[rout/로우트]
타 자 *write*(쓰다)의 과거형
· The letter was *written* in English.
그 편지는 영어로 쓰여졌다.

X

X, x
[eks/엑쓰]
알파벳의 스물네 번째 문자

Xmas
[krísməs/크리스머스]
약 크리스마스, 성탄절,《동》Christmas)

☞ Chirstmas의 줄임말이다.
· A merry *Xmas* (to you).
  크리스마스를 축하합니다.

『*Xmas*』에서 『X』는 『그리스도 (Chirst)』를 나타내는 그리스어의 머리 글자이다. 특히 『X'mas』로 쓰지 않도록 주의하다.

X-ray
[éksrei/엑쓰뤠이]
명 엑스선(사진)
· You need an *X-ray*.
  당신은 엑스선 진단이 필요하다.
타 엑스선 사진을 찍다
· The doctor *X-rayed* my heart.
  의사는 내 심장 X선 사진을 찍었다.

xylophone
[záiləfòun/자일러포운]
명 (복수 *xylophones* [záiləfòunz/자일러포운즈]) 실로폰, 목금
· She plays the *xylophone* very well.
  그녀는 실로폰을 아주 잘 친다.

· *xylophonist* 실로폰연주자

Y, y

Y, y
[wai/(우)와이]
알파벳의 스물다섯 번째 문자

yacht
[jɑt/얏]
명 (복수 *yachts* [jɑts/야츠]) 요트
· That is a racing *yacht*.
  저것은 경주용 요트이다.

yard¹
[jɑːrd/야-드]
명 (복수 *yards* [jɑːrdz/야-즈]) 뜰 안마당, 구내, 작업장
· a front *yard* 안마당
· The children are playing in the back *yard*.
  아이들이 뒷뜰에서 놀고 있다.

yard²
[jɑːrd/야-드]
명 야드(3피트, 약 91.4센티미터)
· One *yard* is three feet.
  1야드는 3피트이다.

yawn
[jɔːn/욘-]
타 자 하품하다 (《동》 gape)
· Stop *yawning* and go to bed.
  하품하지 말고 가서 자거라.
명 하품
· She hid a *yawn* behind her hand.
  그녀는 하품을 손으로 가렸다.

year
[jiər/이여]

yearly

명 ① 1년, 해, 1년(간)
★every *year* 매년
last[next] *year* 작년[내년]
· There are twelve months in a *year*.
1년에는 12달이 있다.

명 ② 연령, 나이, ~살
· I am twelve (*years* old).
나는 12살 이다.

명 ③ 학년
· What *year* are you in?
너는 몇 학년이니?
· I am a senior.
나는 대학 4학년 이야.

《숙》 *all the year round* 1년 내내
《숙》 *every other year* 한해 걸러
He goes there *every other year.*
그는 한해 걸러 거기에 간다.

yearly
[jíərli/이어리]

형 매년의; 연 1회의
· I pay a *yearly* visit to my hometown.
나는 매년 고향에 간다.

부 일년에 한번; 매년, 해마다
· The beauty contest is held *yearly*.
미인 선발 대회는 일년에 한번 열린다.

yellow
[jélou/옐로우]

명 노랑, 황색
· *Yellow* is her favorite color.
노랑은 그녀가 가장 좋아하는 색깔이다.

형 노란, 황색의
· *Yellow* tulips are in bloom.
노란 툴립이 피어 있다.

yes
[jes/예스]

부 ① 네, 그렇습니다(《반》 no 아니오)
· Is this your pencil sharpener?
이거 네 연필깍이니?
Yes, It is.
응. 그래.
· Don't you like cats?
너는 고양이를 좋아하지 않니?

Yes, I do.
아니, 좋아해.

부 ② (동의를 나타내어) 그렇습니다, 그렇군요
· He is a good boy
그 아이는 훌륭한 애다.
Yes, he is.
그렇습니다.

명 (복수 *yeses* [jésiz/예시즈])

yes라는 말, 찬성, 승낙
- I said *yes*.
  나는 「네」라고 대답했다.
- He gave me a *yes*.
  그는 승낙의 대답을 했다.

> 『*yes*』 뒤에 다른 말이 올 때는 반드시 『*yes*』 뒤에 쉼표(,)를 찍는다.

yesterday
[jéstərdi/예스터디]
- 부 어제, 어저께, 작금, 요즘
- *Yesterday* was Saturday.
  어제는 토요일이었다.
- Where did you go *yesterday*?
  너는 어저께 어디에 갔었니?

yet
[jet/이옛]
- 부 ① (부정문에서) 아직 ~ 않다
- Don't start *yet*.
  아직 출발하지 마라.
- 부 ② (의문문에서) 벌써, 이미
- Has he come *yet*?
  그가 벌써 왔나요?
- Have you read this book *yet*?
  너는 이 책을 벌써 다 읽었니?
- 부 ③ (긍정문에서) 아직(도)
- His grandmother is *yet* alive.
  그의 할머니는 아직 살아 계신다.

- They are talking *yet*.
  그들은 아직도 이야기하고 있다.
- 부 ④ 그런데도, 그래도 (=and *yet*)
- It sounds strange, *yet* it is true.
  그것은 이상하게 들리지만, 사실이다.

《숙》 **and *yet*** 그럼에도
  It is strange **and *yet*** true
  이상한 일이지만 사실이다.

《숙》 **not *yet*** 아직이다

- 접 그런데도
- He did his best, *yet* failed.
  그는 최선을 다했음에도 불구하고 실패했다.

Y.M.C.A
[wáiémsíːéi/와이엠시-에이]
- 명 기독교 청년회 (《참고》 *Y.W.C.A*. 기독교 여자 청년회)(Young Men's Christian Association의 약어)

you
[juː/유, jə/여, (강조할 때)juː/유우]
- 대 ① (주어로 쓰여) 당신은[이]
- Do *you* know him?
  당신은 그를 알고 있나요?
- *You* are my friends.
  너희들은 내 친구이다.
- 대 ② (목적어로) 당신을[에게]
- Somebody is asking for *you* on the phone.
  당신을 바꿔 달라고 합니다.

데 ③ 《막연히 일반 사람을 가리켜》 사람은, 누구든지
- *You* must be kind to others.
너는 다른 사람에게 친절해야 한다.

『*you*』는 2인칭 단수·복수의 「주격」이나 「목적격」으로 쓰인다 아래표를 참고하기 바란다.

you의 변화형		
격＼수	단 수	복 수
주 격	you 당신은[이]	you 당신들은[이]
소유격	your 당신의	your 당신들의
목적격	you 그녀를[에게]	you 당신들을[에게]

you'd
[juːd/유-드]
you would, *you had*의 단축형
- *You'd*(=*You had*) better go now.
너는 이제 가는 편이 좋다.

you'll
[juːl/율-]
you will, *you shall*의 단축형
- *You'll*(=*You will*) late for class.
너는 수업에 늦겠다.

young
[jʌŋ/영]
형 (비교급 *younger* [jʌ́ŋɡər/영거], 최상급 *youngest* [jʌ́ŋɡist/영기스트]) 젊은 (《반》 old 늙은)
- He is three years *younger* than I.
그는 나보다 세살 아래다.

your
[juər/유어]
데 (*you*의 소유격) 너[당신]의
- What is *your* name?
너의 이름은 뭐니?
- *Your* Highness 전하

you're
[juər/유어]
*you are*의 단축형
- Thank you. 감사합니다.
- *You're* welcome. 천만에요.

yours
[juərz/유어즈]
데 (*you*의 소유대명사) 당신(들)의 것
- Is this guitar *yours*?
이 기타는 당신 것입니까?

- Yes, it's mine.
응, 내 것이야.

yourself

[juərsélf/유어셀프, jərsélf/여셀프]
때 (복수 *yourselves* [juərsélfvz/유어셀브즈, jərsélfvz/여셀브즈])
때 ① 《강조 용법》 당신(들) 자신이
· You *yourself* said so.
네 자신이 그렇게 말했다.
때 ② 《재귀 용법》 당신(들) 자신[에게]
Know *yourself*. 너 자신을 알라.
《숙》 *(all) by yourself* 혼자만으로
《숙》 *for yourself* 혼자힘으로
《숙》 *help yourself* 마음껏 먹다
Help yourself to cookies.
과자를 마음껏 먹어라.

youth

[ju:θ/유-스]
명 ① 젊음; 청년시절
· I lived in Paris in my *youth*.
나는 청년시절에 파리에서 살았다.
명 ② 청년, 젊은이
· A *youth* of about eighteen fell into a river.
열여덟살쯤 되는 젊은이가 물에 빠졌다.

you've

[ju:v/유-브]
*you have*의 단축형
· *You've*(=*You have*) spent too much money.
너는 돈을 지나치게 낭비했다.

Y.W.C.A

[wáidábljusiéi/와이더블류시-에이]
명 기독교 여자 청년회
(《참고》 *Y.M.C.A.* 기독교 청년회)
《Young Women's Christian Association의 약어》

ABCDEFGHIJKLMNOPQRSTUVWXYZ

Z, z
[ziː/즈이]
알파벳의 스물여섯 번째 문자

zebra
[zíːbrə/지-브러]
명 (복수 *zebras* [zíːbrəz/지-브러즈]) 얼룩말
· *Zebras* live in Africa.
얼룩말은 아프리카에 살고 있다.

zero
[zí(ə)rou/지(어)로우]
명 (성적·시합 따위의) 영점, 제로
· The score is five to *zero*.
스코어는 5대 0이다.

zigzag
[zígzæg/지그재그]
명 ① Z자형(으로), 지그재그(로)
· The path ran *zigzag* up the hill.
작은 길이 지그재그로 언덕위로 뻗어 있었다.

명 ② 지그재그로 나아가다
· I *zigzagged* through the crowd.
나는 사람들 사이를 지그재그로 나아갔다.

zipcode
[zípkoud/집코우드]
명 《미》 우편번호 《영》postcode

zipper
[zípər/지퍼] 《영》 fostener
명 《미》 지퍼

· The *zipper* is stuck.
지퍼가 물려서 움직이지 않는다.

> 우리 나라 사람들이 자꾸 사용하는 『자꾸』라는 말은 영어에는 없다 『*zipper*』또는 『*zip fastner*』라고 해야 옳다.

zone
[zoun/조운]
명 (복수 *zones* [zounz/조운즈])
지대, 지역, 지구
· a safety *zone*. 안전 지대

zoo
[zuː/주-]
명 (복수 *zoos* [zuːz/주-즈]) 동물원

· There are a lot of animals in the *zoo*.
동물원에 많은 동물들이 있다.

· We saw giraffes, zebras and so on in the *zoo*.
우리는 동물원에서 기린과 얼룩말 따위를 보았다.

일러두기

부 록

CARS & GAS STATION 자동차 및 주유소

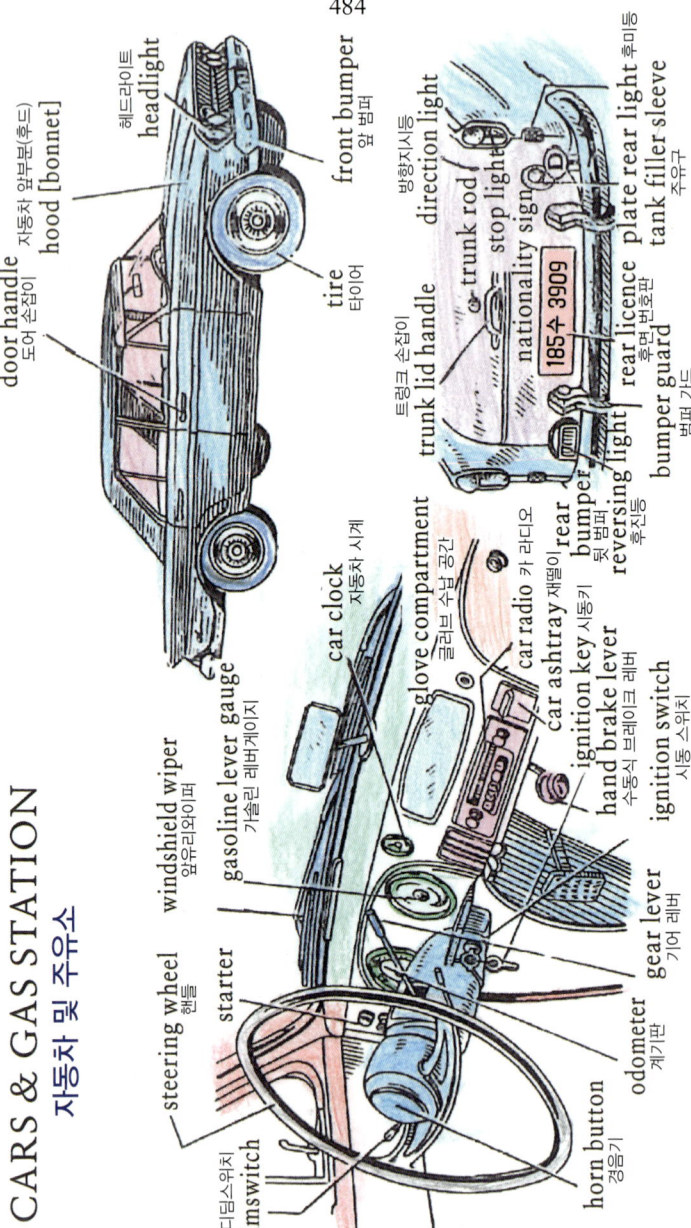

coupe 쿠페

baby bus
어린이버스

convertible sedan
컨버터블 세단

gyro bus
자이로 버스

town bus
마을 버스

roadster 로드스터

drop-sider truck
드롭사이드 트럭

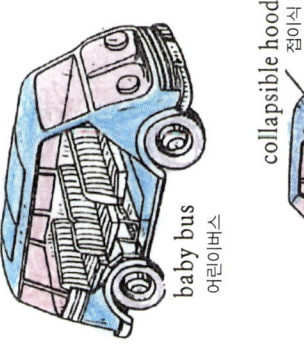

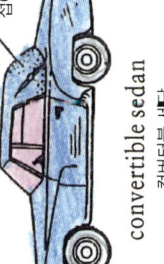

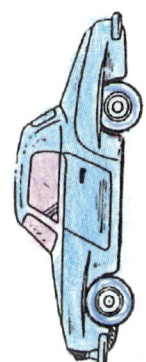

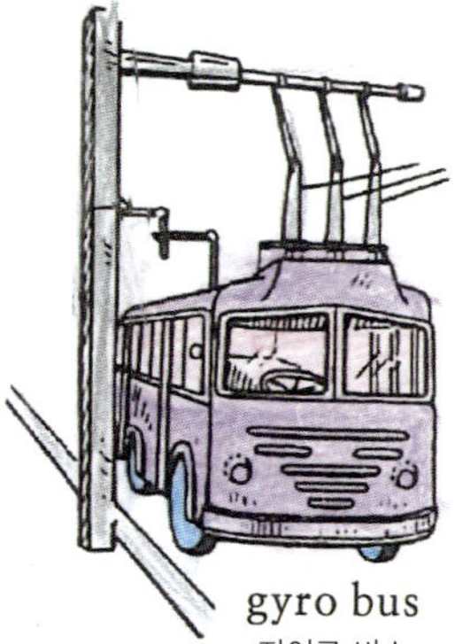

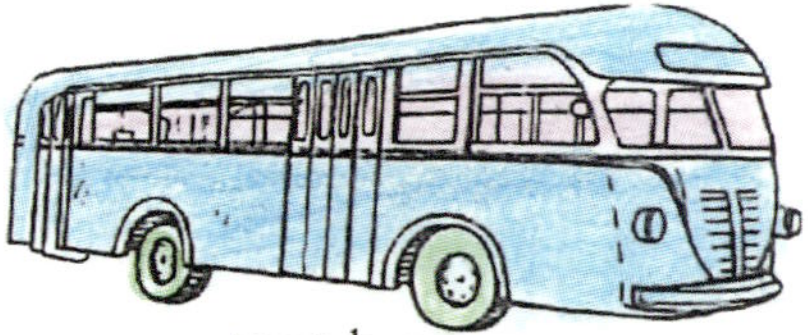

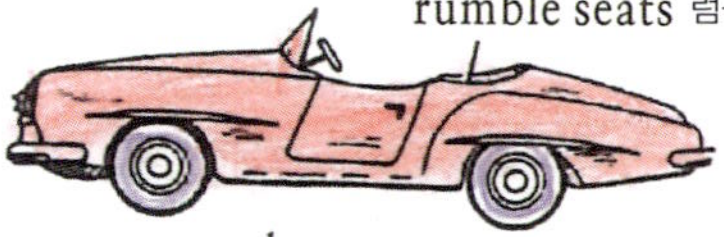

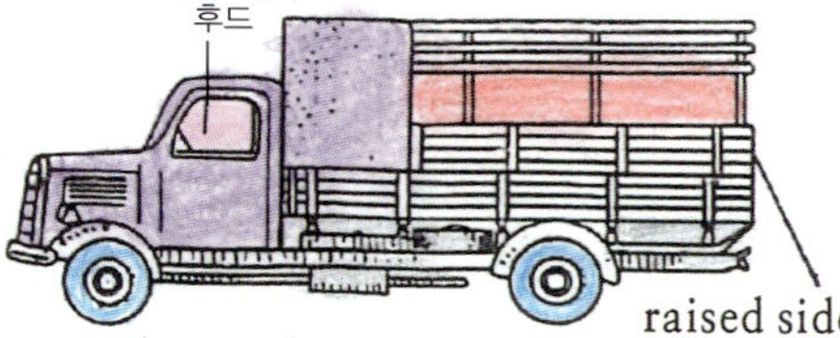

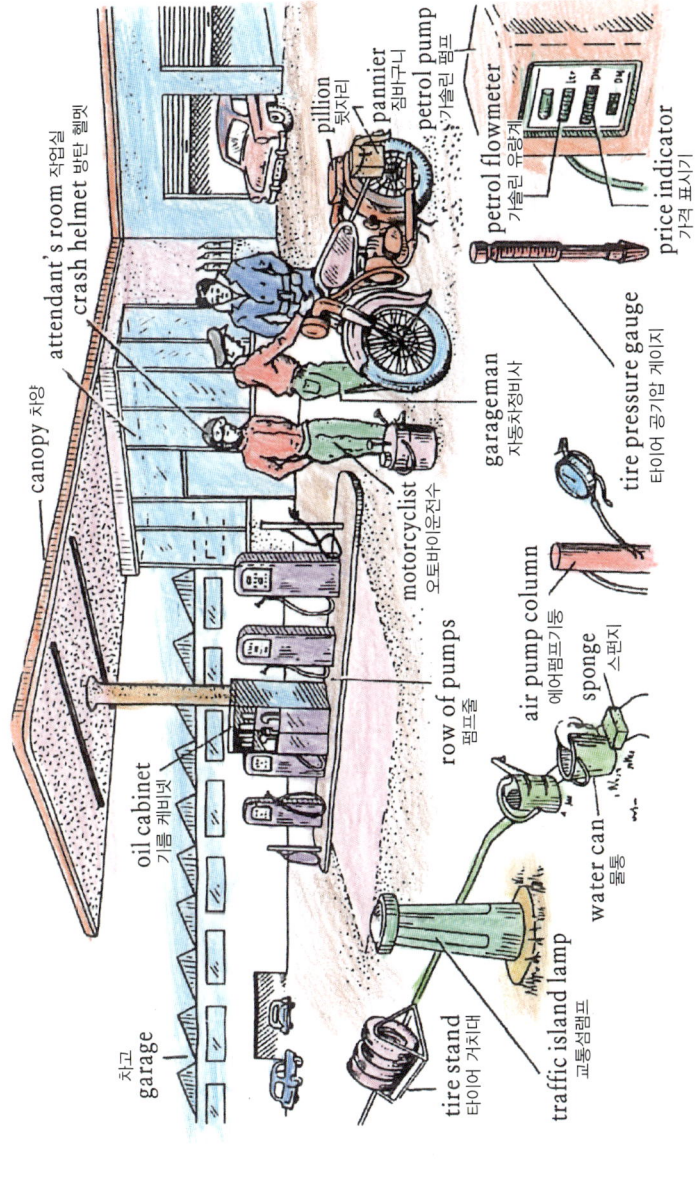

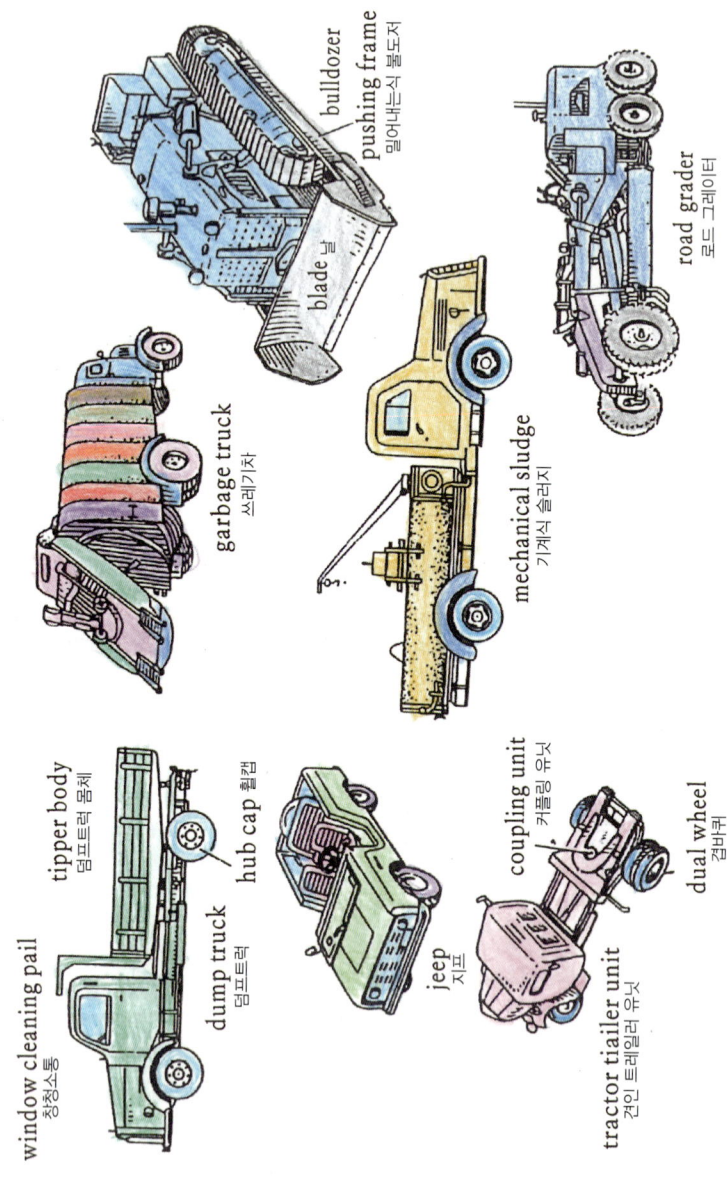

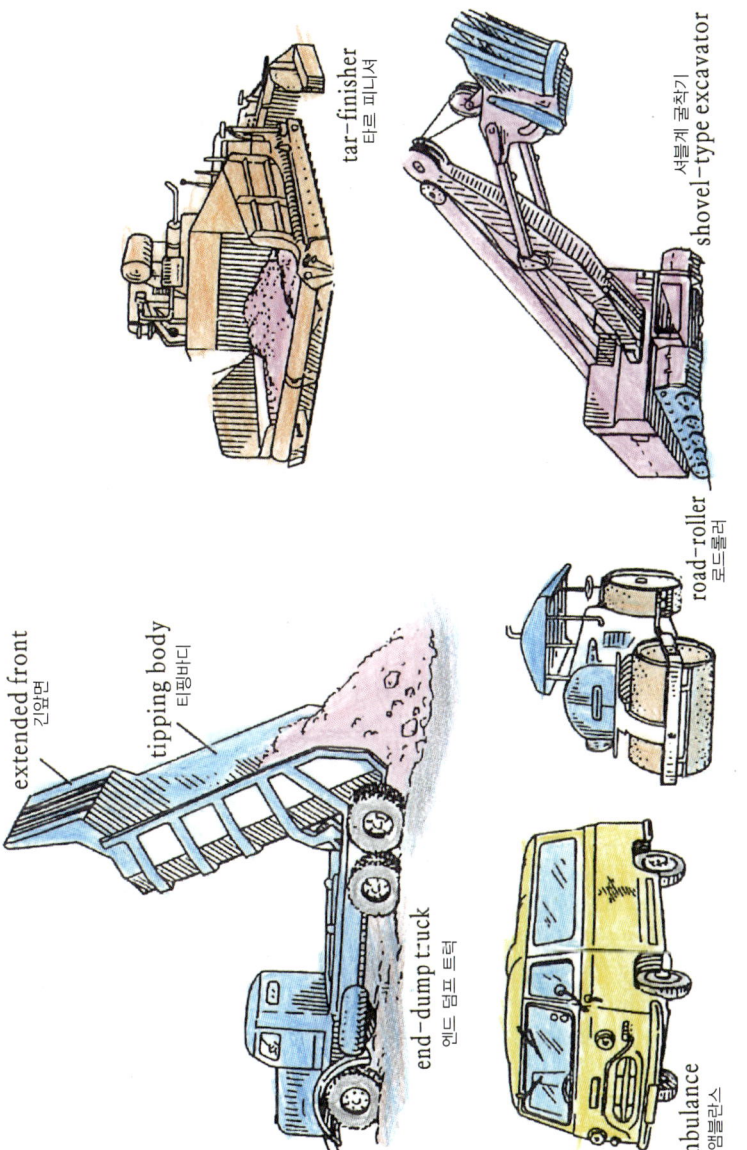

ROCKETS, AIRPLANES, BALLOON & ALRSHIP
로켓, 비행기, 풍선및 비행선

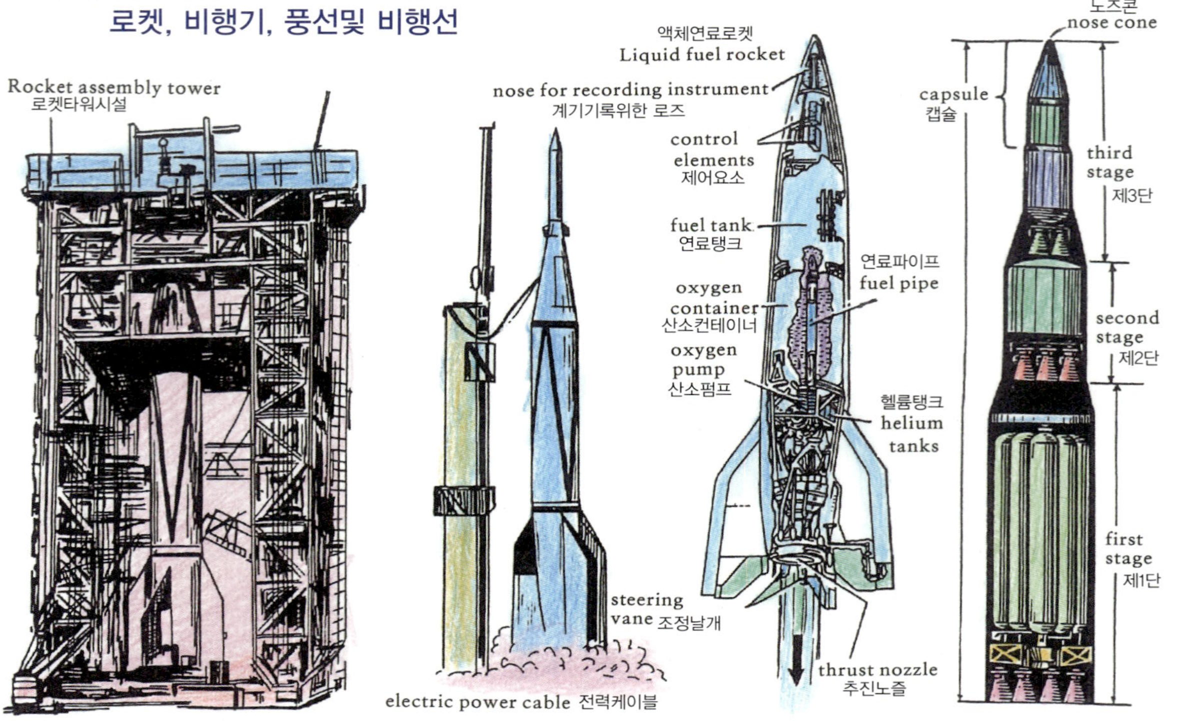

- nose cone 노즈콘
- third stage 제3단
- second stage 제2단
- first stage 제1단
- capsule 캡슐

Liquid fuel rocket 액체연료로켓
- nose for recording instrument 계기기록위한 로즈
- control elements 제어요소
- fuel pipe 연료파이프
- fuel tank 연료탱크
- oxygen container 산소컨테이너
- oxygen pump 산소펌프
- helium tanks 헬륨탱크
- thrust nozzle 추진노즐
- steering vane 조정날개
- electric power cable 전력케이블

Rocket assembly tower 로켓타워시설

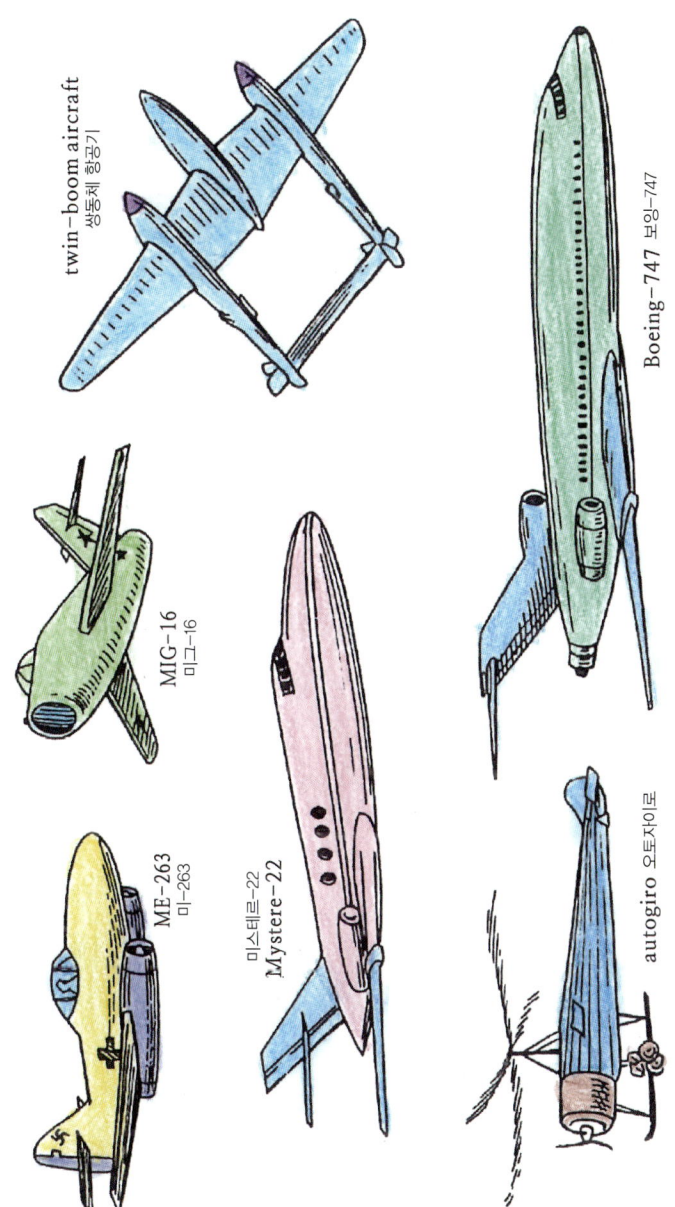

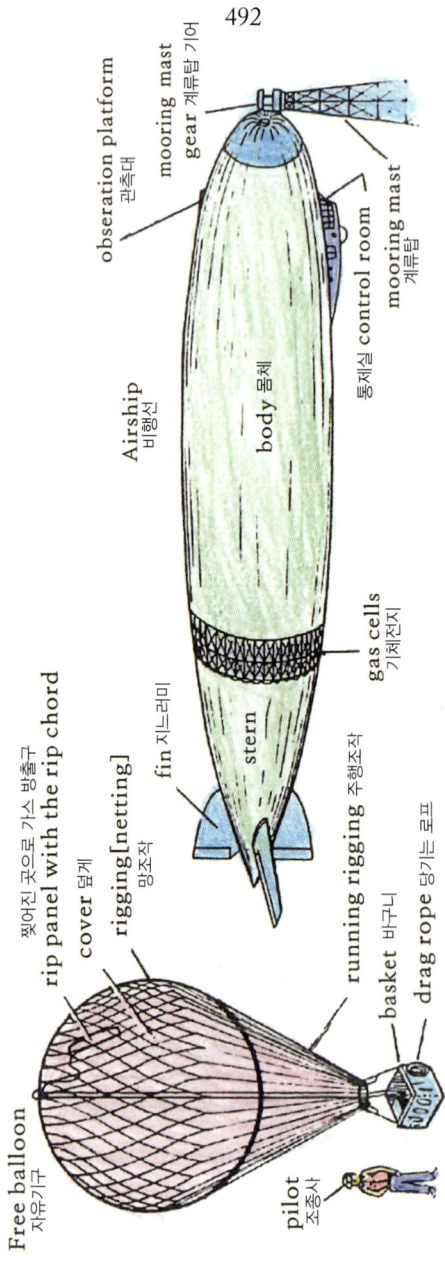

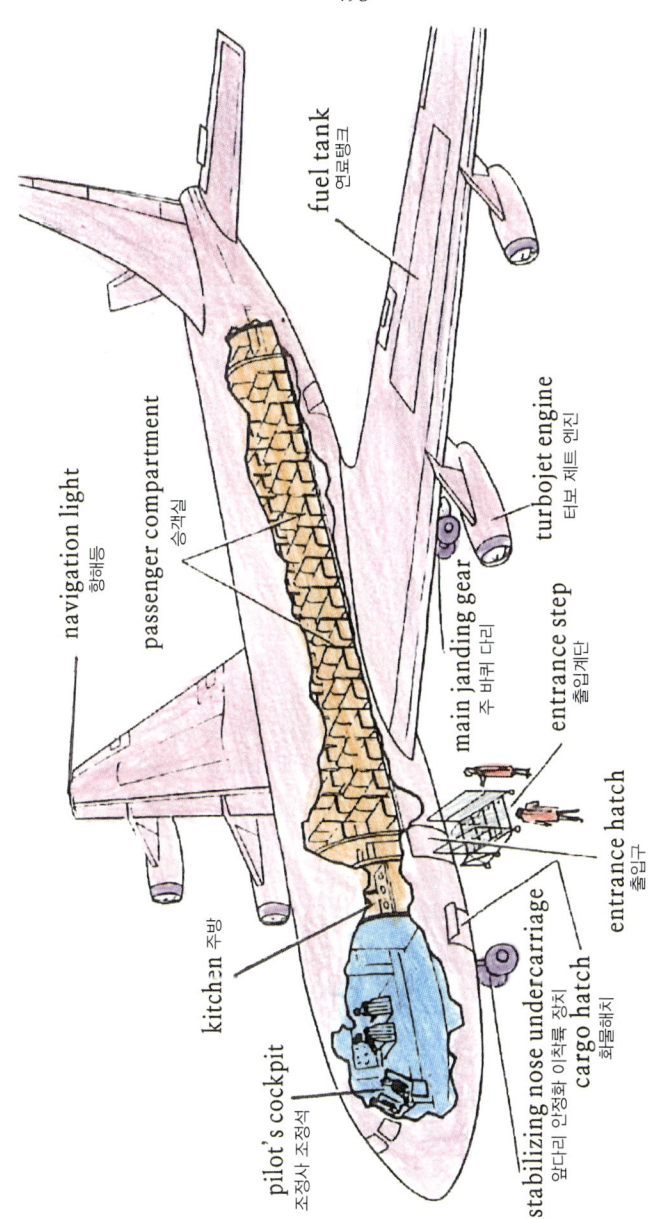

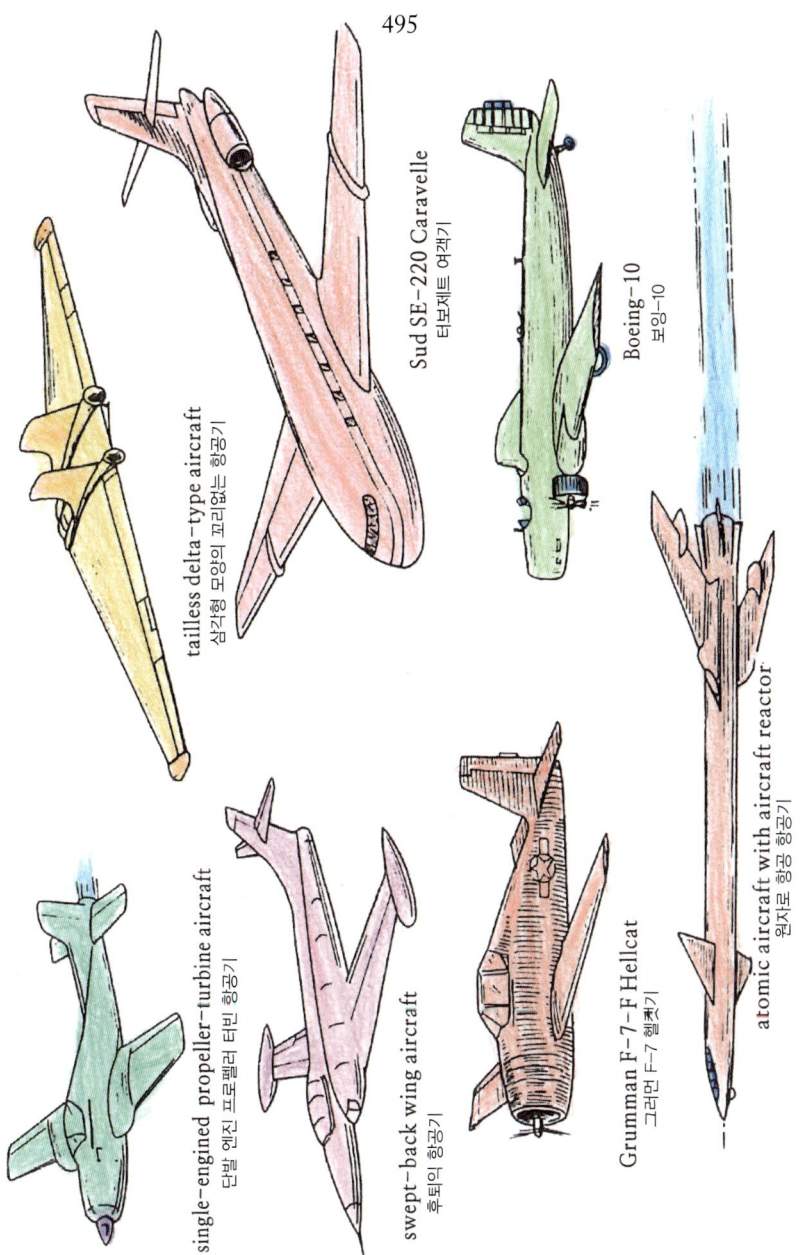

RAILROAD VEHICLES
철도 간실

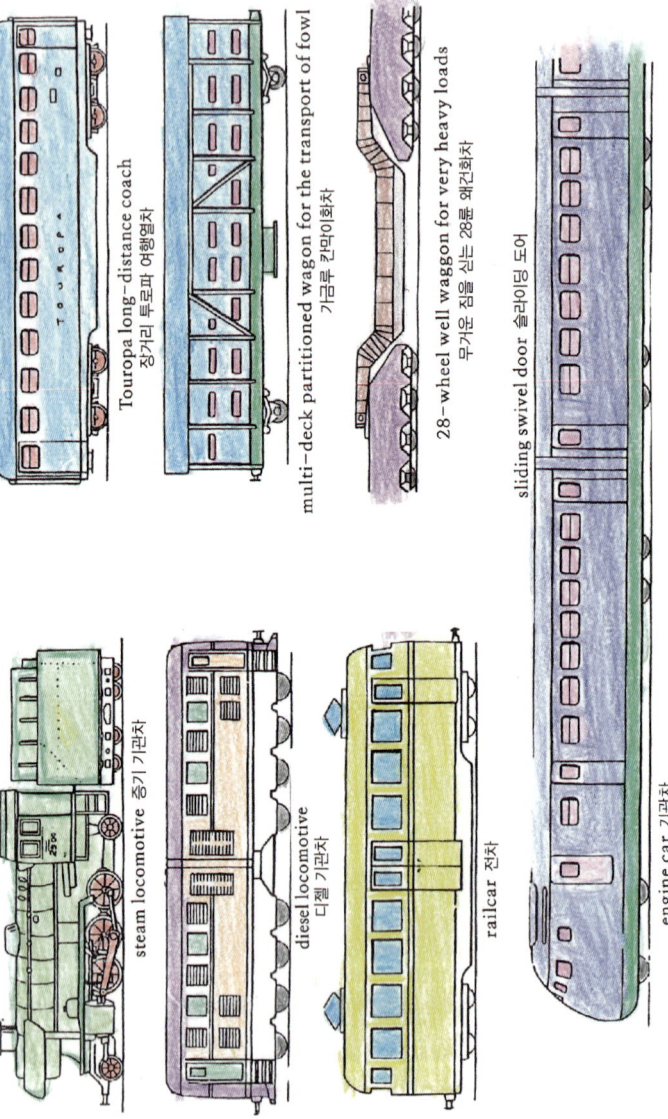

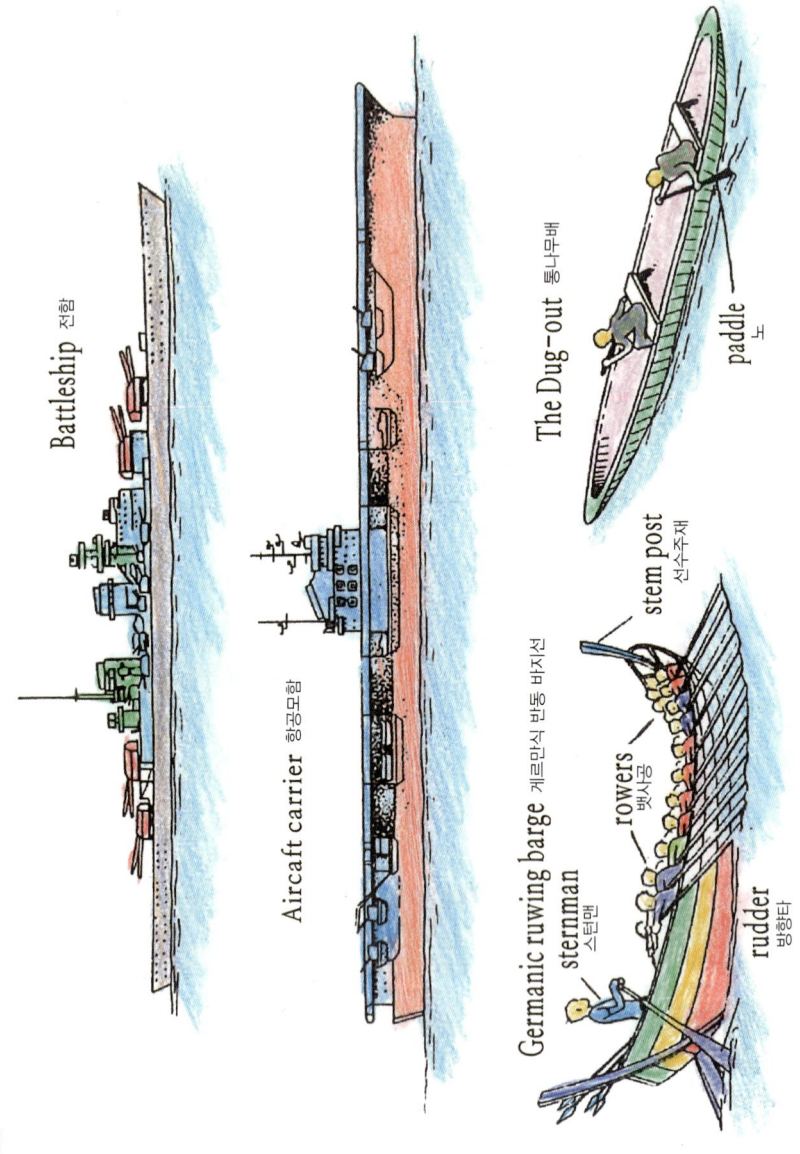

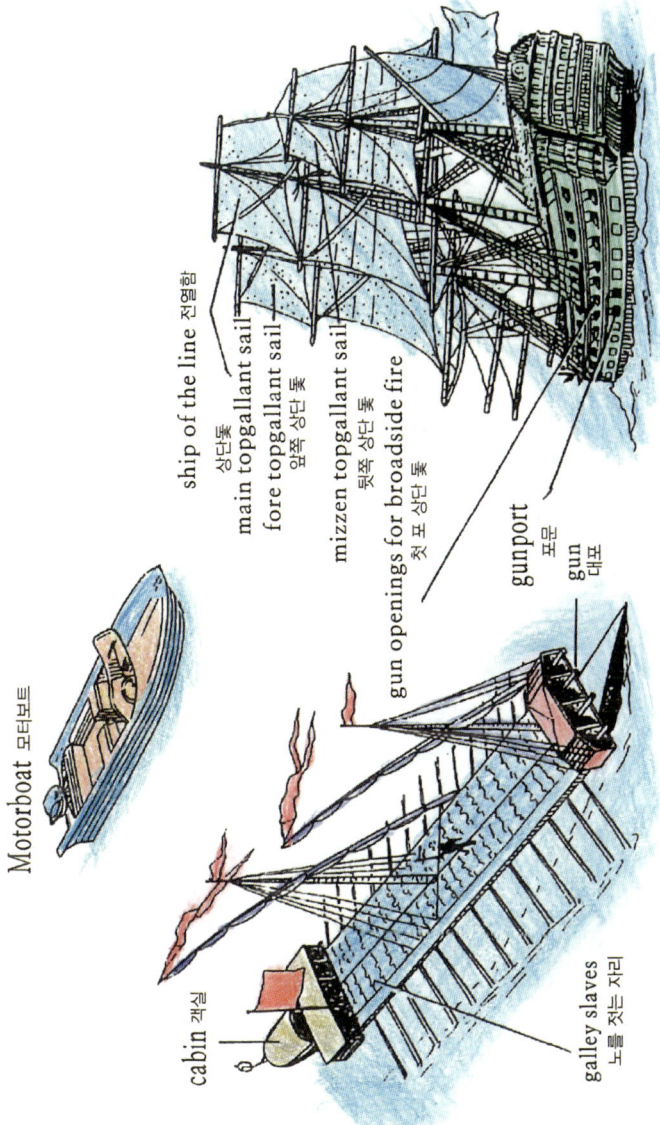

TABLE AND TABLEWARE
식탁과 식기

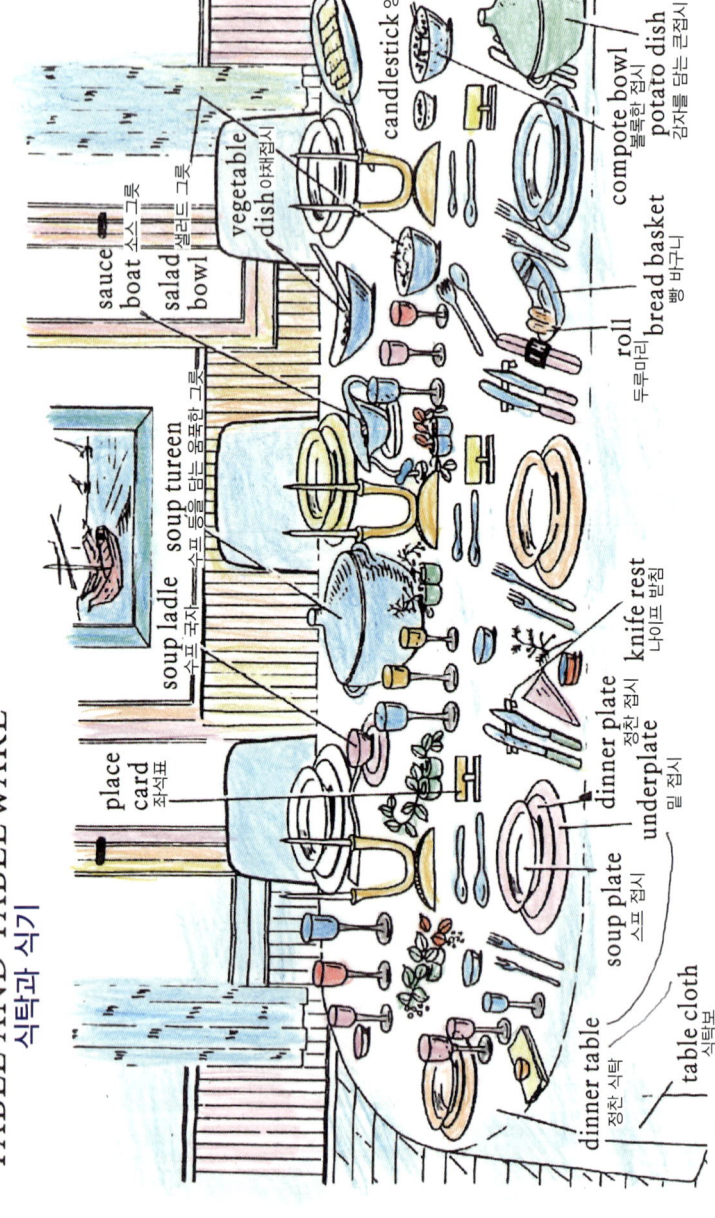

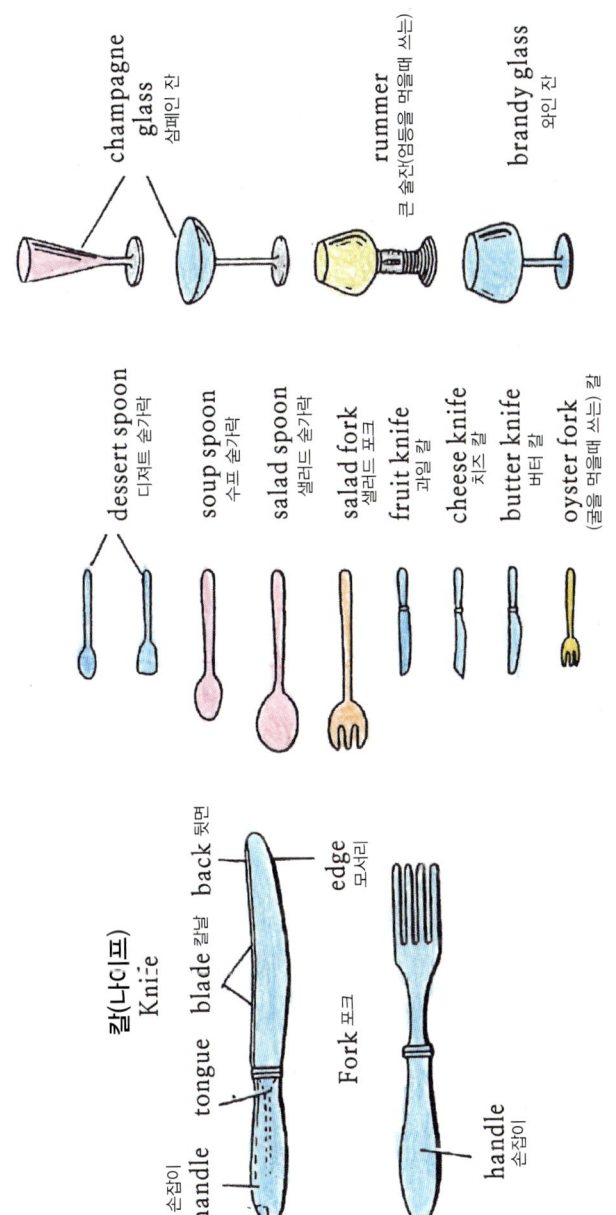

BEDROOM & LAVATORY
침실 과 화장실

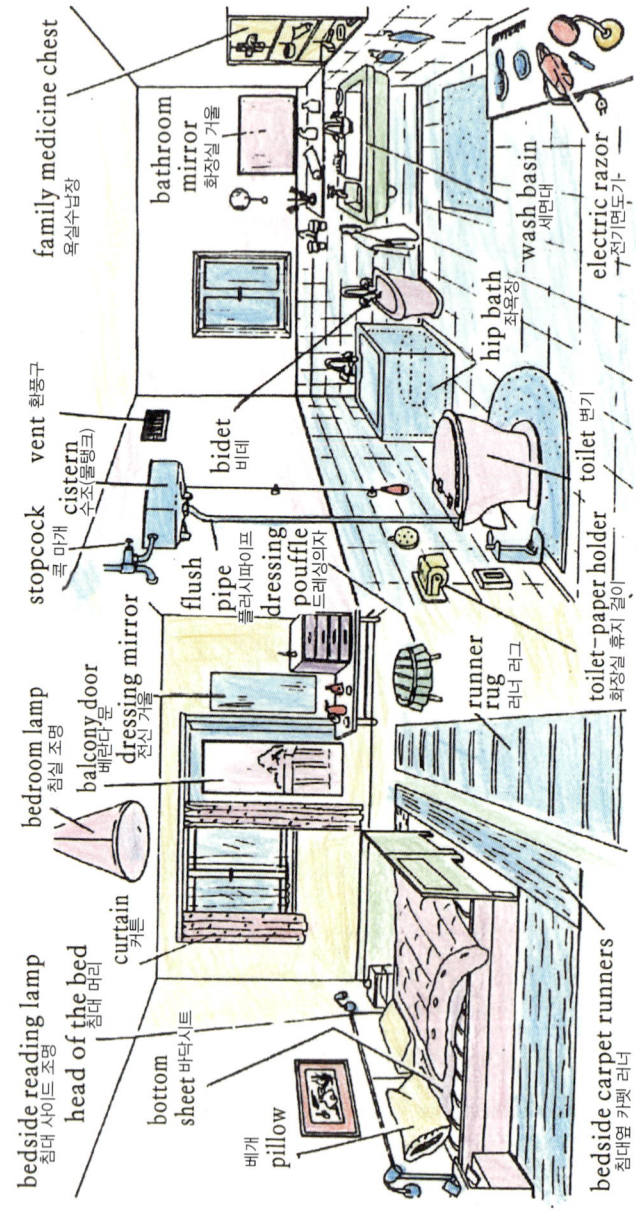

505

CLASSROOM
교실

- pencil 연필
- fountain-pen 만년필
- school bag 책가방
- ink bottle 잉크병
- angle meter 각도기
- abacus 주판
- scale 눈금
- ball-pen 볼펜
- compass 컴퍼스

- boy in the corner
- map of the world 세계지도
- map of Europe 유럽지도
- principal 교장
- globe 지구본
- exercise book 연습장
- reader 독본
- inkwell 잉크병
- stuffed bird
- reading board 독서 판(리딩보드)
- 3+3=6
- 4+3=7
- cloth 천
- presenting boy 발표하는 소년
- teacher 선생님
- platform 교단

부록

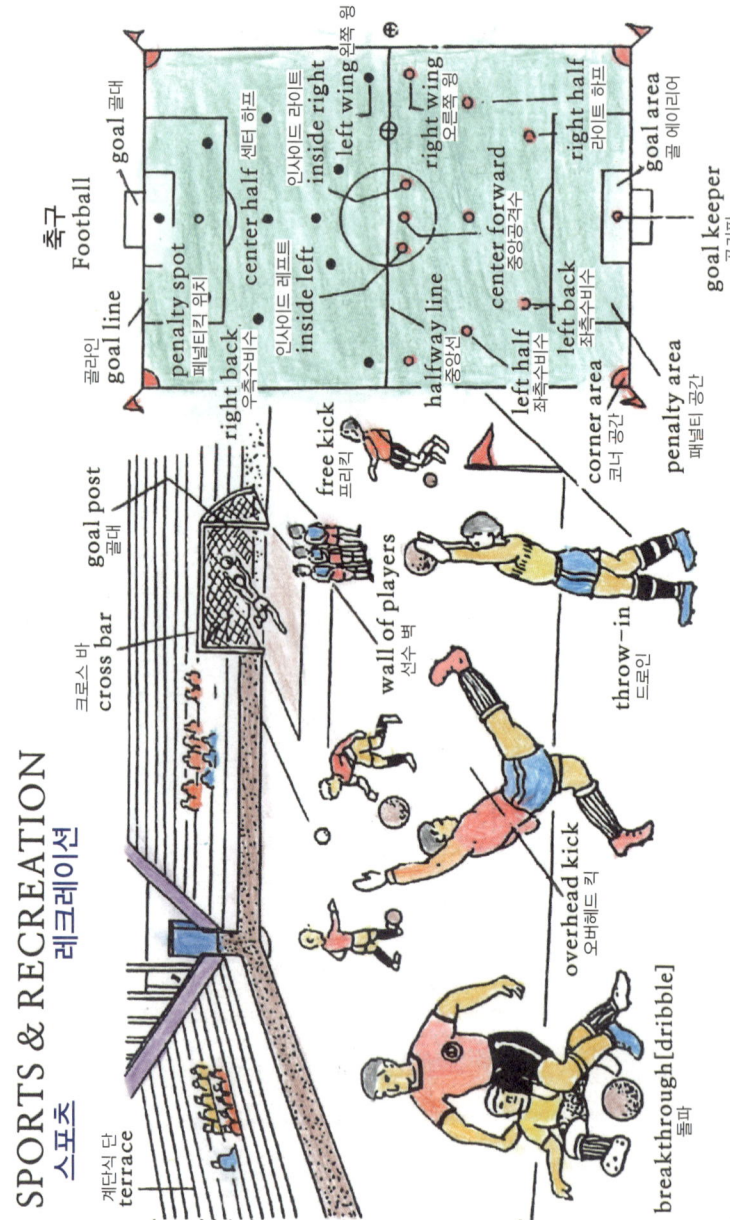

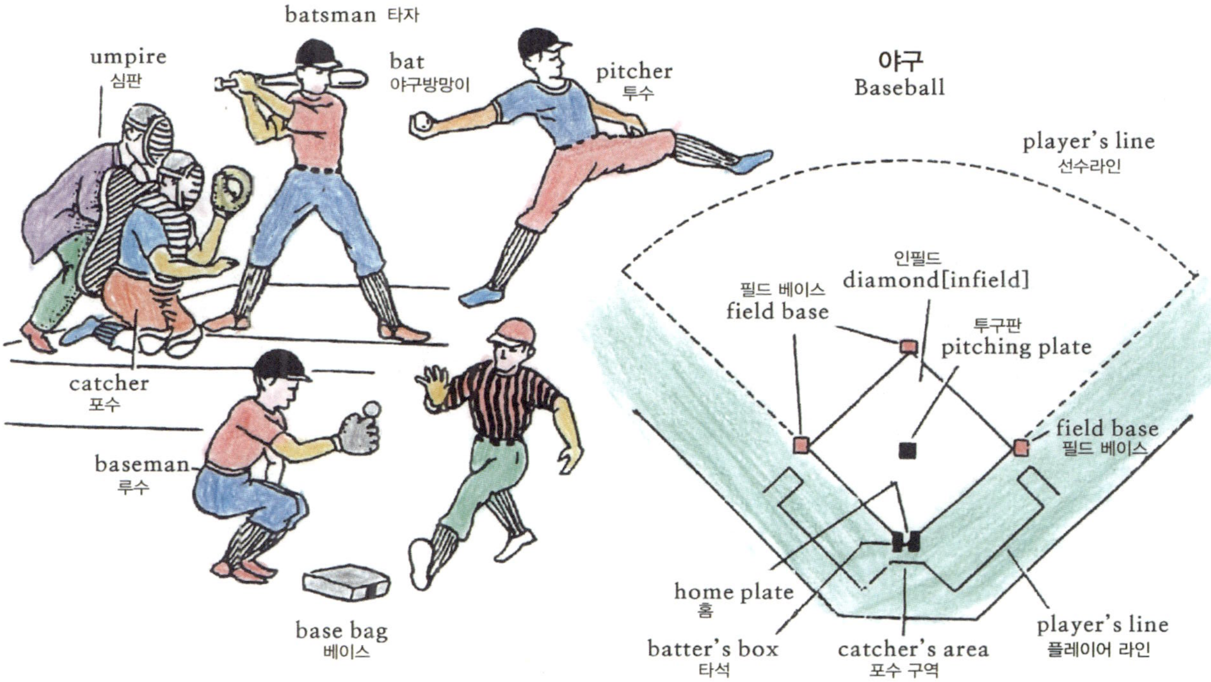

야구 Baseball

- player's line 선수라인
- field base 필드 베이스
- pitching plate 투구판
- player's line 플레이어 라인
- diamond[infield] 인필드
- catcher's area 포수 구역
- field base 필드 베이스
- home plate 홈
- batter's box 타석
- pitcher 투수
- batsman 타자
- bat 야구방망이
- umpire 심판
- catcher 포수
- baseman 루수
- base bag 베이스

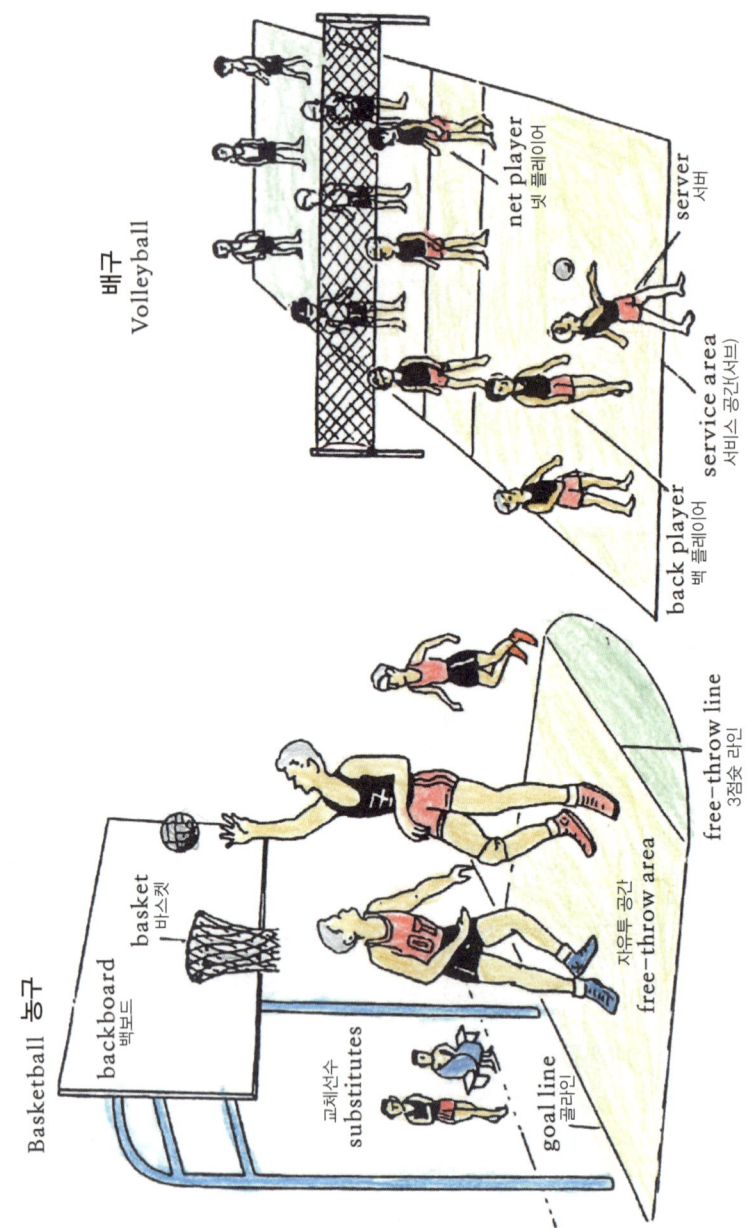

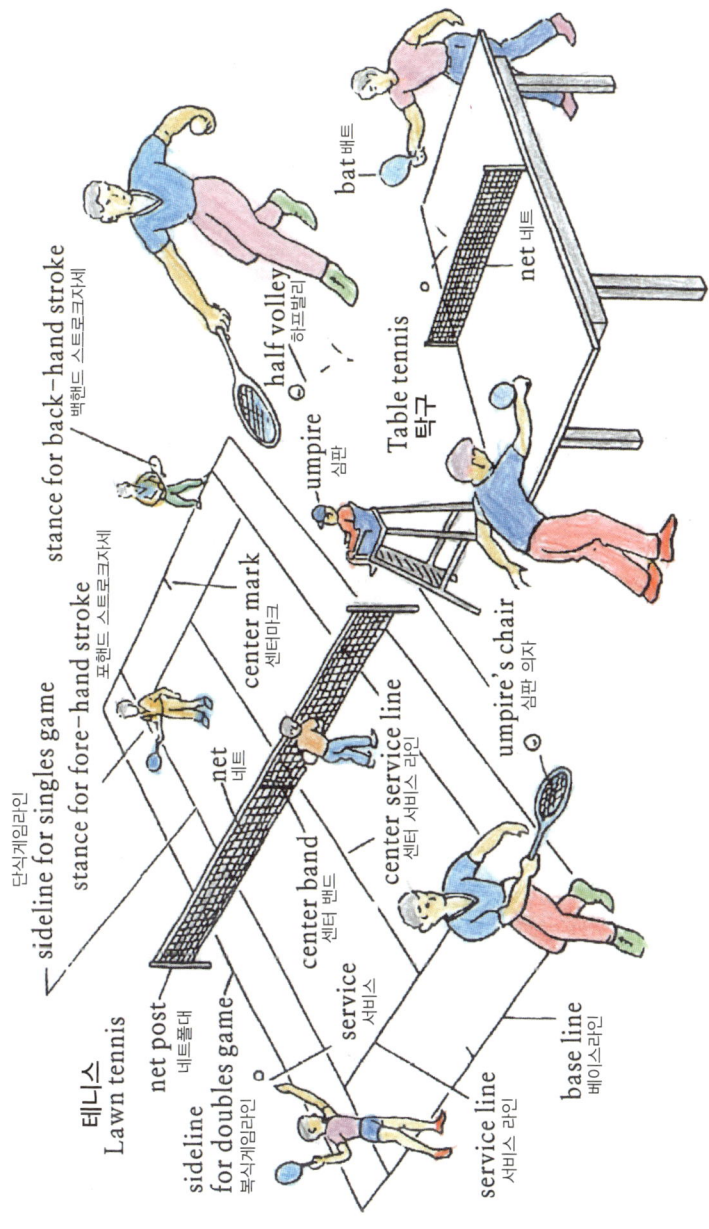

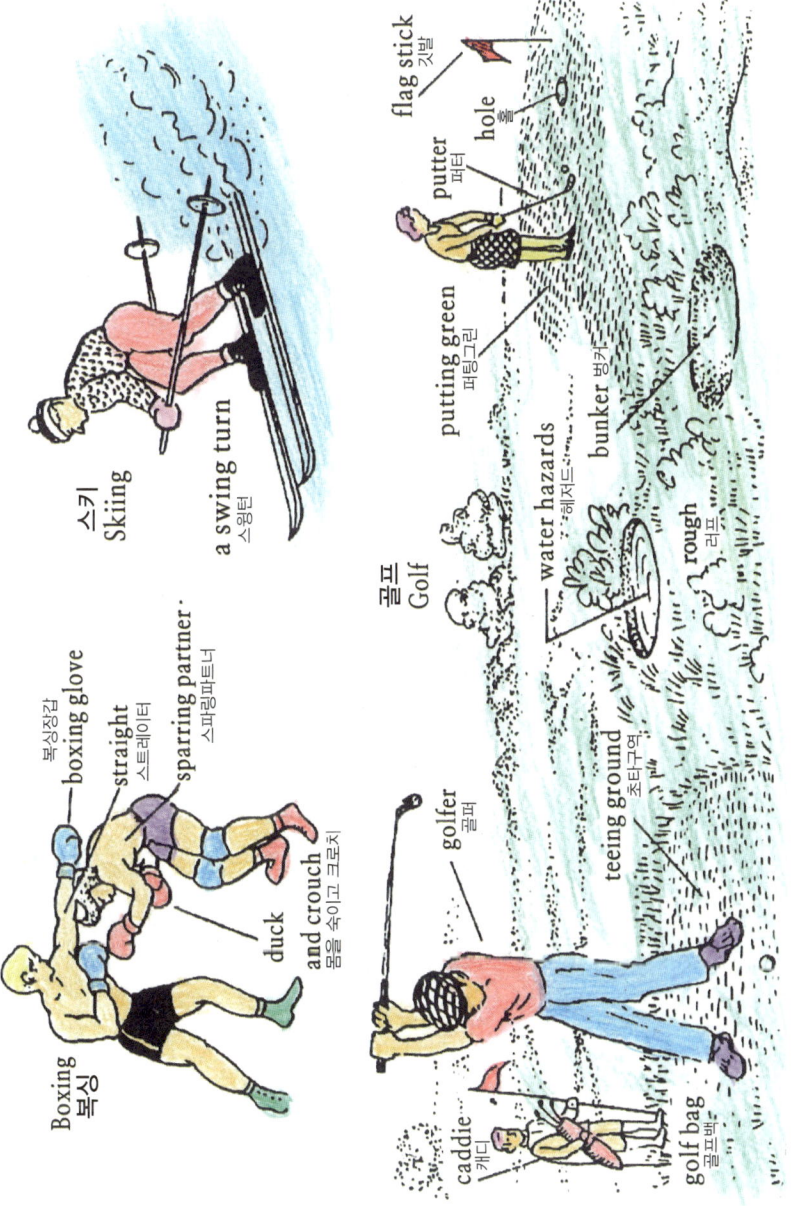

ARMORY, WEAPONS & INSIGNIA
무기고

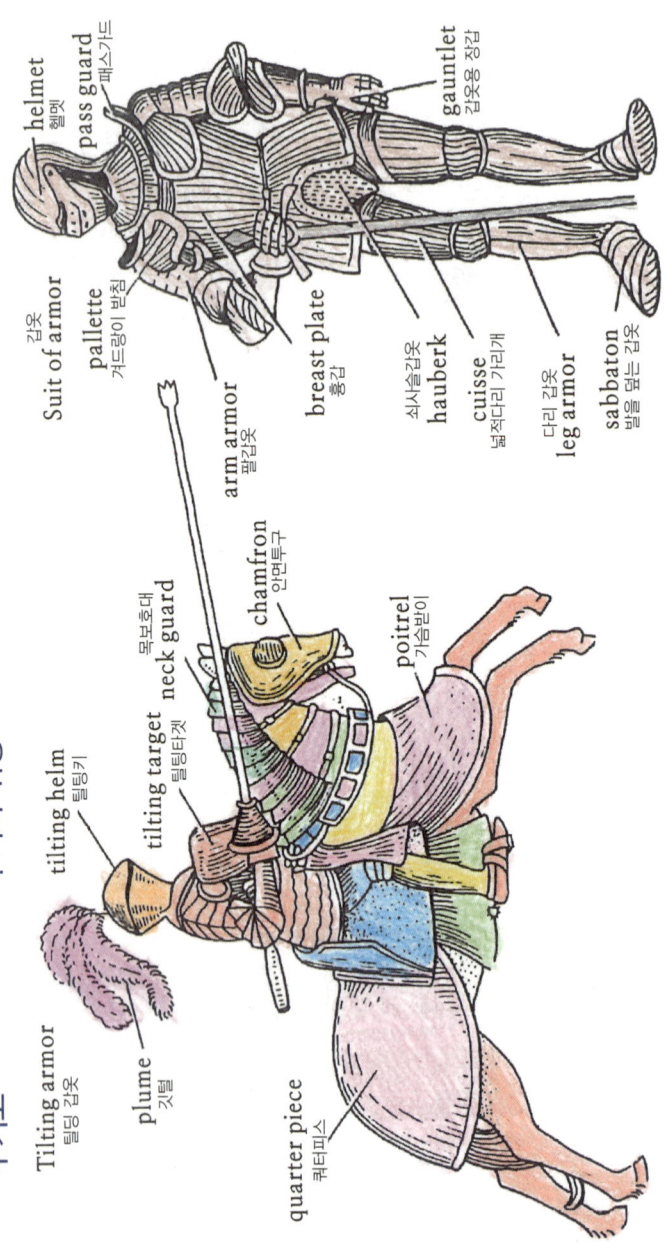

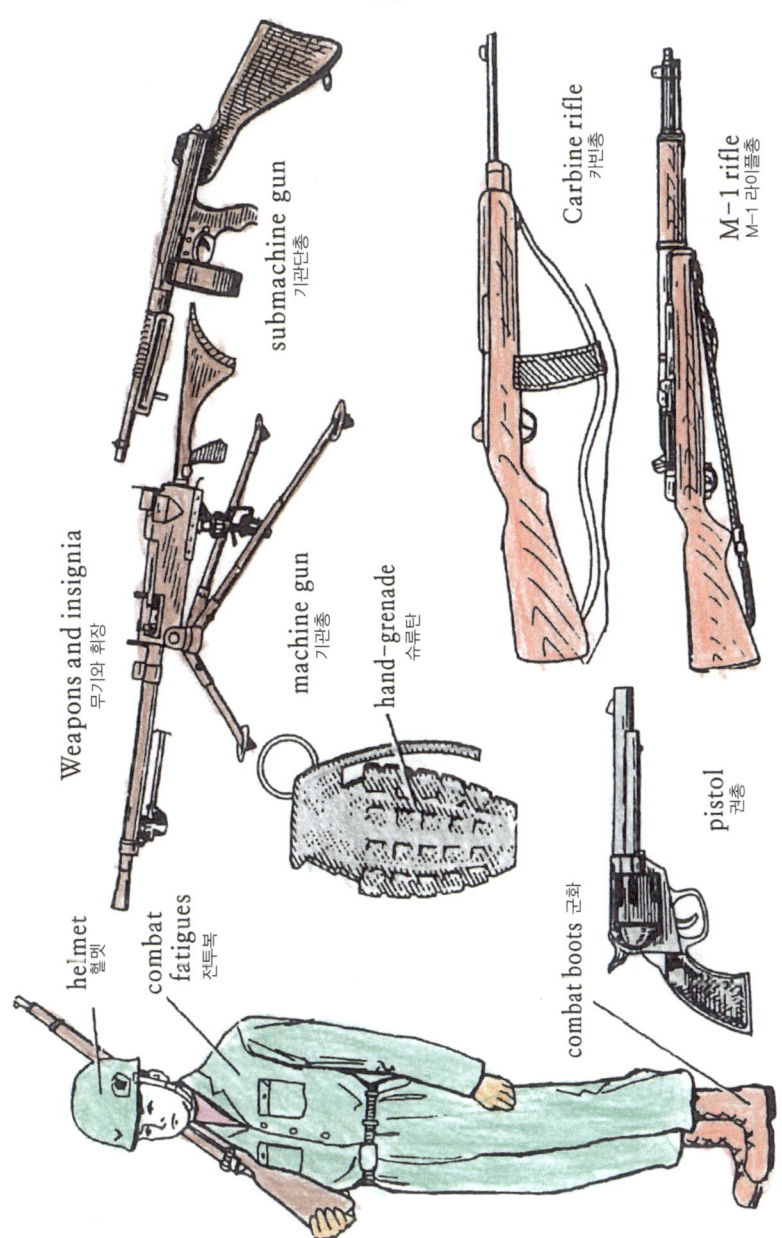

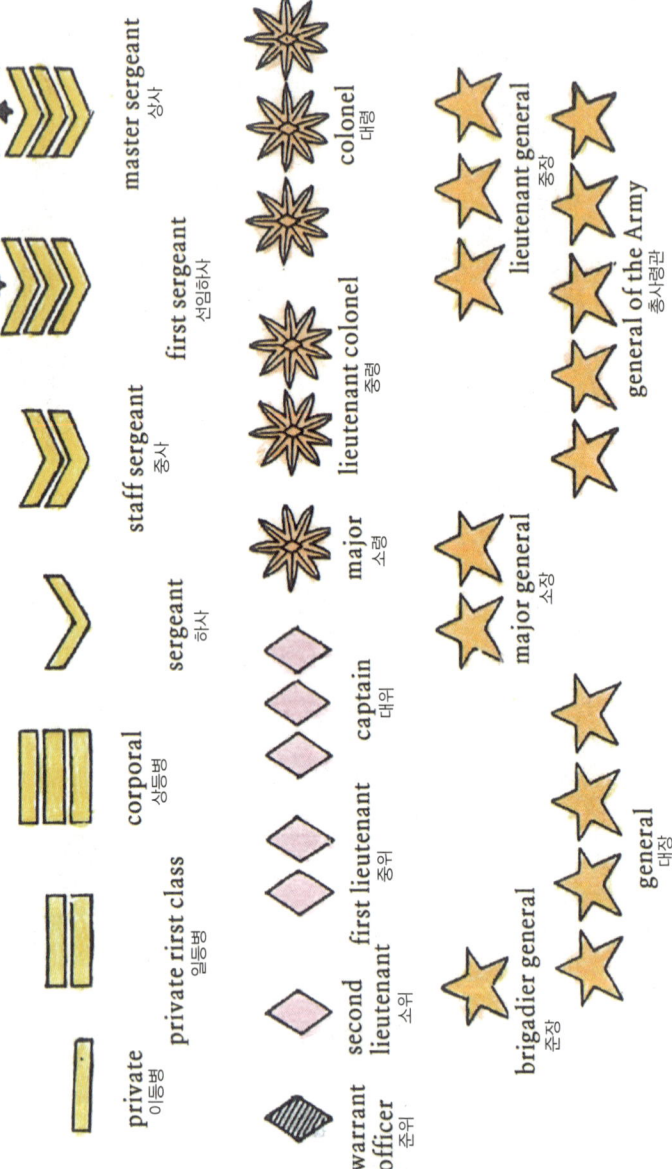

HUMAN BODY
인체

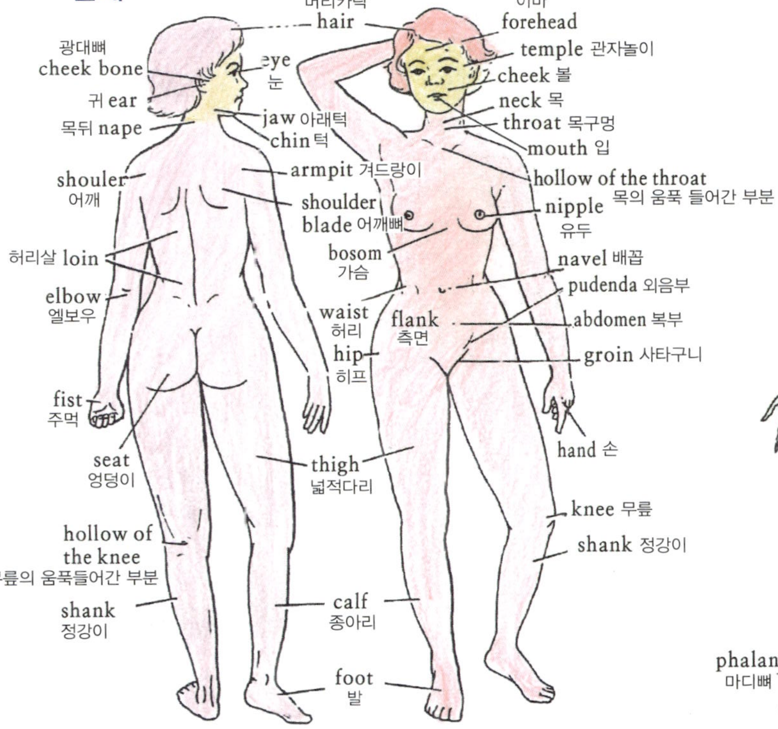
머리카락
hair
이마
forehead
광대뼈
cheek bone
eye
눈
temple 관자놀이
cheek 볼
귀 ear
neck 목
jaw 아래턱
throat 목구멍
목뒤 nape
chin 턱
mouth 입
armpit 겨드랑이
shouler
어깨
hollow of the throat
목의 움푹 들어간 부분
shoulder
blade 어깨뼈
nipple
유두
bosom
가슴
허리살 loin
navel 배꼽
pudenda 외음부
elbow
엘보우
waist
허리
flank
측면
abdomen 복부
hip
히프
groin 사타구니
fist
주먹
hand 손
seat
엉덩이
thigh
넓적다리
knee 무릎
hollow of
the knee
무릎의 움푹들어간 부분
shank 정강이
calf
종아리
shank
정강이
foot
발

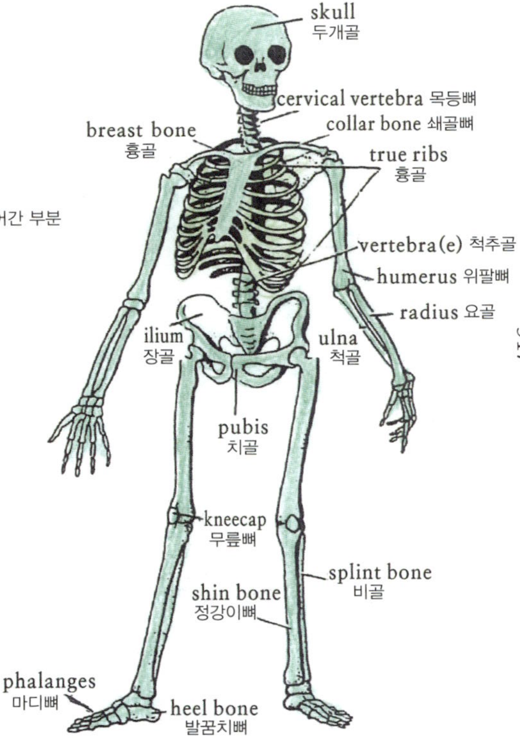
skull
두개골
cervical vertebra 목등뼈
collar bone 쇄골뼈
breast bone
흉골
true ribs
흉골
vertebra(e) 척추골
humerus 위팔뼈
radius 요골
ilium
장골
ulna
척골
pubis
치골
kneecap
무릎뼈
splint bone
비골
shin bone
정강이뼈
phalanges
마디뼈
heel bone
발꿈치뼈

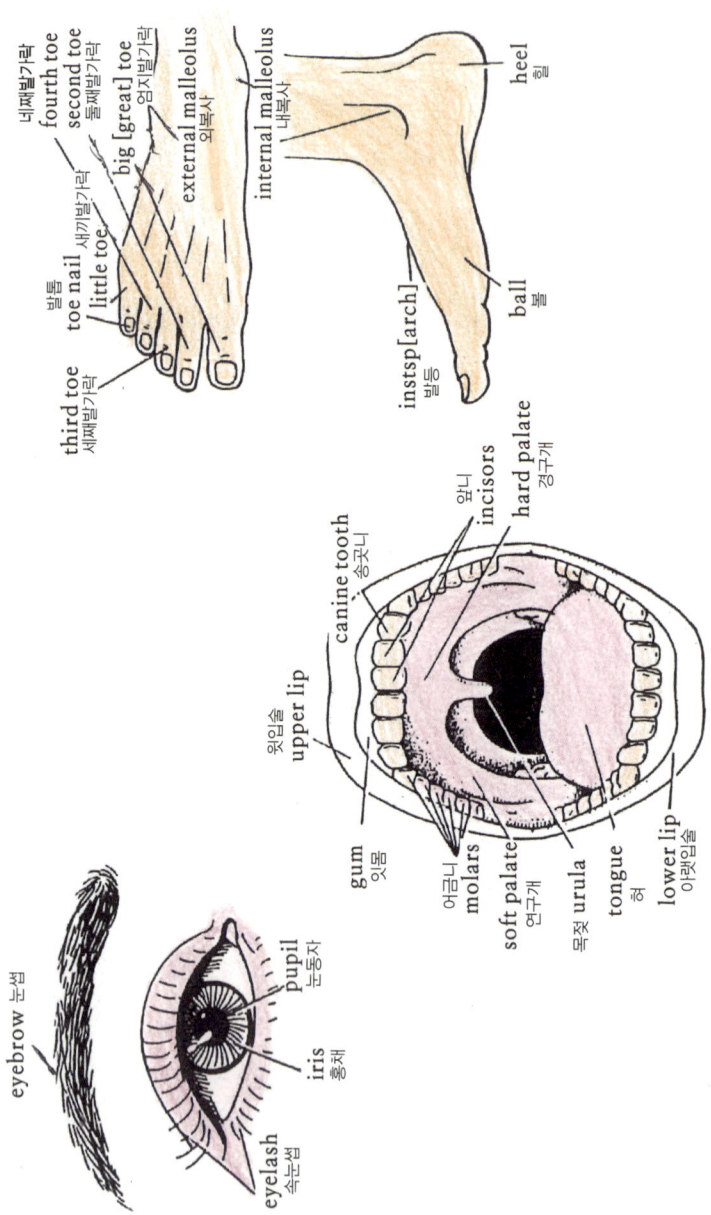

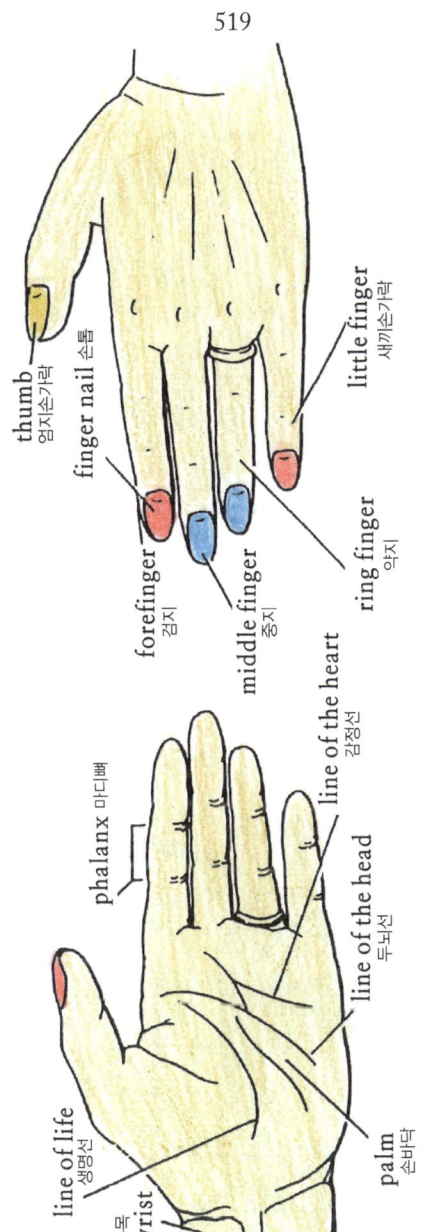

HOUSEHOLD CONVENIENCES
가정의 편리한것

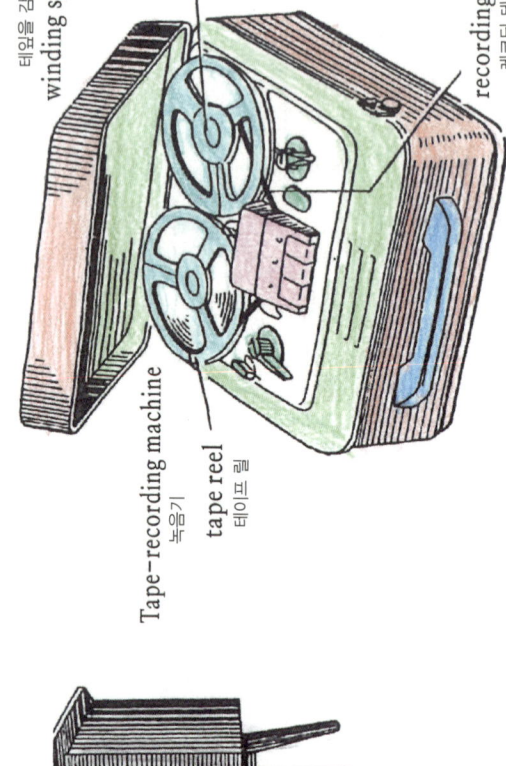

winding spindle 테이프를 감는축
recording tape 레코딩 테이프
Tape-recording machine 녹음기
tape reel 테이프 릴

Television set TV 세트

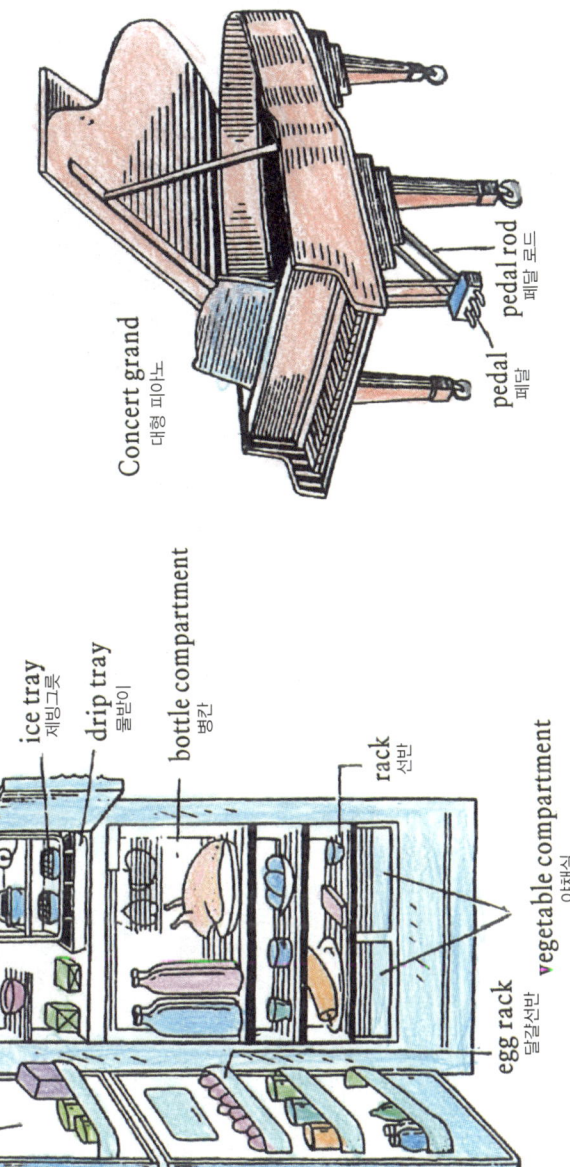

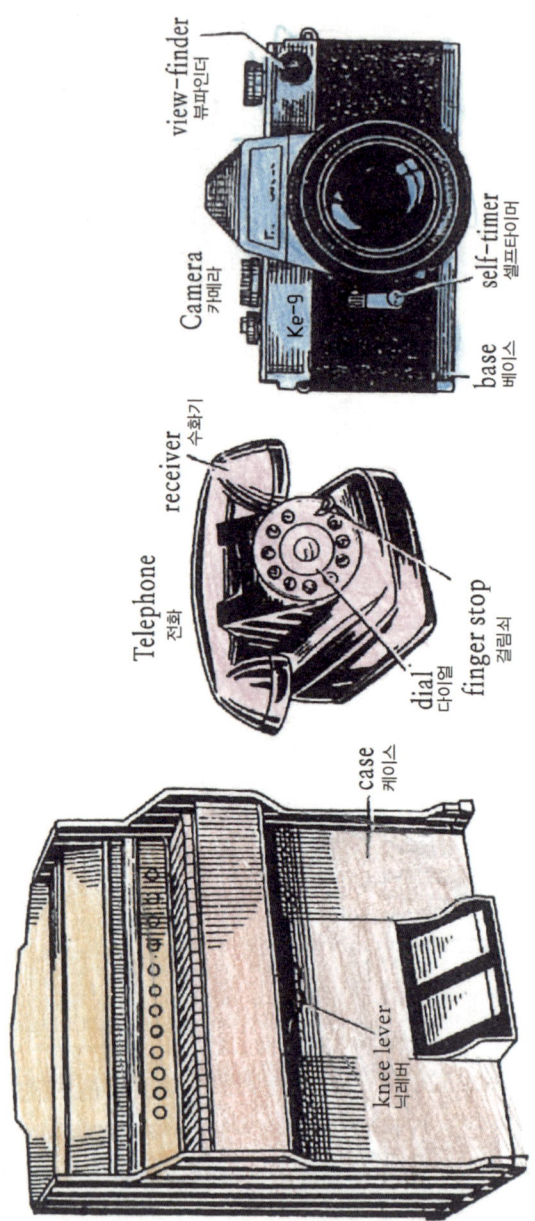

격언 한마디

- Easy come, easy go.
  쉽게 번 돈은 쉽게 없어진다.
- Easier said than done.
  말은쉽지만 실행하기는 어렵다.
- Forgive and forget.
  용서하고 잊어라.(=지난 일은 흘려버려라.)
- There is no place like home.
  세상에 내집보다 좋은곳은 없다.
- You must grin and bear it.
  싱긋 웃고 참아라.
- Lend your money and lose your friend.
  돈을 꿔 주면 친구를 잃는다.
- Practice makes perfect.
  연습은 완성을 낳는다.
- Better parents make better children.
  자식은 부모에게 달려있다.
- Knowledge is power.
  지식은 힘이다.
- Honesty is the best policy.
  정직이 최선의 방책이다.
- A good husband makes a good wife.
  좋은 남편이 좋은 아내를 만든다.
- One lie makes many.
  하나의 거짓말이 많은 거짓말을 낳는다.
- If you can't stand the heat, get out of the kitchen.
  힘에 겨운 일은 하지 말아라.

새영어사전에 참여하신분

- **기획·편집** : 박종수
- **감수** : 장훈(영어학원 원장)
- **일러스트** : 박종석
- **교정** : 임종수영어강사 외 5명
- 유아교실
- 우리글 기획

참고문헌

1. 기획·편집 : 박 종 수
1. 감수 : 장   훈 (영어학원 원장)
1. 그림일러스트 : 박 종 석
1. 교정 : 임종수영어강사 외 5명
1. 시사영어월드
1. 유아교실 자료 제공
1. 우리글 기획

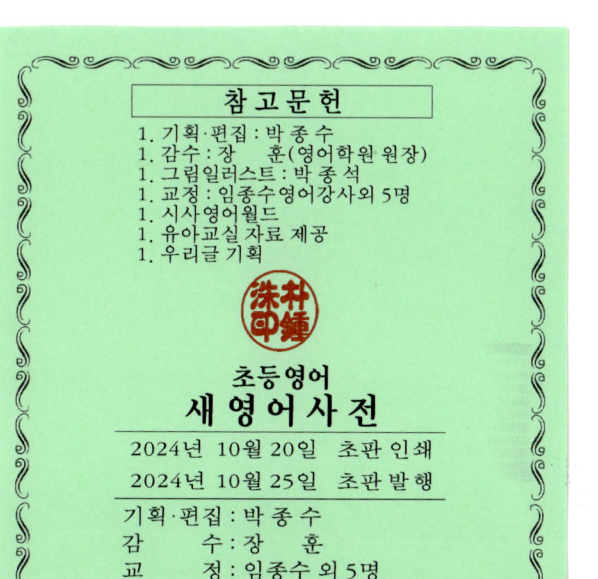

초등영어
새 영 어 사 전

2024년 10월 20일 초판 인쇄
2024년 10월 25일 초판 발행

기획·편집 : 박 종 수
감   수 : 장   훈
교   정 : 임종수 외 5명
펴 낸 이 : 박종수 외 1명
펴 낸 곳 : (유)태평양 저널
판 매 처 : (유)한국영상문화사

서울시 영등포구 신길동 23길 32
전 화 : 02) 834-3689
전 송 : 02) 834-1802
등록 : 1991년 5월 3일 (제2017-000030)

ISBN : 979-11-988353-0-7

정가 28,000원

※ 파본책은 교환 해 드립니다.
※ 판권은 본사 소유임.